U0851191

REFERENCE TO CRIMINAL TRIAL

刑事审判参考

中华人民共和国最高人民法院
刑事审判第一、二、三、四、五庭／主办

2017年第3集·总第116集

法律出版社
LAW PRESS·CHINA
北京

图书在版编目(CIP)数据

刑事审判参考. 总第116集 / 中华人民共和国最高人民法院刑事审判第一、二、三、四、五庭主办. -- 北京 : 法律出版社, 2019(2023.9重印)

ISBN 978-7-5197-3753-5

Ⅰ. ①刑… Ⅱ. ①中… Ⅲ. ①刑事诉讼-审判-中国-丛刊 Ⅳ. ①D925.218.4

中国版本图书馆CIP数据核字(2019)第179774号

刑事审判参考(总第116集)
XINGSHI SHENPAN CANKAO
(ZONG DI-116 JI)

中华人民共和国
最高人民法院刑事审判
第一、二、三、四、五庭 主办

责任编辑 许 睿 李 璐
装帧设计 李 瞻

出版发行 法律出版社
编辑统筹 司法实务出版分社
责任校对 朱轶佳
责任印制 胡晓雅
经　　销 新华书店

开本 710毫米×1000毫米 1/16
印张 22.75 **字数** 335千
版本 2019年9月第1版
印次 2023年9月第2次印刷
印刷 唐山玺诚印务有限公司

地址:北京市丰台区莲花池西里7号(100073)
网址:www.lawpress.com.cn
投稿邮箱:info@lawpress.com.cn
举报盗版邮箱:jbwq@lawpress.com.cn

销售电话:010-83938349
客服电话:010-83938350
咨询电话:010-63939796

书号:ISBN 978-7-5197-3753-5
定价:38.00元

凡购买本社图书,如有印装错误,我社负责退换。电话:010-83938349

2017年第3集·总第116集

刑事审判参考

编辑说明

《刑事审判参考》系最高人民法院刑事审判庭主办的业务指导和研究性出版物，自 1999 年 4 月创办以来，秉承立足实践、突出实用、重在指导、体现权威的编辑宗旨，在编辑委员会成员、作者和读者的共同努力下，密切联系刑事司法实践，为刑事司法人员提供了有针对性和权威性的业务指导和参考，受到刑事司法工作人员和刑事法律教学、研究人员的广泛肯定和欢迎。

《刑事审判参考》作为最高人民法院用以指导全国各级人民法院刑事审判工作的唯一出版物，由最高人民法院刑事审判第一、二、三、四、五庭共同主办，最高人民法院李少平副院长担任编辑委员会主任，姜伟、高憬宏、杨万明副院长和胡云腾、裴显鼎专委担任副主任。姜伟副院长担任主编，各刑事审判庭庭长担任副主编。

根据《刑事审判参考》主编会的决定，自 2012 年始，《刑事审判参考》由原 32 开改版为特 16 开。改版后的《刑事审判参考》仍为双月出版，全年共出版六集，设有以下栏目：

【指导案例】选择在认定事实、采信证据、适用法律和裁量刑罚等方面具有研究价值的典型案例，详细阐明裁判理由，为刑事司法工作人员处理类似案件提供具体的指导和参考。

【立法、司法规范】收录与刑事司法工作密切相关的法律、行政法规、部门规章、司法解释及其他规范性文件。

【刑事政策】最新的刑事司法政策，如最高人民法院院领导在刑事审判工作会议上的讲话、刑事审判工作会议讨论的问题等。

【审判实务释疑】最高人民法院刑事审判庭解答在刑事审判工作中具有普遍指导价值的法律适用问题。

【理论前沿】摘要登载近期刑事理论界、实务界最新研究成果,及时跟踪研究刑事审判中出现的新问题,为刑事司法人员提供最新理论参考。

【域外司法】评介域外的刑事立法及司法制度、实务问题和典型案例的文章。

【经验交流】地方司法机关制定的刑事司法规范性文件及其背景说明;地方各级人民法院在刑事审判工作中对于某些问题的处理政策和意见等。

【实务探讨】针对刑事司法工作中必须解决的疑难、复杂问题,登载相关学者与司法人员的研究文章,为刑事司法工作人员提供解决相关问题的思路。

【大案传真】登载在社会上影响较大的案件的有关裁判文书,及时传递大要案、热点案件的审判信息。

【疑案争鸣】针对实践中发生的疑难案例,对其中争议问题进行分析,给读者提供参与交流探讨的平台,推动相关问题的深入研究。

【裁判文书评析】选择典型裁判文书进行评析,展现法官智慧,指出不足,促进裁判文书制作水平的不断提高。

最高人民法院刑事审判第一、二、三、四、五庭

目　录

编者按

顾雏军,1959年5月5日出生于江苏省泰县(现江苏省泰州市姜堰区)。原系广东科龙电器股份有限公司董事长、顺德格林柯尔企业发展有限公司法定代表人、格林柯尔制冷剂(中国)有限公司法定代表人、江西格林柯尔实业发展有限公司董事长和法定代表人、扬州格林柯尔创业投资有限公司法定代表人、扬州亚星客车股份有限公司法定代表人。2001年10月,格林柯尔系公司收购科龙电器20.6%的股权;2003年5月,收购美菱电器20.03%的股份;2003年11月,收购亚星客车60.67%的股份;2004年4月,收购襄轴股份29.84%的股份。

2001年顾雏军登"福布斯"中国富豪排行榜第20名;2005年1月登上第二届"胡润资本控制50强"的榜首;在首个中国内地富豪榜"中国内地百富榜"排行第83名。

2005年9月顾雏军被逮捕。2008年1月广东省佛山市中级人民法院以虚报注册资本罪,违规披露、不披露重要信息罪,挪用资金罪,判处顾雏军有期徒刑十年,并处罚金人民币六百八十万元。姜宝军、刘义忠、张细汉等人均被判处刑罚。顾雏军等人上诉后,2009年3月,广东省高级人民法院二审维持原判。

2012年9月6日,顾雏军被减刑释放。同年9月14日,顾雏军召开新闻发布会,声称"草民完全无罪",并提出申诉。

2017年12月28日,最高人民法院公布人民法院依法再审三起重大涉产权案件。顾雏军案将由最高人民法院第一巡回法庭提审。

2018年5月18日,原审被告人顾雏军等虚报注册资本,违规披露、不披露重要信息,挪用资金再审一案,合议庭组织控辩双方在最高人民法院第一巡回法庭召开庭前会议,就与审判相关的问题了解情况、听取意见。

2018年6月13日,最高人民法院第一巡回法庭在深圳公开开庭审理原审被告人顾雏军等虚报注册资本,违规披露、不披露重要信息,挪用资金再审一案。合议庭由五名法官组成,最高人民法院二级大法官裴显鼎担任审判长。

2019年4月10日,最高人民法院对原审被告人顾雏军等人虚报注册资本,违规披露、不披露重要信息,挪用资金再审一案进行公开宣判,对顾雏军以挪用资金罪改判有期徒刑五年。

顾雏军案再审判决结果充分体现了党中央依法平等保护各类所有制经济产权、保护民营企业产权的政策精神;体现了人民法院严格贯彻落实党中央全面依法治国战略,有错必纠,有错必改,依法保障公民的人身自由权和财产权,依法保障法人和非法人组织的财产权和其他合法权利的决心;体现了人民法院坚持实事求是、依法纠错的基本原则。案件的审理引发了社会各界的广泛关注,裁判的过程和结果也赢得法学界人士和人民群众的认可。凭借精彩的法庭辩论和审判长超强的驾驭法庭能力,这场庭审被誉为一堂生动的法治公开课。再审裁判文书无论在事实表述、法律分析还是政策把握方面,均堪称表率。“一个案例胜过一沓文件”,顾雏军案的再审为同类案件的审理起到了典型的示范作用。

本集《刑事审判参考》全面搜集了顾案再审的相关资料,精心挑选了部分理论和实务探讨、媒体报道文章予以汇总,以飨读者。

大案传真 顾雏军等虚报注册资本，违规披露、不披露重要信息，挪用资金再审案

中华人民共和国最高人民法院
刑事判决书

(2018)最高法刑再4号

原公诉机关广东省佛山市人民检察院。

原审被告人顾雏军，男，汉族，1959年5月5日出生，江苏省泰县（今江苏省泰州市姜堰区）人，硕士研究生文化。原系广东科龙电器股份有限公司（简称科龙电器）董事长、顺德格林柯尔企业发展有限公司（后更名为广东格林柯尔企业发展有限公司，简称顺德格林柯尔）法定代表人、格林柯尔制冷剂（中国）有限公司（简称天津格林柯尔）法定代表人、江西格林柯尔实业发展有限公司（简称江西格林柯尔）董事长和法定代表人、扬州格林柯尔创业投资有限公司（简称扬州格林柯尔）法定代表人、扬州亚星客车股份有限公司（简称扬州亚星客车）法定代表人。2005年7月29日被刑事拘留，同年9月2日被逮捕。因本案被判处有期徒刑十年，并处罚金人民币六百八十万元。经减刑于2012年9月6日刑满释放。

辩护人陈有西，浙江京衡律师事务所律师。

辩护人童汉明，广东汇联律师事务所律师。

原审被告人姜宝军（曾用名姜源），男，汉族，1967年2月18日出生，河南省南乐县人，博士研究生文化。原系科龙电器首席财务官、扬州亚星客车董事。2005年7月30日被刑事拘留，同年9月2日被逮捕。因本案被判处有期徒刑四年，并处罚金人民币十二万元。2009年7月28日刑满释放。

辩护人盛冲，北京盛冲律师事务所律师。

原审被告人张宏,男,汉族,1962年5月22日出生,北京市人,大学文化。原系江西科龙实业发展有限公司(简称江西科龙)董事长兼总裁、科龙电器董事、江西格林柯尔董事。2005年8月2日被刑事拘留,同年9月2日被逮捕。因本案被判处有期徒刑二年六个月,缓刑三年,并处罚金人民币二万元。缓刑考验期已届满。

辩护人马振彪,北京市信格律师事务所律师。

原审被告人刘义忠(曾用名刘毅钟),男,汉族,1962年9月15日出生,山西省朔州市人,博士研究生文化。原系科龙电器董事长助理。2005年8月2日被刑事拘留,同年9月2日被逮捕。因本案被判处有期徒刑一年,缓刑二年,并处罚金人民币十万元。缓刑考验期已届满。2012年2月29日病故。

原审被告人张细汉,男,汉族,1967年12月26日出生,湖北省阳新县人,硕士研究生文化。原系格林柯尔环保工程(深圳)有限公司(简称深圳格林柯尔)副总裁。2005年7月30日被刑事拘留,同年9月2日被逮捕。因本案被判处有期徒刑一年,缓刑二年,并处罚金人民币十万元。缓刑考验期已届满。

辩护人张友学,广东君孺律师事务所律师。

原审被告人严友松,男,汉族,1965年10月5日出生,湖北省黄梅县人,硕士研究生文化。原系科龙电器董事、副总裁。2005年7月30日被刑事拘留,同年9月2日被逮捕。因本案被判处有期徒刑一年,缓刑二年,并处罚金人民币二万元。缓刑考验期已届满。

辩护人李江,北京市中兆律师事务所律师。

辩护人袁军,北京市中兆律师事务所律师。

原审被告人晏果茹,男,汉族,1969年10月10日出生,湖南省石门县人,大学文化。原系科龙电器财务资源部副总监。2005年7月30日被刑事拘留,同年9月2日被逮捕。因本案被判处有期徒刑一年,缓刑二年,并处罚金人民币二万元。缓刑考验期已届满。

原审被告人刘科,男,汉族,1967年11月28日出生,湖南省湘潭市人,大专文化。原系科龙电器财务资源部副部长。2005年7月30日被刑事拘留,同年9月2日被逮捕。因本案被判处有期徒刑一年,缓刑二年,并处罚金人民币二万元。缓刑考验期已届满。

广东省佛山市中级人民法院审理佛山市人民检察院指控被告人顾雏军、姜宝军、张细汉、刘义忠犯虚报注册资本罪,被告人顾雏军、姜宝军、张宏、严友松、晏果茹、刘科犯提供虚假财会报告罪,被告人顾雏军、姜宝军、张宏、曾俊洪犯挪用资金罪及顾雏军、姜宝军犯职务侵占罪一案,于2008年1月30日作出(2006)佛刑二初字第65号刑事判决,认定:一、被告人顾雏军犯虚报注册资本罪,判处有期徒刑二年,并处罚金人民币六百六十万元,犯违规披露、不披露重要信息罪,判处有期徒刑二年,并处罚金人民币二十万元,犯挪用资金罪,判处有期徒刑八年,决定执行有期徒刑十年,并处罚金人民币六百八十万元;二、被告人姜宝军犯虚报注册资本罪,判处有期徒刑一年,并处罚金人民币十万元,犯违规披露、不披露重要信息罪,判处有期徒刑一年,并处罚金人民币二万元,犯挪用资金罪,判处有期徒刑三年,决定执行有期徒刑四年,并处罚金人民币十二万元;三、被告人张宏犯违规披露、不披露重要信息罪,判处有期徒刑一年,缓刑二年,并处罚金人民币二万元,犯挪用资金罪,判处有期徒刑二年,缓刑二年,决定执行有期徒刑二年六个月,缓刑三年,并处罚金人民币二万元;四、被告人刘义忠犯虚报注册资本罪,判处有期徒刑一年,缓刑二年,并处罚金人民币十万元;五、被告人严友松犯违规披露、不披露重要信息罪,判处有期徒刑一年,缓刑二年,并处罚金人民币二万元;六、被告人张细汉犯虚报注册资本罪,判处有期徒刑一年,缓刑二年,并处罚金人民币十万元;七、被告人晏果茹犯违规披露、不披露重要信息罪,判处有期徒刑一年,缓刑二年,并处罚金人民币二万元;八、被告人刘科犯违规披露、不披露重要信息罪,判处有期徒刑一年,缓刑二年,并处罚金人民币二万元;九、被告人曾俊洪无罪。宣判后,顾雏军、姜宝军、刘义忠、张细汉、严友松不服,提出上诉。广东省高级人民法院于2009年3月25日以(2008)粤高法刑二终字第101号刑事裁定,驳回上诉,维持原判。

原审被告人顾雏军刑满释放后,提出申诉。本院经审查,于2017年12月27日作出再审决定,提审本案。本院依法组成合议庭,于2018年5月18日召开庭前会议,于6月13日至14日公开开庭审理了本案。最高人民检察院指派检察员罗庆东、刘小青、赵景川,助理检察员杨军伟出庭履行职务。顾雏军及其辩护人陈有西、童汉明,原审被告人姜宝军及其辩护人盛冲,原审被告人张宏及其辩护人马振彪,原审被告人张细汉及其辩护人张友学,原审被告人严友松及其辩护人李江、袁军,原审被告人晏果茹、刘科,证人魏某某、谢某某,有专门知识的人刘某到庭参加诉讼。本案现已审理终结。

广东省佛山市中级人民法院第一审判决认定:

一、虚报注册资本罪

2001年10月至11月间,被告人顾雏军等人凭借广东省原顺德市容桂镇人民政府出具的公函,以占注册资本75%的无形资产(9亿元)和25%的货币资金(3亿元)注册设立顺德格林柯尔。根据当时的法律规定,设立有限责任公司注册资本中无形资产的比例不得超过20%。2002年5月至12月间,被告人顾雏军、刘义忠、姜宝军、张细汉等人为完善顺德格林柯尔设立登记手续,降低无形资产比例,采用来回倒款、签订虚假供货协议等手段,虚报货币注册资本6.6亿元。

二、违规披露、不披露重要信息罪

2002年至2004年间,被告人顾雏军为了夸大上市公司科龙电器的经营业绩,指使被告人姜宝军、严友松、张宏、晏果茹、刘科等人以加大2001年的亏损额、压货销售、本年费用延后入账、作假废料销售等方式虚增利润,然后向社会提供含有虚增利润的虚假财务会计报告,剥夺了社会公众和股东对上市公司真实财务状况的知情权,对社会作出了错误的诱导,给股东和社会造成了严重的损失。

三、挪用资金罪

2003年,被告人顾雏军为了收购扬州亚星客车,指示被告人张宏等人以顾雏军父子名义申请设立注册资本为10亿元的扬州格林柯尔。为了筹集8亿元货币注册资本,顾雏军于同年6月17日至20日指示姜宝军等人从科龙电器调动2.5亿元、指示张宏从江西科龙内部划拨4 000万元,加上从其他途径筹集的资金共8亿元，在顾雏军、张宏的操作下，经天津格林柯尔转入扬州格林柯尔的验资账户，作为顾雏军父子的个人出资用于注册成立扬州格林柯尔。

2005年3月至4月间，被告人顾雏军指使被告人姜宝军向扬州机电资产经营管理有限责任公司（简称扬州机电）借款，被扬州机电法定代表人王某某拒绝。其后，顾雏军、姜宝军未经扬州亚星客车董事会同意，以扬州亚星客车的名义起草付款通知书交给王某某，要求扬州机电将本应付给扬州亚星客车的股权转让款及部分投资分红款共6 300万元支付给扬州格林柯尔。同年4月25日，扬州机电将6 300万元划入扬州格林柯尔银行账户。

佛山市中级人民法院认定上述事实的证据有顺德格林柯尔设立登记、变更登记的工商资料，科龙电器财务会计报告，银行进账单和收款凭证，证人刘某某、方某某、高某某等人的证言，以及被告人顾雏军等人的供述等。

佛山市中级人民法院认为，被告人顾雏军、刘义忠、姜宝军、张细汉在完善顺德格林柯尔注册登记手续，降低无形资产比例的过程中，虚报货币注册资金6.6亿元，数额巨大，其行为均已构成虚报注册资本罪；顾雏军为夸大科龙电器的业绩，指使被告人姜宝军、严友松、张宏、晏果茹、刘科虚增利润，向社会提供上市公司科龙电器虚假的财务会计报告，给股东和社会造成严重损失，其行为均已构成违规披露、不披露重要信息罪；顾雏军、张宏挪用科龙电器2.5亿元和江西科龙4 000万元，用于顾雏军个人注册成立扬州格林柯尔，顾雏军为谋取个人利益伙同姜宝军挪用扬州亚星客车6 300万元给扬州格林柯尔使用，顾雏军、姜宝军、张宏的行为均已构成挪用资金罪。公诉机关指控的上述犯罪事实及罪名成立，应予支持。公诉机关指控的其他犯罪事实及罪名不成立，不予采纳。故作出前述第一审判决。

宣判后，被告人顾雏军、姜宝军、刘义忠、张细汉、严友松提出上诉，均认为各自的行为不构成犯罪。

广东省高级人民法院第二审认定的事实、证据与第一审基本一致。

广东省高级人民法院认为，第一审判决认定事实清楚，证据确实、充分，定罪准确，量刑适当。审判程序合法。被告人顾雏军等人的上诉理由均不能成立，不予采纳。故裁定驳回上诉，维持原判。

本院再审中,原审被告人顾雏军及其辩护人提出,原审认定顾雏军犯虚报注册资本罪,违规披露、不披露重要信息罪,挪用资金罪错误,应当依法改判无罪。主要理由是:

1. 关于虚报注册资本罪。(1)顾雏军等人没有实施虚报注册资本的行为。顺德格林柯尔作为广东省高新技术企业,无形资产在公司注册资本中的出资比例不受《公司法》规定的20%的限制;天津格林柯尔6.6亿元投资款是实际到位的。(2)顾雏军等人没有虚报注册资本的故意。通过空转投入6.6亿元资金以置换等值无形资产、提供供货协议等,是当地政府和工商部门的主意,刘义忠只是遵照实施而已。(3)虚报注册资本行为只存在于公司设立登记环节,而顾雏军等人的行为发生在公司变更登记过程中。(4)变更登记后,顾雏军先前出资的6.6亿元无形资产仍在顺德格林柯尔,并没有被抽走。(5)2005年修订的公司法将无形资产占注册资本比例上限提高到70%,说明本案无形资产比例较高的问题不具有社会危害性。

2. 关于违规披露、不披露重要信息罪。(1)科龙电器的销售模式在家电行业中被普遍采用,不属于虚假销售。(2)顾雏军等人没有虚增科龙电器业绩。原审没有查清虚增利润的具体数额,认定科龙电器提供虚假财务会计报告缺乏依据。(3)原审认定科龙电器提供虚假财务会计报告行为严重损害了股东或者其他人的利益,证据不足。最高人民检察院调取的广东省广州市中级人民法院民事调解书等新证据,是本案原判生效之后才出现的,不应采信。

3. 关于挪用资金罪

涉及科龙电器的2.5亿元和江西科龙的4 000万元:(1)根据《科龙电器关于毕马威华振会计师事务所调查结果的公告》,科龙集团尚欠格林柯尔系公司2.93亿元,顾雏军使用科龙集团归还格林柯尔系公司的2.9亿元借款注册成立扬州格林柯尔,其行为不属于挪用资金。(2)顾雏军调用科龙集团2.9亿元资金用于其个人注册成立扬州格林柯尔,是格林柯尔系公司与科龙集团之间进行的资金拆借,双方的资金往来有数百笔,在没有全面查清公司间资金往来总体状况的情况下,不能简单拎出一笔认定为挪用资金罪。(3)涉案的2.9亿元资金均系按公司正常审批手续划出,顾雏军并未利用个人职务便利,且其中的2.5亿元资金系广东科龙冰箱有限公司(简称广东科龙冰箱)的资金,不属于科龙电器所有。(4)天津格林柯尔608账户内的一笔4亿元资金已被银行质押冻结,不可能有两笔4亿元汇入扬州格林柯尔验资账户。(5)即使顾雏军真的动用了科龙电器和江西科龙的资金,但动用时间很短,没有给单位造成任何损失,情节显著轻微,也不宜以犯罪追究。

涉及扬州亚星客车的6 300万元:(1)该款是扬州格林柯尔向扬州机电的借款,与挪用资金罪无关。(2)顾雏军并不知晓姜宝军向扬州机电出具付款通知书的情况。(3)该款从扬州机电转入扬州格林柯尔,再由扬州格林柯尔转入其他公司,不属于挪用资金归个人使用。

原审被告人姜宝军及其辩护人提出,姜宝军的行为不构成虚报注册资本罪,违规披露、不披露重要信息罪和挪用资金罪。主要理由是:(1)姜宝军没有实施虚报注册资本行为,也没有虚报注册资本的故意。(2)科龙电器采用的是家电行业惯常营销模式,不属于虚假销售;违规披露、不披露重要信息罪属于单位犯罪,在未指控科龙电器犯罪的情况下,不应认定姜宝军等人犯罪;原审认定科龙电器提供财务会计报告行为严重损害了股东和其他人的利益,没有证据证实。(3)涉案6 300万元是扬州格林柯尔向扬州机电的借款,姜宝军没有挪用资金的故意;姜宝军系应王某某的要求向扬州机电出具付款通知书,且顾雏军不知情;涉案资金并未挪归个人使用,姜宝军也未谋取个人利益。

原审被告人张宏及其辩护人提出,张宏的行为不构成违规披露、不披露重要信息罪和挪用资金罪。主要理由是:(1)科龙电器不存在虚假财务会计报告的问题;现有证据不能证实本案造成了严重损害股东或者其他人利益的后果。(2)涉案2.9亿元资金是以公司名义转入公司,没有挪归个人使用或者以个人名义借给他人使用;2006年以前,大股东占用上市公司资金的情况非常普遍,希望法院认定本罪时考虑当时的特殊经济环境。

原审被告人张细汉及其辩护人提出,张细汉的行为不构成虚报注册资本罪。主要理由是:公司完成设立登记后,就不会再有虚报注册资本的可能;张细汉既无虚报注册资本的故意,也无参与实施虚报注册资本的行为。

原审被告人严友松及其辩护人提出,严友松的行为不构成违规披露、不披露重要信息罪。主要理由是:原审认定科龙电器虚假销售和财务会计报告虚假,没有证据支持;在没有司法鉴定意见的情况下,不能认定科龙电器提供财务会计报告的行为给股东或者其他人造成了损失;本罪是单位犯罪,原审在没有追究科龙电器刑事责任的情况下,对严友松等人定罪处罚,是错误的。

原审被告人晏果茹提出,其行为不构成违规披露、不披露重要信息罪。主要理由是:科龙电器的销售模式是行业惯例;在案四名股民证人遭受的经济损失与科龙电器提供的财务会计报告无直接因果关系。

原审被告人刘科提出,其行为不构成违规披露、不披露重要信息罪。主要理由是:科龙电器的销售模式是正常商业行为;科龙电器的财务会计报告确实有违规情形,但没有达到应当追究刑事责任的程度。

最高人民检察院出庭检察员提出:

1. 关于虚报注册资本罪。顺德格林柯尔在注册登记手续及注册资本构成方面确有不规范、不合法的情况,原审被告人顾雏军等人在调整完善注册资本结构过程中实施了虚报注册资本行为,但对其行为社会危害性的评价,应当结合国家相关法律的变化和地方出台的相关政策,以及刑法规定的从旧兼从轻原则精神,加以综合考量。根据《中华人民共和国刑法》第十三条的规定,顾雏军等人的行为情节显著轻微,危害不大,可以不追究刑事责任。

2. 关于违规披露、不披露重要信息罪。原审认定科龙电器提供的2002年至2004年财务会计报告含有虚假成分,事实清楚,证据确实、充分;但在案证据不足以证明该行为造成了严重损害股东或者其他人利益的后果,原审以违规披露、不披露重要信息罪对原审被告人顾雏军等人定罪处刑,在认定事实和适用法律上存在错误。本案再审过程中,检察机关收集了能够间接证明造成损害后果的证据,但仍未达到确实、充分的程度。鉴于认定损害后果部分的事实无法查清,证据不足,对顾雏军等人的行为,应按无罪处理。

3. 关于挪用资金罪

涉及科龙电器的2.5亿元和江西科龙的4 000万元:原审认定原审被告人顾雏军、张宏挪用科龙电器和江西科龙合计2.9亿元的事实清楚,证据确实、充分,定罪准确,量刑适当。具体理由为:(1)原案证据能够证实顾雏军挪用资金归个人使用。顾雏军指使张宏等人挪用科龙电器和江西科龙2.9亿元用于顾雏军和父亲顾某某以个人名义注册成立扬州格林柯尔,该款实际上是被挪用作为顾雏军个人的出资款,实际使用人就是顾雏军个人,符合挪用本单位资金归个人使用的犯罪构成。(2)顾雏军指使张宏等人挪用科龙电器和江西科龙2.9亿元用于注册成立扬州格林柯尔,属于刑法规定的挪用资金归个人使用,进行营利活动,且应当认定为数额巨大。(3)《科龙电器关于毕马威华振会计师事务所调查结果的公告》是有关科龙集团与格林柯尔系公司之间的资金划拨问题,与原审认定的挪用资金罪是性质截然不同的两个事实;该公告不能完整反映科龙集团与格林柯尔系公司之间的资金流向,且不能得出科龙集团欠格林柯尔系公司巨额资金的结论。(4)顾雏军等人随意挪用上市公司资金的行为,具有严重的社会危害性,应依法追究刑事责任。

涉及扬州亚星客车的6 300万元:原审被告人顾雏军、姜宝军等人挪用扬州亚星客车6 300万元的基本事实清楚,但原审直接适用1998年的司法解释,而未适用2002年的立法解释,属适用法律错误,且在案证据不能证实顾雏军等人挪用资金归个人使用,该笔挪用行为不应按犯罪处理。

本院经再审查明:

一、关于虚报注册资本的事实

2001年,原审被告人顾雏军为收购科龙电器股权,决定设立以顾雏军及其父亲顾某某为股东、注册资本12亿元的顺德格林柯尔。同年10月22日,顺德格林柯尔凭借广东省原顺德市容桂镇人民政府(后更名为容桂区办事处)出具的担保函,在未经评估与验资的情况下完成公司设立登记并取得营业执照。2002年4月,由于顺德格林柯尔注册资本中无形资产所占比例达75%,远超当时法定20%的限制,工商部门不予年检,后根据容桂区办事处出具的函件,原顺德市工商部门核准了顺德格林柯尔的年检。

为了完善顺德格林柯尔的设立登记手续,降低无形资产在注册资本中的比例,2002年5月至11月间,在原审被告人顾雏军安排下,原审被告人刘义忠、姜宝军、张细汉等人采用将科龙电器1.87亿元在天津格林柯尔和顺德格林柯尔账户之间来回转账的方式，形成天津格林柯尔投资顺德格林柯尔6.6亿元的银行进账单，并制作顺德格林柯尔收到天津格林柯尔6.6亿元投资款的收据和顺德格林柯尔向天津格林柯尔购买制冷剂而预付6.6亿元货款的供货协议，据此，顺德市公诚会计师事务所出具了相应的验资报告。根据该验资报告及天津格林柯尔董事会决议、顺德格林柯尔股东决议等不实证明文件，原顺德市工商行政管理局于2002年12月23日核准顺德格林柯尔的变更登记。变更登记完成后，顾雏军将被置换的6.6亿元无形资产转作顺德格林柯尔的资本公积金。

2005年10月27日，全国人民代表大会常务委员会对《中华人民共和国公司法》进行了修订，允许有限责任公司注册资本中非货币财产作价出资的比例最高可达70%。

上述事实，有原第一审及再审开庭审理中经质证确认的容桂镇人民政府和容桂区办事处出具的函件、顺德格林柯尔设立登记、变更登记及年检的工商资料、关于顺德格林柯尔的验资报告、科龙电器1.87亿元用款申请书和用款报告、6.6亿元银行进账单和对账单、天津格林柯尔资产负债表和利润表、广东省科技厅的复函等书证，证人刘某某、莫某、方某某、卢某某、邓某某等人的证言，印章鉴定意见，以及原审被告人顾雏军、刘义忠、姜宝军、张细汉的供述等证据证实。

根据再审查明的上述事实及证据，针对原审被告人顾雏军、姜宝军、张细汉及其辩护人关于虚报注册资本罪的辩解、辩护意见和最高人民检察院出庭检察员的意见，本院综合评判如下：

1.原审被告人顾雏军、刘义忠、姜宝军、张细汉实施了虚报注册资本的行为

(1)6.6亿元投资款是通过来回转账形成的，天津格林柯尔并未实际出资。在案证据证实，为了获取顺德格林柯尔变更登记的验资证明，在原审被告人顾雏军的安排下，原审被告人刘义忠、姜宝军、张细汉等人一天之内在同一银行营业网点，将来自科龙电器的1.87亿元在天津格林柯尔和顺德格林柯尔的账户之间进行四次不同金额地来回转账，形成了天津格林柯尔投资顺德格林柯尔6.6亿元的四张银行进账单，当天该1.87亿元即被转回科

龙电器。

(2)有关天津格林柯尔投资顺德格林柯尔的收据、供货协议和董事会决议、股东决议等证明文件不真实。在案证据证实:顺德格林柯尔收到天津格林柯尔6.6亿元投资款的收据,是原审被告人刘义忠事后自行填写的;证明顺德格林柯尔预付6.6亿元货款给天津格林柯尔购买制冷剂的供货协议,系原审被告人顾雏军事后签署,所盖天津格林柯尔公章系伪造,且天津格林柯尔资产负债表、利润表中没有向顺德格林柯尔销售制冷剂和收到6.6亿元预付款的记载;有关投资的天津格林柯尔董事会决议、顺德格林柯尔股东决议,亦不真实。

(3)原审被告人顾雏军等人使用上述证明文件将6.6亿元无形资产置换为不实货币资本,并取得公司登记。在案证据证实,顾雏军等人先是使用上述虚假收据、供货协议获得验资机构出具的验资报告,之后又将该验资报告以及其他不实证明文件提交给工商部门,从而取得顺德格林柯尔的变更登记。根据《中华人民共和国公司登记管理条例》和国家工商行政管理总局2001年9月12日《关于〈公司登记管理条例〉第五十九条适用问题的答复》,公司的设立登记、变更登记均属于公司登记的范畴。

2.原审被告人顾雏军、刘义忠、姜宝军、张细汉虚报注册资本的行为情节显著轻微,危害不大

(1)本案侦查期间,法律对无形资产在注册资本中所占比例的限制性规定已经发生重大改变。在判断行为是否构成《中华人民共和国刑法》第一百五十八条规定的虚报注册资本罪时,需要同时以公司法等其他相关法律法规为依据。如果在行为发生后,相关法律法规作出修改的,就应当适用《中华人民共和国刑法》第十二条规定的从旧兼从轻原则,对该行为的社会危害性重新进行评价。本案发生时,因公司法规定无形资产在注册资本中所占比例不得超过20%,原审被告人顾雏军等人以不实货币置换的超出法定上限的无形资产为6.6亿元,占全部注册资本的55%。但全国人民代表大会常务委员会于2005年10月对公司法进行了修订,将包含无形资产在内的非货币财产的作价出资比例上限提高至70%,据此,本案以不实货币置换的超出法定上限的无形资产所占比例已由55%降至5%。因此,本案原审审理

时,无形资产比例过高的社会危害程度应当根据新修订的法律重新评价,顾雏军等人虚报注册资本行为的违法性和社会危害程度已明显降低,但原审在定罪时对此未予充分考虑。

(2)原审被告人顾雏军等人实施虚报注册资本的行为,与当地政府支持顺德格林柯尔违规设立登记有关。为使科龙电器股份被顺利收购,发展地方经济,原容桂镇人民政府违规向工商部门出具担保函,使顺德格林柯尔在没有提交验资证明、12亿元注册资金并未到位的情况下完成设立登记。其后,因顺德格林柯尔的注册资本结构不符合当时的法律规定,工商部门不予年检,原容桂区办事处又就此发函,原顺德市工商部门违规核准了该公司的年检。顾雏军等人为完善设立登记手续,调整无形资产出资比例,遂向工商部门提出顺德格林柯尔的变更登记申请,并在变更登记过程中实施了以不实货币置换无形资产的行为。可见,该变更登记是原违规设立登记的延续,当地政府及工商部门在顺德格林柯尔设立过程中的不当支持,是其申请变更登记的重要原因。

(3)原审被告人顾雏军等人虚报注册资本的行为,并未减少顺德格林柯尔的资本总额。在案证据证实,在取得顺德格林柯尔的设立登记后,原审被告人刘义忠向工商部门补交一份由顺德市康诚会计师事务所出具的无形资产评估报告,载明顾雏军用于出资的两项发明专利法定有效期内排他性使用权的资产总价值为9.1亿余元。在完成变更登记后,顾雏军并未将9亿元中被置换的6.6亿元无形资产从公司抽走,而是转作公司的资本公积金。因此,顾雏军等人以不实货币置换无形资产的行为,虽然使顺德格林柯尔的注册资本结构发生了变化,但是没有实际减少公司的资本总额。

综上,原审被告人顾雏军、姜宝军、张细汉及其辩护人关于顾雏军等人没有实施虚报注册资本行为,也没有虚报注册资本故意,公司变更登记过程中不存在虚报注册资本情形的辩解、辩护意见与事实和法律规定不符,本院不予采纳,但关于6.6亿元无形资产仍在顺德格林柯尔并未被抽走,2005年修订的公司法已将无形资产占注册资本的比例提高到70%,应当重新评价顾雏军等人行为的社会危害性的辩解、辩护意见成立,本院予以采纳。最高人民检察院出庭检察员关于顾雏军等人实施了虚报注册资本行为,但情节显著轻微,危害不大的意见,本院予以采纳。

二、关于违规披露、不披露重要信息的事实

科龙电器由于2000、2001年连续亏损,被深圳证券交易所(简称深交所)以“ST”标示,如果2002年继续亏损,将会退市。在顺德格林柯尔收购科龙电器法人股,成为科龙电器第一大股东之后,原审被告人顾雏军为了夸大科龙电器的业绩,在2002年至2004年间,安排原审被告人姜宝军、严友松、张宏、晏果茹、刘科等人采取年底封存库存产品、开具虚假销售出库单或者发票、第二年予以大规模退货退款等方式虚增利润,并将该利润编入科龙电器财务会计报告向社会公布。

2006年6月15日,中国证券监督管理委员会(简称证监会)以科龙电器“未按照有关规定披露信息,或者所披露的信息有虚假记载、误导性陈述或者有重大遗漏”等为由,对科龙电器及顾雏军等人作出行政处罚决定,并于同年10月16日作出维持原行政处罚决定的行政复议决定。2007年4月3日,国务院作出行政复议裁决,维持证监会作出的上述行政处罚决定和行政复议决定。

本案侦查期间,侦查机关曾委托会计师事务所对科龙电器实施上述行为“严重损害股东或者其他人利益”的危害后果进行鉴定,但所出具的司法(会计)鉴定意见存在鉴定人不具备司法鉴定人执业资格、鉴定机构选择不符合法律规定等问题。侦查机关还收集了陈某1、陈某2、张某某、陈某3等四名股民的证言,但存在相同侦查人员在相同时间和地点对不同证人取证、连续询问时间超过24小时等问题。

上述事实,有原第一审及再审开庭审理中经质证确认的科龙电器公开发布的财务会计报告、科龙电器2002年至2004年压货明细、合肥市维希电器有限公司和杭州远东五交化有限公司等公司的财会资料和压货情况说明、德勤华永会计师事务所关于科龙电器2004年审计报告的专项说明、证监会证监罚字[2006]16号行政处罚决定书和证监复决字[2006]27号行政复议决定书、国务院国复[2007]17号行政复议裁决书等书证,证人刘某某、罗某某、王某、黄某某、魏某某等人的证言,以及原审被告人顾雏军、姜宝军、严

友松、张宏、晏果茹、刘科的供述等证据证实。

根据再审查明的上述事实及证据，针对原审被告人顾雏军、姜宝军、张宏、严友松、晏果茹、刘科及其辩护人关于违规披露、不披露重要信息罪的辩解、辩护意见和最高人民检察院出庭检察员的意见，本院综合评判如下：

1. 科龙电器在2002年至2004年间实施了虚增利润并将其编入财务会计报告予以披露的行为

在案证据证实，原审被告人顾雏军等人在无真实贸易背景的情况下，将产品封存于仓库，未使产品发生实际转移，却开具大量销售出库单或者发票，次年在账面上制作无正当理由的大规模退货记录，并将由此形成的不实销售收入计为当期收入，制造公司利润增长的假象。随后，在顾雏军等人的安排下，科龙电器将2002年至2004年间的虚假销售记录及相关财会资料编入财务会计报告，经董事会讨论通过后在媒体上予以发布，违反了信息披露制度的真实性要求。

2. 原审认定科龙电器提供虚假财务会计报告的行为严重损害股东或者其他人利益的事实不清，证据不足

2006年6月29日，全国人民代表大会常务委员会通过《中华人民共和国刑法修正案（六）》，对《中华人民共和国刑法》第一百六十一条进行了修改，其后，相关司法解释将该条规定的“提供虚假财会报告罪”修改为“违规披露、不披露重要信息罪”。原审适用《中华人民共和国刑法修正案（六）》之前的《中华人民共和国刑法》第一百六十一条的规定对原审被告人顾雏军等人定罪处罚，应当适用提供虚假财会报告罪的罪名，却适用了违规披露、不披露重要信息罪的罪名，确属不当。根据刑法关于提供虚假财会报告罪的规定，必须有证据证实提供虚假财务会计报告的行为造成了“严重损害股东或者其他人利益”的危害后果，才能追究相关人员的刑事责任。参照最高人民检察院、公安部2001年《关于经济犯罪案件追诉标准的规定》，“严重损害股东或者其他人利益”是指“造成股东或者其他人直接经济损失数额在五十万元以上的”，或者“致使股票被取消上市资格或者交易被迫停牌的”情形。但是，在案证据不足以证实本案已达到上述标准。

(1)在案证据不足以证实本案存在"造成股东或者其他人直接经济损失数额在五十万元以上"的情形。首先,虽然侦查机关收集了陈某1等四名股民的证言,以证实科龙电器提供虚假财务会计报告的行为给他们造成约300万元的经济损失,但因取证程序违法,原第一审未予采信。原第二审在既未开庭审理也未说明理由的情况下,采信其中三名股民的证言,确属不当。其次,本案发生后,青岛海信集团有限公司于2006年底收购了顺德格林柯尔持有的科龙电器26.4%股权,并将科龙电器改名为海信科龙电器股份有限公司。再审期间,检察机关提交了广州市中级人民法院2009年6月11日作出的一百余份民事调解书,以间接证明科龙电器提供虚假财务会计报告的行为给股民造成了经济损失,但认为仍未达到确实、充分的程度。本院经审查认为,上述民事调解书均系在本案原判生效之后作出,只体现了海信科龙电器股份有限公司的意愿,未能体现原审被告人顾雏军等人的真实意愿,且不一定能够客观反映股民的实际损失,因而不足以证实本案存在"造成股东或者其他人直接经济损失数额在五十万元以上"的情形。

(2)本案不存在"致使股票被取消上市资格或者交易被迫停牌的"情形。在案证据证实,2005年5月9日,科龙电器董事会为发布被证监会立案调查的公告,向深交所提出了拟于次日上午停牌一小时的申请。经深交所同意,科龙电器股票在同月10日上午停牌一个小时,后即恢复交易。可见,此次停牌系科龙电器主动申请,不属于交易被迫停牌的情形,也没有造成股票被取消上市资格的后果。

(3)原审以股价连续三天下跌为由认定已造成"严重损害股东或者其他人利益"的后果,缺乏事实和法律依据。原审认为,2005年5月10日停牌一小时后,自恢复交易时起,科龙电器股价连续三天下跌并跌至历史最低点,据此认定科龙电器提供虚假财务会计报告的行为严重损害了股东的利益。本院经再审查明,根据深交所2005年5月的股市交易数据,科龙电器股价自停牌当日起确实出现了连续三天下跌的情况,但跌幅与三天前相比并无明显差异,而且从第四天起即开始回升,至第八天时已涨超停牌日。

综上,原审被告人顾雏军、姜宝军、张宏、严友松、晏果茹、刘科及其辩护人关于科龙电器没有虚假销售和虚增利润、披露的财务会计报告没有虚假等辩解、辩护意见与事实不符,本院不予采纳,但关于原审认定科龙电器提供虚假财务会计报告行为严重损害股东或者其他人利益证据不足的辩解、辩护意见成立,本院予以采纳。最高人民检察院出庭检察员关于原审认定科龙电器提供虚假财务会计报告的事实清楚,证据确实、充分,但损害后果的事实无法查清,在案证据不足以证实该行为造成了严重损害股东或者其他人利益后果的意见成立,本院予以采纳。

三、关于挪用资金的事实

(一)涉及科龙电器的2.5亿元和江西科龙的4 000万元

2003年,原审被告人顾雏军为收购扬州亚星客车的股权,决定在江苏省扬州市申请设立以顾某某、顾雏军父子为股东的扬州格林柯尔,注册资本10亿元。其中,货币出资8亿元,无形资产出资2亿元。

同年6月18日,为筹集8亿元货币注册资本,时任科龙电器董事长的原审被告人顾雏军在未经科龙电器和江西科龙董事会同意,且在没有真实贸易背景的情况下,指使有关人员从科龙电器调动资金2.5亿元划入江西科龙的银行账户,指使时任江西科龙董事长兼总裁的原审被告人张宏从江西科龙筹集资金4 000万元,由张宏具体负责,将该2.9亿元资金在江西科龙、江西格林柯尔和天津格林柯尔三家公司的临时银行账户间连续划转,并于当日转入天津格林柯尔在中国银行扬州分行开设的25897608093001账户(简称608账户)。同年6月18日至20日,顾雏军又指使张宏以江西格林柯尔的名义贷款约4亿元,连同从格林柯尔系其他公司调拨的1亿余元,采用相同的操作手法转入天津格林柯尔608账户。

同年6月20日,608账户内共有资金8.03亿元,原审被告人顾雏军指使原审被告人张宏等人将其中8亿元分两笔各4亿元划转至扬州格林柯尔验资账户。经验资后,扬州格林柯尔成立,其中顾雏军货币出资7亿元、无形资产出资2亿元,占90%股权;顾某某货币出资1亿元,占10%股权。同年6月23日、24日,顾雏军指示张宏等人将挪用科龙电器的2.5亿元和江西科龙的4 000万元归还。

上述事实,有原第一审及再审开庭审理中经质证确认的科龙电器2.5亿元用款申请单、广东科龙冰箱记账凭证和电汇凭证、江西科龙4 000万元借款合同、科龙电器和江西科龙出具的情况说明、银行进账单和收款凭证等银行转账资料、贷款资料、还款凭证、验资报告、公司设立核定情况表、《科龙电器关于毕马威华振会计师事务所调查结果的公告》、中国银行扬州分行的分户账和相关银行票据等书证,证人刘某某、施某、高某某、翟某某、金某某、林某、周某、顾某某、谢某某等人的证言,以及原审被告人顾雏军、张宏和姜宝军、严友松的供述等证据证实。

根据再审查明的上述事实及证据,原审认定原审被告人顾雏军、张宏利用职务上的便利,挪用本单位数额巨大的资金归个人使用,进行营利活动的事实清楚,证据确实、充分。主要理由如下:

1. 原审被告人顾雏军指使原审被告人张宏挪用科龙电器2.5亿元和江西科龙4 000万元,符合刑法规定的"利用职务上的便利,挪用本单位资金"的情形

在案的用款申请单、借款合同等书证,证人施某、刘某某等人的证言及原审被告人姜宝军、张宏等人的供述证实,科龙电器的2.5亿元系原审被告人顾雏军指使从科龙电器申请用款,通过广东科龙冰箱账户转至江西科龙后再转出使用,还款时,江西科龙也是将该2.5亿元直接归还科龙电器;江西科龙的4 000万元则是由张宏以江西科龙的名义向银行所贷款项。顾雏军作为科龙电器董事长,指使下属违规挪用科龙电器和江西科龙的巨额资金;张宏作为江西科龙董事长兼总裁,接受顾雏军指使,违规将涉案2.9亿元从江西科龙转至格林柯尔系公司,二人均利用了职务上的便利,并实施了挪用本单位资金的行为。

2. 涉案2.9亿元被原审被告人顾雏军用于注册成立扬州格林柯尔的个人出资,属于刑法规定的"挪用本单位资金归个人使用"

在案的银行进账单、收款凭证、验资报告等书证证实,涉案2.9亿元从广东科龙冰箱和江西科龙转出后,在原审被告人顾雏军、张宏专门开设的江西科龙、江西格林柯尔、天津格林柯尔的临时银行账户间连续划转,资金流向清晰,且未混入其他往来资金,最终被转入扬州格林柯尔的验资账户,作为顾雏军的个人出资用于注册成立扬州格林柯尔。涉案资金的实际使用人是

顾雏军个人,符合刑法关于"挪用本单位资金归个人使用"的规定。

3. 原审被告人顾雏军指使原审被告人张宏挪用2.9亿元用于公司注册资本的验资,属于刑法规定的挪用资金"进行营利活动"

在案的公司设立核定情况表等书证,证人林某、周某等人的证言及原审被告人顾雏军、张宏等人的供述证实,2003年,顾雏军为了收购扬州亚星客车的股权,决定设立扬州格林柯尔,并挪用涉案2.9亿元作为顾雏军的个人出资用于注册成立扬州格林柯尔。顾雏军指使张宏挪用2.9亿元资金归个人用于公司注册,是为进行生产经营活动做准备,属于挪用资金进行营利活动,符合刑法关于挪用资金"虽未超过三个月,但数额较大、进行营利活动"的规定,且挪用数额巨大。

根据再审查明的事实及证据,针对原审被告人顾雏军、张宏及其辩护人关于本起挪用资金事实的辩解、辩护意见和最高人民检察院出庭检察员的意见,本院综合评判如下:

1. 根据《科龙电器关于毕马威华振会计师事务所调查结果的公告》,无法得出科龙集团尚欠格林柯尔系公司巨额资金的结论

本案再审期间,原审被告人顾雏军及其辩护人向本院提交《科龙电器关于毕马威华振会计师事务所调查结果的公告》,认为依据该公告所载内容,科龙集团尚欠格林柯尔系公司2.93亿元,顾雏军使用科龙集团归还格林柯尔系公司的2.9亿元借款注册成立扬州格林柯尔,其行为不构成挪用资金罪。最高人民检察院出庭检察员认为,《科龙电器关于毕马威华振会计师事务所调查结果的公告》不能完整反映科龙集团与格林柯尔系公司之间的资金流向,且不能得出科龙集团欠格林柯尔系公司巨额资金的结论。

本院经再审查明,2005年12月1日,科龙电器委托毕马威华振会计师事务所对科龙电器及其主要的附属公司在2001年10月1日至2005年7月31日期间发生的不正常且重大的现金流向进行调查,并于2006年1月23日发布《科龙电器关于毕马威华振会计师事务所调查结果的公告》。该公告指出:"根据毕马威报告,科龙集团与格林柯尔系公司于调查期间内发生的不正常现金流向涉及现金流出金额人民币21.69亿元,现金流入金额人民币24.62亿元;与怀疑和格林柯尔系公司有关的公司发生的不正常现金流向涉

及现金流出金额人民币19.02亿元,现金流入金额人民币10.17亿元。”毕马威华振会计师事务所的调查结果是:“科龙集团于调查期间内与格林柯尔系公司或怀疑和格林柯尔系公司有关的公司之间进行的不正常现金净流出约为人民币5.92亿元,该现金净流出金额可能代表对科龙集团造成的最小损失。”

由此可见,原审被告人顾雏军及其辩护人认为科龙集团尚欠格林柯尔系公司2.93亿元,是依据公告的前半段内容得出,即“科龙集团与格林柯尔系公司于调查期间内发生的不正常现金流向涉及现金流出金额人民币21.69亿元,现金流入金额人民币24.62亿元”。但事实上,公告还明确指出,在调查期间,科龙集团与格林柯尔系公司或怀疑和格林柯尔系公司有关的公司发生的不正常现金流向,涉及现金流出金额共计40.71(21.69+19.02)亿元,涉及现金流入金额共计34.79(24.62+10.17)亿元,科龙集团的不正常现金净流出额为5.92(40.71-34.79)亿元,且该5.92亿元可能代表对科龙集团造成的最小损失。因此,根据公告载明的调查结果,不能得出科龙集团欠格林柯尔系公司巨额资金的结论,相反,科龙集团还至少遭受了5.92亿元的巨额损失。顾雏军及其辩护人所提科龙集团欠格林柯尔系公司2.93亿元的辩解、辩护意见缺乏事实依据,本院不予采纳。最高人民检察院出庭检察员提出的意见成立,本院予以采纳。

2.本起挪用2.9亿元归个人使用不属于科龙集团与格林柯尔系公司之间的正常资金往来

本案再审期间,原审被告人顾雏军、张宏及其辩护人提出,涉案2.9亿元是格林柯尔系公司与科龙集团之间的正常资金拆借,双方的资金往来有数百笔,在没有全面查清公司间资金往来总体状况的情况下,不能简单拎出一笔认定为挪用资金罪。最高人民检察院出庭检察员认为,涉案2.9亿元是被顾雏军挪归个人使用,与公司之间的资金往来存在本质区别。

本院经再审查明,自2002年顺德格林柯尔收购科龙电器股权后,科龙集团与格林柯尔系公司之间在未经董事会同意、没有任何贸易背景或者业务往来的情况下,存在大量的不正常资金往来情形,且不正常转账凭证均作不入账处理。尽管原审被告人顾雏军是格林柯尔系公司的实际控制人,其拥有股权的顺德格林柯尔是科龙电器的控股股东,但公司具有独立的法人资格,享有独立的财产权利,公司资金的支配和使用应严格按照公司法和公司财务管理制度进行。公司的经营者,即使是法定代表人、董事长,在未经董事会同意、没有任何贸易背景或者业务往来的情况下,也不能擅自在关联公司之间调用资金,更不能将公司资金转归个人使用。本案中,涉案2.9亿元先是被顾雏军、张宏转入专门开设的临时账户,继而通过连续不断的走账来掩盖资金的真实来源,最终将2.9亿元作为顾雏军的个人出资汇入扬州格林柯尔的验资账户,其实质是挪用资金归个人使用,与公司之间的正常资金往来是性质截然不同的两种行为。无论公司之间有多少资金往来,都不允许经营者将公司的资金挪归个人使用。顾雏军个人无权擅自调用科龙集团和格林柯尔系公司的资金,更不能将公司财产与个人财产相混淆。因此,顾雏军、张宏及其辩护人所提上述辩解、辩护意见不能成立,本院不予采纳。最高人民检察院出庭检察员提出的意见成立,本院予以采纳。

3. 在向中国银行扬州分行贷款3.98亿元过程中,被"质押"的4亿元亦被汇入扬州格林柯尔验资账户

本案再审期间,原审被告人顾雏军及其辩护人提出,原审被告人张宏用包含涉案2.9亿元在内的4亿元作为质押向中国银行扬州分行贷款3.98亿元,因质押的4亿元已被银行冻结,故不可能有两笔4亿元汇入扬州格林柯尔验资账户。最高人民检察院出庭检察员认为,根据中国银行扬州分行分户账和相关票据等书证,2003年6月20日,包含涉案2.9亿元在内的4亿元保证金先被转入天津格林柯尔608账户,后从608账户汇入扬州格林柯尔验资账户。

本院经再审查明,2003年6月19日,原审被告人张宏根据原审被告人顾雏军的指使,用包含涉案2.9亿元在内的4亿元资金作为保证金进行质押,向中国银行扬州分行贷款3.98亿元,并将该贷款转入天津格林柯尔608账户。次日,中国银行扬州分行将上述4亿元保证金退还至天津格林柯尔608账户,至此,608账户内共有资金8.03亿元,随后有两笔4亿元从该账户转入扬州格林柯尔验资账户。综上,涉案2.9亿元确系被顾雏军用于注册公司的个人出资。顾雏军及其辩护人所提上述辩解、辩护意见与事实不符,本

院不予采纳。最高人民检察院出庭检察员所提意见具有事实依据,本院予以采纳。

4. 挪用资金时间短、未给单位造成重大经济损失,不影响挪用资金罪的成立

本案再审期间,原审被告人顾雏军及其辩护人提出,顾雏军调用科龙集团资金的时间很短,且未给单位造成任何损失,可以不认为是犯罪。最高人民检察院出庭检察员认为,顾雏军指使原审被告人张宏等人挪用科龙电器和江西科龙 2.9 亿元用于注册成立扬州格林柯尔,其行为应以挪用资金罪定罪处罚。

本院经审查认为,根据《中华人民共和国刑法》第二百七十二条的规定,挪用资金罪是指公司、企业或者其他单位的工作人员利用职务上的便利,挪用本单位资金归个人使用或者借贷给他人,数额较大、超过三个月未还的,或者虽未超过三个月,但数额较大、进行营利活动的,或者进行非法活动的行为。据此,挪用资金归个人使用,数额较大、进行营利活动的,即构成挪用资金罪,没有挪用时间长短的限制,也不以造成单位经济损失为前提。原审被告人顾雏军指使原审被告人张宏挪用 2.9 亿元资金归个人使用,用于注册成立扬州格林柯尔,符合挪用资金罪的犯罪构成,应依法予以惩处。顾雏军及其辩护人所提上述辩解、辩护意见不能成立,本院不予采纳。最高人民检察院出庭检察员所提意见成立,本院予以采纳。

(二)涉及扬州亚星客车的 6 300 万元

2005 年 3 月至 4 月间,扬州亚星客车与扬州机电签订股权转让合同,约定扬州亚星客车将其持有的扬州柴油机有限责任公司(简称扬柴公司)股权转让给扬州机电,扬州机电需向扬州亚星客车支付股权转让款及部分投资分红共计 6 404 万元。其间,受原审被告人顾雏军指派,原审被告人姜宝军以扬州格林柯尔的名义向扬州机电借款,但被扬州机电法定代表人王某某拒绝。2005 年 4 月下旬,时任扬州亚星客车董事的姜宝军在未经扬州亚星客车董事会讨论的情况下,以扬州亚星客车的名义起草付款通知书交给王某某,要求扬州机电在 2005 年 4 月 26 日前将本应支付给扬州亚星客车的股权转让款和部分投资分红中的 6 300 万元划转到扬州格林柯尔的银行账户。

同年4月25日，扬州机电根据该付款通知书要求，将6 300万元支付给扬州格林柯尔。付款后，扬州机电收到扬州亚星客车6 300万元的结算收据。同年4月26日、27日，该6 300万元从扬州格林柯尔账户分别转至江苏格林柯尔和江西格林柯尔，用于归还银行贷款和公司借款。

上述事实，有原第一审及再审开庭审理中经质证确认的股权转让合同、结算收据、扬州亚星客车出具的情况说明、付款通知书等书证，证人王某某、谭某某、张某、张某某、周某某等人的证言，以及原审被告人顾雏军、姜宝军的供述等证据证实。

根据再审查明的上述事实及证据，针对原审被告人顾雏军、姜宝军及其辩护人关于本起挪用资金事实的辩解、辩护意见和最高人民检察院出庭检察员的意见，本院综合评判如下：

1. 原审参照适用1998年司法解释，而未参照适用2002年立法解释，属适用法律错误

原审认为，扬州格林柯尔系原审被告人顾雏军个人完全控股并控制的私营公司，参照1998年5月9日起施行的《最高人民法院关于审理挪用公款案件具体应用法律若干问题的解释》第一条第二款的规定，“挪用公款给私有公司、私有企业使用的，属于挪用公款归个人使用”，顾雏军、姜宝军挪用扬州亚星客车6 300万元归扬州格林柯尔使用的行为，属于挪用资金“归个人使用”的情形，构成挪用资金罪。但是，2002年4月28日全国人民代表大会常务委员会出台《关于〈中华人民共和国刑法〉第三百八十四条第一款的解释》，对挪用公款“归个人使用”作出了新的解释，只有符合下列三种情形之一的，才属于挪用公款归个人使用，即“（一）将公款供本人、亲友或者其他自然人使用的；（二）以个人名义将公款供其他单位使用的；（三）个人决定以单位名义将公款供其他单位使用，谋取个人利益的”。原审在认定顾雏军、姜宝军挪用资金归个人使用时，未参照适用新的立法解释，确属不当。

2. 在案证据不足以证实原审被告人姜宝军出具付款通知书的行为系请示原审被告人顾雏军同意后实施

原审认定原审被告人姜宝军向扬州机电出具付款通知书系请示原审被告人顾雏军同意后实施，并据此认定顾雏军具有指使姜宝军挪用资金的故

意和行为。本院经再审查明,姜宝军仅在补充侦查期间有一次供认其出具付款通知书是经请示顾雏军同意后实施,而后一直供称其出具付款通知书是个人行为,顾雏军并不知情。而顾雏军始终辩解其只是让姜宝军向扬州机电借款,不知道姜宝军擅自向扬州机电出具付款通知书一事,且在案也无其他证据证实姜宝军出具付款通知书系请示顾雏军同意后实施。因此,原审认定顾雏军指使姜宝军挪用涉案资金的证据不足。

3. 涉案资金始终在单位之间流转,无证据证实在资金流转过程中存在挪用资金归个人使用的情形

在案证据证实,涉案6 300万元从扬州机电转入扬州格林柯尔账户,并由扬州亚星客车出具结算收据后,被分别转至江苏格林柯尔1 200万元、江西格林柯尔5 100万元,用于归还银行贷款和公司借款。根据本院再审查明的事实,扬州格林柯尔是独立公司法人,涉案6 300万元是以扬州亚星客车的名义转至扬州格林柯尔使用,不是将资金从单位转至个人使用,也不是以个人名义将资金转至其他单位使用,不符合2002年立法解释规定的前二种情形。涉案6 300万元虽然是以单位名义转至其他单位使用,但该资金始终在单位之间流转,无证据证实原审被告人姜宝军在资金流转过程中谋取了个人利益,故也不符合2002年立法解释规定的第三种情形。

综上,原审被告人顾雏军、姜宝军及其辩护人所提顾雏军并不知晓姜宝军向扬州机电出具付款通知书和涉案资金在单位之间流转,不属于挪用资金归个人使用的辩解、辩护意见,以及最高人民检察院出庭检察员所提原审适用法律错误,在案证据不能证实顾雏军等人挪用资金归个人使用的意见,本院均予以采纳。

本院认为,社会主义市场经济是法治经济。作为市场经济的重要主体,公司及其经营者必须强化规则意识和诚信意识,在法律规定的范围内开展经营活动。注册资本既是公司运作经营的基础,也是承担风险、偿还债务的基本保证。注册资本不实,不仅妨害公司登记的管理秩序,而且会给市场营商环境带来风险,相关责任人应当依法承担相应的法律责任。但是,随着经济社会的发展,对公司注册资本类型、结构等的要求不断改变,相关法律法规会相应作出修改和调整,关于虚报注册资本社会危害性大小的评价标准

也会发生改变。对于审判时相关法律法规已修改,违法性及社会危害程度明显降低的虚报注册资本情形,根据从旧兼从轻原则和刑法谦抑性原则,可不认为是犯罪。本案中,原审认定原审被告人顾雏军、刘义忠、姜宝军、张细汉在申请顺德格林柯尔变更登记过程中,使用虚假证明文件以6.6亿元不实货币置换无形资产出资的事实存在,但顾雏军等人虚报注册资本的行为,系当地政府支持顺德格林柯尔违规设立登记事项的延续,未使公司的资本总额发生减损,而且,由于本案侦查期间公司法已经对包括无形资产在内的非货币财产作价出资比例的上限作出了修改,由原来的20%提高至70%,使本案以不实货币置换的超出法定上限的无形资产所占比例由原来的55%降低至5%,故顾雏军等人虚报注册资本的行为情节显著轻微危害不大,不认为是犯罪。原审认定顾雏军、刘义忠、姜宝军、张细汉的行为构成虚报注册资本罪,属适用法律错误,应依法予以纠正。顾雏军、姜宝军、张细汉及其辩护人关于顾雏军等人的行为不构成虚报注册资本罪的辩解、辩护意见,以及最高人民检察院出庭检察员关于顾雏军、刘义忠、姜宝军、张细汉虚报注册资本情节显著轻微,危害不大,根据《中华人民共和国刑法》第十三条的规定,可以不追究刑事责任的意见成立,本院均予以采纳。

证券制度是社会主义市场经济的重要组成部分。以真实性、准确性和完整性为核心要求的信息披露制度,是证券市场健康、稳定发展的基础,也是保护投资者合法权益的有力手段。提供虚假财务会计报告,不如实披露重要信息的行为,违背信息披露制度的根本要求,扰乱证券市场秩序,损害股东和社会公众的利益,当然为法律所禁止。但根据本案发生时的刑法规定,只有该行为造成了“严重损害股东或者其他人利益”的危害后果,才能追究行为人的刑事责任。本案中,原审认定科龙电器在2002年至2004年间将虚增利润编入财务会计报告予以披露的事实存在,但现有证据不足以证实科龙电器提供虚假财务会计报告行为造成的危害后果已经达到严重损害股东或者其他人利益的程度,该部分事实不清,证据不足,根据证据裁判原则,依法不应追究原审被告人顾雏军等人的刑事责任。故原审认定顾雏军、姜宝军、张宏、严友松、晏果茹、刘科的行为构成违规披露、不披露重要信息罪,属认定事实和适用法律错误,应依法予以纠正。顾雏军、姜宝军、张宏、严友松、晏果茹、刘科及其辩护人关于原审认定科龙电器提供虚假财务会计报告行为严重损害股东或者其他人利益的证据不足,顾雏军等人的行为不构成违规披露、不披露重要信息罪的辩解、辩护意见,以及最高人民检察院出庭检察员关于现有证据不足以证实顾雏军等人的行为造成了严重损害股东或者其他人利益的后果,对顾雏军等人应按无罪处理的意见成立,本院均予以采纳。

产权制度是社会主义市场经济的基石。国家平等保护各类市场主体的产权和合法权益,依法惩治侵吞、瓜分、挪用国有、集体和非公有制企业财产的犯罪,建立平等竞争、诚实守信的市场秩序,营造公平公正、透明稳定的法治环境。公司、企业的经营活动必须遵纪守法,在合法合规中提高竞争力,公司、企业经营者要讲规矩,走正道,在诚信守法中创业发展。本案中,原审被告人顾雏军未经公司董事会讨论决定,擅自挪用上市公司科龙电器的巨额资金归个人使用,注册成立个人完全控股的公司,以收购扬州亚星客车等其他上市公司,不仅侵害了科龙电器的企业法人产权,损害了广大股民的切身利益,而且严重扰乱了资本市场秩序,对公平有序的营商环境造成了重大不良影响。原审被告人顾雏军、张宏挪用科龙电器 2.5 亿元和江西科龙 4 000万元资金归个人使用,进行营利活动,二人的行为均已构成挪用资金罪,且社会危害性大,应依法予以惩处。原审认定顾雏军、张宏挪用 2.9 亿元资金归个人使用的行为构成挪用资金罪正确。顾雏军、张宏及其辩护人所提二人行为不构成挪用资金罪的辩解、辩护意见不能成立,本院不予采纳。最高人民检察院出庭检察员所提原审认定顾雏军、张宏犯挪用资金罪的事实清楚,证据确实、充分,应依法追究其二人刑事责任的意见成立,本院予以采纳。

原审被告人姜宝军未经扬州亚星客车董事会讨论决定,擅自将扬州亚星客车 6 300 万元挪用给扬州格林柯尔的事实存在,但原审认定原审被告人顾雏军指使姜宝军挪用资金的事实不清,证据不足,且无证据证实姜宝军在挪用资金过程中谋取了个人利益。故原审认定顾雏军、姜宝军挪用扬州亚星客车 6 300 万元的行为构成挪用资金罪,属于认定事实和适用法律错误,应依法予以纠正。顾雏军、姜宝军及其辩护人所提二人在本起事实中的行为不构成挪用资金罪的辩解、辩护意见,以及最高人民检察院出庭检察员所提本起事实不应按犯罪处理的意见,本院均予以采纳。

在挪用2.9亿元资金的共同犯罪中,原审被告人顾雏军提起犯意,指使他人挪用本单位数额巨大的资金归个人使用,起主要作用,是主犯,应当按照其所参与的全部犯罪处罚。鉴于本案挪用资金时间较短,且未给单位造成重大经济损失,可对其酌情予以从轻处罚。原审被告人张宏受顾雏军指使,帮助挪用资金,起辅助作用,是从犯,应当从轻、减轻或者免除处罚。原审综合考虑张宏的认罪态度等情节,已对其减轻处罚并判处缓刑,罪责刑相当,依法应予维持。

依照《中华人民共和国刑事诉讼法》第二百五十六条第一款,《最高人民法院关于适用〈中华人民共和国刑事诉讼法〉的解释》第三百八十九条和《中华人民共和国刑法》第二百七十二条第一款、第十二条、第十三条、第二十五条第一款、第二十六条第一款及第四款、第二十七条、第六十一条的规定,本院经审判委员会全体会议讨论决定,判决如下:

一、撤销广东省高级人民法院(2008)粤高法刑二终字第101号刑事裁定和广东省佛山市中级人民法院(2006)佛刑二初字第65号刑事判决第一项对原审被告人顾雏军犯虚报注册资本罪,违规披露、不披露重要信息罪的定罪量刑部分和犯挪用资金罪的量刑部分;第二项对原审被告人姜宝军的定罪量刑部分;第三项对原审被告人张宏犯违规披露、不披露重要信息罪的定罪量刑部分;第四项至第八项对原审被告人刘义忠、严友松、张细汉、晏果茹、刘科的定罪量刑部分。

二、维持广东省佛山市中级人民法院(2006)佛刑二初字第65号刑事判决第一项对原审被告人顾雏军犯挪用资金罪的定罪部分;第三项对原审被告人张宏犯挪用资金罪,判处有期徒刑二年,缓刑二年的定罪量刑部分。

三、原审被告人顾雏军犯挪用资金罪,判处有期徒刑五年。(已执行完毕)

四、原审被告人姜宝军无罪。

五、原审被告人刘义忠无罪。

六、原审被告人张细汉无罪。

七、原审被告人严友松无罪。

八、原审被告人晏果茹无罪。

九、原审被告人刘科无罪。

本判决为终审判决。

审判长　裴显鼎

审判员　张勇健

审判员　罗智勇

审判员　司明灯

审判员　刘艾涛

二〇一九年四月八日

法官助理　石　冰

法官助理　罗　灿

书记员　张燕清

附:相关法律、司法解释条文

1.《中华人民共和国刑事诉讼法》

第二百五十六条　人民法院按照审判监督程序重新审判的案件,由原审人民法院审理的,应当另行组成合议庭进行。如果原来是第一审案件,应当依照第一审程序进行审判,所作的判决、裁定,可以上诉、抗诉;如果原来是第二审案件,或者是上级人民法院提审的案件,应当依照第二审程序进行审判,所作的判决、裁定,是终审的判决、裁定。

人民法院开庭审理的再审案件,同级人民检察院应当派员出席法庭。

2.《最高人民法院关于适用〈中华人民共和国刑事诉讼法〉的解释》

第三百八十九条　再审案件经过重新审理后,应当按照下列情形分别处理:

(一)原判决、裁定认定事实和适用法律正确、量刑适当的,应当裁定驳回申诉或者抗诉,维持原判决、裁定;

(二)原判决、裁定定罪准确、量刑适当,但在认定事实、适用法律等方面有瑕疵的,应当裁定纠正并维持原判决、裁定;

(三)原判决、裁定认定事实没有错误,但适用法律错误,或者量刑不当的,应当撤

销原判决、裁定,依法改判;

(四)依照第二审程序审理的案件,原判决、裁定事实不清或者证据不足的,可以在查清事实后改判,也可以裁定撤销原判,发回原审人民法院重新审判。

原判决、裁定事实不清或者证据不足,经审理事实已经查清的,应当根据查清的事实依法裁判;事实仍无法查清,证据不足,不能认定被告人有罪的,应当撤销原判决、裁定,判决宣告被告人无罪。

3.《中华人民共和国刑法》

第十二条 中华人民共和国成立以后本法施行以前的行为,如果当时的法律不认为是犯罪的,适用当时的法律;如果当时的法律认为是犯罪的,依照本法总则第四章第八节的规定应当追诉的,按照当时的法律追究刑事责任,但是如果本法不认为是犯罪或者处刑较轻的,适用本法。

本法施行以前,依照当时的法律已经作出的生效判决,继续有效。

第十三条 一切危害国家主权、领土完整和安全,分裂国家、颠覆人民民主专政的政权和推翻社会主义制度,破坏社会秩序和经济秩序,侵犯国有财产或者劳动群众集体所有的财产,侵犯公民私人所有的财产,侵犯公民的人身权利、民主权利和其他权利,以及其他危害社会的行为,依照法律应当受刑罚处罚的,都是犯罪,但是情节显著轻微危害不大的,不认为是犯罪。

第二十五条 共同犯罪是指二人以上共同故意犯罪。

二人以上共同过失犯罪,不以共同犯罪论处;应当负刑事责任的,按照他们所犯的罪分别处罚。

第二十六条 组织、领导犯罪集团进行犯罪活动的或者在共同犯罪中起主要作用的,是主犯。

三人以上为共同实施犯罪而组成的较为固定的犯罪组织,是犯罪集团。

对组织、领导犯罪集团的首要分子,按照集团所犯的全部罪行处罚。

对于第三款规定以外的主犯,应当按照其所参与的或者组织、指挥的全部犯罪处罚。

第二十七条 在共同犯罪中起次要或者辅助作用的,是从犯。

对于从犯,应当从轻、减轻处罚或者免除处罚。

第六十一条 对于犯罪分子决定刑罚的时候,应当根据犯罪的事实、犯罪的性质、情节和对于社会的危害程度,依照本法的有关规定判处。

第二百七十二条 公司、企业或者其他单位的工作人员,利用职务上的便利,挪用本单位资金归个人使用或者借贷给他人，数额较大、超过三个月未还的，或者虽未超过三个月，但数额较大、进行营利活动的，或者进行非法活动的，处三年以下有期徒刑或者拘役；挪用本单位资金数额巨大的，或者数额较大不退还的，处三年以上十年以下有期徒刑。

国有公司、企业或者其他国有单位中从事公务的人员和国有公司、企业或者其他国有单位委派到非国有公司、企业以及其他单位从事公务的人员有前款行为的，依照本法第三百八十四条的规定定罪处罚。

由顾雏军案论违规披露、不披露重要信息罪的理解与适用

高铭暄[*]　陈　冉[**]

违规披露、不披露重要信息罪,在1979年刑法典中并未规定。该罪的前身为1997年刑法典全面修订时所新增的提供虚假财会报告罪。后经《中华人民共和国刑法修正案(六)》(以下简称《刑法修正案(六)》)的进一步修改,成为目前刑法的规定。近日最高人民法院再审的顾雏军等人所涉违规披露、不披露重要信息罪的无罪宣判,引起了社会各界的广泛关注。最高人民法院在再审判决中丝丝入扣的分析,不以单纯的无罪论回避问题,更不搞"一刀切",对于今后司法实践中认定违规披露、不披露重要信息罪明确了罪与非罪的边界,意义重大,也有利于司法实践中更加准确地把握该罪的内涵。

一、顾雏军等人所涉提供虚假财会报告行为的罪名适用问题

在顾雏军案件的再审宣判中,对于一审和二审所认定的违规披露、不披露重要信息罪,最高人民法院在再审判决中明确指出:科龙电器在2002年至2004年间实施了虚增利润并将其编入财务会计报告予以披露的行为,在对该行为定性时,一审和二审所认定的罪名为2006年《刑法修正案(六)》颁布

* 高铭暄,北京师范大学刑事法律科学研究院名誉院长、特聘教授、博士生导师、北京师范大学"京师首席专家",中国人民大学荣誉一级教授、博士生导师,兼任中国法学会学术委员荣誉委员、中国刑法学研究会名誉会长、国际刑法学协会名誉副主席暨中国分会名誉主席。

** 陈冉,中国矿业大学(北京)文法学院副教授。

之后，相关司法解释修改确定的“违规披露、不披露重要信息罪”，确属不当，应当以《刑法修正案（六）》修改之前的刑法第一百六十一条所规定的提供虚假财会报告罪定罪量刑。

本案在罪名适用上之所以存在问题，原因在于法条的变化。本案所涉的提供虚假财会报告行为发生在2002年至2004年间，而2006年《刑法修正案（六）》对规制此种行为的法条进行了修订，罪名也进行了相应的调整。本案的一审判决于2008年作出，二审判决在2009年作出，这里就涉及刑法的溯及力问题。根据罪刑法定的要求以及我国刑法第十二条的规定，在对犯罪行为进行评价时，如果当时的法律发生变化，那么应当本着从旧兼从轻的原则，作出有利于当事人的认定。除非修订后的刑法处刑较轻的，否则应适用修订前法律的规定。

虽然修订前后的法条对提供虚假财会报告的行为均有规定，但修订前的法条规定为：“公司向股东和社会公众提供虚假的或者隐瞒重要事实的财务会计报告，严重损害股东或者其他人利益的，对直接负责的主管人员和其他直接责任人员，处三年以下有期徒刑或者拘役，并处或者单处二万元以上二十万元以下罚金。”

2006年6月29日第十届全国人民代表大会常务委员会第二十二次会议通过的《刑法修正案（六）》对刑法第一百六十一条修改为：“依法负有信息披露义务的公司、企业向股东和社会公众提供虚假的或者隐瞒重要事实的财务会计报告，或者对依法应当披露的其他重要信息不按照规定披露，严重损害股东或者其他人利益，或者有其他严重情节的，对其直接负责的主管人员和其他直接责任人员，处三年以下有期徒刑或者拘役，并处或者单处二万元以上二十万元以下罚金。”

从前后法条的对比中我们可以看到，修订后的法条，作了以下几处修改：一是扩大了披露范围，从原来的财务会计报告扩大到所有依法应当披露的重要信息；二是增加了“其他严重情节”的表述，将本罪从结果犯修改为情节犯，扩大了打击范围。可以明显看出修订后法条加大了刑法的打击力度，因此本着从旧兼从轻的原则，对顾雏军案件涉及的提供虚假财会报告行为，因其发生在刑法修订之前，应当适用旧法的规定。

需要说明的是,这里的适用旧法不仅包括法条的适用,还包括了罪名的适用。因为罪名是对法条中犯罪行为本质特征的高度概括,如果我们在适用法条上选择旧法,而在罪名上选择新罪名,无疑是在割裂法条和罪名之间的关系。罪名本身也客观体现着对犯罪行为轻重的评价,因此本案适用旧法进行判决,自然在罪名上也应当选择修订之前的罪名,即“提供虚假财务报告罪”。

最高人民法院在审判中对一审、二审这一错误的纠正,为实践中刑法修订引发罪名变化问题的法律适用给予了明确的指引,符合罪刑法定的精神,也彰显了司法实践的科学与严谨。

二、市场行为与犯罪事实的理性区分

最高人民法院在再审判决中虽然撤销了一审、二审所认定的违规披露、不披露重要信息罪,但是也明确认定科龙电器存在提供虚假财务报告的行为,只是没有证据证明该行为达到该罪危害结果的要求,因此不构成犯罪。

关于该部分犯罪事实也是法庭辩论争议较大的一个问题,被告人认可存在压货销售的事实,却否认该行为涉嫌提供虚假财会报告。对此,事实上存在一个客观的市场行为与我们需要作出评价的法律事实的对接问题。

(一)虚假财会报告的刑法界定

本案犯罪事实的核心在于是否存在提供“虚假财会报告”行为,而何谓虚假,这并非一个容易判断的问题,在市场中往往存在真真假假的经济操作行为,甚至市场本身就波诡云谲,因此刑法的评价往往十分困难。比如,我们在电视或者网络中经常看到一些夸大的宣传,甚至是虚假的宣传,但这种虚假宣传是否就构成虚假广告罪呢?同样的,财会报告的内容是否只要存在不准确就是虚假的?这并不是一个简单的生活事实,必须接受刑法的解释。

财务会计制度产生的历史悠久,是现代公司治理的重要制度,是对企业已发生和已完成的经济业务事项中能用货币计量的数据,按照一定的会计原则、方法及模式,加工转换成借助于财务报表所表达的财务信息,以供企业内外有关方面在谋求增收节支、提高效益和进行理财决策时参考。而其典型表现形式即为公司的财务会计报告,即由公司的业务部门或者公司委托的其他会计、审计机构,按照国家的规定于每一年度终了时制作的反映公司财务状况和经营成果的文件。根据公司法的有关规定,公司财务会计报告包括:(1)资产负债表;(2)损益表;(3)财务状况变动表;(4)财务情况说明书;(5)利润分配表。从形式来看,只要是行为人对财务会计报告任何一种主要内容作不实记载,从而使股东和其他人无法了解到该公司的真实状况,进而产生错误判断的,都应当认定为虚假的财会报告。

本案中,司法机关认定科龙电器实施了提供虚假财会报告行为主要就是基于对科龙电器的压货销售行为属于虚假销售的判断。从形式逻辑来看,如果压货销售的行为可以被界定为虚假销售,那么这部分收入自然不属于真实的企业盈利收入,必然是对企业财务状况的虚假呈现,其构成提供虚假财会报告的行为定性应当没有争议。但在这个逻辑进程中,我们仍然需要解开最为关键的一环,即“压货销售”行为是否可以认定为虚假销售?

(二)“压货销售”与虚假销售的对接

据介绍,在20世纪90年代,冰箱、空调等家电行业采取的营销模式主要有两种:第一种模式是“生产商预收款”,也就是生产商要求经销商淡季打款,到旺季不但保证供货,还给经销商优惠,这样生产企业就会收到很多预付款,实际上相当于流动资金,然后拿这些资金去生产,再把生产出来的产品发给经销商,这种模式在当时比较普遍;第二种模式是“生产商压库存”,就是把生产出来的产品压到经销商那里,也就是说,生产商收了经销商的钱,作为当年收入,也作为当年利润了,但是这个产品实际上没有销售到消费者手中,而是在中间流通领域的库存之中,这些产品也不可能再大规模退还给生产商。

这两种销售方式,从当前法律规定来看,并没有严格禁止性规定。因此,在判决中也并没有对单纯的“压货销售”行为予以刑法评价。本案中,科龙公司之所以被认定为虚假销售,是由于其开单开票不出库,也就是开出销售出库单、发票,货物并没有实际发出,只是封存在公司自己的仓库里,特别是第二年大部分还作退货冲销,这不属于正常合理的营销模式。

(三)"压货销售"与虚假财会报告的对接

财会报告体现的是公司一段时期内财务状况、经营成果和现金流的需要,因此这些信息都具有时间性要求,而会计记录的业务也需要保证不同期间业务恰当归于各自受益期间。从收入确认的角度来看,"压货销售"实质上就是企业将本 年度实际上已经超出市场需求量的产品大量填塞到分销渠道,提前确认来年的收入。事实上,"压货销售"的产品虽然已经销售但并不应使本期受益,真正的受益期为下一年度,因为"压货销售"的产品实际上已经超过市场的需求,是厂家硬要将其填塞到分销渠道,产品最终能否卖到消费者手中取决于下一年的市场行情,因此"压货销售"产品产生的销售额不应属于本年度收入。根据财政部发布的《企业会计准则》和《企业会计制度》等有关规定,这些销售收入具有不确定性,不能在当期确认收入,如果当期确认收入,即使第二年冲销,对本年度来说,这种销售收入也是不真实的,提前或者推后确认收入都属于虚假确认收入的情形。

上文我们已经论述科龙电器的"压货销售"并非市场中正常的销售模式,结合此处论述,在"压货销售"模式中,销售收入本不应当体现在当期年度收入中,而科龙电器却将其所谓"压货销售"的利润列入当年的财会报告并公开披露,这确认无疑是一种虚假确认收入的情况,也进一步证明了其虚假销售而提供虚假财会报告的行为。最高人民检察院的出庭检察员意见和最高人民法院的再审判决书,均认定科龙电器向股东和社会公众提供了虚假的年度财会报告,是符合事实和法律相关规定的。

三、"违规披露、不披露重要信息"的实质理解

在理解本案中是否存在提供虚假财会报告行为时,我们除了遵从形式上法律规定的内容,更要从实质上理解此类行为规制的本质。

对于此类行为从无到有到更为严厉的规制,体现的是罪名背后法益保护的需要,明确了该罪保护的法益就更加便于判断行为的违法性。我国1979年刑法典颁布之时,正值改革开放初期,社会主义市场经济尚未建立,对破坏社会主义市场经济秩序的一些犯罪,包括本案涉及的罪名没有也不可能作出规定。该罪源于1995年2月28日全国人大常委会通过的《关于惩

治违反公司法的犯罪的决定》,该决定第四条规定:"公司向股东和社会公众提供虚假的或者隐瞒重要事实的财务会计报告,严重损害股东或者其他人利益的,对直接负责的主管人员和其他直接责任人员,处三年以下有期徒刑或者拘役,可以并处二十万元以下罚金。"

立法机关在将该罪纳入刑法典时,对罪状的表述与之前保持了一致,尔后伴随2005年修订通过的新公司法和证券法,2006年通过的《刑法修正案(六)》对该罪进行了修订。从这一角度来看,该罪是伴随市场经济的建立和发展而出现的,因此在理解该罪时必须考虑市场对该罪的需求。

在1997年刑法典第一次规定提供虚假财会报告罪时,立法对犯罪主体并没有进行限制,对于法律规制对象则限制较为严格,即"虚假财会报告"。而在2006年刑法修订之后,立法对犯罪主体限定为"依法负有信息披露义务的公司、企业",而在法律规制对象上则不再限制于财会报告,而扩大到"依法应当披露的重要信息"。从这一立法的变化我们可看到,其核心在于呼应证券市场的"信息披露制度"。

从世界各国的证券法律规定来看,信息披露都是一项重要的法律制度,如果公司、企业披露的财会报告或者其他重要信息属虚假记录或陈述,或者应当披露而不披露,将会使社会公众作出错误投资判断,利益受损,甚至影响国家经济决策、社会稳定,以及国民经济的良性发展。

虽然我国刑法在修订前规制的只是单纯的作出虚假财会报告行为,但无疑公司、企业的财会报告对于信息披露来说也是一项重要的内容。而刑法修订前的提供虚假财会报告罪成立要求具备结果要件"严重损害股东或者其他人利益",修订后该罪从结果犯改为情节犯,正是因为实践中公司虚假披露,如做假账,有时不会对股东造成损害,反而会使其获得利润,这种行为在刑法修订前并不具有危害结果,但修订后可能符合入罪条件,从信息披露制度设立的目的来看,这种行为仍然需要受到法律的规制。

因此,该罪在实践中把握的核心在于信息披露义务的履行,实现公司治理的透明。在现代公司制度下,尤其是对于上市公司来说,公司所有权与经营权往往是分离的。在公司管理中,股东除了少数参与公司管理外,多数是社会上不特定投资人,广大投资者尤其是中小投资者与公司的高管之间存在严重的信息不对称,公司的董事、监事和高级管理人员有可能利用信息控制的优势,罔顾公司利益,而谋取私利。信息披露制度可以帮助股东了解自己投资公司的经营状况,公司有义务向自己的股东如实提供经营和财务会计报告。而作为潜在的投资人,社会公众更需要通过了解公司真实财务状况来保证投资的准确性和获取利益。

结合以上理解,我们再来分析本案中"压货销售"行为是否属于虚假销售,是否属于提供虚假财会报告的行为。本案中所谓的"压货销售",呈现出的是来年的大量退货,对于大量退货的信息,不参与公司经营管理的股东以及社会公众是不可能预想到也不可能知情的。信息披露是为了保证投资者获取真实的信息进而作出决策,而本案销售行为体现的利润在年度财会报告的记录,必然误导投资者作出决策,从信息披露的效果而言,这种虚假的披露并不能实现信息披露制度设立的目的,应当属于法律规制的范畴。当然本案在审判中不能以违规披露、不披露重要信息罪定罪量刑,此处的分析是根据法条的变动结合案例对未来司法的一种操作指引。

在实践中,公司、企业的经营管理大多是"法不禁止即自由"的民商事行为,而刑法的介入却要严格遵守罪刑法定原则。法律并不可能是现成的放在那里让我们用生活事实生搬硬套,也不可能对每一种经济行为尤其是未来的行为进行明确规定,此时司法工作者必然面临大量纷繁复杂的经济行为的定性,对于法官而言,必须针对案件结合自己的理解进行运用,这个过程必然导致对法律的不同理解。而我们此处的分析,也是希望从该罪设立的背景、目的等角度引发司法工作者思考,从实质上把握该罪的内涵。最高人民法院对顾雏军等人的改判,也同样彰显了不枉不纵、实事求是的司法精神,进一步明确了刑法规制与市场保护的边界,传递出司法机关在企业产权保护上既不会任性作为更不会姑息养奸的信号,使民营企业家切实感受到司法的温度,也对市场潜在违法者予以警示。

四、坚持主客观相一致的定罪原则与方法

主客观相统一虽然没有被规定为刑法基本原则,但在实践中发挥着重要作用。犯罪主观心理态度深藏于行为人的内心,不可能直接表现于外。

因此在本案中,科龙公司也只是承认实施了“压货销售”行为,但从性质上否认是销售数据造假,否认进行虚假销售。对此,在认定主观心理态度时,我们必须寻找能够证明其真实意图的客观行为,并结合其他犯罪事实予以证明。

我们此处所探讨的无论是刑法修订前的提供虚假财会报告罪还是修订后的违规披露、不披露重要信息罪,犯罪主观方面的要求均为故意,也即单纯的过失并不构成犯罪。因此,如何认定故意便显得十分重要。同时,该罪又为单位犯罪,而单位意志又不可能通过自然人的表述显示出来,认定起来也就更为困难。

本案在再审论及犯罪主观方面时,与原一审、二审一样,司法机关认定科龙公司所进行的“压货销售”行为是为了摘掉连续两年亏损带来的“ST”帽子,避免科龙公司被强行退市。这无疑是科龙公司进行虚假销售的动机,对于我们推定其主观故意十分重要。

对于通过客观事实推定主观方面,在集资诈骗罪和毒品犯罪中已经有相关的司法解释明确规定,帮助实务部门具体操作,但对于其他的经济犯罪以及实践中的新情况,我们往往陷于被动和无奈。对此,完全可以根据其他的间接证据所形成的证据链,通过推定的方法辅助证明,恰当适用刑事推定制度。在本案中,对于科龙公司提供虚假财会报告故意的认定,就是通过一系列客观事实的推定实现的。当然,这种推定可能会招致对是否违背罪刑法定原则的质疑,对此,我们需要明确,刑事推定仅仅是对事实的推定,是相对的推定,只要被告人可以提出相应证据进行反证,就可以推翻推定的结论。

刑事推定仍然坚持主客观相统一,是主客观相统一原则在具体适用中的方法。这对司法工作者无疑提出了更高的要求,无论实体法及其理论如何完美,“徒法不足以自行”,尤其是在犯罪隐蔽性较高的经济犯罪领域,如何查明犯罪事实,实现主客观相统一,更加考验法官和检察官的智慧和素质。

五、坚持刑法的谦抑性

该案件再审无罪的宣判,并不是对行为本身违法性的否定,而是因为修订前的刑法规定提供虚假财会报告罪要达到“严重损害股东或者其他人利益”的危害结果,这就是说,只有当虚报、隐瞒、掺假、伪造的财会报告给股东和其他人的利益造成严重损失的才构成犯罪,如果公司、企业虽然向股东和社会公众提供了虚假的或者隐瞒重要事实的财会报告,但尚未造成严重损害股东或者其他人利益的后果,则不构成犯罪。

关于这一危害后果的具体把握标准,本案应当适用最高人民检察院、公安部2001年制定的《关于经济犯罪案件追诉标准的规定》“严重损害股东或者其他人利益”是指“造成股东或者其他人直接经济损失数额在五十万元以上的”,或者“致使股票被取消上市资格或者交易被迫停牌的”情形。而顾雏军案的在案证据不足以证明其行为“造成股东或者其他人直接经济损失数额在五十万元以上”;同时,科龙公司因涉嫌违反证券法规被中国证监会立案调查的消息披露后,公司股票虽出现明显波动,但未出现被取消上市资格或者交易被迫停牌的情形。因此,证明科龙电器提供虚假财会报告的行为造成“严重损害股东或者其他人利益”后果的证据不足,也就不应该追究顾雏军等人的刑事责任。

而即便是刑法修订后的违规披露、不披露重要信息罪,也同样规定了情节的构成要件,刑法的谦抑性要求其规制的行为具有“严重的社会危害性”。此外,在资本市场发展过程中,依法治市极为重要,对于那些严重损害投资者合法权益的违法违规行为,应当依法追究其法律责任。否则,股东和社会公众的知情权和收益权等就难以得到有效保障,甚至会影响国家金融安全和社会稳定。但对于公司企业的治理,刑法的介入并非越广泛越好,也并非越严厉越好。

本案中,科龙电器提供虚假财会报告的行为,给股民以错误诱导,扰乱了正常的证券管理秩序,虽因在案证据导致确切损害后果不能认定,不追究顾雏军等人的刑事责任,但并不是说顾雏军等人不需要承担其他法律责任。中国证监会对其行为作出了行政处罚并得到国务院最终裁决维持,对此违法行为予以确认。这也在一定程度上说明,我们需要合理实现对犯罪行为的规制,各个部门法不同位阶的堵截是必需的也是必要的。对于公司、企业经济犯罪的治理,对违法犯罪行为的处罚固然必要,但也要考虑公司、企业犯罪自身犯罪黑数较高的现实,完善公司治理结构、改革会计管理制度、建立企业内部举报制度等,通过公司、企业内部的合规建设预防犯罪,同样意义重大。

结 语

近年来,司法机关认真贯彻落实党中央、国务院关于加强企业产权保护的要求和习近平总书记在民营企业座谈会上的重要讲话精神,依法监督纠正了一批有重要影响的案件,其中有的案件是全案改判无罪的(如张文中案),有的案件是部分改判无罪的(如顾雏军案)。顾雏军案再审过程中的司法公开程度可以说是空前的。我们看到,最高人民法院和最高人民检察院都高度重视该案的办理工作,各自依法履职,最终得出了高度一致的处理意见,法学界普遍对这一处理结论完全认同。在 2019 年的全国“两会”上,最高人民检察院检察长张军同志在谈到平等保护各类企业合法权益时明确提出,坚持实事求是,全案错了全案纠正,部分错了部分纠正,既不遮丑护短,也不“一风吹”。本案的处理具有标杆性意义,必将在我国依法治国进程中作为影响性案件载入史册。

顾雏军等虚报注册资本案的刑法适用分析

张明楷*

顾雏军案有关虚报注册资本的事实如下：

2001年5月，被告人顾雏军为收购广东科龙电器股份有限公司（以下简称科龙电器）的法人股，欲设立注册资本总额为12亿元人民币的顺德格林柯尔企业发展有限公司（以下简称顺德格林柯尔）。经顺德市容桂镇人民政府出具担保函，同年10月22日，顺德格林柯尔在未评估、验资的情况下完成公司设立登记，取得营业执照。顺德格林柯尔的股权情况为：股东顾雏军以货币出资1.8亿元、以无形资产出资9亿元，共10.8亿元，占出资额的90%；股东顾善鸿以货币出资1.2亿元，占出资额的10%。顺德格林柯尔的注册资本总额为12亿元，其中无形资产9亿元，占注册资本总额的比例为75%，货币资金3亿元，占注册资本总额的比例为25%。

2002年4月，由于顺德格林柯尔注册资本构成不符合当时公司法第二十四条关于无形资产作价出资的金额不得超过有限责任公司注册资本20%的规定，顺德市工商部门不予年检。为降低无形资产比例，同年5月14日，顾雏军指使刘义忠、姜宝军、张细汉等人，将来自科龙电器的1.87亿元，在顺德容桂农村信用社通过在格林柯尔制冷剂（中国）有限公司（以下简称天津格林柯尔）和顺德格林柯尔账户之间四次来回转账的形式，取得了以天津格林柯尔投资顺德格林柯尔共计6.6亿元为名义的进账单，然后又于当天将1.87亿元转回科龙电器。由于对账单上没有形成余额，不符合验资要求，顾雏军签署了一份关于顺德格林柯尔向天津格林柯尔购买制冷剂预付货款6.6亿元的虚假供货协议书，被告人刘义忠将其交给会计师事务所验资。同

* 张明楷，清华大学法学院教授，博士生导师。

年12月23日,顺德市工商行政管理局核准顺德格林柯尔的变更登记手续。变更后的顺德格林柯尔的股权情况为:股东顾雏军以无形资产出资2.4亿元,占出资额的20%,股东天津格林柯尔以货币出资9.6亿元,占出资额的80%。

最高人民检察院出庭的检察员认为,顾雏军等人在调整完善注册资本结构过程中实施了虚报注册资本行为,但该行为的社会危害性较小,不具有刑事违法性,不构成犯罪,并提出了以下三点理由:

1. 顾雏军等人因涉嫌犯罪于2005年7月被立案侦查,在案件办理过程中,全国人大常委会于同年10月27日对公司法进行了修改,修改后的公司法将无形资产在注册资本中所占比例提高至70%。也就是说,按照公司法的新规定,顺德格林柯尔注册资本中无形资产比例只超出标准的5%,其社会危害性明显降低,已经属于可行政处罚的范畴。

2. 2003年以后,广东省先后出台了一系列促进民营经济发展的优惠政策,其中规定,成立高新技术企业,无形资产出资比例可以突破20%。顺德格林柯尔更名为广东格林柯尔后,于2004年5月获得广东省高新技术企业认定,可以享受相关优惠政策。

3. 从顺德格林柯尔注册资本中退出的无形资产余额6.6亿元被列入公司的资本公积金,没有从公司的实际资本总额中抽走。

笔者赞成检察官的上述结论与理由,下面仅对本案所涉及的三个刑法适用(解释)问题作简要分析。

其一,根据刑法第一百五十八条的规定,虚报注册资本罪的构成要件是,"申请公司登记使用虚假证明文件或者采取其他欺诈手段虚报注册资本,欺骗公司登记主管部门,取得公司登记,虚报注册资本数额巨大、后果严重或者有其他严重情节"。公司法上的公司登记包括设立登记、变更登记与注销登记。可以肯定的是,注销登记时的虚报行为不可能成立虚报注册资本罪,问题是变更登记时使用虚假证明文件或者采取其他欺诈手段虚报注册资本,欺骗公司登记主管部门,取得公司变更登记的,是否成立虚报注册资本罪?笔者对此持肯定回答。

资本是公司成立的基本条件,如果没有资本,公司既无法参与任何财产关系,也不能开展经营活动,更没有承担财产责任的基本保障。公司作为法人组织,以其全部资产对其债务独立负责,资产的范围和多少直接决定公司的债务清偿能力和对债权人的保护程度。于是,交易双方都会关注对方公司注册资本的多少,同时,交易双方不是只关注设立登记时对方公司注册资本的多少,而且还关注交易时(变更后)注册资本的多少。

显然,不管是设立登记时虚报注册资本,还是变更登记时虚报注册资本,都会损害债权人的利益和交易安全。正因为如此,公司登记管理条例规定,公司增加注册资本或者减少注册资本的,都应当申请变更登记。据此,应当认为,刑法第一百五十八条中的“取得公司登记”包括取得公司变更登记。

其二,2002年5月14日,由于对账单上没有形成余额,不符合验资要求,顾雏军签署了6.6亿元的虚假供货协议书,被告人刘义忠将其交给会计师事务所验资,而没有直接向公司登记主管部门提供,这是否符合刑法第一百五十八条有关“欺骗公司登记主管部门”的构成要件?笔者对此持肯定回答。

有观点认为,顾雏军等人只是将虚假证明文件提交给会计师事务所,而没有直接提供给公司登记主管部门,故其行为不符合刑法第一百五十八条规定的构成要件。这种观点过于形式化。申请变更登记的是顺德格林柯尔,会计师事务所只是帮助顺德格林柯尔验资,顺德格林柯尔必须向会计师事务所提供相关证明文件,再由会计师事务所向公司登记主管部门提供证明文件。公司登记主管部门收到的虚假证明文件,实际上是顺德格林柯尔提供的。换言之,顺德格林柯尔利用或者通过会计师事务所向公司登记主管部门提供虚假证明文件,与顺德格林柯尔直接向公司登记主管部门提供虚假证明文件,只是(部分)间接正犯与直接正犯的区别,这种区别不影响构成要件符合性的判断。

其三,虽然顾雏军等人在实施虚报注册资本行为的当时,公司法第二十四条规定无形资产作价出资的金额不得超过有限责任公司注册资本的20%,但全国人大常委会于2005年10月27日对公司法进行了修改,将无形资产在注册资本中所占比例提高至70%。那么,在2008年1月30日作出一审判决时,应否适用2005年公司法的规定?笔者对此持肯定回答。

刑法第十二条对溯及力采取了从旧兼从轻的原则。刑法第一百五十八条虽然在其间没有被修改,但该条实际上是一种空白刑法规范,即某种行为是否属于虚报注册资本,需要以公司法以及相关法规(补充规范)为根据。根据刑法第十二条的精神,对于空白刑法规范中的补充规范废止、修改前的行为,依照当时的法律规定处理;但是,如果补充规范废止、修改后,使得该行为不构成犯罪或者导致处罚较轻的,则应依补充规范废止、修改后的法律处理,即不当作犯罪处理或者适用处罚较轻的规定。例如,行为人在2014年12月实施了某种经营行为,根据当时的国家规定,该经营行为属于非法经营,且情节严重。但是,在2015年12月审理案件时,该国家规定被废止,该经营行为不再是非法经营。根据从旧兼从轻的原则,对该行为应当宣告无罪。

不仅如此,如果国家政策的变化导致构成要件内容发生变化时,也要遵循从旧兼从轻的原则。例如,国家机关工作人员甲于2014年违反国家关于农业机械补贴的相关规定,没有将补贴发放给本地农民,而是发放给符合条件的外地农民。但2015年6月案发时,国家政策已经发生了变化,允许对外地农民发放补贴。国家政策的变化,导致滥用职权罪的构成要件内容实际上发生了变化。对此,应适用从旧兼从轻的原则,即对甲的行为不能以滥用职权罪论处。基于同样的理由,在2008年1月30日对顾雏军等人作出一审判决时,应当适用2005年的公司法规定,即无形资产在注册资本中所占比例可以达到70%。

此外,2003年以后,广东省和科技部先后出台了一系列促进民营经济发展的优惠政策,按照广东省2003年和科技部2006年有关文件的规定,取得高新技术企业认定的公司,无形资产出资不再限于20%的比例。顺德格林柯尔在设立登记与变更登记时虽然没有取得高新技术企业认定,但在顺德格林柯尔更名为广东格林柯尔后,于2004年5月获得了广东省高新技术企业认定。这些政策、文件的出台,也使虚报注册资本罪的构成要件内容发生了变化。显然,根据刑法第十二条的精神,在一审判决以及2009年3月25日的二审裁定时,如果按照2005年公司法的规定,就只能认定顺德格林柯尔注册资本中无形资产比例仅超出标准的5%,虽然存在虚报注册资本的事实,但没有达到立案标准,不构成犯罪;如果广东省和科技部的相关规定对无形资产出资没有限额规定,则更不能对其以犯罪论处。

现代社会的法定犯(行政犯)越来越多,但规定法定犯的法条基本上都是空白刑法规范。司法工作人员在适用空白刑法规范时,一定要参照该空白刑法规范所指明的相关法律、法规,才能准确界定相关犯罪构成要件的内容;又由于作为补充规范的相关法律、法规经常变化,使得相关犯罪的构成要件内容处于经常变化的状态,因而需要及时根据补充规范重新确定有关犯罪的构成要件内容。此外,在相关法律、法规的变化导致犯罪构成要件的内容发生变化后,必须严格遵守刑法第十二条关于从旧兼从轻的规定。亦即,不仅在刑法条文修改后需要适用从旧兼从轻原则,而且在其他法律、法规的修改导致刑法中的犯罪成立条件发生变化时,也需要适用从旧兼从轻的原则。

顾雏军等人虚报注册资本一案再审改判的法理分析

卢建平*

顾雏军案再审是在全面推进依法治国的大背景下,人民法院落实党中央、国务院加强产权和企业家合法权益保护政策,依法纠正涉产权和企业家冤错案件的又一重大事件。此案经过一审、二审和再审,可谓历尽波折,同时也引起了社会广泛关注。

2005年7月29日顾雏军等人先后被刑事拘留,同年9月2日被正式逮捕;2006年初佛山市公安局完成对顾案的侦查,移送佛山市人民检察院起诉;佛山市中级人民法院先后于2006年11月和12月两次开庭审理。2008年1月30日,佛山市中级人民法院一审判决顾雏军犯虚报注册资本罪,判处有期徒刑二年,罚金660万元;犯违规披露、不披露重要信息罪,判处有期徒刑二年,罚金20万元;犯挪用资金罪,判处有期徒刑八年;数罪并罚,判处有期徒刑十年,并处罚金680万元。顾雏军不服一审判决,上诉至广东省高级人民法院。2009年3月25日,广东省高级人民法院对顾雏军案作出终审裁定,驳回顾雏军等人的上诉,维持原判。

对顾雏军等人虚报注册资本罪,一审和二审均审理查明:2001年顾雏军决定设立以顾雏军和其父为股东的顺德格林柯尔公司,同年10月22日,顺德格林柯尔公司凭借广东省原顺德市容桂镇政府(后更名为容桂区办事处)出具的担保函,在未验资与评估的情况下完成公司设立登记并取得营业执照。因该公司注册资本总额为12亿元,其中无形资产9亿元,占注册资本总

* 卢建平,北京师范大学法学院院长,博士生导师,中国刑法学研究会副会长。

额的75%,远远高于当时公司法规定的无形资产最高出资比例为20%的规定,故原顺德市工商部门不予核准年检,后根据容桂区办事处出具的函件,工商部门核准了顺德格林柯尔公司的年检。同时,容桂区办事处要求顺德格林柯尔公司务必于2002年11月30日之前严格按照企业工商登记注册的规范要求,完善注册登记手续。为调整注册资本结构,完善登记手续,使无形资产的占比达到公司法所要求的20%的限额,在变更登记的过程中,顾雏军等人采取来回转账的方式用6.6亿元的不实货币资本置换了55%的无形资产,被置换的6.6亿元转作公司的资本公积金。一审和二审法院均判定顾雏军构成虚报注册资本罪。

2012年9月6日,顾雏军被提前释放,同月其向最高人民法院提出申诉。2017年12月28日,最高人民法院公布将由第一巡回法庭提审顾雏军一案。2018年6月13日,最高人民法院第一巡回法庭公开审理了本案,并于2019年4月10日进行了宣判。对顾雏军等人的虚报注册资本行为,再审认为情节显著轻微,危害不大,根据《中华人民共和国刑法》第十三条的规定,可以不追究刑事责任。

笔者赞同本案再审的审理结果,再审改判具有重要的社会意义和理论价值。理由如下:

一、从法律价值看,虚报注册资本行为的违法性和社会危害性评价在不断降低

首先,社会对虚报注册资本行为的容忍度显著提高。虚报注册资本罪是建立在1993年我国公司法规定的资本法定最低限额制和资本实缴制基础之上的,随后几十年间,社会主义市场经济飞速发展,民营企业如雨后春笋般涌现并迅速壮大。虚报注册资本更多的是为了营造公司的商业形象、经济实力,这种违法行为并不会导致公司成立的无效。且公司注册资本不过是公司成立时注册登记的一个抽象的数额,而绝不是公司任何时候都实际拥有的资产,不过是公司资产演变的一个起点,是一段历史,是一种观念和象征,是一个静止的符号或数字。注册资本仅仅是一个账面数字,它表明了股东已经按协议履行了其对公司的出资义务,而这在大多数情况下并不能反

映公司的资信状况。实践证明,资本信用的神话已经被打破,公司的资本并不能真实反映公司的偿债能力和对债权人保护的程度,尤其不能反映资本以外的其他生产要素,如人力资源、经营管理能力、科学技术等对公司经营发展的巨大贡献。随着公司资本制度的逐渐完善,资本信用向着资产信用过渡,人们会越来越关注公司的动态经营,综合衡量公司的经营实力,而不再仅仅看公司工商登记或营业执照上静态的注册资本。因此,社会对虚报注册资本行为的容忍度显著提高。相应地,对此行为的违法性和社会危害性评价显著降低,对其科处刑罚有失公正。

其次,我国公司注册资本制度不断改革,降低了虚报注册资本行为的违法性。时代在发展,价值观念在改变,法益条件也随之改变,法律规定自然也要作出相应改变。为顺应经济发展的需要,公司法几经修订,一再改革公司资本制度,降低公司注册门槛。

我国的改革开放与公司资本制度的建立几乎是同步的。1979 年中外合资经营企业法允许外资进入中国,同时也为公司资本制度奠定了基础。而在此之前,因为避“资本主义”之讳,均将公司资本称为公司资金或注册资金。随着我国改革开放的推进,以公有制为主体的多种所有制形式并存的局面在我国开始形成,特别是外商投资企业的大量出现,使我国的企业立法尤其是外资法不得不与国际惯例靠拢。1979 年颁布的中外合资经营企业法率先采用了注册资本制,突破了单一的注册资金制,但内资企业则依然坚守注册资金制,从而形成了内资企业与外资企业分别适用注册资金制和注册资本制的双轨并存的局面,其用心可谓良苦。1993 年的公司法采用了严格的法定资本制,严格贯彻资本确定、资本维持和资本不变三大原则。在这样的立法理念指导下,规定了有限责任公司、股份有限公司注册资本的最低限额、无形资本的比例以及严格的出资形式,如要求投资人一次性足额缴纳注册资本,有限责任公司最低 10 万元,股份有限公司最低 1 000 万元。以当时的经济发展水平和居民购买力来看,注册公司门槛之高可见一斑,并且随着经济的发展,其弊端日益显现。2005 年公司法大修时开始下调公司注册门槛,本着便利公司设立和运行的原则,对公司资本制度进行了较大幅度的改革,取消了按照公司经营内容区分最低注册资本额的规定;允许公司按照规定的比例在两年内分期缴足出资,投资公司在5年内缴足;将最低注册资本额降至人民币3万元;规定全体股东的货币出资金额不得低于有限责任公司注册资本的30%,相应提高了无形资产的出资比例,即最高可达70%。2005年公司法的这些改变,体现了我国公司资本制度由法定资本制向授权资本制的过渡,修改后的公司资本制度使成立公司更加灵活高效,大大便利了投资者。而2013年公司法的修定本着由侧重交易安全转向注重交易效率、由过度行政干预到加强公司自治的理念,不仅删除了关于公司最低注册资本的一般性规定,彻底取消了对出资方式的比例限制,而且将资本实缴制改为认缴制,由此我国公司授权资本制正式确立。

法定资本制的产生明显带有计划经济的痕迹,其过高的市场准入门槛、僵化的设立模式,已经严重阻碍了公司的设立与发展,成为社会主义市场经济发展的壁垒。为了规避这些壁垒,一定时期内"三无公司"(无资金、无场地、无机构)甚至"四无公司"(无资金、无场地、无机构、无执照)满天飞,严重影响了公司成立和创业活动,给经济发展和社会秩序带来很多问题。随着改革的深入和市场经济的发展需要,公司资本制度出现重大变革,原本以资本确定、资本维持和资本不变为特征的法定资本制逐渐退出历史舞台,授权资本制才是更有利于增强公司创业活力,更符合市场经济发展规律和要求的制度。在公司法不断修改公司资本制度、确立和发展授权资本制的过程中,对投资人在公司注册登记过程中实施的违反法定资本制的相关违规违法行为的处理就应该特别谨慎。

最后,相关立法、司法解释一再调高虚报注册资本罪的入罪门槛,缩小打击范围。1995年全国人大常委会通过的《关于惩治违反公司法的犯罪的决定》和1997年修订的刑法将虚报注册资本行为入罪,主要是基于两大原因:一是市场经济发展初期公司违法犯罪现象猖獗;二是受"严打"政策的影响。而两者均受制于当时市场经济的不成熟和国家治理中威权主义的影响。公司法的一再修改,降低了公司注册的门槛,也直接影响了刑法上对虚报注册资本行为的认定。相关立法、司法解释也在追随公司法的变动,相应提高了虚报注册资本罪的入罪门槛。如2014年全国人大常委会通过的《关于〈中华人民共和国刑法〉第一百五十八条、第一百五十九条的解释》和最高人民检察院、公安部联合出台的《关于严格依法办理虚报注册资本和虚假出资抽逃出资刑事案件的通知》,都规定除依法实行注册资本实缴登记制的公司以外,对申请公司登记的单位和个人不再以虚报注册资本罪追究刑事责任,明显缩小了虚报注册资本罪的打击范围。

二、从本案的法律适用看,应整体考虑从旧兼从轻

第一,需适用从旧兼从轻原则,重新评价本案行为的违法性和社会危害性。

首先,虚报注册资本罪属于典型的行政犯、法定犯。行政犯兼具行政不法和刑事不法,是“违反国家规定”(主要是行政管理性法律规定)情节严重,依法应当承担刑事责任的行为。与自然犯有明显区别的是法定犯的刑事违法性和社会危害性的判断,刑事不法好比是“毛”,而前置法的规定即国家行政法律规范是“皮”,皮之不存,毛将焉附?因此,行政犯是否成立犯罪,首先需考察行为是否“违反国家规定”,即是否违反相关前置性法律规范,这就意味着行政犯的入罪门槛会随前置法规定的改变而改变。虚报注册资本罪即是典型的行政犯,在认定是否构成刑事不法时,须首先认定是否违反公司法中有关注册资本条款的规定。

其次,适用前置性行政法律规范也应遵循从旧兼从轻原则。前置性行政法律规范的溯及力问题在我国一直未被真正重视,并且随着行政刑法条款的增加,行政法的频繁修订,这一问题愈加突出。一般而言,刑法的溯及力问题是由于刑法的修改而引起的。但是如果刑法条文并没有发生变化,而其所参照的前置性行政法律规范内容发生了变化,是否属于刑法的修改并进而引发刑法的溯及力问题呢?这其中包含两方面的问题:其一,前置性行政法律规范的修改是否属于刑事法律的修改?其二,前置性行政法律规范的修改是否应当适用从旧兼从轻原则?显然,解决前一问题是解决后一问题的前提。之所以会存在这样的问题,原因有两点:一是,行政法律规范中无可以适用从旧兼从轻原则的明确规定。二是,如果认定可以适用从旧兼从轻的原则,会对法秩序的安定性造成冲击。因为立法法和刑法都规定原则上法不溯及既往,最高人民法院 1997 年发布的《关于适用刑法时间效

力规定若干问题的解释》第十条也规定,按照审判监督程序重新审判的案件,适用行为时的法律。

1. 对于前一个问题,理论上存在肯定说、否定说和折中说的争论,没有形成统一的认识。笔者认为,判断刑事法律是否修改,应包括对实质上刑法所规定的犯罪构成要件是否变化的判断,即不能只局限于刑法条文在形式上是否发生改变,而应考察刑事违法性范围是否有实质性的变化。在一定程度上,前置性行政法律规范可被看做刑法(行政刑法)的隐性条款,其改变也就可以被看做刑法的隐性修改。行政犯的二次违法性特征,决定了其刑事违法性在相当程度上依赖于行政违法性。虽然刑法条文未发生变化,但是对行政犯的认定有重要作用的前置性行政法律规范发生了变化时,也就意味着行政犯的违法性实际上已随其所依附的前置法的修改而变化了,前置性行政法律规范的修改,必然导致构成要件的变化。依据修改后的前置性行政法律规范,之前具备刑事违法性的行政不法行为因前置法的修改而失去了成立行政犯罪的前提基础,刑事违法性范围已发生变化,故当认为刑事法律已经发生修改。再者,行政刑法作为维护其他法律制度的补充手段,理应与其他法律、法规在价值评判上保持一致。如果否认了前置性行政法律规范的修改属于刑事法律修改,就意味着当其他法律、法规都不认为某行为违法时,刑法仍认为其是犯罪,就使刑法与其他法律、法规在价值判断上相背离,这与刑法的补充性地位不相符。

在肯定了前置性行政法律规范的修改也属于实质的刑法修改的基础上,就应当承认从旧兼从轻原则在发生这种修改时的适用,即当行为后刑法的前置性行政法律规范修改时,原则上适用行为时未修改前的行政法律规范作为定罪量刑的依据,但是,如果按照修改后的行政法律规范该行为不构成犯罪或者处罚较轻的,则应当适用修改后的规范对行为人定罪量刑,从而为行政犯设置特殊的出罪、出刑路径。

2. 虽然行政法律规范中并无适用从旧兼从轻原则的规定,而行政审判中往往遇到此类问题。2004年最高人民法院印发了《关于审理行政案件适用法律规范问题的座谈会纪要》,其中第三条规定了新旧法律规范的适用规则,即根据行政审判中的普遍认识和做法,行政相对人的行为发生在新法施行以前，具体行政行为作出在新法施行以后，人民法院审查具体行政行为的合法性时，实体问题适用旧法规定，程序问题适用新法规定，但下列情形除外：(1)法律、法规或规章另有规定的；(2)适用新法对保护行政相对人的合法权益更为有利的；(3)按照具体行政行为的性质应当适用新法的实体规定的。简言之，该规定确立了行政审判实务中行政法可以适用从旧兼从轻原则，可以允许有利于行政相对人的法律规范溯及既往。“举轻以明重”，对于不会产生限制人身自由判决的行政审判尚且适用该原则，那么对直接关乎人身自由权利的行政犯或法定犯的刑事审判，应更加谨慎，更应对其所涉及的前置性行政法律规范适用这一原则。

3. 虽然承认适用前置性行政法律规范遵循从旧兼从轻原则会对法秩序的安定性造成一定冲击，但是，遵循这一原则符合发展红利全民共享的原则，体现法秩序与时俱进的特征，总的来看利大于弊。恩格斯曾言：“在现代国家中，法不仅必须适应于总的经济状况，不仅必须是它的表现，而且还必须是不因内在矛盾而自己推翻自己的内部和谐一致的表现。”这句话表达了两层含义：其一，法律根植于经济基础之中，随经济基础的变化而变化，是经济基础的体现，由经济基础决定；其二，法律具有自身的相对独立性，追求自身体系的协调，具有内部的和谐一致性，只有法律体系的整体结构协调，才能顺利地发挥它的功能，并在法律体系不断消除内在矛盾的协调过程中，反作用于经济基础。倘若听任法内在矛盾无限滋生和发展，它的功能就会被削弱以至于消失，于是法就不再是良法了。因此，刑法不仅应该与经济发展同向而行，及时作出修改和解释，追求刑法与市场经济发展的外部和谐一致性；同时在法律体系内部，也要注重与其他部门法特别是行政法的内在和谐一致性。法律体系是一个有机的统一整体，行政法律规范中的行政违法性条款与刑法中的行政犯定罪量刑条款存在紧密联系，在立法、解释和价值判断上，均应保持协调和统一。这也就意味着，在对行政犯进行定罪量刑时，不仅刑法应遵循从旧兼从轻原则，而且前置性行政法律规范也应遵循该原则，唯其如此，才是符合市场经济发展以及法律体系和谐一致要求的良法善治。

综上，笔者认为，无论是一审、二审还是再审的刑事审判中，前置性行政法律规范同样应遵循从旧兼从轻原则,同时应对落后的法律规定作出修改。作为典型的行政犯,虚报注册资本罪的适用需满足当前市场经济发展的要求,具体而言是需符合当前我国授权资本制的公司资本制度的要求;同时保持虚报注册资本罪的刑法条款与前置的行政法条款之间的和谐一致性,即考察公司法中的相关前置性条款来认定出资比例、出资日期、最低注册资本限额等。在顾案审理过程中,全国人大常委会于2005年10月对公司法进行了重大修订,将注册资本中包含无形资产在内的非货币财产出资比例上限提高至70%,故而,本案中超出法定上限的无形资产出资比例已由55%降至5%,违法性程度显著降低。原审法院虽然也注意到了公司法对无形资产占比的调整,却将此作为顾雏军虚报注册资本罪中的"量刑因素"加以考虑。笔者认为,公司法的这一修订发生在本案审理期间,直接影响行为的违法性和社会危害性的判断,关乎罪与非罪的重大问题,本着有利于被告的精神,应适用从旧兼从轻原则,将其与刑法第十三条"但书条款"的适用联系起来,作为"定性因素"加以考虑。据此,本案中顾雏军虚报注册资本的行为,刑法意义上的违法性和社会危害性已经显著降低,属于情节显著轻微,危害不大的行为。

第二,行为目的与虚报注册资本罪的主观故意存在明显区别。

在公司变更登记过程中,顾雏军等人实施了以6.6亿元的不实货币资本置换等值无形资产的行为,是因无形资产占比过高,为了满足法律的形式要求,降低无形资产在注册资本总额中的比例,完善公司登记的相关手续,这与虚报注册资本罪的行为和主观故意有明显区别。

第三,虚报注册资本行为的实施与当地政府的违规支持有关。

在顺德格林柯尔公司设立时,其凭借原顺德市容桂镇政府(后更名为容桂区办事处)出具的担保函,在未经验资与评估的情况下,完成了公司设立登记并取得营业执照。后因该公司的无形资产比例高达75%,工商部门不予核准年检,又由容桂区办事处出具函件,使工商部门核准了该公司的年检。因此,在其后变更登记的过程中,顾雏军等人实施的虚报注册资本行为,是原违规设立登记、核准年检的延续,其违法性和社会危害性的产生,当地政府也有不可推卸的推波助澜的作用。当地政府本应在最初发现问题的时候予以纠正，却一再纵容乃至违规支持，在公司设立、核准年检的过程中起到了不当作用，因此当地政府理应对顾雏军虚报注册资本案的发生承担一定的责任，不应由顾雏军等人负全部责任。

第四，从行为后果看，虚报注册资本行为未给公司带来损失。

顾雏军等人为解决注册资本结构不符合法律规定的问题，在变更登记的过程中以6.6亿元的不实货币资本置换了等值的无形资产，但是并未将这部分无形资产抽走，而是转作公司的资本公积金。换言之，顾雏军等人的行为仅仅是改变了公司的注册资本结构，并未造成公司注册资本总额的损失。

综上，顾雏军等人虚报注册资本行为符合刑法第十三条“但书”的规定，属于情节显著轻微，危害不大的行为，可以不追究刑事责任。

三、从刑法谦抑性来看，资本刑法不宜过度介入经济发展

刑法应当具有谦抑性。刑法谦抑性体现为刑法的补充性和最后性，即对于某种危害社会的行为，国家只有在民事、行政法律手段和措施干预无效时，才能运用刑法的方法。因此，运用刑法手段解决社会冲突，应当具备以下两个条件：危害行为必须具有相当严重程度的社会危害性；作为对危害行为的反应，刑罚应当具有不可避免性。

首先，本案中顾雏军等人虚报注册资本行为的刑事违法性和社会危害性显著轻微，并未达到足够严重的程度，尚属行政违法的范畴。其次，顾雏军出资的方式是企业内部的、非交易性的不当操作，理应由国家管理性规定即行政法进行干预，且公司法对虚报注册资本行为也规定了明确的法律责任。最后，虽然市场经济飞速发展，但是我们对于市场经济的本质和规律的认识还不够深入，很多制度仍在探索和试验之中，对于一些新生事物，作为“最后法”的刑法更应节制，应更多地保持一种观望的态度，而不宜贸然介入，更不能陷得太深。要特别注意避免使资本刑法及其罪名沦为地方司法机关插手经济纠纷、干预经济生活、阻碍经济发展的“帮凶”，更要注意防止虚报注册资本罪以及虚假出资、抽逃出资罪等成为民营企业家的“原罪”。要在严格依法办事的前提下，树立谦抑审慎理念下的司法善意，对通过民事、行政法律手段就能妥善处理的经济案件，不使用强制手段，努力以较小

成本取得较好效果。要严格区分经济纠纷与犯罪的界限,准确把握经济违法行为入刑标准,严防刑事执法介入经济纠纷。对涉嫌违法的企业和人员,要依法慎重决定是否采取拘留、逮捕和查封、扣押、冻结等强制措施;确实需要查封、扣押、冻结财产的,要严格依法进行,防止超标的、超范围,最大限度地减少对企业正常生产经营的不利影响;对已经查封、扣押、冻结的涉案财产,要严格区分违法所得与合法财产,对违法所得要依法予以追缴、上交国库,对合法财产要依法尽快返还。

顾雏军案再审改判的法治理念体现

王秀梅*

2019年4月10日，最高人民法院对顾雏军案作出了再审判决，本案历时14年，终于尘埃落定。再审审理秉持实事求是、依法纠错、不搞“一风吹”的理念，在很大程度上对一审、二审进行了纠正，同时引导企业家在创业、经营过程中严格遵守法律制度，做到遵纪守法、坚守底线。再审对顾案的改判，体现了现代法治理念的要求，笔者对其颇为赞同。本案作为涉民营企业产权问题的典型案例，毫无疑问将成为民营经济发展的转折点，必将因其在全面推进依法治国战略中的重要意义而载入史册。

一、本案再审改判坚持了用发展的观点看问题

习近平总书记在2018年11月1日召开的民营企业座谈会上指出：“对一些民营企业历史上曾经有过的一些不规范行为，要以发展的眼光看问题，按照罪刑法定、疑罪从无的原则处理，让企业家卸下思想包袱，轻装前进。”[①]这就要求司法机关在办理有关企业产权案件时，要坚持以发展的眼光看问题。

发展的观点要求立法应顺应经济发展的需要作出适当调整。很多行为尤其是行政犯所涉及的行为，其社会危害性会随着经济基础的改变而改变，这一方面与经济发展的实际需求有关；另一方面与经济发展的过程中社会对某一行为的认知逐渐趋于理性有关，人们对某一行为的社会危害性评价不会一直保持不变。此时就需要立法及时介入，法律应当为经济的发展保

* 王秀梅，北京师范大学法学院教授，博士生导师。

① 习近平：《大力支持民营企业发展壮大》（二〇一八年十一月一日），载《习近平著作选读》（第二卷），人民出版社2023年版，第209－210页。

驾护航。此时刑法虽然需保持谦抑性,但是并不等于缺席,而应认真考量“罪之谦抑”和“刑之谦抑”,做到或入罪或出罪,或加刑或出刑。虚报注册资本罪作为典型的行政犯,更是与经济发展息息相关。实践证明,随着改革开放的深入推进,公司法一再修改公司资本制度,降低虚报注册资本行为的违法性;相关立法、司法解释也在追随公司法的变化,相应地提高了虚报注册资本罪的入罪门槛。例如,最高人民检察院、公安部联合出台的《关于严格依法办理虚报注册资本和虚假出资抽逃出资刑事案件的通知》规定,除依法实行注册资本实缴登记制的公司以外,对申请公司登记的单位和个人不再以虚报注册资本罪追究刑事责任。

发展的观点要求司法应摒除旧的思想观念,推陈出新、勇于探索、勇于改正,在实践中取得看得见的进步。此次顾雏军案的再审判决即是着眼于企业家权益的维护,坚持了司法为民和公正司法的理念,坚持了实事求是、依法纠错和罪刑法定的原则。再审纠正了顾雏军案中存在的一些事实认定错误、法律适用错误,最终实现了对顾雏军等人所实施行为的准确定性。

本案具有的重要发展观价值还在于其是由个案正义到实现普遍正义的又一次重大迈进。本案再审,必将增强未来对民营企业产权保护和民营企业家司法保护的力度,深刻体现了“促进经济社会和人全面发展”的观点。

二、本案再审改判体现了公开、公平和公正的原则

首先,本案再审审理中,最高人民法院首次采用了“旁听+融传媒”的方式实现司法公开,例如,通过官方微博、中国法院网、最高人民法院网站、中国庭审公开网等多种途径对庭审的相关内容进行预告、直播,全方位地将案件审判的具体细节呈现给广大的人民群众,最大限度地满足了人民群众的知情权、监督权,以让人民群众看得见的方式实现了法律的正义价值,彰显出公正司法、阳光司法的法治精神。

其次,在本案再审的过程中,从程序到实体,从控方到辩方,各项权利都受到了法庭的尊重和保障。顾雏军案的再审体现了审判活动由“侦查中心主义”向“审判中心主义”的转变,彻底实现了庭审的实质化。公平公正不是以当事人的诉求是否得到完全满足来衡量的,也不是用此案与彼案的横向

比较结果来衡量的，而是就案件本身适用的法律标准和社会标准进行合理评价，不仅让“让人民群众在每一个司法案件中感受到公平正义”，而且让人民群众看见正义实现的过程。

再次，本案的再审贯彻了刑法谦抑性的要求，体现了司法公正。刑法作为一切法律的后盾法，只有在其他法律无法规制的情况下才会介入，此时意味着行为具有严重的社会危害性，具有不可避免的刑事可罚性，这就要求刑法必须谨慎、克制。本案所涉及的行为都属于经济违法犯罪行为，尤其是虚报注册资本行为，更多的由行政法进行规制更为公正、合理。而且在目前市场经济的快速发展时期，会出现各种新事物、新行为，此时刑法不宜贸然介入，否则容易干扰市场经济的健康发展。

最后，坚持实事求是、依法纠错，不搞“一风吹”，彰显了司法公正。一是顾雏军案再审过程中坚持实事求是，依法纠错。本案再审适用从旧兼从轻原则，重新评价顾雏军等人虚报注册资本行为的违法性和社会危害性，撤销了其所涉的虚报注册资本罪的定罪；以原审适用罪名不当，危害结果证据不足，撤销了其违规披露、不披露重要信息罪的定罪；以有从轻情节，减轻了其挪用资金罪的刑罚。判决做到了“全部错全部纠、部分错部分纠”，最大限度地实现了司法公正。二是不搞“一风吹”。顾雏军案历经 14 年，受到了社会的广泛关注，其中不乏顾雏军完全无罪的声音，这对再审既是压力也是动力。为还原事实真相，回应社会质疑，维护法律权威，最高人民法院的再审力求实事求是，撤销了顾雏军两项罪名，同时支持了原审认定的挪用资金罪，且指出撤销的两项罪名所涉行为虽然不具有刑事可罚性，但是绝不意味着其不需承担任何法律责任，而仍然要受到相应的行政处罚。再审改判实事求是，一方面保护了民营企业的产权，维护了民营企业家的切身利益，对未来非公有制经济的平稳发展具有不可估量的作用；另一方面也起到了警示、引导、教育民营企业的作用，通过对顾雏军等人的行为进行事实认定和法律认定，警示民营企业“可为”与“不可为”的界限，教育、引导民营企业合规、合法地健康发展。

三、本案再审改判体现了对非公有制经济主体的产权平等保护的精神

不可否认，一直以来我国都存在“重国有、轻民营”的观念，但是事实证

明,改革开放40多年间,民营企业为我国的经济发展作出了不逊于国有企业的贡献。而与此同时,法律带给民营企业的枷锁,使民营企业一开始就带有“原罪”,其突出表现在民营企业的产权保护问题上,这令民营企业的发展处处受到掣肘,从而不可避免地影响整个市场经济的健康发展。中西方的先哲们对此早有明言,孟子曾说:“有恒产者有恒心,无恒产者无恒心”;有现代经济学之父之称的亚当·斯密主张:“经济自由应由市场决定经济,而产权则是市场交易的基础”。

市场经济发展初期,我国法律对民营企业的产权限制带有不可忽视的计划经济色彩,一方面市场准入的门槛过高;另一方面市场运作的过程中处处艰难。这在市场经济迅猛发展的过程中很快暴露出弊端,产权平等保护的呼声越来越强烈。

顾雏军案的再审,正是坚持及贯彻产权平等保护理念的具体体现。随着经济的发展,产权平等理念已经逐渐融入人们的思想认识之中,例如再审适用的2005年公司法就是顺势而为降低了公司的注册门槛,改革了公司资本制度。虽然本案所涉的虚报注册资本罪的刑法条文未进行过修改,但是刑法是行政法的补充法,并且该罪的适用需援引前置的行政法规范,因此在适用刑法的过程中理应与行政法做到价值衡量和理念上的一致,这也符合法律体系协调性的要求。故而再审中,刑法的适用坚持了和行政法一样的产权平等理念,从而作出了符合产权平等保护要求的判决。此次改判有力地贯彻与落实了党中央全面依法治国的战略,极大地增强了企业家创业、管理经营过程中的安全感,在产权保护方面具有的重要价值,也对今后此类案件的审理具有示范效应。

值得欣慰的是,近年来,一系列关于产权平等保护的法律文件相继出台:公司法分别于2013年和2018年又进行了两次修改,进一步改革了公司资本制度。2014年12月底,最高人民法院发布了《关于依法平等保护非公有制经济促进非公有制经济健康发展的意见》,明确了非公有制经济主体的合法权益将依法受到保护,其中强调“最大限度减少对涉案非公有制经济主体正常生产经营活动的影响”。2016年11月4日,中共中央、国务院发布了《关于完善产权保护制度依法保护产权的意见》,其中指出:“加强产权保护,根本之策是全面推进依法治国。"2018 年 1 月 2 日,最高人民法院出台的《关于充分发挥审判职能作用为企业家创新创业营造良好法治环境的通知》强调,对企业家在生产、经营、融资活动中的创新行为,只要不违反刑事法律的规定,不得以犯罪论处;对于在合同签订、履行过程中产生的民事争议,如无确实充分的证据证明符合犯罪构成要件的,不得作为刑事案件处理。显而易见,推动我国产权平等保护是大势所趋,且正逐渐趋于制度化、法治化。

四、本案再审改判遵循了良法善治要求,实现了法律效果和社会效果双赢

法治是法律之治、良法之治。十九大报告强调,"以良法促进发展、保障善治"实现"良法善治"。简单而言,良法善治的最终要求即是达到法律效果和社会效果的双赢。良法是法治的理性追求,是善治的前提和保障;善治是法治理想的实现,是良法的具体运作。因此,最终的社会效果和社会效果的实现离不开良法善治。

首先,以良法为依据。本案再审正确适用法律,依法改判,体现了良法的作用。例如,顾雏军等人实施了虚报注册资本的行为,公司法的修改,降低了这一行为的违法性和社会危害性,这是顺应经济发展需要、符合市场经济发展规律、体现广大人民意志而作出修正的良法。

其次,善治的实施。对顾雏军案的纠错判决严格遵守了从旧兼从轻、罪刑法定、法不溯及既往等重要的法律原则,体现了办案的法律效果。该案也具有司法指导案例的作用,能够统一裁判尺度,有助于民营企业涉产权案件错案冤案甄别机制的建立。2018 年 11 月 1 日,习近平总书记在民营企业座谈会上强调,"要甄别纠正一批侵害企业产权的错案冤案"。[①] 此次对顾雏军案的再审,正起到了卸下企业家的包袱、纠正冤假错案的重要作用。该再审判决不仅具有很强的个案针对性,而且具有较强的社会示范效果,一方面体现了对非公有制经济主体的平等保护;另一方面也警示企业家增强法律意识、加强企业合规文化建设,增强企业的社会责任,引导民营企业的健康发展。

---

① 习近平:《大力支持民营企业发展壮大》(二〇一八年十一月一日),载《习近平著作选读》(第二卷),人民出版社 2023 年版,第 210 页。

关于顾雏军案中挪用资金罪的看法

时延安*

挪用类犯罪,实际上是属于一种滥用职权类的犯罪,是具有一定职权的人利用职务上的便利,挪用资金归自己使用的行为。对于非国有公司、企业而言,挪用资金行为会严重影响到公司、企业的正常经营活动,会使这些单位的财产处于高风险的状态,因而这种行为是一种侵害财产权的行为;同时,将本单位资金归个人使用,这些具有职权的行为人严重背离了投资者、股东的信赖,因而这种行为也属于一种背信行为。对顾雏军案中挪用资金行为定性存在的争议,就应当从挪用类犯罪的本质来加以分析。

原审法院认为顾雏军构成挪用资金罪,其理由就是,顾雏军指使他人挪用科龙公司2.9亿元人民币用于注册扬州格林柯尔公司。由于涉案款项是通过江西格林柯尔、天津格林柯尔等公司转移到扬州格林柯尔的验资账户上,因而表面上从科龙到江西格林柯尔,从江西格林柯尔到天津格林柯尔,系单位之间的资金拆借行为,但从整个资金流向来看,涉案款项就是从单位转移归个人使用,具体而言,就是用于顾雏军、顾善鸿设立自然人性质的扬州格林柯尔。

在最高人民法院再审此案时,原审法院的这一事实认定并没有被推翻,最高人民检察际出庭检察员也坚持认为,顾雏军该项行为构成挪用资金罪,原审法院对该起事实认定和法律适用无误;辩方虽认为该挪用行为不构成挪用资金罪,但并不否认顾雏军将涉案的2.9亿元资金用于个人注册扬州格林柯尔。在上述事实认定无误的情况下,主要存在对法律适用的争议。从最高人民法院庭审情况来看,双方争议在两个层面上展开:一是,就现有法

* 时延安,中国人民大学刑事法律科学研究中心主任、教授。

律及司法解释规定而言,顾雏军的行为是否属于挪用本单位资金归个人使用;二是,关于挪用资金罪的刑法规定及司法解释规定的合理性问题。

关于第一个问题,如前所述,如果原审法院就该事实认定是正确的话,顾雏军指使他人将单位资金挪用给个人用于个人注册新公司,那么其行为构成挪用资金罪。对此,2003 年 11 月 13 日最高人民法院在《全国法院审理经济犯罪案件工作座谈会纪要》中规定,“申报注册资本是为进行生产经营活动作准备,属于成立公司、企业进行营利活动的组成部分。因此,挪用公款归个人用于公司、企业注册资本验资证明的,应当认定为挪用公款进行营利活动”。该解释性文件虽然没有对挪用资金罪作直接规定,但该条解释原理可以直接适用于挪用资金罪,即挪用单位资金用于个人公司注册资本的,应以挪用资金罪论处。顾雏军挪用资金的行为虽然发生在该解释性文件出台之前,但该解释性文件给出的判断规则,应当适用于该解释性文件出台前的案件。《最高人民法院、最高人民检察院关于适用刑事司法解释时间效力问题的规定》对司法解释时间效力的界定,看起来是采取“从旧兼从轻”的原则,但实际上,兼顾了司法解释相对于法律的附属性和独立性:附属性的一面表现在,司法解释对法律进行解释,如果法律没有变化,那么,司法解释应适用于解释出台前的行为(该解释第二条);独立性的一面表现在,当出现旧解释在行为时有效,而新解释在审判时有效的情况,那么,采用有利于被告人的解释,即形成“从旧兼从轻”的效果,不过,存在新旧解释冲突的,主要是司法解释对作为定罪“门槛”的数额、数量的规定。从这个特点可以看出,司法解释中对法律条文内涵、裁判规则进行界定和明晰的规定,应采取附属性的理解,即司法解释可适用于法律生效后、该司法解释出台前的行为;而对属于定罪“门槛”的量的要素的规定,应采取独立性的理解。就本案而言,对何谓“归个人使用”,即属于对刑法规定的行为要件的解释,应当从司法解释附属性的角度加以理解,即《全国法院审理经济犯罪案件工作座谈会纪要》中对“归个人使用”的解释,应适用于本案。

关于第二个问题,可能是再次讨论顾雏军案的焦点。也就是说,类似于顾雏军这样的行为,是否应作为犯罪处理?刑法及司法解释如此规定是否合理?这个问题显然不是单纯的法律适用问题,实际上是对挪用类犯罪立法及司法解释正当性的挑战。无论是在顾雏军案发生的2002年,还是在最高人民法院再审此案的2018年,在私营单位之间进行资金拆借的情况比较常见,私人与单位之间借款的情况也常有发生,因而一旦发生利用职务上的便利将本单位资金挪用给个人使用的情形,就会有人认为,这是市场不规范行为而已,不应作为犯罪处理。如果仅仅以罪刑法定原则作为这类案件入罪的理由,通常无法说服持这种观点的人。对此,应当从公司、企业与市场关系的角度进行分析,而不能将挪用资金行为简单归为"市场不规范行为"或者因其屡见不鲜而不认为是犯罪。

挪用资金行为的危害性主要体现在三个方面:一是,给本单位财产所有权带来现实的风险。因为资金一旦流出归个人控制,就会对本单位正常的生产经营造成实质影响,同时也就带来该笔资金失控而导致损失的现实可能性。因而,不能以该笔资金事后"完璧归赵"认为挪用资金对单位没有造成影响。二是,对本单位投资人、股东乃至其他职工造成影响。公司、企业单位负责人的职权系受投资人、股东委托而形成,其职权具有派生性,其滥用职权挪用资金(尤其是大笔资金)的行为,实际上严重违背了自己的职责,会给本单位的相关权利主体造成现实的权利侵害。因而,不能因为单位负责人对本单位具有重大贡献或者拥有实际操控权,就否认其违背了职责。三是,对市场活动产生影响。挪用资金归个人使用,多数是进行经营活动或者违法活动,从现实发生的案件来看,主要是用于个人经营活动即为自己谋取私利。由于其资金来自单位,因而会对其他市场主体构成某种形式的"虚假陈述",会影响其他主体相应的判断和市场行为,进而会影响到后者的实际利益。因而这种行为也会扰乱正常的市场经济秩序。总之,有关挪用资金罪的刑事立法和司法解释的规定具有合理性和正当性。所以,基于法律和司法解释进行的司法判断应当予以坚持,也会得到社会公众的支持。

实务探讨

以程序正义保护合法产权

陈光中*

2017年12月28日，最高人民法院发布消息，对张文中案、顾雏军案和李美兰案三起重大涉产权案件依法启动再审，其中前两起刑事案件由最高人民法院直接提审，另一起民事案件由江苏省高级人民法院指定南京市中级人民法院重审。

人民法院能够对这些社会反响较为强烈的涉产权案件启动再审，而且其中的两起刑事案件还是由最高人民法院直接提审，这无疑让人们强烈地感受到党和国家越来越重视依法保护产权、切实加大民营企业合法权益保护力度的坚定决心，推动构建更为公正昌明的法治环境，促进涉产权案件得到公平公正处理，极大地树立了企业家发展创业的信心，推动了经济社会健康有序地向前发展。

常言道，有恒产者有恒心，保护产权也是保障人权。产权制度是社会主义市场经济的基石，保护产权是坚持社会主义基本经济制度的必然要求。产权是否得到切实保护，直接关系到人民群众的财富安全感，关系到投资者投资信心及社会经济的平稳发展。改革开放以来，我国不断加大产权保护的力度，但由于各种原因，仍然存在公民产权受到不当侵害的现象。

党的十八大以来，以习近平同志为核心的党中央高度重视产权保护工作。党的十八届三中、四中、五中全会明确提出，国家保护各种所有制经济产权和合法利益，强调要健全以公平为核心原则的产权保护制度，推进产权

---

* 陈光中，中国政法大学教授，博士生导师。

保护法治化。2016年11月,中共中央、国务院发布《关于完善产权保护制度依法保护产权的意见》,对完善产权保护制度、推进产权保护法治化有关工作进行了全面部署。党的十九大报告对于产权保护进一步提出了明确具体要求。

人民法院依法决定再审三起与民营企业有关的重大涉产权案件,是全面贯彻落实中央关于依法保护产权决策部署的重要体现。当前,我国仍然处于社会主义初级阶段这一历史判断没有改变。在中国特色社会主义经济制度下,所有制形式是多元的而非单一的,非公有制经济不仅是必要的而且是不可缺少的。这就要求我们对于不同形式的所有制的经济主体及其财产权利,都要给予同等的保护。无论制定发展政策、调整产业结构还是进行相关行政、司法保护,都必须体现对各类市场主体平等保护的原则,使各种所有制经济权利平等、机会平等、规则平等,确保公有制经济和非公有制经济财产权都不受非法侵犯,让财富拥有者感到安心、安定、安全。

历史形成的涉产权案件,往往时间跨度较长、形成原因复杂。妥善处理此类案件,既有严格的法律性,又有严肃的政策性;既要取得好的法律效果,又要取得好的社会效果和政治效果,这对人民法院的审判工作来说是一项重大挑战。

对这些案件的再审,一方面应当坚持实事求是、依法纠错原则,以事实为根据,以法律为准绳,尊重历史,准确把握立法精神,用发展的眼光客观看待和依法妥善处理改革开放以来各类企业特别是民营企业经营过程中存在的不规范问题,结合各个时期经济发展的形势和政策,认真研究把握,严格公正司法。另一方面要维护程序正义,对符合再审条件的申诉案件,依法启动再审程序,对其中确有错误的生效裁判,坚决予以纠正,从程序上保障合法产权,强化审判监督的司法救济功能,充分体现法律和政策导向功能。为此,笔者认为:

一是要充分保障当事人的诉讼权利。充分尊重、依法保障当事人的申请权、申诉权、知情权、陈述权、辩护辩论权和处分权等权利,畅通申诉渠道,做好诉讼服务。

二是要强化程序监督。对涉产权申诉案件,要加强审级监督,上级法院可以提审和改判的,不宜指定再审和发回重审,强化对下级法院办理涉产权案件的监督和指导,防止程序空转,同时要注重发挥检察监督的作用。

三是要严守法定的诉讼程序。要充分听取申诉人的意见。突出以审判为中心,发挥庭审功能,注重裁判说理,强化司法公开。加强司法救助与法律援助,为确有困难的涉诉民营企业及投资人减轻负担。

总之,在经济社会不断发展,法治中国建设大力推进的新时代,既要高度重视对公民人身自由权利的保护,也要高度重视对社会主体财产权利的保护,坚持人身权和财产权的保护二者并重,实现既不断增强人民群众的人身安全感,又切实做到保障公民法人的财富安全感。我甚至认为,从一定意义上来看,对这三起案件决定再审,其重大意义或许不亚于最高人民法院决定再审聂树斌故意杀人、强奸妇女案等普通刑事错案,这是努力让人民群众在每一个司法案件中感受到公平正义的应有之义,必将在全面推进依法治国和促进公正司法的大道上留下精彩的一笔。

守住产权保护的最后关卡　再审程序大有可为

樊崇义*

2017年12月28日，最高人民法院发布消息：人民法院依法再审三起重大涉产权案件，其中，张文中一案由最高人民法院直接提审，顾雏军一案由最高人民法院第一巡回法庭提审，李美兰一案则指定江苏省南京市中级人民法院重审。虽然，再审程序的启动并不意味着审判结论的尘埃落定，但对这三起在社会上有巨大反响的涉产权案件再审的决定本身就彰显了国家保护产权、贯彻尊重和保障人权原则和平等原则、畅通权利救济渠道的决心与魄力。

产权保护制度是社会主义市场经济的基石，是坚持社会主义基本经济制度的必然要求。在过去的三十多年里，我国一直在推进产权保护，但在转型时期，由于法律法规的不完善、实践操作过程中对政策的曲解等众多原因，在产权保护方面还是出现了一些问题，由此导致一些企业家和企业如履薄冰，以至于企业投资意愿不足、投资力度不够，甚至出现了企业家转移资产的现象。有鉴于此，我国近年来在法律政策方面大刀阔斧地出台了一系列的产权保障规定：宪法重申了非公有制经济在社会主义市场经济中的地位以及对公民合法私有财产的保护；物权法则不仅明文规定了对公民私有财产的平等保护和公民合法私有财产不受侵犯，还针对历史和现实中严重侵犯公民私有财产的违法行为，创设了各种法律对策；2016年11月，中共中央、国务院发布的《关于完善产权保护制度依法保护产权的意见》则进一步指出，要妥善处理历史形成的产权案件，坚持有错必纠，抓紧甄别纠正一批

---

* 樊崇义，中国政法大学法学教授，博士生导师，中国政法大学国家法律援助研究院名誉院长，北京师范大学特聘京师首席专家。

社会反映强烈的产权纠纷申诉案件，剖析一批侵害产权的案例。

最高人民法院此次对三起重大涉产权案件再审，正是人民法院对国家立法和政策精神的贯彻和践行。正如中央领导同志所指出的那样，一个案例的影响力可能丝毫不亚于一沓文件，甄别、纠正产权纠纷案件具有重要意义！具体而言，案件再审过程本身就是对法治理念、法律规则的生动阐释。如果案件确有错误，人民法院秉持依法纠错原则，对案件判决坚决依法予以纠正，可以彰显国家保护产权的决心与魄力，能够给予民众尤其是企业家以信心与安全感，给恒产者以恒心；如果此前法院判决确无错误，再审法院则在事实调查和法律解释清楚的前提下，坚决依法维护司法的既判力，既能消除当事人的不满与社会上的疑问，又能宣传法律政策规定，提升司法公信和司法权威。

此外，此次涉产权案件的再审彰显了尊重和保障人权原则和平等保护原则。宪法和刑事诉讼法均规定了尊重和保障人权原则。刑事诉讼法是一部规范公权力运行，保障私权利的法律。在刑事诉讼过程中加强对私权的保护，不仅体现在要保护犯罪嫌疑人、被告人、被害人等诉讼参与人的辩护权、诉权等诉讼权利上，还体现在保护公有制经济和非公有制经济主体的财产权方面。在当前依法治国的大环境中，非公有制经济的保护已经提到了议事日程，在此背景下，尤其要强调、突出对非公有制经济发展的保护。如果说刑法在保护市场经济方面所担负的责任是在认定罪与非罪时严格遵循罪刑法定原则，摒除“公”“私”偏见，并以谦抑性的精神处理民刑交叉案件的话，那么刑事诉讼法在处理涉产权案件中，则发挥着规范涉案人员的强制措施、涉案财产处置、涉案企业的处理等方面的作用。具体而言，在决定是否对涉案人员采取强制措施以及采取何种强制措施时，要严格依法进行，进一步细化涉嫌违法的企业和人员财产处置规则，依法慎重决定是否采取相关强制措施。可采取、可不采取的强制措施坚决不采取；如果必须采取的，尽量为企业预留必要的流动资金和往来账户，让资金链尽量不断裂，最大限度地降低对企业正常生产经营活动的不利影响。企业家涉及刑事案件的，区别民营企业家的合法财产和非法财产，不能罚没个人合法财产；划清民营企业家的个人财产和企业法人财产，个人涉案时不能殃及企业财产，企业涉案时不殃及股东个人财产;要区分企业家个人财产和其家庭成员的个人财产。人民法院在办理涉产权案件时,尤其是在办理涉及非公有制企业的案件时,应当坚决防止发生不讲方式方法、随意性司法、选择性司法等问题;应当认真听取非公有制企业对法律服务的意见,依法打击诈骗、盗窃、职务侵占等破坏非公有制企业生产经营的犯罪,应当敢于纠正一些公权力机关违法插手经济纠纷的做法,坚决惩治国家工作人员利用市场监管、社会管理和公共服务等职务之便侵害非公有制企业合法权益的职务犯罪案件;在当事人申诉时,应当畅通申诉案件的立案渠道,规范适用再审审理程序,通过对一些重大涉产权案件的再审宣示国家对非公有制经济的平等保护和重视。从这个角度来说,人民法院在保障市场经济健康良好发展方面大有可为!各级法院还应当通过案件审判,包括再审,落实平等保护的要求,营造出一个公平公正的法治环境。在审判过程中,应当更加注重落实以公平为核心的产权保护制度,确保不同产权主体的诉讼地位平等、诉讼权利平等和法律适用平等,毫不动摇地巩固和发展公有制经济,同时毫不动摇地鼓励、支持、引导非公有制经济发展。

最后,此次涉产权案件再审的意义不只在于个案得到公正审判,更在于通过再审程序倒逼此类案件依法审判,统一司法适用的标准和防范冤假错案的发生。《中共中央关于全面推进依法治国若干重大问题的决定》指出:推进依法治国,必须“保证公正司法,提高司法公信力”,“落实终审和诉讼终结制度,实行诉访分离,保障当事人依法行使申诉权利”。我国长期存在再审程序启动难的问题,2013年,全国所有的法院刑事再审案件的总数只有2 785件,再审率只有0.29%。此次最高人民法院一次性决定三起案件的再审,显示了我国法律保障公民诉讼权利,畅通申诉渠道,充分尊重和依法保障当事人的申请权、申诉权、知情权、陈述权、辩护辩论权和处分权的决心。此外,这三起案件中的两起由最高人民法院提审,显示了最高人民法院在依法纠正涉产权案件过程中的敢于担当精神,这一做法也给予以后的再审案件一个重要的启示,即案件可以由上级法院提审的,上级法院应当主动作为,依法提审,不要再像过去那样,再审往往都发回下级法院重审。最高人民法院对刑事再审案件从过去的发回重审到现在越来越多地直接提审,充分体现了最高人民法院司法改革的不断深化,也充分说明最高人民法院通过个案审判监督指导下级法院公正司法的导向。这种做法对于最高人民法院强化对下级法院办理产权案件的监督和指导,依法及时审结再审案件,加强人权法治保障,减轻当事人的讼累和节约司法资源,都具有标志性意义。

顾雏军案再审开庭审理十大亮点

司　楠*

2018年6月13日至14日,最高人民法院在第一巡回法庭大法庭公开开庭审理了顾雏军等虚报注册资本,违规披露、不披露重要信息,挪用资金再审一案,该案由最高人民法院审判委员会专职委员、第一巡回法庭庭长裴显鼎大法官担任审判长,第一巡回法庭副庭长张勇健和主审法官罗智勇、司明灯、刘艾涛为合议庭组成人员,石冰、罗灿担任法官助理,书记员张燕清担任法庭记录。笔者有幸全程参与旁听该案审理,亲身感受了一场紧张有序、充实精彩的高水平刑事庭审。回顾此案的再审庭审过程,可谓精彩频出,亮点多多,主要概括为以下十个方面:

一、充分保障辩护权行使

辩护权是法律赋予刑事案件当事人的基本诉讼权利,辩护权的充分行使不仅有利于查明事实真相,更有利于刑事人权司法保障。在本次庭审中,合议庭充分保障原审被告人及其辩护人的辩护权行使,主要表现在两个层面:一是充分保障了当事人本人的辩护权行使。在本案的庭审过程中,对于7位原审被告人,法庭并未因为原审被告人人数众多而缩减其辩护权行使的机会,而是给予每一位原审被告人充分表达表达自己意见的机会,使每一位原审被告人对案件事实的认定、是否应承担刑事责任以及本案的法律适用等问题进行充分阐述。二是充分保障辩护律师依法行使辩护权。本案的7位原审被告人中除有2位未聘请律师外,其余5位原审被告人均聘请了1名至2名律师,这些辩护律师无论在法庭调查过程中针对相关证据质证所进行

* 司楠,中国人民大学诉讼制度与司法改革研究中心研究员。

的论辩,还是在法庭辩论阶段进行的全面意见阐述,法庭原则上都不予打断。

6月14日的庭审,实际上全天都是进行法庭辩论。从上午8时30分开始,一直持续到下午6时30分,整整9个小时的法庭辩论中,绝大部分时间都是由被告人及其辩护人在发表辩护意见,辩方第一轮发言历时6小时,其中一位辩护人的第一轮发言便用了近1个半小时。如此充分保障当事人及其辩护人的辩护权行使,体现了最高人民法院对当事人申诉权利的高度重视,不仅受到原审被告人及其辩护人的好评,而且受到旁听该案的全国人大代表、全国政协委员、刑事法学专家及有关方面代表的高度赞赏。

二、及时依法妥善处理当事人回避申请

在顾案再审开庭审理过程中,一开始,原审被告人顾雏军便提出要求最高人民检察院指派的2位检察人员回避。在刑事案件审理中,法律赋予当事人及其辩护人申请回避权,目的是保障参与案件审理的相关司法人员都与案件无利益牵涉,从而确保案件得到公正处理。然而,当事人行使回避权,不能随意而为,必须具有法律规定的理由。

本案当事人提出了回避申请,既涉及当事人的权利行使,又关系着庭审活动能否持续顺利进行,且在最高人民法院直接审理的刑事案件中尚属首次,必须依法妥善处理。虽然本案举行庭前会议时合议庭已明确强调,有关回避等程序性事项应在庭前会议时提出,否则便视为无异议,原审被告人在庭前会议时并未提出过申请,但其在庭审时提出要求2位出庭检察人员回避后,审判长裴显鼎并未简单地对此以其未在庭前会议时提出为由而置之不理,而是认真询问了其申请回避的具体理由。经询问了解到,其申请理由为:2位出庭检察员因履行职务需要将收集到的一份证据送交最高人民检察院司法鉴定中心进行审查,由有关专家出具了一份《技术性审查意见书》,顾雏军因对该证据及《技术性审查意见书》有不同看法,认为系伪证,2位检察人员参与了制造伪证,从而提出回避申请。从其申请回避的理由看,明显不符合我国2012年刑事诉讼法第二十八条、第二十九条规定的申请事由,因此,审判长裴显鼎在征询辩护人及检察员意见后,依法当庭驳回,既认真妥

善地回应当事人的回避申请,又保障庭审活动的持续顺利进行。

第二天法庭辩论环节开始前,顾雏军又以同样理由提出回避申请,审判长裴显鼎当机立断,再次当庭予以驳回。

三、对原判列举的检辩双方有争议的证据进行充分质证

再审案件的审理不同于一、二审案件的审理,应以已有生效裁判为基础,审理活动要解决的主要问题就是已有生效裁判是否正确。所以,再审案件开庭审理,在审理模式上也必须根据再审程序自身的特点,不能完全套用一、二审模式。本案的再审,既充分考虑检辩双方对于原判列举证据存在重大争议的基本现实,又照顾到本案系按照再审程序进行审理的特点,对于原审判决认定事实及列举的证据的审理,极具典范意义,具体表现为:

一是按照庭审实质化及"三项规程"的要求,充分发挥庭前会议的作用。通过庭前会议不仅处理好相关程序性问题,而且对相关事实及证据的主要争议点进行具体、全面地梳理,确定关于原判证据的争议焦点,从而为庭审奠定基础。本案庭前会议报告显示,在对原判列举证据进行梳理时,辩方分别对原判第一个罪名列举的59项证据中的24项、第二个罪名列举的71项证据中的66项、第三个罪名列举的49项证据中的34项证据提出异议,检方只对上述列举证据中的2项证据有不同意见。因此合议庭决定,法庭调查时只对上述有争议的证据进行再质证,对于无争议的证据不再进行质证。

二是为提高庭审效率,按照不同罪名,对同类证据分组进行质证。对于原判列举的证据,毕竟在原审时已进行过质证,庭前会议时也已初步听取过检辩双方的意见,再一项一项进行质证,既无必要,也会耗费太多时间,因此合议庭根据不同罪名,按内容进行分组,对虚报注册资本罪的59项争议性证据分5组,对违规披露、不披露重要信息罪的66项争议性证据分6组,对挪用资金罪的34项争议性证据分为7组进行质证,既有效保证了审理的集中性,提升了庭审效率,又切实保障了当事人及辩护人的质证权,对于回应争议、查明事实起到了非常良好的作用,为再审的法庭调查树立了典范。

四、高度重视检辩双方提交的新证据

在本案的再审程序中,除了对原审裁定中的证据进行审理,原审被告人

与检方均提供了新证据，针对检辩双方所提交的新证据，合议庭在庭前会议中组织双方进行了查阅，并在庭审中重点进行举证质证。

关于新证据，从法律规定来看，更侧重于原审被告人。我国刑事诉讼法不仅规定申诉人“有新的证据证明原判决、裁定认定的事实确有错误，可能影响定罪量刑的”应当启动再审，而且规定在案件审理过程中，当事人有权向人民法院提供新的证据。本案再审过程中，原审被告人顾雏军和张宏均向法庭提交了新证据材料，检察机关为核实相关证据也收集到了一些新证据材料，这些再审过程中提交的新证据材料，经庭前会议听取检辩双方意见后，对其中确属新证据的材料，确定纳入法庭调查，有针对性地进行举证、质证。这在一定程度上充实了本案的证据体系，为接下来合议庭对于事实的认定提供了更为全面的参考。

五、根据当事人申请调取相关新证据

在本案的再审过程中，原审被告人顾雏军申请最高人民法院向有关部门调取其依个人能力无法收集的证据。合议庭对此高度重视，依法向广东省科技厅、中国证监会、毕马威华振会计师事务所等单位发出调取证据通知，调取广东省科技厅2002年至2004年向顺德格林柯尔颁发《高新技术企业认定证书》情况、中国证监会2005年5月对科龙电器立案调查情况以及毕马威华振会计师事务所关于科龙电器现金流向的调查情况。庭审前，组织检辩双方对广东省科技厅〔2018〕749号复函、《中国证监会关于提供顾雏军案相关材料的复函》及毕马威华振会计师事务所《关于科龙电器现金流向调查报告》进行查阅，并根据庭前会议中检辩双方的意见，将从广东省科技厅及中国证监会调取的材料纳入法庭调查，进行重点质证。此举不仅有利于合议庭全面掌握证据材料，有效查明案件真相，而且在一定程度上弥补当事人在取证方面存在的天然不足，有利于实现刑事诉讼中检辩双方的基本平衡。

六、依法通知证人出庭作证

证人出庭作证是刑事诉讼法中所规定的了解案件情况公民所应该履行

的义务。申请证人出庭作证,是法律赋予当事人的诉讼权利。然而,在司法实践中,证人出庭的现状却并不乐观。在本案的再审程序中,原审被告人共申请5位证人出庭,最高人民法院经听取被申请人意见并根据案件办理需要,通知了2位证人到庭:一位是时任科龙电器营销人员的魏五洲,另一位是时任全国工商联副主席的谢伯阳(副部级)。二人就其了解的相关情况进行了陈述,并接受了检辩双方的询问。这在刑事案件审理中是不常见的,在最高人民法院审理的刑事案件中更是少之又少。此举的意义不仅仅限于该案的公正审理,更为未来我国刑事案件的审理树立了榜样。

此外,还有一个颇受关注的焦点,就是原审被告人顾雏军申请最高人民检察院原检察长贾春旺作为证人出庭作证。因贾春旺并非相关事实的亲历人,不属于法定证人的范围,故法庭并未通知其到庭,对此合议庭在庭前会议报告中作出了说明,检方也在庭审中给予了正面回应,从而处理得于法有据,合情合理。

七、依法通知有专门知识的人出庭提供意见

根据刑事诉讼法及相关司法解释,在涉及专业性问题时,可以申请有专门知识的人出庭提供意见。由于这是2012年刑事诉讼法修改所作出的新规定,实践中使用得并不太多。本案中,对于一份重要证据的真伪,检辩双方存在巨大争议,对此,检方申请最高人民检察院司法鉴定中心一名专业人员出庭提供意见,得到了法庭许可。

针对有专门知识的人出庭提供的意见,检辩双方展开了激烈的争论。合议庭对此给出了明确释明,即有专门知识的人不同于鉴定人,其参加庭审活动所发表的意见并非法定证据形式,只是在客观上对相关专业领域问题进行解释。

八、有效发挥法官助理在庭审中的作用

员额制改革是本轮司法改革中的一大亮点,随着员额制改革,审判人员分为员额法官与法官助理。按照相关规定,在庭审中,法官助理是不能直接参与案件讨论的,那么,法官助理参与庭审时,其职责和分工如何界定,目

前在整个司法界尚规定不明,各级法院的做法也不尽相同。此次庭审,对于法官助理的职责安排可谓恰到好处,法官助理不仅承担了庭前诉讼参与人身份核实、法庭纪律宣告等工作,而且负责通过 PPT 形式提示庭审流程环节、统一集中展示检辩双方视频证据等工作。此举不仅妥善减轻了庭审中书记员的工作负担,保障了书记员全身心投入庭审记录,提高了记录质量,而且解决了此前存在的法官助理参与庭审无事可做的问题,对于法官助理参与庭审的职责和分工进行了可贵的探索。通过法官助理借助视频提供的环节流程显示、检辩双方证据展示等,无论是诉讼参与人还是旁听人员,均可明了法庭审理的进程、质证证据的内容,从而极大地提升了法庭审理的质效,对于保障庭审顺利、高效、有序进行起到了良好的促进作用。

九、借助信息技术实现融媒体全程直播

顾雏军再审案备受社会关注,最高人民法院决定庭审活动全公开、全透明,然而由于旁听席位有限,通过多样化方式来保障审判的公开、透明就成为努力的目标。此次庭审采取了“旁听 + 融传媒”的方式,形成了法庭内外的两大公开场域。庭审通过中国法院网、庭审直播网、最高人民法院官网及官方微博进行全程图文直播。直播不仅包含了庭审的全部内容,更将庭审中的诸多细节,如被告人哽咽、审判人员维持法庭秩序等囊括其中,使得即使不在庭审现场的公众,也有身临其境之感。十几万字的庭审实录直观、全面、生动地展示了庭审实况。截至 2018 年 6 月 14 日晚 12 时,最高人民法院新浪官方微博设置的“顾雏军案再审”话题阅读量达 1 908.2 万,最高人民法院头条号的浏览量突破了 500 万,最高人民法院官方网站的直播页面浏览量达到 276 万。融媒体方式最大限度地满足了社会公众的知情权,充分实现了阳光司法,取得了良好的社会效果,社会公众普遍为之点赞。

十、全面体现人文关怀

此次庭审,不仅是对相关事实和证据的调查和辩论,更包含着合议庭的人文关怀。这种人文关怀在法庭内外的诸多细节中都得到了体现,既讲究公正和效率,同时体现了对人权的尊重与保障。法庭第一天的庭审从早上 8

时30分一直持续到晚上11时30分,在长达15个小时的庭审中,原审被告人及其辩护人充分表达了自己的观点,审判长裴显鼎及审判员对相关诉讼参与人表现出极大的尊重和包容,最大限度地保障其畅所欲言。在决定当晚是否继续开庭时,对于年纪相对较大、身体状况不是很好的原审被告人,审判长裴显鼎多次询问其身体是否适合继续庭审,如有身体不适,一定要及时举手示意。整个庭审过程,法庭外都安排了急救车以备不时之需。庭审中,审判人员始终坚持不喝水,全程集中精神,端坐细听,不曾离席,但对于原审被告人上洗手间的要求,均予以满足。为节省时间,避免因休庭时间过长而耽误庭审,法庭还特意为所有诉讼参与人及旁听人员提供了精心制作的盒饭及水果,确保中、晚餐可在休庭不超过1小时中解决,以便接下来可以继续开庭。

总之,这次参与顾雏军再审案的庭审旁听,我深切感受到了最高人民法院依法审理刑事案件的典范作用以及案件合议庭在诸多方面作出的有益尝试,亮点纷呈。特别是该案根据刑事再审案件特殊性所开展的程序上的改革,更是为未来刑事再审案件办理、涉产权案件的审理树立了高效、有序并有温度的"典范模式",为庭审中心主义的纵深推进,确保刑事再审案件的公平公正审理,作出了平实而成效显著的努力。

顾雏军案再审判决书十大亮点

陈卫东[*]　司　楠[**]

2019年4月10日,备受关注的顾雏军等人虚报注册资本,违规披露、不披露重要信息,挪用资金再审一案在最高人民法院第一巡回法庭进行了公开宣判,至此,顾案再审"一锤定音",圆满收官。2.2万字的再审判决书为这个最高人民法院直接提审、涉及8名原审被告人和3个罪名的涉产权刑事案件画上了最终的句号。同时,这份再审判决书对于案件事实的准确认定、实体与程序的同等重视、焦点争议的充分说理、社会行为的明确导向等,在法学理论界、实务界引发了广泛关注和深入思考,并赢得了社会各界的高度评价及充分肯定。大家普遍认为,这份再审判决书亮点频现,堪称精品,对于司法实践的典范意义不言而喻。综观判决书全文,以下十个方面让人感受尤为强烈。

一、切实落实了党中央关于加强产权司法保护的精神

2016年11月,中共中央、国务院出台了《关于完善产权保护制度依法保护产权的意见》。为了落实党中央的精神,最高人民法院先后下发了《关于充分发挥审判职能作用切实加强产权司法保护的意见》等一系列司法文件,并发布了两批保护产权和企业家合法权益的典型案例。2017年12月,最高人民法院决定对三起案件启动再审,并对包括顾雏军案在内的两起刑事案件进行提审。这份再审判决书,对原审判决作出了重大改判:对三个罪名中

* 陈卫东,中国人民大学法学院教授,博士生导师,中国人民大学诉讼制度与司法改革研究中心主任。

** 司楠,中国人民大学诉讼制度与司法改革研究中心研究员。

的两个予以撤销,并对保留罪名中的一部分事实不予认定;顾雏军的刑期从总和十二年决定执行十年降低至五年,680万元罚金被一并撤销;同案的张宏从两个罪名改为一个罪名,刑期也得到相应降低;其他6人则均被宣告无罪。这一重大改判,不仅使案件得到了最终的公正处理,而且使党中央关于加强产权司法保护的精神落到了实处,向全社会释放了产权司法保护的积极信号,对于激发企业家创业创新动力,营造良好营商环境,促进经济社会持续健康发展,都具有十分重要的意义。

二、实事求是、依法纠错、坚守底线,不搞"一风吹"

本案再审判决一方面坚持刑法谦抑原则和证据裁判等原则,对原判认定的虚报注册资本罪和违规披露、不披露重要信息罪,充分考虑虚报注册资本行为情节显著轻微危害不大,以及无充分证据证实顾雏军等人提供虚假财务会计报告的已达到刑法规定的造成严重后果条件的实际情况,认为其不构成上述二罪;另一方面对顾雏军、张宏从上市公司挪用2.9亿元用于顾雏军个人注册公司的行为,充分考虑其利用职务便利,挪用上市公司资金归个人使用并谋取个人利益,严重扰乱市场秩序,给金融和证券市场带来巨大危险,具有严重社会危害性的客观事实,依法认定其有罪并判处刑罚。这样做,充分体现了人民法院实事求是、坚守底线、公正司法的坚定立场,以及依法纠错,不搞"一风吹"的明确态度,维护了法律权威,彰显了公平正义。

三、在公正妥善处理个案的同时,有宣告、明导向、立规矩

作为最高人民法院直接提审的涉产权保护典型案件的再审判决书,其既涉及该个案的公正处理,也涉及对其他不特定主体的引导、警示。因此,该判决书丝毫未忘记自己的重要使命,从头至尾都展现出对法治经济、诚实守信、公平竞争、合法经营、市场秩序等理念的崇尚和倡导。特别是在"本院认为"部分中,以字句不多但内涵深刻的宣告性语言,集中地展示出一些极有分量的裁判观点,明确指出:"社会主义市场经济是法治经济","产权制度是社会主义市场经济的基石","公司、企业的经营活动必须遵纪守法,在合法合规中提高竞争力,公司、企业经营者要讲规矩、走正道,在诚信守法中创

业发展”等。这些裁判观点立场坚定、导向鲜明、建规立矩、掷地有声,充分彰显了最高人民法院维护社会公平正义,促进社会主义市场经济健康有序发展的坚强决心。

四、坚持程序合法和证据裁判,彰显程序法治的理念要求

综观该再审判决,始终强调以程序合法为前提,切实坚持证据裁判原则。这不仅表现在该案再审裁判的整个过程都严格遵循法定程序来进行,充分保障各项诉讼权利,而且表现在该判决书明确将“证据裁判原则”写入裁判观点之中,对法律条文的引用,也是将《中华人民共和刑事诉讼法》的相关规定放在前面。让人印象尤为深刻的是,在对“违规披露、不披露重要信息”的事实进行分析认定时,该判决书明确指出,这一罪名之所以事实不清,证据不足,是因为有一项重要证据即会计师事务所出具的司法(会计)鉴定意见存在鉴定人不具备司法鉴定执业资格、鉴定机构选择不符合法律规定问题,另有一项重要证据即 4 名股民证人的证言存在侦查人员在相同时间、地点对不同证人取证、连续询问时间超过 24 小时等问题,这两项证据由于取证程序不合法而成为非法证据,依法必须予以排除,不能作为认定事实的依据。这充分体现了人民法院在案件审理过程中,坚定秉持程序正义和程序法治理念,切实坚持证据裁判原则,在一个个司法案件中为推进程序法治而进行的不懈努力。

五、凸显多项刑事法律原则,保障实现公平正义

该判决书不仅明确写入证据裁判、刑法谦抑、从旧兼从轻等刑事法律原则,使其在判决书的字里行间中熠熠生辉,而且在论理评判之中,处处闪烁着无罪推定、疑罪从无、罪责刑相当等刑事法律原则的光芒,使读者在阅读品味时,能充分感受到这些法律原则所代表的先进法律理念,如涓涓细流,似徐徐清风,让人耳目一新,并心悦诚服地认可、信服了这些以法律原则作为根本支撑的评判结论。

六、展现出“以审判为中心的刑事诉讼制度改革”的诸多成果

近年来,人民法院在一个个司法案件中切实践行着“以审判为中心的诉

讼制度改革”的要求与目标,取得了令人瞩目的巨大成效,对于完善刑事诉讼制度,保障实现公平正义,意义重大。从该判决书可以看出,本案的再审不仅充分保障原审被告人的辩护权,依法处理回避申请,而且根据检辩双方申请调取了新的证据,并对这些新调取的证据连同检辩双方提交的新证据在庭审过程中进行充分举证、质证。不仅如此,本案的再审还切实发挥庭前会议的作用和功能,根据申请通知重要证人出庭,通知有专门知识的人到庭提供意见,保障检辩双方在法庭调查和法庭辩论中充分发表质证意见和辩论意见,排除非法证据,庭审过程真正做到了实质化,使诉讼证据出示在法庭,案件事实查明在法庭,辩论意见发表在法庭,裁判结果形成在法庭。合议庭评议案件自主独立,审判委员会对这一重大影响案件认真讨论把关。整个审判过程均体现了“以审判中为中心的刑事诉讼制度改革”的相关要求。

七、认定事实有根有据,分析评判充分说理

对于本案三个罪名所涉及的相关事实,判决书在对每一项事实进行认定分析时,都是基于相应的证据而进行的,真正做到了有一份证据说一份话,一切让证据说话。正因为如此,再审认定的与每个罪名相关的具体事实,实际上已与原审有了一定的区别,其主要的原因是,再审对相关证据的采信或使用已明显不同于原审。而且,该判决书对于每一节事实,无论是作出确认性认定还是否定性认定,都根据再审查明的事实及证据,并针对原审被告人及其辩护人提出的具体辩护意见,以及出庭检察员提出的意见进行综合性评判。在综合评判中,该判决书从法条依据到社会背景,从客观事实到情节轻重等方面,对原审判决是否正确进行详尽阐释,不遗漏焦点,不回避质疑,使原审中尚存争议的问题得到了正面解答,取得了令人信服的良好效果。

八、高度重视各方观点,全面明确予以回应

从该判决书来看,针对每一项罪名中的重大事实,检辩双方均提出了各自观点。对此,法官们结合纷繁复杂、数量庞大的证据来进行全面考量、综

合判断,其中的难度可想而知。以虚报注册资本罪为例,原审被告人顾雏军及其辩护人总的观点是,原审认定顾雏军构成虚报注册资本罪错误,应当依法改判无罪,对此,又从五个方面提出了具体的辩护观点。检察机关针锋相对,提出了关于这一罪名的检察观点,认为虽然可以不以该罪追究其刑事责任,但原审被告人顾雏军等人确实在调整完善注册资本结构的过程中实施了虚报注册资本行为。针对双方观点,判决书进行详细分析评判,并最终就双方意见能否成立以及是否被采纳作出结论。判决书对检辩双方关于另外两个罪名所提的意见也均如此,而且对原审判决的一些重要观点和结论也同样进行了回应。这样做,不仅使各方的诉讼地位受到应有的尊重,而且使其观点得到了验证,争议焦点得到了解析,最终保障案件事实得到正确认定。

九、充分体现了刑事再审案件的特殊性

判决书显示,本案作为再审案件,系根据顾雏军的申诉而进行了较长时间的审查后才启动再审,因该案系最高人民法院直接提审的再审案件,在审级程序选择上适用二审程序进行;而且,在审理范围的把控上,严格按照原判所涉及的范围进行。从案件事实来看,顾雏军等人使用科龙电器的1.87亿元转账取得进账单的行为,注册扬州格林柯尔过程中动用格林柯尔其他公司资金的行为,以及在扬州格林柯尔注册成立后即将资金转走的行为,均可能涉嫌挪用资金或抽逃出资的问题。但由于本案是再审案件,审理范围严格限定在原判所涉的范围内,上述情形因并未纳入原审的审理范围之中,按照再审程序的要求和特点,本案无必要去涉及。

十、判决书体例科学合理,语言表述平实流畅

一份好的判决书,不仅要做到在法理上无懈可击,结果上公平公正,更要成为“读得懂的正义”。这就要求判决书既要在内容上繁简适度、结构合理,又要在语言上说理透彻、通俗平实、深入浅出,切忌将判决书写成调研报告、学术论文。在这方面,顾雏军案的再审判决书也非常用心地作出了榜样。首先,从体例结构来看,该判决书各部分内容繁简安排恰到好处、详略

合理、轻重得当,该简的绝不多言一句,该详的绝不吝惜笔墨。其次,从语言表述来看,该判决书做到了深入浅出,避免堆砌晦涩难懂的纯学术语言和法律用语,不仅使专业人士,而且使普通公众也能看懂、看透,很好地起到了司法裁判对于社会公众的法治宣传及行为引导作用。

总之,顾雏军案的再审判决书,可圈可点之处确实很多,可以称得上是一份非常经典的刑事判决书。该判决书从实体到程序、从形式到内容均体现了高水平合议庭深厚的法学理论功底以及丰富的审判实践经验,境界高、站位高、水平高,理念新、体例新、内容新,展现了最高人民法院法官的办案能力和水平,呈现出一流审判团队的不凡风采,实现了重大影响案件的公平公正。本案的判决真正做到了法律效果、政治效果、社会效果的统一,已然在中国法治建设的史册中写下浓墨重彩的一笔,该判决书作为刑事再审判决书的典范之一,也必将在赢得广大司法同行认同借鉴的同时,为关注法治建设的社会公众所真心认可和真诚点赞。

罪刑法定是企业家权益、企业权利的最佳保障

林　维*

无论在何种意义上,改革开放所取得的伟大成就都离不开众多企业家的辛苦付出和所作出的杰出贡献。一大批优秀企业家在市场竞争中迅速成长,一大批具有核心竞争力的企业不断涌现,为积累社会财富、创造就业岗位、促进经济社会发展、增强综合国力作出了重要贡献。企业家作为经济活动的重要主体,对于实现经济社会持续健康发展具有不可或缺的作用。因此,必须为企业家的健康成长营造良好的法治环境,切实保障企业家作为普通公民应当拥有的合法权益,对其在经营活动中所发生的涉法行为进行精确认定,维护企业家的经营自主权,以便更好地发挥其在激发市场活力、深化改革开放事业中的积极作用。同时,企业家的权益保障和企业产权的维护之间存在天然的紧密联系,在诸多案件中,这两者往往相伴而生,侵犯企业家权益的案件,往往存在对企业产权的侵犯问题。

党的十八大之后,尤其在最近一段时期,对于企业家权益保障和企业产权维护的重视达到了一个前所未有的高度。在这样的背景下,各级司法机关依据尊重历史、实事求是的原则,审慎把握司法政策,以发展的眼光客观看待和依法妥善处理改革开放以来各类企业尤其是民营企业中企业家的犯罪问题,纠正了一系列侵害企业家正当权益的陈年错案。不过,在这一过程中,也必须要注意到问题的另一面,即企业家权益的保障并不始终和企业产权的维护处于同侧,有时也可能存在对立的情形。在企业家侵犯企业产权的案件中,一方面,企业家的合法权益仍然必须得到不折不扣的保障;但另一方面,企业产权的保护也不能因为过分强调对企业家权益的保障而被忽

* 林维,中国社会科学院大学副校长,博士生导师。

略、抛弃,或者片面地强调某一侧面的权利保障而扭曲了另一侧面的权利维护问题。解决这样一种困境或者冲突的最佳方案仍然是罪刑法定原则,在为各类主体提供平等的司法保护的过程中,坚持法律面前人人平等原则,坚持以事实为根据,以法律为准绳,严格依据刑法来认定是否构成犯罪、罪轻罪重等问题,从而实现各种利益的妥当平衡。在准确认定企业家的行为属于经济犯罪还是合法经营行为、纠正错误生效裁判的同时,也必须对包括非公有财产在内的各种所有制经济产权进行平等保护,要依法惩治侵犯非公有制企业产权以及侵犯非公有制经济投资者、管理者、从业人员的财产权益的犯罪。两者同等重要,不可偏废,实现这一目标的途径非罪刑法定原则的遵循莫属,一切问题的处理均以涉及的法律为标准。

经历多年风风雨雨的顾雏军案件再审宣判,其判决结果也正是这一路径的典型反映。在宣布其他罪名不成立的同时,再审判决认定其行为仍然构成挪用资金罪,从而既维护了顾雏军作为企业家的合法权益,同时又切实维护了企业的产权,做到了不枉不纵,不偏不倚。再审查明,自2002年顺德格林柯尔收购科龙电器股份后,科龙集团和格林柯尔系公司之间存在大量未经董事会同意、没有任何贸易背景或者业务关系的资金往来情形,且相关不正常转账均做不入账处理。其中,涉案巨额款项先是被顾雏军、张宏转入专门开设的临时账户,然后通过连续不断的走账实现掩盖资金来源的目的,最终将该款项作为顾雏军的个人出资汇入扬州格林柯尔的验资账户,从而成立挪用资金罪。在此,需要厘清的是,尽管顾雏军是格林柯尔系公司的实际控制人,其担任股东的顺德格林柯尔更是科龙电器的控股股东,但是科龙电器作为一个具有独立法人资格的公司,享有独立的公司产权,公司资金的支配和使用必须严格按照公司法和公司财务管理制度进行,公司内部工作人员,无论何种身份,都不能未经董事会同意,在没有任何实际交易背景下,擅自在关联公司之间调用资金,更不允许将公司资金最终归个人使用。其中资金转移的过程、层次无论多么复杂,但最终用于顾雏军个人出资,这一路线得到了相关证据的确实证明。当然,涉案公司整体上确实存在极其复杂的资金往来,但格林柯尔系公司和科龙集团之间,前者被后者起诉并已被法院生效判决确定承担责任的有16起案件,均不存在科龙集团欠格林柯尔系公司巨额资金的问题,反而是前者应向后者支付本金 7.1 亿元。按照再审判决所查明的情况,即使按照相关会计师事务所的公告,本案中也不存在科龙集团仍欠格林柯尔系公司巨额资金的事实,从而也不存在将所涉的挪用行为解释成为资金拆借、往来款项的可能。

尽管彼时在民营企业中可能普遍存在合规审查不严谨、资金进出管理不严格等情况,但毋庸置疑的是,不仅是在再审时,即使在行为当时,上述行为也毫无疑问地属于挪用资金行为,这一点是不容否认的,被告人对这一违法性也是明知的;而且按照刑法第二百七十二条的规定,利用职务便利挪用单位资金,用于公司注册验资,属于挪用单位资金进行营利活动,并没有任何挪用时间长短的限制,即可以成立挪用资金罪。这一定性符合刑法的有关规定,应予支持。

显然,在类似案件中,只要我们能够坚持罪刑法定原则,坚持平等保护原则,就能够更为理性客观地对案件中存在的错综复杂的事实,加以厘清、区分,追根溯源,既整体地思考,也应独立地判断,各论是非,不枉不纵,既保护企业家的人身权益,也维护企业的财产权利,从而真正地实现刑事法治,构建气氛更为公平、保障更为全面的营商环境,推动改革开放事业的进一步深入。

坚持实事求是,依法复查纠正涉产权错案

刘静坤*

2019年4月10日,最高人民法院对顾雏军等人虚报注册资本,违规披露、不披露重要信息,挪用资金再审一案进行公开宣判,依法作出改判。综观该案再审程序和判决结果,最高人民法院坚持实事求是、依法纠错,准确把握再审改判的证据标准、法律标准和政策标准,严格落实罪刑法定、证据裁判、程序公正、疑罪从无等法律原则,确保案件经得起法律和历史的检验。这起重大涉产权案件的再审改判,对于贯彻中央关于产权保护的政策,完善刑事再审程序,优化最高人民法院职能,深化司法体制改革,具有里程碑式的历史意义和重要的现实意义。

一、加强产权司法保护,健全市场主体合法合规制度

产权制度是社会主义市场经济的基石。2016年5月16日,习近平在中央财经领导小组第十三次会议上的讲话中指出,"必须加强产权保护,健全现代产权制度……增强人民群众财产安全感。"①产权保护是一项系统工程,司法保护是其中的关键环节。最高人民法院对顾雏军案等重大涉产权再审案件所作的判决,作为国家司法政策的风向标,对加强产权司法保护具有重要的引领和表率作用。

案例是行动中的法律,是看得见的正义。在顾雏军等再审一案中,最高人民法院针对市场主体在登记(虚报注册资本)、经营(违规披露、不披露重

---

* 刘静坤,中国政法大学教授。

① 《习近平谈非公有制经济发展》,载旗帜网,http://www.qizhiwang.org.cn/GB/n1/2018/1210/c422408-30454953.html。

要信息）和管理（挪用资金）等环节常见多发的违法犯罪，准确划定涉产权案件罪与非罪的法律界限，积极回应社会各界对产权保护制度的特殊关切，是加强产权司法保护的重大举措和生动实践。实践证明，唯有加强人权、产权司法保护，坚守严格公正司法底线，才能真正发挥司法保障权利、维护秩序、稳定民心的制度功能，让民营企业及民营企业家等市场主体切实感受到有温暖、高质量、可预期的司法保障。

司法是国家经济运行状况的晴雨表和诊断仪。顾雏军案等涉产权再审案件暴露的市场主体违法犯罪风险，显然并非个别现象，而是冰山一角，折射出弥漫经济领域的共性问题。合法合规是市场主体最佳的自我保护。毋庸讳言，一些市场主体法治观念淡漠，企业治理欠缺法治支撑，现已逐渐成为制约市场经济健康发展，乃至影响中国企业走向世界的瓶颈。顾雏军等人实施的虚报注册资本，违规披露、不披露重要信息等违法行为，虽最终未予定罪处罚，但其警示意义不容忽视。须知，司法对产权的保护及其对市场的规范，始终是相辅相成、相向而行的。公正的司法，既要保障无罪的人不受法律追究，合法产权不受随意侵犯；也要防止不法分子规避法律制裁，通过违法犯罪牟取非法利益。最高人民法院通过依法纠正顾雏军案等重大涉产权错案，坚持全部错误全部纠正，部分错误部分纠正，不仅释放出加强人权、产权司法保护的积极信号，更是为了从根本上完善市场主体合法合规制度，健全市场主体风险防控机制和内部治理结构，促使市场经济在法治框架内健康发展。

二、坚持实事求是原则，发挥刑事再审的特别救济功能

涉产权案件再审，要妥善处理政策法律变动性与司法裁判稳定性的紧张关系，是政治性、政策性和法律性很强的工作。面对国家政策和法律制度的动态变化，司法机关唯有坚持实事求是、依法纠错，才能最大限度地凝聚司法共识，体现刑事再审应有的客观、理性和审慎。顾雏军等再审一案，最高人民法院该改判的改判，该维持的维持，既不回避争议，也不“一风吹”，这对规范涉产权错案的甄别纠正，引导当事人形成理性预期，发挥刑事再审的特别救济功能，具有很好的示范效应。

坚持实事求是,要努力探究案件事实真相。唯有彻查事实,再审结论才能站得稳、立得住,经得起推敲。对争议各方提出的主张和意见,司法机关不能偏听偏信,更不能照单全收,而是要直面疑问、核查到底。如果经核查发现,案件事实认定确有错误偏差,就应当坚决依法纠正。顾雏军等再审一案,最高人民法院恪守证据裁判原则,通过精细的法庭调查核实原判认定事实,严格依照证据规则审查已有证据和新证据,重视案件事实的证据链条分析,由此得出了更加客观、准确、可信的事实认定结论。例如,最高人民法院基于在案证据认定,科龙电器在2002年至2004年间实施了虚增利润并将其编入财务会计报告予以披露的行为,同时认定,原审认定该行为严重损害股东或者其他人利益的事实不清,证据不足,进而基于疑罪从无原则对该起事实作出无罪处理,这种有理有据的重审结论无疑是令人信服的。

坚持实事求是,要旗帜鲜明贯彻罪刑法定等原则。涉产权案件再审,牵涉刑事、行政、民事、商事等复杂法律关系,要准确把握犯罪的基本特征,准确把握犯罪构成要件,准确把握罪与非罪界限,准确把握从旧兼从轻等法律原则。关于顾雏军等人的虚报注册资本行为,最高人民法院认为,虚报注册资本罪的认定需要以公司法等法律法规为依据,本案侦查期间,法律对无形资产在注册资本中所占比例的限制性规定已经发生重大改变,此时应当适用从旧兼从轻原则对行为的社会危害性重新进行评价。与普通案件相比,涉产权案件直接影响营商环境与市场主体预期,应当审慎启动司法程序,审慎采取强制措施,审慎进行司法裁量,侧重体现刑法的谦抑性和宽容性,不能动辄采取刑事制裁。

坚持实事求是,要树立历史辩证的政策观。一些涉产权案件,因涉及时代背景、地方政策、监管模式等历史因素,应当立足特定历史背景考察当时的惯例做法,以历史的、发展的眼光看问题,辩证分析案件的成因和危害,不宜机械照搬法条简单处理。例如,顾雏军等人实施置换注册资本的行为,与当地政府支持顺德格林柯尔违规设立登记有关,最高人民法院正视这一特殊历史因素,据此对该行为的社会危害性作出理性评价,是值得肯定的。

三、聚焦裁判规则生成,优化最高人民法院职能

最高人民法院巡回法庭是"家门口的最高人民法院",更是"勇立改革潮

头的最高审判机关”。与地方法院相比，最高人民法院巡回法庭不能满足于案结事了，更不能简单就案办案，而是应当着眼于制定裁判规则，统一全国法院的司法裁判标准。这意味着，最高人民法院应当将更多精力放到更高层次的立政策、立规则、立标准上来，通过审理重大案件总结审判方法，并推动解决特定领域的体制机制问题。

涉产权案件多为重大疑难复杂案件，极具挑战性，考验着司法机关的审判能力和办案素养。最高人民法院巡回法庭办理涉产权再审案件，提炼审判规律和裁判方法，对指导司法机关严格公正司法具有重要意义。顾雏军等再审一案，最高人民法院巡回法庭在事实认定、法律适用、程序规范等方面开拓创新，如犯罪构成要件事实的识别和解析方法，关键证据的实质性审查方法，刑事法律原则的解释方法，刑事程序改革举措的适用方法，都值得认真研究、总结和推广。

重大案件是推动制度改革的引擎。最高人民法院巡回法庭再审改判顾雏军案，不单是为了纠正个案的司法错误，更是为了引导和促使社会各界关注现代产权制度。以此为契机，我们应当更加关注改善企业创新创业的营商环境，更加关注完善产权司法保护的法律体系，更加关注防范企业法律风险的合法合规制度，更加关注涉产权错案的甄别纠正机制，从而以点带面地推动产权法律制度的系统性改革。从这个意义上讲，顾雏军案再审改判，不仅是产权司法保护的阶段性成果，也开启了产权法律制度改革的新篇章。

四、检验司法改革成效，深入推进以审判为中心的刑事诉讼制度改革

司法改革贵在知行合一。近年来，中央深入推进以审判为中心的刑事诉讼制度改革，顾雏军案再审是检验改革成效的重要标尺。该案虽系再审案件，但从庭前准备到法庭审理再到公开宣判，向当事人和社会公众展现了一场生动的庭审、讲理的庭审、实质化的庭审，真正做到了通过法庭审判的程序公正实现案件裁判的实体公正。

法庭是摆事实、讲道理的地方。最高人民法院巡回法庭更是如此。顾雏军案再审过程中，各名被告人和辩护人的辩护权得到了充分保障，无论是庭前会议还是开庭审理环节，法庭都认真听取辩解理由和辩护意见，给予每

个人充分表达意见的机会。长达9个小时的法庭辩论,绝大多数时间都是辩护时间,这就是实实在在的法治进步。如果所有重大疑难复杂案件都能达到这一标准,司法公平正义必将不折不扣地实现。

诉讼以审判为中心,审判以庭审为中心,是公正审判的核心要求。顾雏军案再审,是推进以审判为中心的刑事诉讼制度改革的经典范例。根据庭审实质化"三项规程"的要求,最高人民法院巡回法庭召开庭前会议,妥善处理程序性事项,归纳争议焦点;重视庭审驾驭和指挥,依法通知有关证人和有专门知识的人出庭,依法调取核查新证据,并对争议证据充分质证;严格执行证据排除规则,坚持疑罪从无;采取"旁听+融传媒"方式公开审判过程,最大限度地满足公众的知情权。展望未来,当示范庭审成为司法习惯,当公正审判成为司法共识,推进以审判为中心的刑事诉讼制度改革终将落到实处。

涉产权案件再审应当坚持实事求是的原则

司 楠*

一段时间以来,人民法院切实贯彻落实中共中央、国务院发布的《关于完善产权保护制度依法保护产权的意见》的精神,进一步加大民营企业及民营企业家产权司法保护力度,启动了包括张文中案、顾雏军案、李美兰案等在内的一大批涉产权案件的再审。其中,有刑事案件,也有民事、行政案件;有由地方人民法院再审的案件,也有由最高人民法院直接提审的案件。有的案件已经依法审结并作出改判,有的案件尚在加紧审理过程中。这些案件的依法再审,更好地保护了民营企业及民营企业家的合法权益,明显振奋了企业家精神,有效彰显了依法治国基本方略,进一步提升了民众对于建立法治国家的信心。

众所周知,产权制度是社会主义市场经济的基石,保护产权是坚持社会主义基本经济制度的必然要求,也是维护国家长治久安的重要举措。正所谓"有恒产者有恒心",经济主体财产权的有效保障和实现,是我国经济社会持续健康发展的基础。依法有效保护各种所有制经济组织和公民的财产权,有利于增强人民群众的财产财富安全感,增强社会信心,形成社会的良好稳定预期,增强各类经济主体的创业创新动力,维护社会公平正义,保证经济社会健康持续发展。需要指出的是,加强产权司法保护,既要平等保护,也要全面保护,更要依法保护。在当前,加强产权司法保护,重点是要加强对民营企业和民营企业家的平等保护,营造良好营商环境和法治环境,增强人民群众的获得感、幸福感、安全感。

从已启动再审的这些具有一定典型意义的涉产权案件来看,大都是非

* 司楠,中国人民大学诉讼制度与司法改革研究中心研究员。

常复杂的经济类案件，不仅法律关系复杂交织，涵盖的专业知识范围极广，涉及公司的登记运营、资本运作、改制收购、营销模式、财务会计、资金流转、信息披露、股东权益、政府监管等诸多领域，而且在法律规范之外，还不能忽略当时的时代背景、社会状况、经济政策、发展变迁等历史性因素。因此，对这些案件的处理，都不可能是一个简单的过程，需要在程序上严格循法而行，尽可能做到公开透明，充分保障当事人的各项诉讼权利，在实体上进行客观理性与专业审慎的分析判断，立足于事实和法律，在维护公共利益与保护合法权益之间寻找到最佳的平衡点。这对于相关司法部门和司法人员而言，既是一种新的重大挑战和考验，也是一次展示司法能力和司法水平的良好机会。通过对这些案件的依法公正审理，能够充分显示出司法机关为民司法、公正司法、依法纠错的坚定信心和坚强决心。

不言而喻，在相关涉产权案件启动再审之后，无论是案件当事人，还是社会公众，都对案件的处理结果充满期待。但是，有必要明确的一点是，对案件启动再审，并不意味着必然将原生效裁判都彻底推翻。这些依法启动再审的案件，当然可能在实体或者程序上存在一定的问题，有的案件甚至原判完全错误，但是，案件与案件不会完全一样，存在的问题也会有大有小。正如“保护产权并非仅仅给企业家‘摘帽’”一样，只有在人民法院依法对案件进行认真全面审理之后，根据再审查明的事实，正确适用法律，实事求是地作出最终的公正裁判，才是正确的选择。唯有如此，才能符合产权保护的初衷及法治建设之真谛，真正为社会公众所认可和信服。

笔者认为，在对历史形成的各类涉产权案件进行再审时，总的来讲，必须坚持实事求是的原则，切实做到依法纠错，既不能消极应付，有错不纠，也不能不顾事实和法律，搞“一边倒”“一风吹”。具体而言，应当着重注意以下几个方面：

第一，要充分认识到这些案件自身的特点和复杂性。与一审、二审案件相比，再审案件本来就有其自身的特点，同时，作为涉产权案件，往往发生于社会主义市场经济的发育、成长时期，大都融刑事、民事、商事、行政等诸多法律关系于一体，需要在审查分析中以高度负责的精神及认真审慎的态度，对各种法律关系条分缕析，认真梳理，仔细辨别，全面查明原判认定的事实是否清楚，依据的证据是否充分，适用的法律是否正确，裁判的结果是否公正。

第二，要充分尊重历史并同时着眼长远。在立足于案件的事实证据以及当时法律规定的基础上，综合考量当时的社会背景、政策法规、发展阶段、行业状况等因素，充分尊重历史，客观看待和依法妥善评价改革开放以来，各类企业特别是民营企业在经营过程中存在的不规范问题，着眼于我国不断改革发展、多种经济形式共存共荣的大局，认真判别各种财产权益的实际形成过程和应然归属，以发展的眼光看问题，公平对待，平等保护，切忌理念固旧，思维简单，机械办案。

第三，要精准把握经济违法行为的入刑标准。对于涉产权刑事案件，要从犯罪的基本特征，即行为的社会危害性、刑事违法性、应受刑罚惩罚性三方面进行深刻分析，围绕犯罪构成的四个要件进行认真审查，正确区分违规、违法与犯罪之间的界限，把握经济纠纷与经济犯罪的性质，分清经济违法行为的不同法律责任，严格执行罪刑法定、疑罪从无原则。对于企业家在生产、经营及融资活动中的创新创业行为并不违反刑事法律规定的，绝不能以犯罪论处；对于虽有轻微违法或违规情形，但无须动用刑事手段予以惩处的，也不应追究其刑事责任。

第四，要根据查明的情况严格依法裁判。2014 年 1 月，习近平总书记明确告诫广大政法干警，“不要说有了冤假错案，我们现在纠错会给我们带来什么伤害和冲击，而要看到我们已经给人家带来了什么样的伤害和影响，对我们整个的执法公信力带来什么样的伤害和影响。我们做纠错的工作，就是亡羊补牢的工作。”①因此，对于涉产权案件，在经过再审之后，如果发现原判决确有错误的，应当旗帜鲜明地坚决予以纠正，不能打半点折扣。同时，涉产权案件再审，也必须实事求是，依法纠错，坚守底线。全案错误的，全案予以纠正；部分错误的，部分予以纠正。如果根据再审查明的事实，原判并无错误的，则应当依法予以维持。绝不能走极端，为了纠错而纠错，导致再审纠错的形式主义和片面主义。只有这样，才能实现法律效果和社会效果的统一，符合法治建设的根本要求，得到社会公众的真心认可，经得起历史的长久检验。

① 本书编写组：《法治中国》，人民出版社、学习出版社 2017 年 10 月版，第 73 页。

顾雏军再审案:一个案例胜过一沓文件

仇晓敏*

备受瞩目的原审被告人顾雏军虚报注册资本,违规披露、不披露重要信息,挪用资金再审一案在开庭近一年后终于尘埃落定,于2019年4月10日在最高人民法院第一巡回法庭公开宣判,宣告顾雏军不构成虚报注册资本罪,违规披露、不披露重要信息罪,挪用资金部分事实不构成犯罪,多名原审同案被告人被宣告无罪。

顾雏军一案涉及重大产权处置,原审被告人曾经是知名的民营企业家,多年前就引起社会的极大关注。该案的公开宣判,是习近平总书记在民营企业座谈会上讲话后的第一个标志性案例,是贯彻落实党中央依法甄别和纠正一批涉产权冤案错案重大部署的又一典型,充分体现了以习近平同志为核心的党中央对依法治国和平等保护产权的高度重视,充分表明了党中央坚持"两个毫不动摇""两个不可侵犯""三个没有变"的坚定态度,也充分彰显了人民法院实事求是,依法纠错,对事实负责、对法律负责、对历史负责的责任担当。"一个案例胜过一沓文件"。以顾雏军案、张文中案为代表的涉产权案件的依法甄别和纠正,对于营造公平、公正、透明、稳定的法治环境和营商环境,切实增强人民群众的财产安全感,强化社会信心和良好预期,促进经济社会持续健康发展和国家长治久安具有重要意义,必将极大增强民营企业家投资创业和投身改革的信心,增强人民群众对党和政府的信心、增强全国人民实现"两个一百年"奋斗目标和中华民族伟大复兴梦的信心。

党的十八大以来,人民法院通过审判监督程序依法纠正48件重大冤假错案,宣判96名原审被告人无罪,捍卫了法律尊严,伸张了社会正义,社会反

* 仇晓敏,最高人民法院审监庭审判员。

响强烈。这些纠正的重大冤假错案,均属原审被告人因涉及“命案”被判处死刑、死缓或无期徒刑的暴力型案件,所涉罪名多为抢劫、故意杀人、强奸,错误原因多为事实证据问题。与传统的冤错案件不同,以张文中案、顾雏军案为代表的涉产权案件,往往涉及公司股权、市场准入、经营创新、融资投资、财务会计、税费征管等领域,涉及罪与非罪、此罪与彼罪、一罪与数罪等定性问题,法律适用极为复杂。此类案件往往跨越数年,甚至数十年,其间法律政策多有变迁,办理难度极大,稍有不慎,极易引起争议。顾雏军案的再审改判过程,合议庭始终坚持罪刑法定、证据裁判、审判公开等基本法律原则,始终坚持以事实为根据,以法律为准绳的法治底线,始终坚持实事求是,全面、平等保护的基本要求,严格依照刑法第十三条“但书”条款撤销虚报注册资本罪的认定,以危害后果未达到事实清楚、证据确实充分为由撤销违规披露、不披露重要信息罪的认定,以部分事实不清、证据不足为由撤销挪用资金罪的部分认定。再审判决既不固守原判有错误拒不纠正,也不放弃原则不顾事实一边倒地为“摘帽”而“摘帽”,有效坚持了保障人权和打击犯罪的有机统一,展现了良好的司法能力和高超的司法智慧。

2018 年 11 月 1 日,习近平总书记在民营企业座谈会上指出:稳定预期,弘扬企业家精神,安全是基本保障。对一些民营企业历史上曾经有过的一些不规范行为,要以发展的眼光看问题,按照罪刑法定、疑罪从无的原则处理,让企业家卸下思想的包袱,轻装前进。① 我国宪法和法律对产权平等保护已有明确规定,但由于产权制度不够完善,落实平等保护不够到位,历史形成的侵害民营企业产权的案件还在一定范围内存在。下一步,人民法院要进一步尊重历史,实事求是,正确认识我国经济社会发展的阶段性和法律体系形成完善的渐进性,建立健全涉企业错案依法甄别纠正的常态化机制;坚持以事实为根据,以法律为准绳,坚持罪刑法定和疑罪从无,对符合再审条件的历史形成的涉产权冤案错案,依法启动再审程序,对确有错误的涉产权生效裁判,坚决予以纠正。同时,也要通过对涉产权错案冤案的甄别和纠正,强化审判监督倒逼防错、统一法律适用和司法救济功能,健全以公平为

① 习近平:《大力支持民营企业发展壮大》(二〇一八年十一月一日),载《习近平著作选读》(第二卷),人民出版社 2023 年版,第 209 – 210 页。

核心原则的产权保护制度,研究完善产权司法保护政策,坚决防止将经济纠纷当做犯罪处理,坚决防止将民事责任变为刑事责任,从源头上预防错案冤案的发生。

习近平总书记提出,“要让人民群众在每一起司法案件中感受到公平正义”①。新时代人民群众对公平正义的感受和要求越来更高,这些都要求我们在办理案件时,要正确处理好形式合法性与实质合理性的关系,不能只作非黑即白、非此即彼的简单推演,还要综合考虑案发的背景、法律政策变迁、社会发展阶段、行业惯例、人民群众的感受,围绕犯罪构成充分考虑案件的社会危害性、刑事违法性和应受刑罚惩罚性,在做事实判断的同时,一并做好价值考量和利益平衡,真正做到合法性、合理性和合目的性,情、理、法的有机统一。

① 中共中央党校(行政学院):《习近平新时代中国特色社会主义思想基本问题》,人民出版社、中共中央党校出版社2020年版,第419页。

最高人民法院有关负责人就顾雏军等再审一案答记者问

2019年4月10日，最高人民法院对原审被告人顾雏军等人虚报注册资本，违规披露、不披露重要信息，挪用资金再审一案进行公开宣判，判决撤销原判对顾雏军犯虚报注册资本罪，违规披露、不披露重要信息罪的定罪量刑部分以及挪用资金罪的量刑部分，对顾雏军犯挪用资金罪改判有期徒刑五年；撤销原判对原审被告人张宏犯违规披露、不披露重要信息罪的定罪量刑部分，维持原判以挪用资金罪对张宏判处有期徒刑二年，缓刑二年的定罪量刑部分；撤销原判对原审被告人姜宝军、刘义忠、张细汉、严友松、晏果茹、刘科的定罪量刑，均宣告无罪。

为使广大读者全面了解顾雏军等再审一案改判的重要意义及主要依据，记者就有关问题采访了最高人民法院有关负责人。

1. 依法再审改判顾雏军案有何重要意义？

答：以习近平同志为核心的党中央高度重视产权保护工作。本案系我院提审的一起涉产权代表性案件，各方高度关注，社会影响巨大。我院经依法再审后作出改判，意义重大。

(1)本案再审改判是全面推进依法治国、实现社会公平正义的具体实践和典型范例。原审认定顾雏军犯虚报注册资本罪，违规披露、不披露重要信息罪和挪用资金罪，数罪并罚判处有期徒刑十年，并处罚金人民币六百八十万元；其他同案被告人也因分别犯上述一罪或数罪，被判处四年以下有期徒刑，并处罚金的不等刑罚。我院启动再审后，对该案进行深入细致的全面审理，以事实为根据，以法律为准绳，作出了最终的公正裁判。从实体上看，原审错误裁判得到了纠正，现改判顾雏军、张宏只犯挪用资金罪一罪，对顾雏军改判有期徒刑五年，对张宏改判有期徒刑二年，缓刑二年，其他原审被告人均被改判无罪。从程序上看，本案从决定提审到再审改判，均严格依照法定程序进行，最高人民法院依法组成五人合议庭，从约谈原审被告人及辩护人，到召开庭前会议，从公开开庭审理、庭审全程图文直播，到今天的公开宣判，整个过程依法有序，公开透明，各原审被告人的诉讼权利均得到充分的保障，再审过程已成为向全社会传递依法治国正能量的一堂法治公开课。本案再审改判，充分体现了人民法院忠实履行法定职责、依法保障人权、建设社会主义法治国家的坚强决心。

（2）本案再审改判坚决贯彻落实了《中共中央、国务院关于完善产权保护制度依法保护产权的意见》及习近平总书记关于加强产权保护，促进民营经济健康发展系列重要讲话和指示精神。本案再审中，最高人民法院坚持以发展的眼光看问题，按照罪刑法定、疑罪从无、证据裁判等原则，依法妥善处理民营企业及企业家经营过程中的不规范行为。对于原审认定的顾雏军等人在公司变更登记过程中虚报注册资本的行为，充分考虑其历史背景和客观因素，不以犯罪论处；对于原审认定的顾雏军等人不按规定提供真实财会报告的行为，充分考虑在案证据不足以证实该行为已造成刑法规定的严重后果的客观实际，不予追究刑事责任；对于原审认定的顾雏军等人挪用6 300万元的事实，充分考虑认定顾雏军指使姜宝军挪用资金的证据不足，且无证据证实姜宝军从中谋取了个人利益等实际情况，不认定为犯罪。这样处理，既体现了党中央平等保护各类市场主体合法权益、营造公平竞争环境的要求，又向全社会释放了产权司法保护的积极信号，对于激发企业家创业创新动力，维护社会公平正义，促进经济社会持续健康发展，都具有十分重要的意义。

（3）本案再审改判切实坚持了实事求是、依法纠错的基本原则。本案再审中，坚持以事实为根据，以法律为准绳，在对原审认定的顾雏军等人犯虚报注册资本罪和违规披露、不披露重要信息罪依法宣告无罪的同时，对于顾雏军、张宏从上市公司挪用2.9亿元用于顾雏军个人注册公司的行为，充分考虑其利用职务便利，挪用上市公司资金归个人使用，并谋取个人利益，严重扰乱市场经济秩序,给金融和证券市场带来巨大风险,具有严重社会危害性的客观事实,依法认定有罪并判处刑罚。这样处理,充分体现了人民法院实事求是、坚守底线、公正司法的坚定立场和有错必纠、错到哪里纠到哪里、不搞“一风吹”的明确态度,既维护了法律权威,彰显了公平正义,又引导企业家敬畏法律,不踩红线,遵纪守法搞经营,合法合规谋发展。

2. 再审判决认为原审被告人顾雏军等人的行为不构成虚报注册资本罪的主要依据是什么?

答:根据刑法第一百五十八条的规定,申请公司登记使用虚假证明文件或者采取其他欺诈手段虚报注册资本,欺骗公司登记主管部门,取得公司登记,虚报注册资本数额巨大、后果严重或者有其他严重情节的,构成虚报注册资本罪。

我院再审认为,原审认定顾雏军、刘义忠、姜宝军、张细汉在申请顺德格林柯尔变更登记过程中,使用虚假证明文件以不实货币置换无形资产出资的事实是客观存在的,但综观全案,顾雏军等人的行为属于情节显著轻微危害不大的情形,根据刑法第十三条的规定,不认为是犯罪。主要理由是:

(1)在本案侦查期间,法律对无形资产在注册资本中所占比例的限制性规定已经发生重大改变。2005 年修订的公司法将无形资产在注册资本中所占比例的上限由原来的 20% 提高到 70%,使本案以不实货币置换的超出法定上限的无形资产所占比例由原来的 55% 降低至 5%。可见,本案原审审理时,顾雏军等人虚报注册资本行为的违法性和社会危害性已明显降低。

(2)顾雏军等人虚报注册资本的行为,与当地政府支持顺德格林柯尔违规设立登记有关。由于当地政府的不当支持,使顺德格林柯尔在手续不完善的情况下完成了设立登记和年检。其后,顾雏军等人为完善设立登记手续,调整无形资产出资比例,在申请该公司变更登记过程中实施了虚报注册资本的行为。

(3)顾雏军等人虚报注册资本的行为,并未减少顺德格林柯尔的资本总额。在以虚报注册资本的方式完成变更登记后,顾雏军作为顺德格林柯尔的股东,将以不实货币置换的 6.6 亿元无形资产出资转为资本公积金继续留在公司中,没有使公司的资本总额减少。

3. 再审判决认为原审被告人顾雏军等人的行为不构成违规披露、不披露重要信息罪的依据是什么?

答:1997年修订后的刑法第一百六十一条增设了提供虚假财会报告罪,设立该罪的目的是监督公司依法经营,使证券市场得以健康、稳定发展,保护公司、股东和债权人的利益,维护社会主义市场经济秩序。2006年6月29日,全国人大常委会通过《中华人民共和国刑法修正案(六)》,对该条进行了修改,其后,相关司法解释将该条规定的"提供虚假财会报告罪"修改为"违规披露、不披露重要信息罪"。

我院再审认为,原审认定在顾雏军的安排下,姜宝军、严友松、张宏、晏果茹、刘科等人在2002年至2004年间,将虚增利润编入财会报告后向社会披露的事实存在。但是,根据刑法关于提供虚假财会报告罪的规定,必须有证据证实提供虚假财会报告的行为造成了"严重损害股东或者其他人利益"的危害后果,才能追究相关人员的刑事责任。参照最高人民检察院、公安部2001年发布的《关于经济犯罪案件追诉标准的规定》,"严重损害股东或者其他人利益"是指"造成股东或者其他人直接经济损失数额在五十万元以上的",或者"致使股票被取消上市资格或者交易被迫停牌的"情形。但我院经再审查明,在案证据不足以证实本案已达到上述标准,主要理由是:

(1)在案证据不足以证实本案存在"造成股东或者其他人直接经济损失数额在五十万元以上"的情形。由于侦查机关收集司法(会计)鉴定意见和四名股民证言的程序违法,对此原第一审未予采信。原第二审在既未开庭审理也未说明理由的情况下,采信其中三名股民的证言,确属不当。本院再审期间,检察机关提交的民事调解书系在本案原判生效之后作出,未能体现顾雏军等人的真实意愿,且不能客观反映股民的实际损失,故认定本案"造成股东或者其他人直接经济损失数额在五十万元以上"的证据不足。

(2)本案不存在"致使股票被取消上市资格或者交易被迫停牌的"情形。科龙电器被证监会立案调查后,向深交所提出了停牌一小时的申请,经深交所同意,科龙电器股票停牌一小时后即恢复交易,不属于交易被迫停牌的情形,也没有造成股票被取消上市资格的后果。

(3)原审以股价连续三天下跌为由认定已造成"严重损害股东或者其他

人利益”的后果,缺乏事实和法律依据。根据深交所2005年5月的股市交易数据,科龙电器股价自停牌当日起确实出现了连续三天下跌的情况,但跌幅与三天前相比并无明显差异,且从第四天起即开始回升,至第八天时已涨超停牌日。

综上,原审认定科龙电器提供虚假财会报告的行为严重损害股东或者其他人利益的事实不清,证据不足,不应追究顾雏军等人的刑事责任。

4. 再审判决认为原审被告人顾雏军、张宏的行为构成挪用资金罪,主要依据是什么?

答:根据刑法第二百七十二条的规定,挪用资金罪是指公司、企业或者其他单位的工作人员利用职务上的便利,挪用本单位资金归个人使用或者借贷给他人,数额较大、超过三个月未还,或者虽未超过三个月,但数额较大、进行营利活动,或者进行非法活动的行为。

我院再审认为,原审认定顾雏军、张宏挪用科龙电器和江西科龙2.9亿元的事实清楚,证据确实、充分,其行为已构成挪用资金罪。主要理由是:

(1)顾雏军作为科龙电器董事长,指使下属违规挪用科龙电器和江西科龙的2.9亿元资金;张宏作为江西科龙董事长兼总裁,接受顾雏军指使,违规将涉案2.9亿元转出使用,符合刑法规定的“利用职务上的便利,挪用本单位资金”的情形。

(2)涉案2.9亿元被违规转出后,在顾雏军、张宏专门开设的临时银行账户间连续划转,资金流向清晰,且未混入其他往来资金,最终被转入扬州格林柯尔的验资账户,作为顾雏军注册成立扬州格林柯尔的个人出资。涉案资金的实际使用人是顾雏军个人,属于刑法规定的“挪用本单位资金归个人使用”。

(3)顾雏军指使张宏挪用2.9亿元资金归个人用于公司注册,是顾雏军为收购上市公司扬州亚星客车做准备,属于挪用资金进行营利活动,符合刑法关于挪用资金“虽未超过三个月,但数额较大、进行营利活动”的规定,且挪用数额巨大。

需要强调的是,产权制度是社会主义市场经济的基石。在社会主义市场经济及社会主义资本市场不断走向成熟的背景下,顾雏军指使张宏挪用上市公司科龙电器的巨额资金归个人使用,注册成立个人完全控股的公司,以收购扬州亚星客车等其他上市公司,不仅侵害了科龙电器的企业法人产权,损害了广大股民的切身利益,而且严重扰乱了资本市场秩序,对公平有序的营商环境造成了重大不良影响,社会危害性大,应依法予以惩处。

5.原审被告人顾雏军及其辩护人提出科龙集团尚欠格林柯尔系公司巨额资金,其使用科龙电器和江西科龙资金的行为不应认定为犯罪,这一意见为何不能成立?

答:顾雏军及其辩护人提出,根据《科龙电器关于毕马威华振会计师事务所调查结果的公告》,科龙集团尚欠格林柯尔系公司2.93亿元,顾雏军使用科龙集团归还格林柯尔系公司的2.9亿元借款注册成立扬州格林柯尔,其行为不构成挪用资金罪。我院再审认为,现有证据不仅无法得出科龙集团尚欠格林柯尔系公司巨额资金的结论,相反,科龙集团还至少遭受了5.92亿元的巨额损失。主要理由如下:

(1)现有证据不能证实科龙集团尚欠格林柯尔系公司巨额资金。我院经再审查明,2005年12月1日,科龙电器委托毕马威华振会计师事务所对科龙电器及其主要的附属公司在2001年10月1日至2005年7月31日期间发生的不正常且重大的现金流向进行调查,并于2006年1月23日发布《科龙电器关于毕马威华振会计师事务所调查结果的公告》。该公告指出:"根据毕马威报告,科龙集团与格林柯尔系公司于调查期间内发生的不正常现金流向涉及现金流出金额人民币21.69亿元,现金流入金额人民币24.62亿元;与怀疑和格林柯尔系公司有关的公司发生的不正常现金流向涉及现金流出金额人民币19.02亿元,现金流入金额人民币10.17亿元。"毕马威华振会计师事务所的调查结果是:"科龙集团于调查期间内与格林柯尔系公司或怀疑和格林柯尔系公司有关的公司之间进行的不正常现金净流出约为人民币5.92亿元,该现金净流出金额可能代表对科龙集团造成的最小损失。"

我院再审认为,顾雏军及其辩护人依据公告的前半段内容,认为科龙集团尚欠格林柯尔系公司2.93(24.62-21.69)亿元,但事实上,公告还明确指出,在调查期间,科龙集团与格林柯尔系公司或怀疑和格林柯尔系公司有关的公司发生的不正常现金流向,涉及现金流出金额共计40.71(21.69+

19.02)亿元,涉及现金流入金额共计34.79(24.62+10.17)亿元,科龙集团的不正常现金净流出额为5.92(40.71-34.79)亿元,且该5.92亿元可能代表对科龙集团造成的最小损失。因此,根据公告载明的调查结果,不能得出科龙集团欠格林柯尔系公司巨额资金的结论。

(2)《科龙电器关于毕马威华振会计师事务所调查结果的公告》所涉及的内容和结论,均为科龙集团与格林柯尔系公司之间的现金流入流出情况,不涉及科龙集团与顾雏军个人之间的现金流向。本案认定的事实,是顾雏军挪用科龙电器和江西科龙的巨额资金归个人使用的事实,与科龙集团和格林柯尔系公司之间划拨资金是性质完全不同的两种行为。顾雏军及其辩护人以公司之间的资金往来否定挪用资金罪的成立,没有法律依据。无论公司、企业之间有多少资金往来,都不允许经营者将公司、企业的资金挪归个人使用。从司法实践看,正是这种公私不分的错误认识,才导致一些公司、企业经营者实施了挪用资金的犯罪行为。

需要指出的是,我院再审期间,委托广东省高级人民法院对顾雏军因本案被羁押后,科龙集团与格林柯尔系公司之间的民事案件生效裁判情况进行了梳理。经统计,格林柯尔系公司被科龙电器及其子公司起诉并被法院生效判决确定承担责任的案件有16件,应付本金7.1亿元。从民事案件生效裁判情况看,也不存在科龙集团欠格林柯尔系公司巨额资金的问题。相反,格林柯尔系公司依生效判决应向科龙集团支付本金7.1亿元。

6.本案再审改判后,将如何处理国家赔偿等问题?

答:依照法律规定,被错误追究刑事责任的人可以申请国家赔偿。本案中,被改判无罪的姜宝军、刘义忠、张细汉、严有松、晏果茹、刘科均可以申请国家赔偿,因部分罪名被改判无罪导致服刑期限超过改判刑期的顾雏军也可申请赔偿。法庭宣判后,审判长已当庭向顾雏军等人以及刘义忠的亲属作出了释明,告知他们可以依照《中华人民共和国国家赔偿法》的规定向原作出生效裁判的人民法院申请国家赔偿。如上述人员提出申请,相关赔偿程序将依法及时启动。

原审判决对顾雏军等人还分别判处了数额不等的罚金刑。本案再审判决生效后,有关部门将依法把已经执行的罚金返还顾雏军等人以及刘义忠的亲属。

7. 本案再审在程序方面主要有哪些亮点?

答:最高人民法院高度重视实体公正和程序公正相统一,本案再审从一开始就严格依照法定程序进行,充分展示了以审判为中心的刑事诉讼制度改革的多项成果。

(1)充分保障原审被告人及其辩护人行使辩护权。本案有七名原审被告人和多名辩护人参与诉讼,无论是在约谈、庭前会议环节,还是在开庭审理过程中,法庭都给予每一名原审被告人和辩护人充分表达意见的机会,在长达9个小时的法庭辩论中,绝大部分时间都是原审被告人及其辩护人在发表辩解、辩护意见。

(2)有效发挥庭前会议的作用。通过召开庭前会议,法庭事先处理相关程序性事项,梳理原审列举的证据,听取检辩双方对新证据的意见,明确举证质证的范围及方式,归纳争议焦点,为提高庭审质量和效率打下了良好基础。

(3)根据本案实际需要依法调取新证据。本案再审过程中,法庭根据原审被告人申请并结合案件实际情况,依法向广东省科技厅、中国证监会等单位调取了相关证据,充分体现了法庭对原审被告人诉讼权利的尊重和保障,也有利于法庭全面审查证据,准确认定事实。

(4)依法通知有关证人和有专门知识的人出庭。根据检辩双方的申请并结合本案实际情况,法庭依法通知两名证人出庭作证,并允许一名有专门知识的人出庭提供意见,以实际行动落实刑事诉讼中强化证人出庭作证,实现庭审实质化的要求。

(5)首次在最高人民法院审理的刑事案件中采取“旁听+融传媒”的方式实现司法公开。本案再审开庭审理和宣判均通过中国法院网、中国庭审公开网、最高人民法院网站及微博进行全程图文直播,客观、全面、生动地展示庭审及宣判实况,实现阳光司法,最大限度地满足了社会公众的知情权、监督权。

(6)全面体现人文关怀。本案庭审过程中,审判长对于年纪较大、身体状况欠佳的原审被告人,多次询问其身体情况,并告知如有不适,及时举手示意;法庭还安排了医生和急救车以应对突发情况。考虑到本案有一名原审被告人已去世,为保障其合法权益,法庭特别约谈其亲属,通知其亲属旁听庭审和宣判,并告知其依法享有申请国家赔偿的权利。

8. 最高人民法院下一步对加大产权司法保护力度还有哪些工作打算?

答:加强产权和企业家权益保护工作是当前和今后一段时期人民法院的一项重要工作。最高人民法院努力找准法院工作与支持民营经济发展壮大政策举措的结合点,充分发挥司法机关职能作用,将中央支持民营经济发展的政策举措落地、落实、落细,为民营企业提供优质高效的司法服务和保障。主要有以下三个方面的工作打算:

一是进一步加强产权司法保护制度体系建设。为落实中央关于加强产权司法保护的精神,最高人民法院先后制定了《关于充分发挥审判职能作用切实加强产权司法保护的意见》《关于为改善营商环境提供司法保障的若干意见》《关于充分发挥审判职能作用为企业家创新创业营造良好法治环境的通知》等司法文件。《人民法院第五个五年改革纲要(2019—2023)》(以下简称《五五改革纲要》)也明确提出了"健全产权司法保护配套机制"的任务要求。下一步,最高人民法院将一如既往地深入学习贯彻习近平总书记的重要指示和党中央有关政策文件精神,围绕《五五改革纲要》的任务要求,驰而不息抓好产权保护和企业家合法权益保护工作。目前,最高人民法院正在全面梳理现行司法解释和规范性文件中对各类产权存在不平等保护的条款,并及时进行修改、补充和完善。同时,最高人民法院还在抓紧起草有关司法解释,坚决防止利用刑事手段干预经济纠纷,坚决防止将民事案件作为刑事案件处理,全方位、立体式地构筑平等保护产权和企业家合法权益的制度体系。

二是进一步加大涉产权错案的甄别纠正工作力度。最高人民法院成立了"涉产权错案冤案甄别纠正工作小组",下发了《关于依法甄别和纠正涉产权错案冤案的工作方案》和《关于依法妥善处理历史形成的产权案件工作实施意见》,全面展开涉产权冤错案件甄别纠正工作。最高人民法院于 2017 年底启动再审的三起在全国有重大影响的涉产权案件目前已宣判两起。其中,张文中案已被宣告无罪,顾雏军案也得到大幅度的改判,有六名原审被告人被宣告无罪。上述案件的再审启动和改判,及时向社会传递了党中央依法保护产权的政策导向,有助于增强企业家人身和财产安全感以及干事创业的信心。实际上,涉产权错案不仅存在于刑事领域,也可能存在于民事、行政和执行等领域。下一步,最高人民法院既要继续纠正刑事领域的涉产权错案,更要进一步加大对民事、行政以及执行领域涉产权错案的甄别纠正力度,使各类产权主体都能得到法律公平公正的对待,促进社会公平正义,保障人民安居乐业。

三是进一步加强裁判指导,统一裁判尺度,健全涉产权错案甄别纠正的常态化机制。最高人民法院近年来指导地方各级法院依法甄别纠正了一批社会反映强烈的涉产权案件。2018 年 10 月,最高人民法院组织专门力量,对广东、山西等 9 个省、自治区、直辖市人民法院的相关工作进行实地督察,河北、山东、重庆等地法院都迅速行动,纠正了一批错案和冤案,受到了社会各界的广泛关注和普遍好评。为规范各级法院涉产权审判工作的裁判尺度,2018 年,最高人民法院先后发布了两批共 13 件人民法院依法保护产权和企业家合法权益的典型案例,给人民法院裁判类似案件提供了参考,并且有效稳定了社会预期。年内,最高人民法院将继续发布典型案例,不断释放保护民营经济发展的积极信号。同时,最高人民法院还将在审判执行工作等多领域采取有效措施,切实推进产权保护法治化水平,积极营造稳定、公开、透明、可预期的法治化营商环境,为经济社会持续健康发展提供有效的司法保障。

立法、司法规范

中共中央　国务院
关于完善产权保护制度依法保护产权的意见

（2016 年 11 月 4 日）

产权制度是社会主义市场经济的基石，保护产权是坚持社会主义基本经济制度的必然要求。有恒产者有恒心，经济主体财产权的有效保障和实现是经济社会持续健康发展的基础。改革开放以来，通过大力推进产权制度改革，我国基本形成了归属清晰、权责明确、保护严格、流转顺畅的现代产权制度和产权保护法律框架，全社会产权保护意识不断增强，保护力度不断加大。同时也要看到，我国产权保护仍然存在一些薄弱环节和问题：国有产权由于所有者和代理人关系不够清晰，存在内部人控制、关联交易等导致国有资产流失的问题；利用公权力侵害私有产权、违法查封扣押冻结民营企业财产等现象时有发生；知识产权保护不力，侵权易发多发。解决这些问题，必须加快完善产权保护制度，依法有效保护各种所有制经济组织和公民财产权，增强人民群众财产财富安全感，增强社会信心，形成良好预期，增强各类经济主体创业创新动力，维护社会公平正义，保持经济社会持续健康发展和国家长治久安。现就完善产权保护制度、依法保护产权提出以下意见。

一、总体要求

加强产权保护，根本之策是全面推进依法治国。要全面贯彻党的十八大和十八届三中、四中、五中、六中全会精神，深入学习贯彻习近平总书记系列重要讲话精神，按照党中央、国务院决策部署，紧紧围绕统筹推进“五位一体”总体布局和协调推进“四个全面”战略布局，牢固树立和贯彻落实新发展理念,着力推进供给侧结构性改革,进一步完善现代产权制度,推进产权保护法治化,在事关产权保护的立法、执法、司法、守法等各方面各环节体现法治理念。要坚持以下原则:

——坚持平等保护。健全以公平为核心原则的产权保护制度,毫不动摇巩固和发展公有制经济,毫不动摇鼓励、支持、引导非公有制经济发展,公有制经济财产权不可侵犯,非公有制经济财产权同样不可侵犯。

——坚持全面保护。保护产权不仅包括保护物权、债权、股权,也包括保护知识产权及其他各种无形财产权。

——坚持依法保护。不断完善社会主义市场经济法律制度,强化法律实施,确保有法可依、有法必依。

——坚持共同参与。做到政府诚信和公众参与相结合,建设法治政府、责任政府、诚信政府,增强公民产权保护观念和契约意识,强化社会监督。

——坚持标本兼治。着眼长远,着力当下,抓紧解决产权保护方面存在的突出问题,提高产权保护精准度,加快建立产权保护长效机制,激发各类经济主体的活力和创造力。

二、加强各种所有制经济产权保护

深化国有企业和国有资产监督管理体制改革,进一步明晰国有产权所有者和代理人关系,推动实现国有企业股权多元化和公司治理现代化,健全涉及财务、采购、营销、投资等方面的内部监督制度和内控机制,强化董事会规范运作和对经理层的监督,完善国有资产交易方式,严格规范国有资产登记、转让、清算、退出等程序和交易行为,以制度化保障促进国有产权保护,防止内部人任意支配国有资产,切实防止国有资产流失。建立健全归属清晰、权责明确、监管有效的自然资源资产产权制度,完善自然资源有偿使用制度,逐步实现各类市场主体按照市场规则和市场价格依法平等使用土地等自然资源。完善农村集体产权确权和保护制度,分类建立健全集体资产清产核资、登记、保管、使用、处置制度和财务管理监督制度,规范农村产权流转交易,切实防止集体经济组织内部少数人侵占、非法处置集体资产,防止外部资本侵吞、非法控制集体资产。坚持权利平等、机会平等、规则平等,废除对非公有制经济各种形式的不合理规定,消除各种隐性壁垒,保证各种所有制经济依法平等使用生产要素、公开公平公正参与市场竞争、同等受到法律保护、共同履行社会责任。

三、完善平等保护产权的法律制度

加快推进民法典编纂工作,完善物权、合同、知识产权相关法律制度,清理有违公平的法律法规条款,将平等保护作为规范财产关系的基本原则。健全以企业组织形式和出资人承担责任方式为主的市场主体法律制度,统筹研究清理、废止按照所有制不同类型制定的市场主体法律和行政法规,开展部门规章和规范性文件专项清理,平等保护各类市场主体。加大对非公有财产的刑法保护力度。

四、妥善处理历史形成的产权案件

坚持有错必纠,抓紧甄别纠正一批社会反映强烈的产权纠纷申诉案件,剖析一批侵害产权的案例。对涉及重大财产处置的产权纠纷申诉案件、民营企业和投资人违法申诉案件依法甄别,确属事实不清、证据不足、适用法律错误的错案冤案,要依法予以纠正并赔偿当事人的损失。完善办案质量终身负责制和错案责任倒查问责制,从源头上有效预防错案冤案的发生。严格遵循法不溯及既往、罪刑法定、在新旧法之间从旧兼从轻等原则,以发展眼光客观看待和依法妥善处理改革开放以来各类企业特别是民营企业经营过程中存在的不规范问题。

五、严格规范涉案财产处置的法律程序

进一步细化涉嫌违法的企业和人员财产处置规则,依法慎重决定是否采取相关强制措施。确需采取查封、扣押、冻结等措施的,要严格按照法定程序进行,除依法需责令关闭企业的情形外,在条件允许情况下可以为企业预留必要的流动资金和往来账户,最大限度降低对企业正常生产经营活动的不利影响。采取查封、扣押、冻结措施和处置涉案财物时,要依法严格区分个人财产和企业法人财产。对股东、企业经营管理者等自然人违法,在处

置其个人财产时不任意牵连企业法人财产;对企业违法,在处置企业法人财产时不任意牵连股东、企业经营管理者个人合法财产。严格区分违法所得和合法财产,区分涉案人员个人财产和家庭成员财产,在处置违法所得时不牵连合法财产。完善涉案财物保管、鉴定、估价、拍卖、变卖制度,做到公开公正和规范高效,充分尊重和依法保护当事人及其近亲属、股东、债权人等相关方的合法权益。

六、审慎把握处理产权和经济纠纷的司法政策

充分考虑非公有制经济特点,严格区分经济纠纷与经济犯罪的界限、企业正当融资与非法集资的界限、民营企业参与国有企业兼并重组中涉及的经济纠纷与恶意侵占国有资产的界限,准确把握经济违法行为入刑标准,准确认定经济纠纷和经济犯罪的性质,防范刑事执法介入经济纠纷,防止选择性司法。对于法律界限不明、罪与非罪不清的,司法机关应严格遵循罪刑法定、疑罪从无、严禁有罪推定的原则,防止把经济纠纷当做犯罪处理。严禁党政干部干预司法活动、介入司法纠纷、插手具体案件处理。对民营企业在生产、经营、融资活动中的经济行为,除法律、行政法规明确禁止外,不以违法犯罪对待。对涉及犯罪的民营企业投资人,在当事人服刑期间依法保障其行使财产权利等民事权利。

七、完善政府守信践诺机制

大力推进法治政府和政务诚信建设,地方各级政府及有关部门要严格兑现向社会及行政相对人依法作出的政策承诺,认真履行在招商引资、政府与社会资本合作等活动中与投资主体依法签订的各类合同,不得以政府换届、领导人员更替等理由违约毁约,因违约毁约侵犯合法权益的,要承担法律和经济责任。因国家利益、公共利益或者其他法定事由需要改变政府承诺和合同约定的,要严格依照法定权限和程序进行,并对企业和投资人因此而受到的财产损失依法予以补偿。对因政府违约等导致企业和公民财产权受到损害等情形,进一步完善赔偿、投诉和救济机制,畅通投诉和救济渠道。将政务履约和守诺服务纳入政府绩效评价体系,建立政务失信记录,建立健

全政府失信责任追究制度及责任倒查机制，加大对政务失信行为惩戒力度。

八、完善财产征收征用制度

完善土地、房屋等财产征收征用法律制度，合理界定征收征用适用的公共利益范围，不将公共利益扩大化，细化规范征收征用法定权限和程序。遵循及时合理补偿原则，完善国家补偿制度，进一步明确补偿的范围、形式和标准，给予被征收征用者公平合理补偿。

九、加大知识产权保护力度

加大知识产权侵权行为惩治力度，提高知识产权侵权法定赔偿上限，探索建立对专利权、著作权等知识产权侵权惩罚性赔偿制度，对情节严重的恶意侵权行为实施惩罚性赔偿，并由侵权人承担权利人为制止侵权行为所支付的合理开支，提高知识产权侵权成本。建立收集假冒产品来源地信息工作机制，将故意侵犯知识产权行为情况纳入企业和个人信用记录，进一步推进侵犯知识产权行政处罚案件信息公开。完善知识产权审判工作机制，积极发挥知识产权法院作用，推进知识产权民事、刑事、行政案件审判“三审合一”，加强知识产权行政执法与刑事司法的衔接，加大知识产权司法保护力度。完善涉外知识产权执法机制，加强刑事执法国际合作，加大涉外知识产权犯罪案件侦办力度。严厉打击不正当竞争行为，加强品牌商誉保护。将知识产权保护和运用相结合，加强机制和平台建设，加快知识产权转移转化。

十、健全增加城乡居民财产性收入的各项制度

研究住宅建设用地等土地使用权到期后续期的法律安排，推动形成全社会对公民财产长久受保护的良好和稳定预期。在国有企业混合所有制改革中，依照相关规定支持有条件的混合所有制企业实行员工持股，坚持同股同权、同股同利，着力避免大股东凭借优势地位侵害中小股东权益的行为，建立员工利益和企业利益、国家利益激励相容机制。深化金融改革，推动金融创新，鼓励创造更多支持实体经济发展、使民众分享增值收益的金融产

品,增加民众投资渠道。深化农村土地制度改革,坚持土地公有制性质不改变、耕地红线不突破、粮食生产能力不减弱、农民利益不受损的底线,从实际出发,因地制宜,落实承包地、宅基地、集体经营性建设用地的用益物权,赋予农民更多财产权利,增加农民财产收益。

十一、营造全社会重视和支持产权保护的良好环境

大力宣传党和国家平等保护各种所有制经济产权的方针政策和法律法规,使平等保护、全面保护、依法保护观念深入人心,营造公平、公正、透明、稳定的法治环境。在坚持以经济建设为中心、提倡勤劳致富、保护产权、弘扬企业家精神等方面加强舆论引导,总结宣传一批依法有效保护产权的好做法、好经验、好案例,推动形成保护产权的良好社会氛围。完善法律援助制度,健全司法救助体系,确保人民群众在产权受到侵害时获得及时有效的法律帮助。有效发挥工商业联合会、行业协会商会在保护非公有制经济和民营企业产权、维护企业合法权益方面的作用,建立对涉及产权纠纷的中小企业维权援助机制。更好发挥调解、仲裁的积极作用,完善产权纠纷多元化解机制。

各地区各部门要充分认识完善产权保护制度、依法保护产权的重要性和紧迫性,统一思想,形成共识和合力,狠抓工作落实。各地区要建立党委牵头,人大、政府、司法机关共同参加的产权保护协调工作机制,加强对产权保护工作的组织领导和统筹协调。各有关部门和单位要按照本意见要求,抓紧制定具体实施方案,启动基础性、标志性、关键性工作,加强协调配合,确保各项举措落到实处、见到实效。

最高人民法院
关于充分发挥审判职能作用
切实加强产权司法保护的意见

（2016 年 11 月 28 日　法发〔2016〕27 号）

产权制度是社会主义市场经济的基石，保护产权是坚持社会主义基本经济制度的必然要求。党的十八大以来，以习近平同志为核心的党中央高度重视产权保护工作。党的十八届三中、四中、五中全会明确提出，国家保护各种所有制经济产权和合法利益，强调要健全以公平为核心原则的产权保护制度，推进产权保护法治化。2016 年 11 月 4 日，中共中央、国务院印发《关于完善产权保护制度依法保护产权的意见》，对完善产权保护制度、推进产权保护法治化有关工作进行了全面部署。为充分发挥审判职能作用，切实加强产权司法保护，增强人民群众财产财富安全感，促进经济社会持续健康发展，制定如下意见。

一、坚持产权司法保护的基本原则

1. 坚持平等保护。坚持各种所有制经济权利平等、机会平等、规则平等，对各类产权主体的诉讼地位和法律适用一视同仁，确保公有制经济和非公有制经济财产权不可侵犯。注重对非公有制产权的平等保护。妥善审理各类涉外案件，平等保护中外当事人的诉讼权利和实体权益。

2. 坚持全面保护。既要保护物权、债权、股权，也要保护知识产权及其他各种无形财产权。通过刑事、民事、行政等各种审判及执行活动，依法明确产权归属，制裁各类侵犯产权的违法犯罪行为，特别是利用公权力侵犯私有产权的违法犯罪行为。

3. 坚持依法保护。结合各个时期经济发展的形势和政策，准确把握立法精神，严格公正司法，妥善处理涉及产权保护的各类案件。结合案件审判和司法调研，促进社会主义市场经济法律制度不断健全，推动完善产权保护制度。

二、准确把握、严格执行产权保护的司法政策

4. 依法惩治各类侵犯产权犯罪，平等保护各种所有制经济产权。依法惩治侵吞、瓜分、贱卖国有、集体资产的犯罪，促进资产监督管理制度不断健全。加大对非公有财产的刑法保护力度，依法惩治侵犯非公有制企业产权以及侵犯非公有制经济投资者、管理者、从业人员财产权益的犯罪。对非法占有、处置、毁坏财产的，不论是公有财产还是私有财产，均依法及时追缴发还被害人，或者责令退赔。

5. 客观看待企业经营的不规范问题，对定罪依据不足的依法宣告无罪。对改革开放以来各类企业特别是民营企业因经营不规范所引发的问题，要以历史和发展的眼光客观看待，严格遵循罪刑法定、疑罪从无、从旧兼从轻等原则，依法公正处理。对虽属违法违规、但不构成犯罪，或者罪与非罪不清的，应当宣告无罪。对在生产、经营、融资等活动中的经济行为，除法律、行政法规明确禁止的，不得以犯罪论处。

6. 严格区分经济纠纷与刑事犯罪，坚决防止把经济纠纷当做犯罪处理。充分考虑非公有制经济特点，严格把握刑事犯罪的认定标准，严格区分正当融资与非法集资、合同纠纷与合同诈骗、民营企业参与国有企业兼并重组中涉及的经济纠纷与恶意侵占国有资产等的界限，坚决防止把经济纠纷认定为刑事犯罪，坚决防止利用刑事手段干预经济纠纷。对于各类经济纠纷，特别是民营企业与国有企业之间的纠纷，不论实际损失多大，都要始终坚持依法办案，排除各种干扰，确保公正审判。

7. 依法慎用强制措施和查封、扣押、冻结措施，最大限度降低对企业正常生产经营活动的不利影响。对涉案企业和人员，应当综合考虑行为性质、危害程度以及配合诉讼的态度等情况，依法慎重决定是否适用强制措施和查封、扣押、冻结措施。在刑事审判中，对已被逮捕的被告人，符合取保候

审、监视居住条件的,应当变更强制措施。在刑事、民事、行政审判中,确需采取查封、扣押、冻结措施的,除依法需责令关闭的企业外,在条件允许的情况下可以为企业预留必要的流动资金和往来账户。不得查封、扣押、冻结与案件无关的财产。

8. 严格规范涉案财产的处置,依法维护涉案企业和人员的合法权益。严格区分违法所得和合法财产,对于经过审理不能确认为违法所得的,不得判决追缴或者责令退赔。严格区分个人财产和企业法人财产,处理股东、企业经营管理者等自然人犯罪不得任意牵连企业法人财产,处理企业犯罪不得任意牵连股东、企业经营管理者个人合法财产。严格区分涉案人员个人财产和家庭成员财产,处理涉案人员犯罪不得牵连其家庭成员合法财产。按照公开公正和规范高效的要求,严格执行、不断完善涉案财物保管、鉴定、估价、拍卖、变卖制度。

9. 依法公正审理行政协议案件,促进法治政府和政务诚信建设。对因招商引资、政府与社会资本合作等活动引发的纠纷,要认真审查协议不能履行的原因和违约责任,切实维护行政相对人的合法权益。对政府违反承诺,特别是仅因政府换届、领导人员更替等原因违约毁约的,要坚决依法支持行政相对人的合理诉求。对确因国家利益、公共利益或者其他法定事由改变政府承诺的,要依法判令补偿财产损失。

10. 依法公正审理财产征收征用案件,维护被征收征用者的合法权益。准确把握立法精神,合理把握征收征用适用的公共利益范围,坚决防止公共利益扩大化。遵循及时合理补偿原则,对土地征收和房屋拆迁补偿标准明显偏低的,要综合运用多种方式进行公平合理补偿,充分保护被征收征用者的合法权益。

11. 依法制裁知识产权违法犯罪,加大知识产权保护力度。按照“司法主导、严格保护、分类施策、比例协调”的知识产权司法保护基本政策,加大保护力度,推进知识产权强国建设。积极参与相关法律修订工作,推动完善知识产权侵权损害赔偿制度。适时发布司法解释和指导性案例,通过排除侵权证据妨碍、合理分配当事人的举证责任等途径,依法推进惩罚性赔偿制度的适用。依法审理商标侵权,加强品牌商誉保护。依法审理反不正当竞争纠纷案件,破除行业垄断和市场分割。依法惩治知识产权犯罪,加大对链条式、产业化知识产权犯罪惩治力度。

12. 依法处理历史形成的产权申诉案件,坚决落实有错必纠的要求。建立专门工作机制,抓紧甄别纠正一批社会反映强烈的产权纠纷申诉案件。对涉及重大财产处置的产权纠纷申诉案件、民营企业和投资人犯罪的申诉案件,经审查确属事实不清、证据不足、适用法律错误的,依法及时予以纠正并赔偿当事人损失。严格落实司法责任制,对存在违法审判情形的依法依纪严肃追究,同时完善审判管理,从源头上、制度上有效防范冤错案件的发生。

13. 提高审判执行效率,切实防止因诉讼拖延影响企业生产经营。强化审限监管,严格审限延长、扣除、中止等情形的审批,不断提高审限内结案率,切实解决"隐性"超审限问题。持续开展长期未结诉讼案件和久押不决刑事案件专项清理工作,建立定期通报和督办机制。进一步完善繁简分流审判机制,对符合条件的案件依法适用简易程序、速裁程序。加大执行力度,提升执行速度,及时有效维护胜诉当事人的合法权益。

三、加强产权司法保护的机制建设

14. 坚持党的领导,积极参与产权保护协调工作机制。要主动向党委汇报加强产权司法保护的各项工作部署,积极参与党委牵头,人大、政府、司法机关共同参加的产权保护协调工作机制,形成工作合力。认真听取人大代表、政协委员和专家学者的意见建议,加强与工商联、行业协会的沟通,确保产权司法保护各项举措落到实处、收到实效。

15. 优化资源配置,提升涉产权保护案件审判的专业性和公信力。对法律适用难度较大的涉产权民刑交叉、民行交叉案件,统筹审判资源,组成民刑、民行综合合议庭,确保理清法律关系、准确适用法律。充分发挥北京、上海、广州知识产权法院的示范、引领作用,加快知识产权派出法庭建设,探索设立知识产权上诉法院,完善知识产权审判工作体制机制。推动知识产权民事、行政和刑事案件审判"三合一",提高知识产权司法保护的整体效能。落实京津冀知识产权技术类案件集中管辖,合理布局全国法院知识产权案件管辖,提升知识产权司法保护水平。

16. 做好司法调研,不断完善产权保护司法政策。推进信息技术与审判业务深度融合,充分利用大数据、云计算等信息技术,准确研判涉产权案件的审判形势。深入调研涉产权审判执行工作中的疑难问题,及时总结司法审判经验,切实加强产权保护司法政策研究,不断健全产权司法保护规则。通过制定司法解释、发布指导性案例等方式,统一涉产权案件的司法尺度、裁判标准。

17. 强化法治宣传,推动形成保护产权的良好社会氛围。利用裁判文书上网、庭审直播等司法公开平台,结合案件审判,大力宣传党和国家平等保护各种所有制经济产权的方针政策和法律法规,使平等保护、全面保护、依法保护观念深入人心,营造公平、公正、透明、稳定的法治环境。总结宣传一批依法有效保护产权的好做法、好经验、好案例,推动形成保护产权的良好社会氛围。

媒体评论

人民网评论：顾雏军案改判，让企业家轻装前进

2019 年 4 月 10 日，最高人民法院公开宣判原审被告人顾雏军等人虚报注册资本，违规披露、不披露重要信息，挪用资金再审一案，撤销了原判对顾雏军的部分罪名量刑，部分原审被告人被宣告无罪，引发社会各界广泛关注。

一起始于十多年前的涉产权旧案，为何波澜不断？因为无论在中国司法史还是商业史上，顾雏军案都被视为一个里程碑式的事件。民营企业及企业家经营中的不规范行为如何处理？产权司法保护进程中的历史遗留问题怎么解决？一批侵害企业产权的错案冤案怎样纠正？可以说，顾雏军案的有力纠偏，既体现了党中央平等保护各类市场主体合法权益、营造公平竞争环境的要求，又向全社会释放了产权司法保护的积极信号，对于激发企业家创业创新动力，维护社会公平正义，促进经济社会持续健康发展，都具有十分重要的意义。

就判决结果而言，再审过程做到了"有改有维"。一方面，挪用资金事实清楚、证据确实，不仅侵害了企业法人产权，损害了广大股民的切身利益，而且严重扰乱了资本市场秩序，对公平有序的营商环境造成了重大不良影响，应依法予以惩处。另一方面，使用虚假证明文件以不实货币置换无形资产出资的事实是客观存在的，但属于情节显著轻微危害不大的情形，不构成犯罪，不应追究顾雏军等人的刑事责任。这样处理，既维护法律权威、彰显公平正义，又引导企业家敬畏法律，不踩红线，遵纪守法搞经营，合法合规谋发展。

从法治意义来看，再审过程堪称依法治国的一堂法治公开课。2018 年，

最高人民法院先后发布了两批共13件人民法院依法保护产权和企业家合法权益的典型案例，坚持有错必纠，错到哪里纠到哪里，全案错了全案纠正，部分错了部分纠正，既不遮丑护短，也不搞“一风吹”。纠偏此类案件的示范意义在于，倒逼司法机关全面梳理现行司法解释和规范性文件中对各类产权存在不平等保护的条款，并及时进行修改、补充和完善，严格区分正当融资与非法集资、产权纠纷与恶意侵占、个人财产与企业法人财产等界限，坚决防止将经济纠纷当做犯罪处理，将民事责任变为刑事责任，切实保障民营企业合法权益特别是企业家人身和财产权益。

从社会效果来看，甄别纠正一批侵害企业产权的错案冤案，是完善产权保护制度、依法保护产权的生动实践。一段时间里，一些企业在环保、社保、质量、安全、信用等方面存在不规范、不稳健甚至不合规合法的问题，在加强监管执法的背景下，必然会面临很大压力；一些部门工作中存在不应该有的政策偏差，在平等保护产权、平等参与市场竞争、平等使用生产要素等方面还有很大差距。对顾雏军案的再审改判，通过为民营企业提供优质高效的司法服务和保障，清晰传递出中央依法保护产权、支持民营经济发展的政策风向，有助于增强企业家人身和财产安全感，激发干事创业的企业家精神。事实上，只要讲正气、走正道，聚精会神办企业、遵纪守法搞经营，在合法合规中提高企业竞争能力，就能享受公开透明的营商环境、公平正义的法律保障。

在民营企业座谈会上，习近平总书记明确指出，“对一些民营企业历史上曾经有过的一些不规范行为，要以发展的眼光看问题，按照罪刑法定、疑罪从无的原则处理，让企业家卸下思想包袱，轻装前进”。[①] 以顾雏军案为契机，加大涉产权错案的甄别纠正力度，切实推进产权保护法治化水平，让各类产权主体都能得到法律公平公正的对待，全心全意为广大企业尤其是民营企业做强做优保驾护航。

---

① 习近平：《大力支持民营企业发展壮大》（二〇一八年十一月一日），载《习近平著作选读》（第二卷），人民出版社2023年版，第209－210页。

新华时评:实事求是才能依法纠错

最高人民法院2019年4月10日对顾雏军等再审一案进行公开宣判。这起社会高度关注的涉产权案件再审尘埃落定,彰显了人民法院依法纠正涉产权冤错案件的不变决心,释放出平等保护各类市场主体合法权益、营造公平竞争环境的积极信号。

疑难复杂的涉产权案件再审,关键在于实事求是、依法纠错。从该案再审判决可以看到,最高人民法院对于原审认定的顾雏军等人虚报注册资本的行为,充分考虑其历史背景和客观因素,不以犯罪论处;对于不按规定提供真实财会报告的行为,充分考虑在案证据不足的客观实际,不追究刑事责任。这对于各级法院坚持以发展的眼光看问题,依法妥善处理民营企业及企业家经营过程中的不规范行为,具有标杆性示范作用。

坚持以事实为根据,以法律为准绳,才能作出经得起历史检验的公正判决。在改判部分罪名无罪的同时,最高人民法院认定顾雏军等人挪用上市公司资金归个人使用并谋取个人利益,严重扰乱市场经济秩序,对此依法认定有罪并判处刑罚。人民法院公正严格司法,才能既保护企业家合法权益,并且引导企业遵纪守法、依法经营,维护经济社会稳定健康发展。

维护程序正义,是实现实体正义的前提。顾雏军案再审从开庭到宣判,最高人民法院通过官方微博等渠道提前公布时间,进行全程图文直播,将庭审信息、案件细节详尽呈现在人民群众面前。庭审中充分保障各方各项权利,有两名证人及一名有专门知识的人出庭作证和提供意见。程序上严格循法,公开透明,确保了合议庭从实体上作出客观理性与专业审慎的分析判断。

“有恒产者有恒心”,营商环境和法治环境风清气正,企业家才有更强信心、人民群众才有更多获得感。从张文中案到顾雏军案,人们有理由期待人民法院不断加强产权司法保护，坚持罪刑法定、疑罪从无、证据裁判等原则，更好地维护社会公平正义，让更多企业家有勇气、有底气投身经济发展大潮创业、兴业。

微信公众号“中央政法委长安剑”：再审顾雏军，法律给出不枉不纵终极答案

2019年4月10日，社会关注的顾雏军再审一案，由最高人民法院公开宣判。根据再审判决，顾雏军由原来的虚报注册资本罪，违规披露、不披露重要信息罪和挪用资金罪三项罪名，改判为挪用资金罪一项罪名；刑期由有期徒刑十年并处罚金人民币六百八十万元，改判为有期徒刑五年。

从这个终极答案中不难看出两层意思：第一，整整十年之前的那份判决，判错了。第二，顾雏军确实有罪。

两层意思并非让人各取所需，见其一不见其二，哪怕妙笔生花天花乱坠，也难言正确。

因为两层意思统一在法律的尺度下，唯一的核心就是寻求公平正义。

公平正义容不得冤错案件，错了不能任它继续错下去。纵观顾雏军的全案，虚报注册资本的事实存在，将虚增利润编入财会报告进行披露的事实也存在，但为什么不构成犯罪？提供虚假财会报告罪需要“严重损害股东或者其他人利益”，顾雏军的行为没有造成这样的后果，就不能认定构成该罪；顾雏军等虽然有虚报注册资本的行为，但情节显著轻微，危害不大，可以不追究刑事责任。原审判决错误，理应得到纠正。

法律很简单，它就是一条线，线的上方是白，下方是黑。我们常常脱口而出的“以法律为准绳”，就是这个意思。这也是法律让人安心之处，惩其所惩，罚其当罚，让所有人对自己行为可能带来的后果，有了明确的预期，知道哪些可为哪些不可为，知道底线之上天高任我闯。

公平正义不是走走形式，意味着不枉同样也意味着不纵。在顾雏军挪用资金的犯罪事实中，有一笔6 300万元的款项原审的认定事实不清证据不足，对此不应按照犯罪处理，但原审认定顾雏军等人挪用科龙电器2.5亿元

和江西科龙4 000万元归个人使用,进行营利活动的事实清楚,证据确实、充分。顾雏军的行为触犯刑法,理应受到惩处。

法律很复杂,要有严密的逻辑,又要有抽丝剥茧的耐心。再审开庭中,我们看到两天二十余个小时的庭审,我们看到诉辩双方唇枪舌剑,我们看到一摞摞堆成小山般的案卷。这些都是在对案件进行千锤百炼,让定罪量刑经得起人民的检验。

顾雏军案给出的答案,是司法机关对民营企业历史问题的处理方式。长期以来,特别是在改革开放的早期阶段,各类企业特别是民营企业在成长过程中往往存在一些"灰色"经营甚至违法行为。一旦企业涉案,容易新账旧账一起算。对此,一些民营企业家忧心忡忡,也造成一些人心思不定、投资意愿不强,向外转移财产。

再审判决,严格遵循法不溯及既往、罪刑法定、在新旧法之间从旧兼从轻等原则,以发展的眼光客观看待和依法妥善处理顾雏军虚报注册资本等问题。判决所产生的社会效应巨大,更有利于稳定社会预期和增强企业家的安全感。

顾雏军案给出的答案,是法治保护产权的能力和决心。作为最高人民法院宣布再审的三起涉产权典型案件之一,加强对企业家的产权保护,是此案最大的背景。习近平总书记在十九大报告指出,要"激发和保护企业家精神,鼓励更多社会主体投身创新创业",在中央经济工作会议上再次强调"要支持民营企业发展,落实保护产权政策,依法甄别纠正社会反映强烈的产权纠纷案件"。

民营企业家是我们自己人。越是自己人,越应该不偏不倚,越应该依法公正。再审顾雏军,意义远超过认定他个人的罪与非罪,而在于对就是对,错就是错,在于在法律框架内对事实进行认定,在于一丝不苟地依据法律和规则对案件作出裁判,在于对法律面前人人平等原则的坚持。

不矮人一等,也不高人一头,合法经营不必担心"飞来横祸",违法犯罪必然遭受法律惩处。法律无差别地保护所有人,在这样的法治环境下,市场经济才能在公平正义中不断向前发展,民营企业和企业家们才会更有安全感,才能毫无顾虑地纵情向前。

再审顾雏军,在法槌落下的时候,让人听到法治的回响,在周围越发清晰的规矩方圆中,让人看到法治的模样。

《法制日报》:顾雏军案改判的意义究竟是什么

备受社会各界高度关注的顾雏军案终于迎来了再审宣判的时刻。2019年4月10日,最高人民法院对原审被告人顾雏军等人虚报注册资本,违规披露、不披露重要信息,挪用资金再审一案进行公开宣判,判决撤销原判对顾雏军犯虚报注册资本罪,违规披露、不披露重要信息罪的定罪量刑部分和挪用资金罪的量刑部分,对顾雏军犯挪用资金罪改判有期徒刑五年。

作为最高人民法院提审的一起涉产权代表性案件,这一案件的再审工作深入细致全面,始终坚持以事实为根据、以法律为准绳,坚持公开透明,有效回应社会关切,作出了最终的公正裁判。顾雏军案的再审是全面推进依法治国、实现社会公平正义的典型范例,是司法机关运用法治方式积极贯彻落实中央有关产权保护政策的生动实践,充分体现出司法机关坚持公正司法、依法保护产权的决心和信心。

产权制度是市场经济的基石,有效地保护产权是坚持和发展社会主义基本经济制度的必然要求。党的十八大以来,以习近平同志为核心的党中央高度重视产权保护工作。党的十八届三中、四中、五中全会明确提出,国家保护各种所有制经济产权和合法利益,强调要健全以公平为核心原则的产权保护制度,推进产权保护法治化。2016年底下发的《中共中央、国务院关于完善产权保护制度依法保护产权的意见》强调要妥善处理历史形成的产权案件,严格规范涉案财产处置的法律程序,审慎把握处理财产权和经济纠纷的司法政策。

法治是保护产权的最可靠方式,依法有效保护各种所有制经济组织和公民的财产权,有利于提升人民群众的财产财富安全感,形成社会的良好稳定预期,增强全社会的创业创新动力。依法保护产权是动态的过程,随着经济社会的发展和法治的完善,保护的范围和力度都在变化,如何客观看待和处理涉产权案件中的时代背景、社会状况、经济政策、发展变迁等复杂的历史因素，对于司法机关来说是一项重要考验。我们看到，司法机关在顾雏军案再审中充分考虑有关历史背景和客观因素及在案证据不足等客观实际，对有关行为作出了公正的认定和处理。同时，法庭宣判后，审判长当庭向顾雏军等作出释明，告知他们可以依照《中华人民共和国国家赔偿法》的规定向原作出生效裁判的人民法院申请国家赔偿。这些既体现了党中央平等保护各类市场主体合法权益、营造公平竞争环境的要求，又向全社会释放了产权司法保护的积极信号，对于激发企业家创业创新动力，维护社会公平正义，促进经济社会持续健康发展，具有十分重要的意义。

依法保护产权是一体两面的：一方面，我们强调，对于一些民营企业历史上曾经有过的一些不规范行为，要以发展的眼光看问题，按照罪刑法定、疑罪从无的原则处理，让企业家卸下思想包袱，轻装前进；另一方面，各类经济主体也要坚守法治底线，做到守法经营，这是任何企业都必须遵守的原则，也是长远发展之道。顾雏军案再审改判坚持实事求是、依法纠错的基本原则，对于证据确凿、事实清楚的犯罪行为，依法认定有罪并判处刑罚。这充分体现了司法机关实事求是、坚守底线、公正司法的坚定立场。司法裁判不是和稀泥，其根本宗旨就是要辨明是非、弄清黑白，做到对错分明、有错必纠、错到哪里就纠到哪里。只有这样才能既维护法律权威，彰显公平正义，又引导企业家敬畏法律，不踩红线，遵纪守法搞经营，合法合规谋发展。

有恒产者方有恒心。产权保护制度稳固，经济才能够行稳致远。顾雏军案再审改判再次说明产权保护的根本之策是全面推进依法治国，只要运用好法治思维和法治方式，完善平等保护产权的法律制度，坚持有错必纠，审慎把握处理产权和经济纠纷的司法政策，就一定能不断增强人民群众财产财富安全感，增强社会信心，维护社会公平正义，保持经济社会持续健康发展和国家长治久安。

人民法院网评论：以审判为中心让公平正义看得见

2018 年 6 月 13 日，最高人民法院在第一巡回法庭公开开庭审理原审被告人顾雏军等虚报注册资本，违规披露、不披露重要信息，挪用资金再审一案，由裴显鼎担任审判长。此案 13 日的庭审持续时间长达 15 个小时，并全程通过微博进行直播。14 日庭审继续进行。

第一天就已长达 15 个小时的庭审，也许创造了案件第一天持续审理最长时间纪录。笔者认为，这次庭审，充分听取了控辩双方、被告人的意见，充分展示了各方证据，是对审判中心主义的生动实践。无论此案最终如何判决，该庭审模式都做到了“看得见的公平正义”，是满足公众知情权，提升司法公信的标杆。

审判中心主义要求在刑事诉讼各阶段之间的关系问题上，将审判阶段作为整个刑事诉讼的中心。要求法官居中指挥和裁判，控辩双方充分辩论，庭审对抗有序进行，通过依法认定的证据对被告人定罪量刑。这是法官居中指挥和裁判，控辩双方集中辩论、激烈对抗的三角模式，要求有效排除不当干预，全面贯彻证据裁判规则，严格依法收集、固定、保存、审查、运用证据，保证庭审在查明事实、认定证据、保护诉权、公正裁判中发挥决定性作用。

通过观看微博庭审直播，可以说，顾雏军再审案的庭审是对审判中心主义的完美呈现。切实保障了被告人和辩护人的各项权利，让控辩双方有序地发表意见，提交证据。这种庭审让各方当事人充分感受到了权利被尊重，依法发言被倾听的程序正义；也让公众认识到，庭审不是走过场，不是“公检法流水作业”。

其中有几个细节值得注意，如顾雏军申请出庭公诉的检察员回避，经审判长释明后当庭驳回;如顾雏军多次情绪激动,怒怼检察员并要求公正审理,均被审判人员释明,后庭审继续进行。也就是说,虽然各方意见相当激烈,且一些诉求被驳回,但“围观者”没有认为法庭存在暗箱操作嫌疑。相反,从网友的评论和业内人士的观点来看,对此次庭审的评价相当高,没有因为审判人员拒绝、制止了被告人的相关要求而认为“审判不公”。

《中共中央关于全面推进依法治国若干重大问题的决定》指出,推进以审判为中心的诉讼制度改革,确保侦查、审查起诉的案件事实证据经得起法律的检验。全面贯彻证据裁判规则,严格依法收集、固定、保存、审查、运用证据,完善证人、鉴定人出庭制度,保证庭审在查明事实、认定证据、保护诉权、公正裁判中发挥决定性作用。唯有如此,公诉方提交的各种证据才能被有效检验,被告方的举证才能被重视。这样才能让各方当事人和公众切实感受到、体会到公平正义,增加司法裁判的公信力和权威度。

顾雏军等虚报注册资本，违规披露、不披露重要信息，挪用资金案

广东省佛山市中级人民法院
刑事判决书

（2006）佛刑二初字第 65 号

公诉机关广东省佛山市人民检察院。

被告人顾雏军，男，1959 年 5 月 5 日出生于江苏省泰县，汉族，文化程度硕士研究生，住北京市圣馨大地家园 E 座 2206 号房。原广东科龙电器股份有限公司（以下简称科龙电器）董事长、扬州科龙电器有限公司（以下简称扬州科龙）法定代表人、格林柯尔制冷剂（中国）有限公司（以下简称天津格林柯尔）法定代表人、江西格林柯尔实业发展有限公司（以下简称江西格林柯尔）董事长和法定代表人、扬州格林柯尔创业投资有限公司（以下简称扬州格林柯尔）法定代表人、扬州亚星客车股份有限公司（以下简称扬州亚星客车）法定代表人。因本案于 2005 年 7 月 28 日被羁押，同月 29 日被刑事拘留，同年 9 月 2 日被逮捕。现押于南海区看守所。

辩护人李贵方，北京市德恒律师事务所律师。

辩护人童汉明，广东汇联律师事务所律师。

被告人姜宝军（曾用名姜源），男，1967 年 2 月 18 日出生于河南省南乐县寺庄乡，汉族，文化程度博士研究生，住北京市东皇城根南街 11 号房。原科龙电器首席财务官、扬州科龙董事、扬州亚星客车董事。因本案于 2005 年 7 月 29 日被羁押，同月 30 日被刑事拘留，同年 9 月 2 日被逮捕。现押于顺德区看守所。

辩护人万信成、李湖侯，广东仲马律师事务所律师。

被告人张宏,男,1962年5月22日出生于北京市,汉族,文化程度大学本科,住天津市和平区宜昌道世家新苑2号楼1105号房。原江西科龙实业发展有限公司(以下简称江西科龙)总裁兼董事长、科龙电器董事、江西格林柯尔董事。因本案于2005年8月2日被刑事拘留,同年9月2日被逮捕。现押于顺德区看守所。

辩护人马振彪,北京市信格律师事务所律师。

被告人刘义忠(曾用名刘毅钟),男,1962年9月15日出生于山西省朔州市,汉族,文化程度博士研究生,住广东省深圳市南山区(粤海所)学林雅院9栋1103号房,原科龙电器董事长助理。因本案于2005年8月2日被刑事拘留,同年9月2日被逮捕。现押于顺德区看守所。

辩护人蒋宏伟,广东卓信律师事务所律师。

被告人张细汉,男,1967年12月26日出生于湖北省阳新县,汉族,文化程度硕士研究生,住北京市展览路新华里16号院6号楼1单元1103号房,原格林柯尔环保工程(深圳)有限公司副总裁。因本案于2005年7月30日被刑事拘留,同年9月2日被逮捕。现押于佛山市看守所。

辩护人黄道义、张友学,湖北平合律师事务所律师。

被告人严友松,男,1965年10月5日出生于湖北省黄冈市,汉族,文化程度硕士研究生,住北京市丰台区怡海花园恒泰园15栋1门103号房,原科龙电器副总裁。因本案于2005年7月29日被羁押,同月30日被刑事拘留,同年9月2日被逮捕。现押于顺德区看守所。

辩护人李江、袁军,北京市中兆律师事务所律师。

被告人晏果茹,男,1969年10月10日出生于湖南省常德市石门县,汉族,文化程度大学本科,住湖北省武汉市武昌区民主路570号房,原科龙电器财务副总监。因本案于2005年7月29日被羁押,同月30日被刑事拘留,同年9月2日被逮捕。现押于顺德区看守所。

辩护人吕伟虹,广东顺晖律师事务所律师。

被告人刘科,男,1967年11月28日出生于湖南省,汉族,文化程度大专,住佛山市顺德区容桂街道振华路宏雅苑G座602号房,原科龙电器财务部副部长。因本案于2005年7月30日被刑事拘留,同年9月2日被逮捕。

现押于顺德区看守所。

辩护人刘国祝，广东仲马律师事务所律师。

被告人曾俊洪，男，1973 年 12 月 25 日出生于江西省吉安市万安县，汉族，文化程度硕士研究生，住江西省新余市渝水区新钢苗圃村宿舍，原广东科龙配件公司副总经理、深圳市科龙采购有限公司副总经理、科龙集团采购中心总监。因本案于 2005 年 12 月 25 日被刑事拘留，2006 年 1 月 25 日被逮捕。现押于佛山市看守所。

辩护人陈连志，广东仲马律师事务所律师。

广东省佛山市人民检察院于 2006 年 9 月 14 日、9 月 30 日分别以佛检刑诉[2006]170 号起诉书及佛检刑追诉字[2006]1 号追加起诉书，指控被告人顾雏军、姜宝军、张细汉、刘义忠犯虚报注册资本罪，被告人顾雏军、姜宝军、张宏、严友松、晏果茹、刘科犯提供虚假财会报告罪，被告人顾雏军、姜宝军、张宏、曾俊洪犯挪用资金罪及顾雏军、姜宝军犯职务侵占罪，向本院提起公诉。本院依法组成合议庭于 2006 年 11 月 7 日至 8 日、12 月 12 日至 22 日公开开庭审理了本案。广东省佛山市人民检察院指派检察员皮文井、陈雷、潘媚、王勇、代理检察员汪玲出庭支持公诉，被告人顾雏军及其辩护人李贵方、童汉明，被告人姜宝军及其辩护人万信成、李湖侯，被告人张宏及其辩护人马振彪，被告人刘义忠及其辩护人蒋宏伟，被告人张细汉及其辩护人黄道义、张友学，被告人严友松及其辩护人李江、袁军，被告人晏果茹及其辩护人吕伟虹，被告人刘科及其辩护人刘国祝，被告人曾俊洪及其辩护人陈连志，证人刘从梦、杨志刚，鉴定人李长照、徐继凯等到庭参加诉讼。现已审理终结。

广东省佛山市人民检察院指控称：

一、虚报注册资本罪

2001 年 5 月，被告人顾雏军为收购科龙电器的法人股注册成立了顺德市（现为佛山市顺德区）格林柯尔企业发展有限公司（以下简称顺德格林柯尔），注册资本为 120 000 万元。因为当时顾仅能筹集 30 000 万元现金，余下的 90 000 万元以其两项专利使用权作为无形资产出资。后顾雏军以顺德格林柯尔的名义收购了科龙电器的法人股，顾雏军任科龙电器董事长。

2002年4月,由于顺德格林柯尔注册资本中无形资产占75%,不符合法律规定的比例,顺德市工商部门不予年检。后凭顺德市容桂区办事处出具的协助年检函办理了工商年检,但顾雏军无法筹足货币资金人民币66 000万元来置换注册资本中55%的无形资产,为了骗取公司的变更登记,顾指使被告人姜宝军和张细汉携带相关公司的印章在顺德市容桂信用社内,通过来回倒款的形式,制造天津格林柯尔向顺德格林柯尔投资人民币66 000万元的假象,由被告人刘义忠将相关虚假资料交给会计师事务所验资,同年12月骗取了顺德市工商行政管理局对顺德格林柯尔的变更登记。

二、提供虚假财会报告罪

2002年至2004年间,被告人顾雏军为夸大科龙电器的业绩,指使被告人姜宝军、严友松、张宏、晏果茹、刘科等人以封存库存的冰箱和空调产品、出具虚假的出库单及收取无真实贸易背景的客户商业承兑汇票等方式虚增销售收入。其中,2002年虚增利润人民币11 996.299 648万元,2003年虚增利润人民币8 935.054 275万元,2004年虚增利润人民币12 042.059 184万元,上述虚增利润被编入科龙电器当年的财务会计报告并向社会公布,严重损害了股东或者其他人利益。

三、挪用资金罪

(一)2002年7月至2005年4月间,被告人顾雏军指使被告人张宏、姜宝军挪用科龙电器、江西科龙及扬州亚星客车的资金。具体犯罪事实如下:

1. 2002年7月18日,被告人顾雏军指使被告人张宏挪用江西科龙人民币9 000万元,作为顾雏军注册江西格林柯尔的注册资本金。该款至今未归还。

2. 2003年8月21日,被告人顾雏军指使被告人张宏挪用江西科龙人民币7 500万元,用于偿还天津格林柯尔在中国建设银行南昌市昌北支行的贷款。该款至今未归还。

3. 2003年6月17日至20日间,被告人顾雏军指使被告人张宏挪用科龙电器人民币25 000万元、江西科龙人民币4 000万元,用于注册扬州格林柯尔。部分款项至今未归还。

4. 2005 年 4 月 25 日至 26 日间，被告人顾雏军指使被告人姜宝军挪用扬州亚星客车人民币 6 300 万元，用于归还格林柯尔系列公司的银行借款及支付与其他公司的往来款。该款至今未归还。

（二）2005 年 4 月，在证监会对科龙电器的违规经营调查期间，被告人顾雏军为掩盖其挪用江西科龙资金的犯罪事实，多次指使被告人张宏、曾俊洪从江西科龙、深圳市科龙采购有限公司、广东科龙配件有限公司挪用资金进行非法活动，具体犯罪事实如下：

1. 2005 年 4 月 7 日至 4 月 15 日间，被告人顾雏军指使被告人张宏、曾俊洪挪用江西科龙 4 080 万元。

2. 2005 年 4 月 26 日至 27 日间，被告人顾雏军指使被告人张宏、曾俊洪挪用深圳市科龙采购有限公司 8 960.03 万元。

3. 2005 年 4 月 26 日至 28 日间，被告人顾雏军指使被告人张宏、曾俊洪挪用广东科龙配件有限公司 9 741.222 万元。

四、职务侵占罪

2004 年 4 月 30 日，被告人顾雏军指使被告人姜宝军，将扬州科龙的人民币 4 000 万元以“征地费”名义划到扬州经济开发区财政局预算管理科的账户，后转到扬州格林柯尔的账上，被告人顾雏军指使被告人姜宝军在扬州科龙账户上以无形资产名义将该笔资金平账，从而占有该款。

为证实以上指控的事实，公诉机关向本院提供了书证、证人证言、被告人供述和辩解、鉴定结论等证据。据此，公诉机关认为，被告人顾雏军、姜宝军、刘义忠、张细汉无视国家法律，虚报注册资本，欺骗公司登记主管部门，取得公司登记，虚报注册资本数额巨大，其行为均已触犯了《中华人民共和国刑法》第一百五十八条的规定，构成虚报注册资本罪。科龙电器提供虚假的财会报告，严重损害股东或其他人利益，被告人顾雏军、姜宝军、严友松是直接负责的主管人员，被告人张宏、晏果茹、刘科是直接责任人员，其行为均已触犯了《中华人民共和国刑法》第一百六十一条的规定，构成提供虚假财会报告罪。被告人顾雏军、姜宝军、张宏、曾俊洪利用职务上的便利，挪用本单位资金归个人使用或进行非法活动，数额巨大，其行为均已触犯了《中华人民共和国刑法》第二百七十二条第一款的规定，构成挪用资金罪。被告人顾雏军、姜宝军利用职务上的便利，将本单位财物非法占为己有，数额巨大，其行为均已触犯了《中华人民共和国刑法》第二百七十一条第一款的规定，构成职务侵占罪。特向本院提起公诉、请依法判处。

在法庭上，对指控的虚报注册资本罪，被告人顾雏军、姜宝军、刘义忠、张细汉及其辩护人提出如下辩解和辩护意见：

被告人顾雏军辩称：1. 2002年11月份，是刘从梦自己与工商局和市政府共同商定并做了一些材料，到顺德工商局容桂分局做了一些工商登记的变更，这些变更登记完全是在政府的主办下，由工商局容桂分局完成的；2. 这是一起股权变更登记，即使公司内有资金流入，也只是资产负债表有变化而已，并没有改变公司的注册资本；3. 我只是让刘从梦将顾雏军和顾善鸿的一部分股权转让给天津格林柯尔，从来都没让刘从梦去办过用6.6亿元现金置换无形资产的事；4. 证据第五卷中两份2002、2003年年检报告之附件的资产负债表的真实性值得怀疑；5. 在刘从梦操作之前、操作之中、以及操作之后，公司拥有的由资本金产生的资产都是远大于注册资本12亿元人民币的，至少也是等于12亿元人民币；6. 完成股东变更登记的时候，公司已得到天津格林柯尔确认的6.6亿元预付款，6.6亿元的资本公积也是真实的，都与那一笔6.6亿元现金进账的手续健全不健全完全无关；7. 虚报注册资本只发生在公司注册登记和公司增加注册资本的时候，在整个股东变更的过程中，公司的注册资本没有变化也没有申请任何变更登记，而且在整个股东变更的过程中，公司的资本与公司注册时相比较，从未减少过一分钱，反而增加了6.6亿元的资本公积。

被告人顾雏军的辩护人提出以下辩护意见：1. 顾雏军等人的行为不是在申请注册成立公司过程中发生，而仅仅是在“变更登记”过程中发生；2. 顾雏军等人的实际出资数额是真实的，不符合虚报注册资本罪中的“虚报”；3. 本项指控的关键事实是1.87亿元放大为6.6亿元用作资本置换，谁策划了这次置换、具体组织实施了这次置换，事实不清；4. 顾雏军自始至终都认为是股权转让，对所谓的资本置换一事并不清楚，工商变更资料上清楚写明申请变更事项是股权变更,因此顾雏军主观上没有虚报注册资本的故意;5. 顾雏军等人的行为不符合最高人民检察院规定的追诉标准,不构成虚报注册资本罪;6. 顾雏军等人的行为不具有社会危害性。

被告人姜宝军辩称:1. 我没有参与格林柯尔的初始工商注册与后来的股权变更登记时的无形资产评估和验资事务,也没有参与初始的工商登记和变更登记;2. 我只知道 1.87 亿元从科龙转到天津格林柯尔,不知道从天津格林柯尔到顺德格林柯尔的转款怎么操作及用途;3. 在顺德格林柯尔我没有任职,不是股东也不是工作人员。

被告人姜宝军的辩护人提出以下辩护意见:1. 本罪的犯罪主体是特殊主体,姜宝军不具备犯罪主体资格;2. 指控姜宝军涉嫌虚报注册资本罪缺乏客观行为要件;3. 姜宝军不负责顺德格林柯尔注册及股权变更,公诉机关仅以姜宝军参与转款 1.87 亿元而指控其虚报注册资本罪,但是姜宝军并不知道转款 1.87 亿元用途,没有虚报注册资本的故意;4. 顺德格林柯尔注册资本变更登记的行为不具有社会危害性;5. 莫姝证言自相矛盾,莫姝自称不知道转款用途,却推测"应该说刘从梦、姜宝军、刘义忠事前都知道转款目的";6. 刘义忠供述称姜宝军通知刘完善注册手续系孤证,自相矛盾,不符合事实,不能采信;7. 指控姜宝军知道转款用途、虚报注册资本的依据不足。

被告人刘义忠辩称:1. 我只作为工作人员起草文件,系被人利用;2. 公诉人指控股东变更登记过程中存在违反规定的操作,这与注册验资登记完全是两个概念;3. 2002 年股东变更过程中出资方曾给会计师事务所出具声明称所提供给会计师事务所的文件是合法有效的,造假的法律责任由委托人及出资人承担,亲笔签署文件的是发起人顾雏军;4. 我从来没有授意会计师事务所将专利评估为 9 亿元;5. 我没有资格、也没有理由质疑供货协议书的真实性和合法性;6. 我没有参与策划转款用途,没有参与实施。

被告人刘义忠的辩护人提出以下辩护意见:1. 顺德格林柯尔设立工商登记行为属于政府行为,故设立的工商营业执照及注册资本是合法有效的,并为之后的工商变更登记提供了法律基础,2002 年顺德格林柯尔公司股东变更工商登记行为不构成虚报注册资本罪;2. 即使本案构成犯罪,本案也是法人犯罪;3. 被告人刘义忠在主观上没有虚报注册资本的故意;4. 被告人刘义忠在客观方面也并未参与制造虚报证明文件或采取其他欺骗手段虚报注册资本;5.刘义忠向公诚会计师事务所递送验资资料的行为依法也不构成虚报注册资本,因为顺德格林柯尔和顾雏军分别在《委托验资的委托方和出资方义务的声明》中已确认验资资料的真实性和合法性,故刘义忠作为受委托人不需要为该验资资料的真实性和合法性负责;6.刘义忠并不知道天津格林柯尔公章的真实情况,其在本案中是错误使用印章,而不是伪造假印章,两者有质的区别。本案中刘义忠无罪的证据即构成完整的证据链,各无罪证据之间相互印证,充分证实刘义忠的行为不构成虚报注册资本罪。

被告人张细汉辩称:1.我只知道是去转款,不知道转款目的;2.从来不知晓供货协议书等,也未参与审核、起草等工作;3.本罪主体为申请登记的单位或个人,我没有申请登记,也没有叫人提交这些材料,也不是顺德格林柯尔的员工。

被告人张细汉的辩护人提出以下辩护意见:1.被告人张细汉不具备虚报注册资本罪的主体资格;2.被告人张细汉没有虚报注册资本的主观故意和骗取营业执照的犯罪目的;3.被告人张细汉客观上没有实施虚报注册资本的犯罪行为;4.莫姝的证言中声称是被告人张细汉安排她填写支票的内容,是一份孤证,没有其他证据印证,这也不能证明张细汉知道转款的最终目的,莫姝说应当有人告诉过被告人张细汉如何转款,这也只是她的推测,不足为信。

对指控的提供虚报财会报告罪,被告人顾雏军、姜宝军、张宏、严友松、晏果茹、刘科及其辩护人提出如下辩解和辩护意见:

被告人顾雏军辩称:1.压货销售,是家电公司的惯例,是正常的营销模式;2.科龙电器对合肥维希及武汉长荣的销售并不构成违法的虚假销售;3.科龙电器是按照德勤会计师事务所要求的方案出具的2004年年报,该方案并不是科龙电器董事会想要选择的方案;4.我和严友松、张宏作为董事,本身都不是财务专业人士,在由会计师事务所作出的科龙年度财会报告上签名,是没有责任的;5.没有确切的证据证明上述科龙电器年报所导致的损害后果。2005年5月10日公布科龙电器被立案调查,科龙电器的股价下跌,一两天之后很快又回到5月10日之前的水平,对绝大多数股民而言,没有造成损失。

被告人顾雏军的辩护人提出以下辩护意见:1. 本案认定事实不清,有关科龙电器虚报的利润以及证明科龙电器因为财会报告而导致的重大损害的证据不足;2. 公诉机关指控科龙电器虚假销售,事实定性是错误的,科龙电器的压货销售是真实存在的销售合同行为;3. 被告人顾雏军并没有夸大科龙销售业绩和虚假销售以及出具虚假财会报告的主观故意;4. 公诉机关没有充分的证据证明科龙电器提供所谓“虚假”财务会计报告的行为与股东或者其他人利益的损害存在因果关系;5. 科龙电器提供全部财务资料给德勤做年报的行为不构成法律规范所定义的“虚假陈述”;6. 压货销售是制造行业的惯例,是普遍采取的一种销售方式,不是虚假销售。

被告人姜宝军辩称:1. 我作为财务督察,执行的是对财务的审查监督职能而不是对财务工作的组织领导职能;2. 我负责牵头组织制定并下达科龙电器年度预算报表与报告工作,不负责科龙电器年终决算财务报表与报告工作;3. 我的日常经营管理职能工作与年度决算财务报告编制工作不能混淆;4. 我不管销售,也不负责退货。

被告人姜宝军的辩护人提出以下辩护意见:1. 本罪的犯罪主体是特殊主体,姜宝军不具备犯罪主体资格。本罪的犯罪主体只能由股份有限公司或有限责任公司构成。姜宝军并非科龙电器的财务负责人,亦不主管销售工作,从不签署、审核财务会计报告,不是直接负责的主管人员和其他直接责任人员;2. 认定科龙电器提供虚假财务报告缺乏证据,姜宝军更不存在参与制作虚假财务报告的行为。指控的压货销售是虚假销售没有法律依据,即使压货销售可以认定为虚假销售,但这些行为姜宝军也没有参与;3. 姜宝军也不存在提供虚假财务报告罪的动机与目的;4. 无确凿证据证明科龙电器的财务会计报告严重损害股东利益或其他人利益。

被告人张宏辩称:1. 我的工作主要在江西,没有参与科龙电器本部的日常事务;2. 封仓是企业行为,没有实际指向意义,是广东本部财务直接按财务流程通知江西科龙财务做的,我不知道封仓目的;3. 我不是营销人员,不是具体办事人员,不知道虚假销售的情况;4. 安徽合肥维希和武汉长荣的注册资本由江西科龙出资,但我不知道这两个企业主要经营什么业务;5. 作为科龙电器的董事,我未曾向德勤提供一份有关审计报告的资料,仅在德勤审计完了的报告上签字。

被告人张宏的辩护人提出以下辩护意见:1.张宏没有参与虚增利润的任何会议;2.张宏未参与收取无真实贸易背景的客户商业承兑汇票的行为;3.张宏未参与封存库存的冰箱、空调产品,出具虚假的出库单;4.在广东科龙公司2002年至2004年的年度报告上签字不足以构成犯罪;5.从本罪的犯罪构成上看,公诉人提供的证据存在瑕疵,致使本罪难以认定。

被告人严友松辩称:1.行业内部都存在压货,月底开单、发货、退货都是正常的;2.科龙电器没有给股东造成严重损失。科龙电器2002、2003、2004年从来没有增股,没有虚增利润,虚增利润只会让财报更好看,应该会使科龙股价上扬,而实际上科龙股价一直在下跌,即使虚假财会报告成立,科龙财报肯定也不是股价下跌的原因;3.我不负责财务工作,不具备相关专业技能,综合证据证明财务报告与我无关,我不是主管责任人员;4.我没有犯罪的故意和过失。

被告人严友松的辩护人提出以下辩护意见:1.严友松被控提供虚假财会报告罪,缺乏法律依据。根据刑法的规定,提供虚假财会报告罪属于单位犯罪,公诉机关已经撤回了对科龙电器的起诉,就再也没有理由对严友松提起犯罪指控;2.严友松被控犯罪,缺乏事实基础。科龙电器在客观上没有实施以虚增利润为目的的非正常压货的行为,在我国企业普遍采用权责发生制这一基本会计原则的情况下,科龙电器将压货销售收入计入当年主营业务收入并无不当之处,科龙电器没有进行虚假销售、虚增销售利润的主观故意,也没有证据能够证明科龙电器具有以压货方式虚假销售的策划或者动议,公诉机关用以证明并指控各被告人具有犯罪主观故意的证据均不能成立,公诉机关没有充分的证据来证明股东或其他人因为科龙电器年度报告而遭受损失;3.严友松不具备构成犯罪所需要的事实和条件,也不应该作为直接负责的主管人员承担刑事责任。

被告人晏果茹辩称:1.我不存在任何虚假故意,作为一个财务人员在当时是没有能力判断其真伪的,在公告发布之前对报告也是不知情的;2.我与压货没有关系,也没有参与德勤审计的解释与沟通工作,也不是公司公告的财务报告的提供者,我在提供的三个报表上签字,而报表只是公司公告的财务报告中的很小一个部分。

被告人晏果茹的辩护人提出以下辩护意见:1. 本案被告人供述、书证、证人证言、鉴定结论等证据存在瑕疵,多名证人在指证被告人的行为上互相矛盾;2. 本案漏列犯罪主体,本罪名就此开庭审理对各被告人是不公平的;3. 本案并未达到法律规定的追诉的标准,故被告人是无罪的;4. 从起诉书指控的晏果茹的犯罪事实来看,晏果茹也不构成犯罪。封存库存的冰箱、空调产品、出具虚假的出库单、收取无真实贸易背景的客户商业承兑汇票、将上述虚假利润编入财会报告,向股东和社会提供了上述虚假的或者隐瞒重要事实的财务会计报告,均与晏果茹无关;5. 晏果茹在财会报告中三个报表上的签名,不能认为是他主观上同意或者说是故意编制了该报告,而这种所谓的虚假的流程,并不是晏果茹所经手的,是别人负责的。

被告人刘科辩称:1. 我并没有去做什么特殊的安排和工作来导致科龙电器报告出现虚假,我只是如实地记录科龙电器的财务活动;2. 司法鉴定无效、股民称股价下跌造成重大损失的证言无效、科龙电器应成为本案的犯罪主体。

被告人刘科的辩护人提出以下辩护意见:1. 提供虚假财务会计报告罪的主体只能是公司,刘科等其他六名被告人是否构成犯罪,必需的一个基本前提是科龙电器应构成犯罪;2. 刘科既不是科龙公司年终财务会计报告编制的主管人员,也不是直接责任人员,追究其刑事责任于法无据;3. 公诉机关提供的有关定罪的两个重要事实证据不足。天职国际会计师事务所天职深专司鉴字(2006)第208号《司法会计鉴定书》不能作为证据使用。有关股民及科龙公司流通股东投资者发生重大损失的证据不足;4. 科龙电器向社会公众提供虚假的2004年年报的动机无法体现;5. 公诉机关将争议销售界定为虚假销售证据不足,刘科虽参与争议销售额的部分销售活动,但销售活动是真实的,从中所起作用也次要轻微,只是消极地执行命令。

对指控的挪用资金罪,被告人顾雏军、姜宝军、张宏、曾俊洪及其辩护人提出如下的辩解和辩护意见:

被告人顾雏军辩称:1. 毕马威报告与2005年科龙电器的年报可以证明

科龙电器欠格林柯尔4.78亿元,提请法庭调取毕马威报告作为证据;2.在资金的运转上,科龙电器是由刘从梦决定签字的,而江西科龙是独立运作的;3.在所有的挪用资金指控中,均没有我本人的亲笔签字,而追加起诉的三宗更是没有哪一笔给我打过电话请示;4.资金从来都是在法人之间流动,从来都没有归个人使用或以个人名义借给其他单位;5.起诉书将2.5亿元说成是科龙电器的钱是没有依据的。6 300万元是扬州机电供给扬州格林柯尔的,我在扬州格林柯尔与扬州机电的借款协议上曾经签字并盖章。而在其他六项挪用资金的指控的涉案单位中,我均没有任职,并不存在本罪规定的“本单位”的问题;6.国营控股公司占用上市公司资金就无罪,民营控股公司占用上市公司资金就有罪,这就将民营控股公司等同于自然人了,违反了公司法的规定。

被告人顾雏军的辩护人提出以下辩护意见:1.公诉机关指控顾雏军犯挪用资金罪的基本事实不清。科龙系公司和格林柯尔系公司之间的资金往来笔数很多,互有往来。这些款项到底是挪用还是还款,公诉机关没有全面证明。天职所有限公司出具的《司法会计鉴定书》是无效的,不仅不能区别所指控之数笔资金与其他资金往来的区别,更无从界定资金走向、数额,尤其是否归还等重要事实。所指控的数笔挪用资金,公诉机关都没有明确界定谁是挪用资金的使用者;2.本案中涉案的七笔资金不符合刑法及相关司法解释规定的“挪用本单位资金归个人使用或者借贷给他人”的情形,不构成挪用资金罪;3.本案中公诉机关没有充分证据证明顾雏军指使他人挪用单位资金,顾雏军等人没有挪用资金的主观故意;4.顾雏军等人对数笔资金的挪用指控,并不具有职务便利。公诉机关指控挪用科龙电器2.5亿元不能成立。事实证明该笔资金是广东科龙冰箱有限公司的资金,而顾雏军和张宏在该司并不任职,不具有职务便利,因此不可能构成挪用(广东科龙冰箱有限公司)资金罪;5.追加起诉的三笔挪用实际是合法有效的购销行为,均有实际的履行行为,且相关款项从格林柯尔进入了江西科龙,这三笔资金所对应的合同在部分履行的情况下,该合同仍然在履行期,履行期届满之前,被告人等就被公安机关拘留了,不能继续履行合同;6.本案涉案的七笔款项中,有六笔相关公司已经提起民事诉讼,而且法院已经民事立案(前二笔和后三笔）或者已经作出生效民事判决（第四笔），证明相关公司和法院均认为本案涉案的六笔款项系民事法律关系；7. 公诉人关于格林柯尔系公司被顾雏军实际控制，所以划入格林柯尔系公司的涉案资金系被顾雏军挪用的说法将个人等同于公司，与我国刑法所规定的罪刑法定原则相违背，是错误的；8. 关于公诉机关提出立法机关对挪用公款“归个人使用”的解释适用于挪用资金罪的说法，人大法工委刑法室的“答复”并未对外公开，不能作为案件法律适用的依据。综上，被告人顾雏军的行为不构成挪用资金罪。

被告人姜宝军辩称：对于公诉机关指控6 300万元是我同意扬州亚星客车向扬州机电出具付款通知书的基本事实没有意见，但该行为不构成挪用资金罪。该笔款是扬州格林柯尔向扬州机电的借款。我没有经过董事会就代表扬州亚星客车同意向扬州机电出具付款通知书是工作失误，即使钱是扬州格林柯尔借用扬州亚星客车的，因为我不是以个人名义，而是以单位名义，也不是挪用。

被告人姜宝军的辩护人提出以下辩护意见：1. 姜宝军不存在挪用资金的故意。被告人顾雏军的目的是在企业之间作资金拆借，双方已就拆借事项的主要条款做了充分协商，双方已经基本达成一致意见；2. 姜宝军不存在挪用本单位资金归个人使用或借贷给他人使用的行为。6 300万元资金所有权属于扬州机电，而非扬州亚星客车。顾雏军、姜宝军不存在挪用本单位资金的行为。即使认为其挪用了扬州亚星客车的款项，但姜宝军并未挪用资金归个人使用。上述资金只不过是扬州机电与扬州格林柯尔之间的违规拆借，定性为挪用资金没有事实及法律依据；3. 公诉人提出6 300万元未归还，不符合事实，本案并未造成实际损失。顾雏军、姜宝军归案以后，扬州格林柯尔与扬州市政府已就回购亚星股权达成协议。扬州市政府在收回股权的过程中，已经扣回了6 300万元。至今为止，本案并未造成实际损失；4. 证人王大庆的证言系2006年补充侦查时调取的，而且证言笔录明确载明“继续”向其调查取证，这足以说明此前已向王大庆至少调查录取一次以上的证言，但控方却不出示，有理由认为控方故意隐匿或销毁了之前的证人证言，应当就是与其上述证言相反的符合事实真相的证言，所以，王大庆的上述证言不足采信。综上，被告人姜宝军的行为不构成挪用资金罪。

被告人张宏辩称:1.指控的资金流转是公司行为,而非个人行为。我没有权力及能力挪用,也没有归个人使用;2.我无权决定划拨,顾雏军传话给我,我传递给财务人员高国平等人,他们同时要电话请示顾雏军,然后进行划款;3.江西科龙的财务直接受科龙电器财务部直线管理,资金流向由科龙电器调整;4.江西科龙及江西格林柯尔之间的账务往来频繁,很难界定哪一笔资金是挪用而非正常业务往来;同时,往来款项之间没有一对一的关系,不能分清哪一笔至今未还;两者之间资金往来有300多笔,公诉机关仅指控其中几笔,是不是意味着其他的往来是正常的,是否应该只就余额作分析,应该做审计才最准确;5.指控的9 000万元与7 500万元无法确定资金属性。证据显示2.9亿元中的2.5亿元从广东科龙冰箱有限公司划出,而非科龙电器;6.对追加起诉的三宗,因为有司法鉴定报告称有5.3亿元回到江西科龙,其中就包括中山东悦,如果所有贸易完成了就不算挪用,那么天津两家公司及济南三爱富都有贸易,只是贸易完成的多少问题,合同还没有到期,当事人已被羁押,这样公诉机关就起诉该三宗是不合理的,指控的依据不足。

被告人张宏的辩护人提出以下辩护意见:1.对于公诉人指控的挪用江西科龙人民币9 000万元,该笔资金的走向都是以公司的名义转到公司,即使最后注册江西格林柯尔,也是法人股东。这不符合本罪的客观方面,即归个人使用,或者批复中解释的“以个人名义借给他人使用”。从本罪的另一个客观方面讲,张宏没有利用职务便利,他无权支配艾柯企业及天津格林柯尔。公诉人的指控不符合本罪的客观方面,认定张宏犯有本罪,不符合法律规定;2.对于公诉人指控的挪用江西科龙人民币7 500万元,此笔款是以江西科龙公司的名义直接转到天津格林柯尔。没有以张宏个人的名义,也没有以顾雏军个人的名义使用或借给他人,这是典型的企业之间的借款行为,以此认定张宏犯有本罪,不符合法律规定;3.对于公诉人指控的挪用2.9亿元,该笔资金都是以公司名义转入公司,没有归个人使用或以个人名义借给他人。科龙电器公布的毕马威审计事务所的审计报告中可以看出,两个公司之间互有占用,而且科龙占用格林柯尔的资金大于格林柯尔占用科龙的资金。在这相互占用的多笔资金之间,主观上认定部分款项没有归还是不妥当的。因此无论是主观方面还是客观方面都不能确认张宏犯有本罪；4. 对于公诉人追加指控的三笔挪用资金，此三笔款都有相应的《采购合同》，可以证明此三笔款的转出是公司行为而不是个人行为。在没有真实贸易背景的情况下转款，可能是违法，但不能认定犯有本罪。此外，公诉人没有出示此三笔款的转款过程中构成共同犯罪的证据。综上，被告人张宏的行为不构成挪用资金罪。另外，在当前的社会环境下，基于本案特殊的背景，本律师无奈地按张宏有罪又作如下辩护：1. 鉴于科龙公司、格林柯尔公司的财务管理办法，张宏没有利用职务便利挪用资金归自己使用或借给他人的权力，如果合议庭认定本案是共同犯罪，那么，张宏只是起到上传下达的作用，只能认定张宏是起辅助作用的从犯，依法应当从轻、减轻或者免除处罚；2. 在顾雏军被刑事拘留后，张宏没有采取逃避的行动，而是带好衣物，准备到广东投案自首，只是由于公安部门迅速采取了措施，使得张宏自首的行为未能实现。张宏归案后一直积极配合公、检、法，可见张宏的表现与其准备自首的想法是一致的。张宏的该表现也得到公安部门出具的相关证明予以证实。可以对张宏从轻、减轻或者免除处罚。

被告人曾俊洪辩称：1. 对于公诉机关指控我挪用江西科龙 4 080 万元，我没有参与任何业务过程；2. 对于公诉机关指控我挪用深圳科龙采购 8 960.03 万元，挪用广东科龙配件 9 741.222 万元，我办理的是正当的贸易业务，而不是虚假合同。

被告人曾俊洪的辩护人提出以下辩护意见：1. 从客观方面来看，公诉机关追加起诉书中指控的案件事实不构成犯罪。公诉机关指控的交易活动不属于非法活动，都是存在真实的交易背景的，不能因为没有履行完毕就认为是虚假交易。公诉机关指控的挪用行为并不符合挪用犯罪的特征。本案中被告人并没有将单位资金归个人使用，也没有归其他自然人使用，同时也并不符合以个人名义借给其他单位使用。公诉机关认为三被告人将资金通过合同转移到格林柯尔系公司，再将资金还转给江西科龙是非法活动的组成部分，这没有法律依据。关于通过采购合同转账是否构成犯罪，公诉机关采取了不同判断标准，合同履行与否并不能成为区别犯罪与否的标准；2. 从主观方面来看，被告人曾俊洪并没有犯罪故意，他并不知道合同款项的最终去向,他本人完全是按照正常采购来进行操作的。在合同没有得到及时履行时,曾俊洪多次向有关方面催促,向天津两家公司催货,并发出催货函。因此,指控被告人曾俊洪犯挪用资金罪的罪名不成立。

对指控的职务侵占罪,被告人顾雏军、姜宝军及其辩护人提出如下辩解和辩护意见:

被告人顾雏军辩称:扬州经济开发区管委会汇入扬州格林柯尔的4 000万元是扬州市政府奖励给扬州格林柯尔的一部分。扬州格林柯尔收购扬州亚星客车时,由于扬州亚星客车的净资产质量太差,扬州市政府以三笔奖励基金对扬州格林柯尔进行补偿,其中汽车发展基金5 500万元,科技发展基金4 000万元,招商引资奖励基金3 500万元。这三笔资金共1.3亿元在2004年4月30日打入扬州市政府和扬州格林柯尔的共管账户,加上扬州格林柯尔的自有资金9 000万元,共计2.2亿元在当天打入扬州亚星集团账户内,用以收购扬州亚星集团所持有的扬州亚星客车60.67%的股权。钱没有进入个人账户,钱不是科龙的。

被告人顾雏军的辩护人提出以下辩护意见:1.本案涉案的4 000万元是扬州经济开发区财政局的钱,不是扬州科龙的钱,无论从所有权属性还是账户资金本身,都不能认为扬州科龙作为"预收征地费"缴纳的4 000万元与开发区财政局支付扬州格林柯尔的4 000万元奖励是同一笔资金。因此指控顾雏军职务侵占是错误的;2.扬州经济开发区财政局支付给扬州格林柯尔的4 000万元,是政府基于扬州格林柯尔收购扬州亚星客车而给予的奖励,不是科龙投资4 000万元买土地的返款,指控顾雏军职务侵占是错误的;3.有确凿书证和证人证言证明扬州科龙向扬州经济开发区财政局交付4 000万元是对开门冰箱项目用地土地款,是"预收征地费",并不是虚构名目;4.科龙电器的账目表明该4 000万元记为"应收账款",至今尚未平账,这说明该款仍是科龙电器的债权,并未被任何人侵占;5.顾雏军没有将4 000万元据为己有的主观故意,顾雏军没有与姜宝军进行过合谋,二人没有共同犯罪的故意;6.涉案的4 000万元是扬州经济开发区奖励给扬州格林柯尔的"科技发展基金",不是给顾雏军个人的;7.涉案4 000万元款项,在已经刑事立案的情况下,相关公司仍然提起民事诉讼,佛山市中级人民法院也予以民事立案受理,这说明相关公司和法院均认为本案涉案的款项系民事法律关系,而不是刑事案件。综上,被告人顾雏军的行为不构成职务侵占罪。

被告人姜宝军辩称:1. 扬州科龙支付的4 000 万元是预交土地款,不是补缴的原冰箱项目土地价款;2. 超大冰箱项目在科龙是正在实施的真实项目,不是虚假的;3. 扬州经济开发区支付给扬州格林柯尔的3 500 万元、4 000 万元是市政府与顾雏军商定的奖励计划的一部分;4. 我没有误导汪仪仁认为科龙和格林柯尔是一家;5. 我没有指使曾勤用无形资产的科目将4 000 万元平账。

被告人姜宝军的辩护人提出以下的辩护意见:1. 顾雏军、姜宝军没有侵占本单位财物的行为。扬州科龙支付的款项是预付土地款,其所有权已属于财政局。关于收取4 000 万元预付土地款的法律定性,应当依据财政局出具的债权凭证进行确认。扬州格林柯尔所获得的4 000 万元其性质是科技奖励基金。扬州科龙支付4 000 万元预付土地费与扬州格林柯尔所获得的4 000万元科技奖励基金没有法律上的直接与必然联系;2. 顾雏军、姜宝军没有利用职务上的便利。顾雏军、姜宝军并非财政局工作人员,其没有任何职务上的便利来控制与支配此款,故其不存在利用职务上的便利的问题;3. 顾雏军不存在将单位财物非法据为己有的行为,指控姜宝军"非法据为己有"没有依据。综上所述,指控被告人姜宝军涉嫌职务侵占罪没有事实和法律依据。

各被告人及其辩护人对公诉机关提供的二十二份司法会计鉴定报告提出了如下的质证意见:

1. 二十二份报告的受托主体不合格。

2. 二十二份报告均没有经复核人签名,在形式上不符合规范要求,是无效报告。

3. 二十二份报告的鉴定材料不完整,证据来源缺乏可靠性。

4. 二十二份报告中多处作法律判断,超出了司法会计鉴定的范畴。

5. 二十二份报告中存在多处错误。

6. 前十一份报告不是鉴定报告;鉴定人提供的身份证明资料不合法,因此鉴定结论无效;报告中显示的鉴定时间前后矛盾。

7. 后十一份司法鉴定书的鉴定人从2006年11月15日接受委托，至2006年11月29日完成任务，鉴定人对鉴定材料不可能做过认真审验和分析，因此鉴定结论不可信；鉴定书不是鉴定人独立鉴定，不能作为鉴定结论使用；超出司法会计鉴定机构鉴定业务范围。

8. 出庭质证的鉴定人对司法会计的基本概念、基本原则、基本要求等不清楚，鉴定能力不足以胜任鉴定工作。

经审理查明：

一、相关公司的基本情况

广东科龙电器股份有限公司（以下简称科龙电器），其前身为1984年在顺德市创办的乡镇集体企业——广东顺德珠江冰箱厂。1987年12月，广东顺德珠江冰箱厂更名为广东珠江冰箱厂。1988年广东珠江冰箱厂与三家外资公司共同合资兴办了广东容声冰箱有限公司。广东珠江冰箱厂与广东容声冰箱有限公司同时独立存在，两者均生产家用电冰箱。1992年12月，广东珠江冰箱厂按照股份制规范意见以定向募集方式改制为广东科龙电器股份有限公司。1996年5月，公司吸收合并了广东容声冰箱有限公司。1996年7月，根据股东大会决议并经国家有关部门批准，广东科龙电器股份有限公司公开发行了H股4.595 9亿股并上市。1999年5月31日，科龙电器又在深圳证券交易所公开发行了A股1.1亿股，发行价9.98元；上市日期：1999年7月13日；股票代码：000921；股票简称：科龙电器。2000、2001年度，科龙电器由于连续两年亏损，被戴上“ST”的帽子。在这种情况下，如果第三年继续亏损，则必定退市。2001年10月，顾雏军名下的格林柯尔公司开始收购科龙电器，收购工作于2002年4月全部完成，顾雏军为法定代表人的顺德格林柯尔企业发展有限公司以人民币5.6亿元（后修改为3.48亿元）收购了科龙电器的法人股。顾雏军正式入主科龙电器，并担任董事长至案发。公司年报显示2002、2003年度，科龙电器连续两年盈利。2004年年度报表显示科龙电器再次亏损，同时被审计师出具“有保留意见”的审计报告。接着，中国证监会进驻科龙电器进行调查。2005年5月10日，科龙电器公告证实，公司因涉嫌违反证券法规，已被中国证监会立案调查。2005年

9月15日,科龙电器(000921)公告,公司单一大股东广东格林柯尔企业发展有限公司已于9月9日与青岛海信空调有限公司签署协议,将其所持有的科龙电器26.43%的股权转让给海信空调,转让价格为9亿元人民币。

广东科龙冰箱有限公司(以下简称广东科龙冰箱),成立于1995年12月25日,注册地佛山市顺德区容桂港路,法定代表人刘从梦,注册资本2 680万美元(科龙电器出资1 876万美元,占注册资本比例70%;香港广东珠江冰箱有限公司出资804万美元,占注册资本比例30%。),企业类型为中外合资企业,经营范围:生产经营电冰箱及其零配件,公司董事会成员:董事长刘从梦、副董事长蔡拾贰、董事姜宝军(总经理)、严友松(国际营销副总裁)、王济云、陈文军、李志成等人。

江西科龙实业有限公司(以下简称江西科龙),成立于2002年6月24日,注册地江西南昌经济技术开发区,法定代表人张宏,注册资本2 980万美元(科龙电器认缴1 788万美元,占60%;科龙发展有限公司认缴1 192万美元,占40%),企业类型为中外合资企业,经营范围:开发、制造、销售家用、商用电器产品。

扬州科龙电器有限公司(以下简称扬州科龙),成立于2003年7月3日,注册地扬州经济开发区,法定代表人顾雏军,注册资本2 980万美元(科龙电器出资894万美元,占30%;科龙发展有限公司出资2 086万美元,占70%),经营范围:生产销售节能环保型电冰箱及其他节能制冷电器产品。

格林柯尔制冷剂(中国)有限公司(以下简称天津格林柯尔),成立于1995年3月3日,注册地天津经济开发区,法定代表人顾雏军,注册资本5 000万美元(GCT投资有限公司出资813万美元,占16.26%;加拿大格林柯尔投资有限公司出资4 187万美元,占83.74%),企业类型为外资企业,经营范围:顾氏制冷剂、各种氟利昂替代物、新型制冷剂,势动力介质、热循环介质及其原料的开发、生产及销售。

顺德格林柯尔企业发展有限公司(后更名为广东格林柯尔企业发展有限公司,以下简称顺德格林柯尔),成立于2001年10月22日,注册地广东省佛山市顺德区,法定代表人顾雏军,注册资本人民币12亿元,经营范围:研制、生产、销售制冷设备及配件,无氟制冷剂,制冷技术的研究、开发,计算机、宽频网络设备的开发、生产和销售。

江西格林柯尔实业发展有限公司(以下简称江西格林柯尔),成立于2002年6月24日,注册地江西南昌经济开发区,法定代表人顾雏军,注册资本2 400万美元(天津格林柯尔认缴1 080万美元,占45%;Greencool Enterprise Holdings Limited认缴现金120万美元、专利技术使用权1 200万美元,共1 320万美元,占55%),企业类型为中外合资经营企业,经营范围:研究、生产、销售家用、商用电器产品。

扬州格林柯尔创业投资有限公司(以下简称扬州格林柯尔),成立于2003年6月20日,注册地扬州市,法定代表人顾雏军,注册资本10亿元(顾雏军出资7亿元货币、2亿元无形资产使用权,共9亿元,占90%;顾善鸿出资1亿元,占10%),经营范围:商用和民用制冷设备及配件的研制、生产、销售等。

扬州亚星客车股份有限公司(以下简称扬州亚星客车),成立于1998年9月28日,注册地扬州市,法定代表人顾雏军,注册资本19 000万元人民币,企业类型为股份有限公司(上市),经营范围:客车、特种车、农用车、汽车零部件的开发、制造、销售及维修服务,董事会成员:顾雏军(董事长)、魏洁、胡晓辉、姜宝军、晏果茹、黄冬等。

广东科龙配件有限公司,成立于1999年11月24日,法定代表人严友松,注册资本562万美元(科龙电器出资70%,香港珠冰出资30%),企业类型为合资经营企业,经营范围:金属制品、塑料制品、模具等。

深圳市科龙采购有限公司,成立于2004年11月24日,法定代表人刘从梦,注册资本2亿元(科龙电器出资95%,科龙嘉科出资5%),经营范围:国内商业、物资供销、进出口业务等。

二、虚报注册资本罪

2001年5月,被告人顾雏军为收购科龙电器的法人股欲设立注册资本总额为12亿元的顺德市格林柯尔企业发展有限公司(以下简称顺德格林柯尔)。顺德市容桂镇人民政府于2001年10月21日为顺德格林柯尔出具担保函,要求顺德市工商局容桂分局先颁发营业执照,后由顺德格林柯尔补办验资、评估等手续。次日，顺德格林柯尔凭担保函在未验资、评估的情况下完成公司设立登记，取得营业执照。同年11月，经顺德市花洲会计师事务所有限公司验资，顺德格林柯尔的注册资本总额为12亿元，其中无形资产9亿元，占注册资本总额的比例为75%，货币资金3亿元，占注册资本总额的比例为25%。

2002年4月，由于顺德格林柯尔注册资本中无形资产占75%，远高于当时法定20%的比例，顺德市工商部门不予年检。为将无形资产所占比例降至法律规定20%的标准，尚需筹集实缴货币资金6.6亿元以置换注册资本中55%的无形资产。2002年5月14日，被告人顾雏军指使被告人刘义忠、姜宝军、张细汉等人在容桂农村信用社，将来自科龙电器的1.87亿元通过在天津格林柯尔和顺德格林柯尔账户之间四次来回转账的形式，产生了以天津格林柯尔投资顺德格林柯尔共计6.6亿元为名义的进账单，当天将1.87亿元通过天津格林柯尔转回科龙电器。负责联系验资的被告人刘义忠被多家会计师事务所以该进账单没有形成余额为由拒绝提供验资。2002年5月27日，顺德市政府容桂区办事处出具《关于顺德市格林柯尔企业发展有限公司年检事宜的函》，希望工商部门考虑顺德格林柯尔和科龙电器的实际情况，在政策允许范围内暂准许顺德格林柯尔办理当年的年检手续，同时要求顺德格林柯尔务必于2002年11月30日前严格按企业工商登记注册的规范要求，完善注册登记手续。顺德工商部门遂于同年5月30日为顺德格林柯尔办理了年检手续。为了完善注册登记的相关手续，2002年10月，被告人刘义忠找到广东公诚会计师事务所办理该笔出资的验资业务。该所要求顺德格林柯尔向银行发函询证天津格林柯尔缴存出资6.6亿元的情况。由于天津格林柯尔缴存出资到顺德格林柯尔账户的四次进账共计6.6亿元在当天即转回天津格林柯尔，对账单上没有余额，银行拒绝在询证函上盖章。广东公诚会计师事务所又要求刘义忠提供6.6亿元在当天转回天津格林柯尔的依据。为伪造这一依据以骗取验资从而骗取工商登记，在预付款为虚假的情况下，被告人顾雏军签署了一份关于顺德格林柯尔向天津格林柯尔购买制冷剂预付货款6.6亿元给天津格林柯尔的《供货协议书》，时间倒签至同年5月12日。被告人刘义忠填写了顺德格林柯尔“收到天津格林柯尔投资款人民币6.6亿元”的收据，刘从梦在收据上加盖顺德格林柯尔的公章。被告人刘义忠将该《供货协议书》及收据等材料提交给广东公诚会计师事务所，后该所凭借以上相关资料为顺德格林柯尔出具了验资报告，认定顺德格林柯尔原股东顾善鸿将其持有的10%股权计1.2亿元及股东顾雏军将其持有的70%股权计8.4亿元共9.6亿元转让予新股东天津格林柯尔，其中属于以无形资产出资的6.6亿元由天津格林柯尔以货币性资产置换。2002年12月16日，被告人刘义忠受股东顾雏军等人的委托凭该验资报告及虚假的天津格林柯尔投资顺德格林柯尔的董事会决议、股东决议等文件到顺德市工商行政管理局办理申请顺德格林柯尔的变更登记手续，顺德市工商行政管理局于同年12月23日核准变更登记，确认了顺德格林柯尔注册资本中各股东出资方式和出资比例的变更。顺德格林柯尔还于2003年4月23日提交顺德格林柯尔2002年度年检报告书，顺德市工商行政管理局于同年4月26日在登记主管机关审核表上加盖了“经年检合格”的印章，再次确认了顺德格林柯尔2002年股东变更及股东出资方式和比例的变更。变更后的顺德格林柯尔的注册资本总额为12亿元，其中无形资产2.4亿元，占注册资本总额的比例为20%，货币资金9.6亿元，占注册资本总额的比例为80%。该注册资本的货币资金中有6.6亿元为虚假。

以上事实，有公诉机关提交，并经庭审举证、质证的下列证据证实：

1. 被告人顾雏军的供述：2001年9月，我欲以5.6亿元收购科龙公司20.6%的法人股，按照国家要求，要收购法人股就必须有一个注册资本大于或等于收购价款两倍的公司，我便在顺德注册成立了顺德格林柯尔企业发展有限公司（以下简称顺德格林柯尔），注册资本是12亿元，由我和我父亲顾善鸿出资，其中现金3亿元，我以无形资产出资9亿元，占注册资本的75%。我委托刘义忠和刘从梦具体办理专利评估。由于无形资产出资比例过高，顺德容桂镇政府为方便其顺利收购科龙电器，出具了担保函，要工商部门为顺德格林柯尔办理了营业执照，之后收购科龙电器成功。2002年初，刘义忠向我汇报称顺德工商部门要求顺德格林柯尔对注册资本中无形资产比例过高的问题进行调整。我就提出由格林柯尔制冷剂（中国）有限公司（以下简称天津格林柯尔）收购我的部分股权和我父亲的全部股权，具体派刘从梦和刘义忠办理。后刘义忠和刘从梦告诉我要找一笔钱过账，留下一个财务记录即可，其余的事由他们去办。刘义忠请示用科龙电器账上的钱倒账。于是我指示刘从梦从科龙电器划 1.87 亿元出去，完善顺德格林柯尔的注册资本。具体怎么操作，都是刘从梦等人安排的。从科龙电器划出 1.87 亿元人民币的事，并没有经过董事会通过，只是我口头同意，没有签名，具体都是由刘从梦办理的。后顺德格林柯尔的股权变更为顾雏军占 20%，天津格林柯尔占 80%。完善顺德格林柯尔工商相关手续是刘从梦、刘义忠去办理的，我也在部分文件资料上签名。转款及完善股权过程只是为了于 2002 年 12 月 16 日完善工商注册手续。

顾辨认天津格林柯尔与顺德格林柯尔于 2002 年 5 月 12 日签订的《供货协议书》和顺德格林柯尔公司章程中顾雏军的签名是顾本人的亲笔签名。当时是为完善顺德格林柯尔公司注册手续的问题时，顾全权委托刘从梦办理过程中，由刘从梦提供给他签名的。这是根据刘从梦与工商局、会计师事务所充分协商后，通过预付货款的手段完善顺德格林柯尔公司工商注册手续，是工商局认可的方案。上述《供货协议书》的内容有否实际履行不清楚。

2. 被告人刘义忠的供述：2001 年初，顾雏军、刘从梦、姜宝军、孙勇和我参与对科龙电器法人股的收购活动。顾雏军与顺德市容桂镇政府商谈收购意向价是 5.6 亿元，因为按法律规定，对外投资不能超过本公司净资产的 50%，故应设立注资为 12 亿元的收购主体，顾雏军打算设立以顾与顾的父亲为股东的顺德格林柯尔。我负责与银行及政府等有关部门的联系，以及办理顺德格林柯尔的工商登记手续。初步设想是以现金 3 亿元和专利技术作价 9 亿元共 12 亿元作为注册资金，后来经过评估按预定计划于 2001 年 10 月底注册成立，取得营业执照，并成功以 3.48 亿元收购了科龙电器的法人股。2002 年 4 月年检时，工商部门不予办理，要求调整注册资金的比例，因为按规定无形资产是不能超过 20% 的。顺德市容桂镇政府出具了协助年检函给工商部门，并限期顺德格林柯尔于 2002 年 11 月 30 日前办理相关合法的手续。年检通过了，但要完善手续，顾雏军便指使将股份的 80% 转让给天津格林柯尔，并变更股东，变成顾雏军以无形资产的注资占 20% 的股份，天津格林柯尔以 9.6 亿元的货币出资占 80% 的股份。注册用的 3 亿元是天津格林柯尔汇入顺德格林柯尔账户的，无形资产是顾雏军的两项专利技术。2002年5月中旬的一天，时任科龙电器财务督察、监事会主席的姜宝军通知我去容桂农村信用社集中等深圳格林柯尔张细汉及莫姝转款，说转款6.6亿元到顺德格林柯尔，用于替代注册资金中部分无形资产并变更相关股权。我和姜宝军、科龙电器财务佘修仪、深圳格林柯尔的莫姝、张细汉到容桂信用社办理相关手续。我当时在楼上等，具体转款是由姜宝军、佘修仪及张细汉、莫姝去转的，我不清楚他们有无商量过怎样操作。在容桂信用社，就在同一银行的同一网点，从天津格林柯尔的账户转至顺德格林柯尔，又从顺德格林柯尔转至天津格林柯尔在该行的账户，共有四次，莫姝提供了相关的进账单给我。其中有1.8亿元、1.7亿元、1.6亿元、1.5亿元，共计6.6亿元人民币。他们转达顾雏军的意思要我拿这些单据去找会计师事务所验资，变更注册资本的比例，变更股东。我认为这样不行，原因有二：第一，不是一次打入6.6亿元；第二，对账单上没有形成余额。张细汉立即打电话给顾雏军，顾雏军指示我，对会计师事务所说打入顺德格林柯尔的是投资款，打出至天津格林柯尔的是预付天津格林柯尔的货款，叫我拿进账单去验资。后我找到多家会计师事务所都是因为对账单没有余额和6.6亿元转回没有依据而拒绝出具验资报告。一直拖至2002年10月底11月初，顾雏军问起此事时，我说还没有办妥，顾雏军要我继续找会计师事务所并说到时提供购销合同给我。后来，顾雏军提供给我天津格林柯尔与顺德格林柯尔于2002年5月中旬的关于制冷剂的购销合同。据我推断，在我要求顾雏军提供购销合同的几个月中顾雏军一直没有提供，在政府限期完善手续的期限届满前顾雏军才提供了购销合同，我对此合同持怀疑态度。广东公诚会计师事务所又要求我提供一份顺德格林柯尔收到投资款的收据。我将这个情况向刘从梦反映，后来顾雏军打电话给我要我找一份收据，写好内容交给他。于是我找了一份收据，写上顺德格林柯尔收到天津格林柯尔6.6亿元投资款。然后亲手将收据交给顾雏军，后来王彩变通知我去拿回一份签了名盖了顺德格林柯尔财务章的收据，我将该收据复印后，原件放在办公室，复印件交由刘从梦盖上顺德格林柯尔公章后交给公诚会计师事务所。至此，广东公诚会计师事务所出具了验资报告，随后我持该验资报告等材料到工商部门办理了顺德格林柯尔注册资金变更手续及股东变更手续。

我在顺德格林柯尔没有任职,我办理成立到变更手续都是顾雏军的意思,在工作上我对刘从梦负责,上述过程都是刘从梦传达顾雏军的意思或顾雏军直接指示我去办的。

顺德格林柯尔股份转让协议、顺德格林柯尔股份决议、天津格林柯尔董事会决议是顾雏军提供给我的。顾交给我时说是为完善顺德格林柯尔注册资本比例问题并作变更的相关手续。供货协议和收据是顾雏军提供的,时间大概是 2002 年 10 月份,顾雏军叫我拿该协议及收据赶快去办理工商变更手续。

2002 年 6 月份,在办理顺德格林柯尔股权变更等手续时,所有用于工商局的申报材料是由我填报整理的。在办理顺德格林柯尔股权变更的过程中,刘从梦与张细汉联系好后,我把资料交给莫姝盖好章。盖有天津格林柯尔公章的全部工商资料,由莫姝去张细汉的办公室盖章,盖好后就交给我。

3. 被告人姜宝军的供述:2002 年元旦后,我到科龙电器任财务督察。在格林柯尔收购科龙电器后主要负责搞科龙电器的投资和收购方面工作、部分财务事务的审查。顺德格林柯尔有变更公司股东及公司名称,但我不知道具体情况。因为相关工商手续是刘义忠办理的。2002 年 5 月,刘从梦找我说科龙电器在工商银行专用账户上有 1.87 亿元,按顾雏军的指示把 1.87 亿元挪用一两天就返还并让我操办,刘从梦当时说是协助格林柯尔公司走银行流水。顾雏军没有直接向我下指示。我知道这不符合财务上的程序,因为借用上市公司的资金按程序要经董事会商讨批准,但这笔钱没有经董事会通过。我就写了一份申请报告和用款申请书由刘从梦审批后,第二天即 2002 年 5 月 14 日早上,我和张细汉、莫姝、佘修仪、刘义忠去到容桂工商银行将科龙电器的 1.87 亿元转到容桂信用社,下午由我和刘从梦、刘义忠、佘修仪、张细汉、莫姝去到容桂信用社找到该社主任,后由莫姝、佘修仪去柜台办转账。张细汉是深圳格林柯尔环保工程有限公司的副总裁。张负责着格林柯尔系列公司的财务章,顺德格林柯尔的财务章也在他手里,所以他和我来办这事。我是由刘从梦通知去银行的,由刘从梦负责安排,由佘修仪、张细汉、莫姝具体操作。从科龙电器转款至天津格林柯尔由我指挥,佘修仪具体操作填单盖印章;而在天津格林柯尔与顺德格林柯尔间的转款由张细汉指挥,莫姝操作填单盖章。天津格林柯尔的法人章和财务章都是由张细汉保管和带去银行的。我使用顺德格林柯尔的法人章是经电话请示顾雏军,顾同意后才带去银行使用的。款项划出划入银行的依据是什么,我不清楚。当时科龙电器划钱到天津格林柯尔应该没有合同依据。因为这是违规操作,佘修仪曾问我是否做账,我口头请示刘从梦、顾雏军,建议违规操作不要入账,他们同意,所以没有入账。这件事顾雏军应该知道,顾雏军应该是幕后操纵。

4. 被告人张细汉的供述:我是深圳格林柯尔环保工程公司副总裁,直接对顾雏军负责。顺德格林柯尔的注册办理由谁负责我不知道。我不清楚1.87亿元的来源,也不清楚转钱的目的。我没有经手从天津格林柯尔汇款6.6亿元到顺德格林柯尔。2001年5月我和莫姝到顺德银行办理转款业务,是顾雏军指示去办的,后来在电话中刘义忠叫我带上天津格林柯尔的财务章,经电话请示顾,顾回答说是的,我就让莫姝跟刘义忠联系,看需要带些什么,之后就和刘义忠约定时间去到顺德市容桂信用社。后我便在行长室跟行长聊天。天津格林柯尔汇款的事就由刘义忠及莫姝在该银行的营业厅办理。当天从天津格林柯尔汇过多少钱我不知道。从天津格林柯尔汇来顺德的款项是干什么用的我也不清楚。顾雏军叫我来顺德的目的可能就是看住出纳莫姝不要把该款项转走,保证该款项的安全,其他的事就没有告诉我。天津汇款到顺德时,在我印象中天津格林柯尔是由方志国办理汇款的。刘义忠跟我说转款是要完善顺德格林柯尔股权的事,应该在刘义忠打电话叫我到顺德时已经说过。当时我听姜宝军说是从科龙电器转出来的1亿多元资金,然后这笔资金在格林柯尔系的公司的账户内转,后来这笔资金回到科龙电器,但这个转款的具体过程和金额我都不清楚。

我在深圳时,保管天津格林柯尔的合同专用章。要顾雏军指示才能使用。天津格林柯尔的公章不是由我保管。在顺德格林柯尔公司成立时,当时深圳一直没有天津格林柯尔的公章。因为在深圳的银行业务中往往要使用到天津格林柯尔的公章,后经请示顾雏军,顾指示要用天津格林柯尔公章的时候,就把天津格林柯尔的合同专用章上的“合同专用章”五个字用白纸贴上再盖章,这样就没有“合同专用章”的字样。后来在顺德格林柯尔成立注册验资的整个过程中,刘从梦和刘义忠都打电话给我,说要盖天津格林柯尔的公章,还说要找个会盖公章的人去顺德盖章,意思是把天津格林柯尔合同专用章的“合同专用章”字样贴上再盖章以冒充天津格林柯尔的公章,刘从梦、刘义忠和我都清楚这个意思。刘从梦打电话给我,我就不用请示顾雏军,刘义忠打电话给我,我就请示顾雏军。顾雏军说刘义忠用公章他是清楚的,于是我曾叫了莫姝和夏巨行把天津格林柯尔的合同专用章送到顺德交给刘从梦和刘义忠,至于在什么材料上盖章我不清楚。

5. 证人刘从梦(科龙电器总裁)的证言:顾雏军在2002年5月14日挪用的1.87亿元资金划到天津格林柯尔的账户上,是为了完善顺德格林柯尔注册资金的事,具体是顾叫姜宝军去操作。这笔资金当天就划回来了。这1.87亿元的调用没有经公司董事会讨论决定,是顾个人行为,并不是公司行为。姜宝军曾经拿过一份用款申请单给我签,并且告诉我顾雏军已经同意了,我便签字同意了。之后不久,深圳格林柯尔副总裁张细汉从深圳过来,要到顺德容桂信用社办理转款,刘义忠告诉我说张细汉不认识银行的人想让我带路。在2002年5月份的一天,我与张细汉、姜宝军、刘义忠、莫姝、佘修仪六人来到容桂信用社的会议室。后来张细汉安排了莫姝和佘修仪去办理转款1.87亿元的事,后来张细汉和姜宝军也出去办理此事。我和刘义忠在会议室与行长聊天。张细汉去办理该事是顾雏军的意思,是顾雏军安排的,因为张细汉负责顺德格林柯尔、天津格林柯尔两间公司的财务,而财务章都在他那里。转账的凭证后来应该交给刘义忠去办理验资一事。刘义忠这一次也是由顾雏军安排去办验资。

刘义忠在顺德几家会计师事务所委托验资都被对方以当天账上没有余额和手续不完备为由拒绝办理。后来顾雏军把1.87亿元放大为6.6亿元的过程说是顺德格林柯尔向天津格林柯尔预付购买制冷剂的货款,并制作了一份《供货协议书》。天津格林柯尔应该没有履行《供货协议书》。第一,《供货协议书》上的制冷剂量太大,不符合现实生产需要;第二,顺德格林柯尔公司实际也无这么大的业务,它用不了这么多制冷剂,这份供货协议是为了应付会计师事务所验资需要而出的。因为天津格林柯尔与顺德格林柯尔都是顾雏军所控制的,他控制着签名与盖章。张细汉实际上是掌管顺德格林柯尔公司的财务。2002年11月份,《供货协议书》由刘义忠给我看过并要求我加盖公章。相关的银行询证函上的顺德格林柯尔的公章也是由刘义忠交给我盖的。我还在顺德格林柯尔收天津格林柯尔投资款6.6亿元的收据上加盖了顺德格林柯尔的公章。之后所有资料交给刘义忠用于验资,并拿验资报告办理相关注册变更手续。

顺德格林柯尔的财务章由张细汉保管,法人章由姜宝军保管,公章在2002年和2003年是由我保管。张细汉保管了天津格林柯尔的合同章。顾雏军交代过我要盖天津格林柯尔的公章和其他印章都找张细汉。我曾经提供资料让他们加盖公章及在深圳格林柯尔办事时见张细汉或他的秘书夏巨行用天津格林柯尔的合同章冒充公章使用。方法是:用一个白纸条遮住该印章的"合同专用章"几个字,剩下就是天津格林柯尔的中英文字。天津格林柯尔只是生产车间,本身不对外销售,该公司的产品是通过香港格林柯尔科技控股有限公司销售。

6. 证人莫姝(深圳格林柯尔出纳)的证言:我于2000年兼任格林柯尔科技发展深圳有限公司出纳,2001年兼任顺德格林柯尔出纳,顺德格林柯尔公司的支票由我保管。顺德格林柯尔的公章由刘从梦保管,法人章由姜宝军保管,财务章由张细汉保管。我的工作由张细汉安排。2002年5月14日转款是张细汉安排我去的。张对我说带上顺德格林柯尔和天津格林柯尔在顺德农信社的支票和天津格林柯尔的财务章跟他去顺德。去到信用社见到刘从梦、刘义忠、姜宝军,还有科龙公司一男一女两个财务人员。在办公室里张细汉让我填了九张支票。首先是天津格林柯尔转款到顺德格林柯尔支票四张,金额分别为1.5亿元、1.6亿元、1.7亿元、1.8亿元。然后是顺德格林柯尔转款到天津格林柯尔支票四张。金额分别为1.5亿元、1.6亿元、1.7亿元、1.8亿元。最后是天津格林柯尔转款到科龙公司金额为1.87亿元。转款的凭证由刘义忠拿走。

格林柯尔系公司并没有掌握天津格林柯尔的公章,天津格林柯尔的合同专用章一直由公司的负责人张细汉保管,在办理银行及其相关业务时,张细汉让我用一张小纸条将"合同专用章"五个字遮住后加盖,这样就能冒充公章使用了。天津格林柯尔给深圳格林柯尔系公司办理银行授信担保时张细汉让我这样做过,刘义忠带资料来深圳张细汉也让我盖过。

7. 证人孙勇(科龙电器职员)的证言:顺德格林柯尔是刘义忠去联系会计师事务所进行专用评估。工商局提出验资报告中无形资产占注册资本比例太高,顾雏军就让刘义忠去协调,具体怎样协调不知道。

8. 证人佘修仪(科龙电器财务科长)的证言:2002 年 5 月 14 日上午姜宝军叫我按照刘从梦审批的一份划款报告的内容去划款,将科龙电器工商银行专户中 1.87 亿元划到天津格林柯尔,下午得知钱汇到后,我就填好支票和进账单,将 1.87 亿元划回科龙电器工行账户。后我就将相关的银行凭证交给了姜宝军。姜宝军指示对划款不要作会计处理。

9. 证人方志国(天津格林柯尔副总裁、董事)的证言:我没有参与天津格林柯尔投资顺德格林柯尔的董事会会议,所有有我签名的天津格林柯尔董事会决议、股东决议等均不是自己签名,所有资料上天津格林柯尔公章也不是我加盖,盖章与我保管的天津格林柯尔公章不一致。天津格林柯尔本身没有销售权,其销售权是属于香港 8056 上市公司。销售负责人是深圳格林柯尔的张细汉。天津格林柯尔是没有收过客户货款,货款是由张细汉他们具体收取。天津格林柯尔在 1997 年或是 1998 年召开过一次董事会,其余都没有召开过。天津格林柯尔没有对外投资,因为该公司 2003 年之前每年都亏损。

10. 证人张宏、严友松、马海云、胡晓辉(天津格林柯尔董事)的辨认材料和马海云、胡晓辉的证言,证明天津格林柯尔是由顾雏军任董事长并控制着该公司,由方志国任副总经理管理该公司,负责全面工作。天津格林柯尔与顺德格林柯尔应该没有签订过供货协议或有业务往来。天津格林柯尔一年大概有一千吨制冷剂的生产能力。以上四人没有参加过 2002 年 5 月 8 日天津格林柯尔出资 9.6 亿元人民币投资顺德市格林柯尔董事会会议。董事会决议上的其四人的签名不是亲笔签名,其四人也没有委托他人履行董事的职责或代为签署有关文件。

11. 证人黄冬(天津格林柯尔职员)的证言:2002 年天津格林柯尔的财务章由方志国保管,公章及法人章由我保管,都是天津格林柯尔在工商公安部门的原始印章,没有申请变更。天津格林柯尔没有向顺德格林柯尔投资,因为天津格林柯尔亏损严重没钱投资。天津格林柯尔没有在顺德的银行部门开设过账户。天津格林柯尔大约1998年或1999年开过一次董事会,其他就没有参加过。2002年5月8日的董事会决议上"黄冬"不是我的签名,也没有委托他人代签名。天津格林柯尔的公章只有一枚。只有在顾雏军同意的情况和批准的情况下才可以盖公章。

12. 证人刘为民(天津格林柯尔职员)的证言:我是天津格林柯尔的行政人事管理干部,天津格林柯尔从未正式召开过董事会,也没什么董事会决议。2000年至2005年天津格林柯尔的文件资料由我保管,没有见过天津格林柯尔投资顺德格林柯尔的董事会决议。

13. 证人李德煜(天津格林柯尔会计)的证言:天津格林柯尔的公章和法人章是由黄冬保管的,财务章由方志国保管。因为天津格林柯尔无销售权,产品都由格林柯尔上市公司负责销售,天津格林柯尔与顺德格林柯尔没有业务来往。2001年后天津格林柯尔没有对外投资。2001年3亿元转入顺德是从外面几家公司转进天津格林柯尔再转到顺德的,账上还挂着天津格林柯尔应收顺德格林柯尔3亿元,银行凭证是注明划款,从外面进来的这3亿元天津格林柯尔也没有转回原单位。

14. 证人顾善鸿的证言:我有在顺德格林柯尔股东决议上签名,没有在顺德格林柯尔任职,是顾雏军让我占干股的,不清楚顺德格林柯尔情况。

15. 证人夏巨行(深圳格林柯尔职员)的证言:张细汉保管了天津格林柯尔的合同专用章,这枚印章除了对外销售天津格林柯尔生产的制冷剂合同使用外,有时也有遮住"合同专用章"五个字以作公章用。张细汉叫莫姝在张细汉的办公室内教会我这样使用。刘义忠曾提供给我盖天津营业执照、税务登记证、代码证等资料,这些资料一方面用于天津格林柯尔的贷款,一方面用于完善顺德格林柯尔验资变更,这些都是张细汉交待我盖的章。

16. 证人叶顶红(天津格林柯尔职员)的证言:天津格林柯尔只有一枚公章,我和黄冬负责保管这枚公章。在保管这枚公章期间,这枚公章应该被借走过,但是借走一定要经过顾雏军的批准。天津格林柯尔的公章一般都要经过顾雏军的同意才能使用。

17. 证人卢伍根、徐志发(广东公诚会计师事务所所长和副所长)的证言,证明2001年底刘义忠找公诚会计师事务所为顺德格林柯尔公司办理专利评估,刘义忠介绍说筹建顺德格林柯尔要12亿元,现有3亿元是货币资金,其余9亿元以无形资产出资。但后来由于刘义忠提供的资料不全,又不同意事务所到天津格林柯尔了解情况,于是就没有做这项业务。

2002年9月科龙电器刘义忠将顺德格林柯尔股权变更验资业务交给广东公诚会计师事务所做,卢就派徐志发具体负责。当时刘义忠提供给徐的有顾雏军投资顺德格林柯尔6.6亿元的进账单,出票人是天津格林柯尔。当时发现该笔钱汇过来后当天就汇走了,刘义忠说钱用于向天津格林柯尔买制冷剂了,徐就发询证函给刘义忠询问资金流向,之后刘义忠就说天津格林柯尔已经在询证函上确认,但容桂信用社对询证函不予确认。刘义忠补交了供货协议书给徐志发,公诚会计师事务所就出具了验资报告。验资报告主要内容是顾雏军和顾善鸿将持有的9.6亿元顺德格林柯尔股权转让给天津格林柯尔,天津格林柯尔汇给顺德格林柯尔的6.6亿元又汇回到天津格林柯尔形成预付货款。公诚会计师事务所在顺德格林柯尔变更股权验资过程中存在几点问题:第一是三方股东都是顾雏军一人操纵;第二是股权转让外附带了置换无形资产;第三是6.6亿元在一天之内进出,是发生额,当天账户余额没有变化,给银行的询证函也没有得到银行确认;第四是顺德格林柯尔购买制冷剂金额巨大,没有董事会决议;第五是有限公司的对外投资不能超过净资产50%,对天津格林柯尔的实际情况没有核实;第六是对顺德格林柯尔与天津格林柯尔的供货协议也没有核实。刘义忠说是因为顺德格林柯尔无形资产过高,要通过股权转让降低无形资产比例到20%,才能符合公司法的制定。

18. 证人黎耀强(康诚会计师事务所所长、法定代表人)的证言:2001年10月份左右,刘义忠去到康诚会计师事务所要求评估无形资产,提供了两份专利证书,及其他资料。康诚会计师事务所对两项专利评估价值人民币9亿多元。此次评估没有进行实地考察。

19. 证人陈小美、何志超(顺德市花洲会计师事务所所长和工作人员)的证言,证明2001年11月份的一天,刘义忠到花洲会计师事务所要求该所办理顺德格林柯尔公司成立的验资业务。陈就将这件事交给了何志超去处理。后事务所经过调查验证后,于2001年11月20日发出“顺花会所验字(2001)209号”对顺德市格林柯尔企业发展有限公司设立验资报告。截至2001年,顺德市格林柯尔企业发展有限公司注册资本合计人民币12亿元,其中货币出资3亿元,知识产权出资9亿元,知识产权出资金额占注册资本的比例为75%。

按常规流程,要先有验资报告才能去工商局注册成立公司,成立公司后才能得到《营业执照》,当时刘义忠的顺德格林柯尔公司还没有进行验资前就有公司的《营业执照》并提供给陈,陈觉得不正常。

20. 证人罗裕添(顺德智信会计师事务所工作人员)的证言:顺德格林柯尔工作组一位中年男子拿了二项关于制冷剂的专利书面材料,要求顺德智信会计师事务所作出评估。由于该人不同意事务所到该专利的生产地天津制冷剂厂去验看,所以此项业务没有谈成。

21. 证人吕家旭(广东德正有限责任会计师事务所工作人员)的证言:刘义忠曾到广东德正有限责任会计师事务所洽谈评估无形资产。由于刘不同意事务所到天津格林柯尔生产基地进行调查核实,该业务没有谈成。

22. 证人罗伟明、冯家辉、曾敏玲、冯燕梅、胡健超、郭锐雄、叶伟雄、梁丽韫(顺德容桂农村信用社工作人员)的证言:证明2002年5月14日刘义忠、姜宝军、刘从梦、张细汉等从科龙电器工商银行账户转1.87亿元人民币到容桂农村信用社科龙公司账户,之后将此款转入天津格林柯尔账户,再从此账户转1.8亿元到顺德格林柯尔账户,之后将1.8亿元转回天津格林柯尔,再转1.7亿元到顺德格林柯尔,转1.7亿元回天津格林柯尔后,再次转1.6亿元到顺德格林柯尔,之后转1.6亿元回天津格林柯尔,又转1.5亿元到顺德格林柯尔,将此1.5亿元转回天津格林柯尔后,连同留在天津格林柯尔账户的余额共1.87亿元又转回科龙公司的账户。实际上该账户无余额。后刘义忠要求容桂农村信用社为会计师事务所就顺德格林柯尔验资的询证函盖章,由于违反验资程序,该社没有在询证函上盖章。

23. 证人邓显荣、罗厚光、梁冠林、吴英奇、吴文郁(顺德区工商行政管理局工作人员)的证言,证明顺德容桂镇人民政府为顺德格林柯尔出具出资担保书,内容为政府保证督促格林柯尔公司成立后完善注册资本的资金到位情况。顺德市容奇工商分局凭该担保书向该公司发放了营业执照,后天津格林柯尔划给顺德格林柯尔6.6亿元资金替代比例过高的无形资产,又办理了变更登记。顺德格林柯尔是刘义忠办理企业设立和变更登记的。

24. 2002年5月8日格林柯尔制冷剂(中国)有限公司董事会决议一份,证明天津格林柯尔投资顺德格林柯尔公司9.6亿元人民币,拥有该公司80%股权。这份董事会决议天津格林柯尔盖了公章。经被告人顾雏军辨认证实董事签名上的顾雏军是他本人的签名。经方志国、张宏、严友松、黄冬、胡晓辉、刘为民辨认证实他们没有参加过此次董事会,也没有在决议上签名,也没有委托他人签名,他们也没有见过此份决议。2000年至2005年8月刘为民保管天津格林柯尔档案资料期间没有保管过和见过该协议。

25. 2002年5月30日顺德格林柯尔变更登记申请书一份,证明顺德格林柯尔的变更登记情况,经被告人顾雏军辨认证实该申请书上的内容不是他写的,股东和法定代表人顾雏军的签名均不是他的签名。经被告人刘义忠辨认证实该申请书上的内容除法定代表人不是其签名外,其他内容是其受法定代表人委托签写并交给工商局办理顺德格林柯尔公司的变更手续。

26. 2002年12月16日顺德格林柯尔和天津格林柯尔的委托书一份,有顾雏军和天津格林柯尔方志国的签名,盖有天津格林柯尔的公章,证明委托刘义忠办理顺德格林柯尔的变更登记手续,经被告人顾雏军辨认证实该份委托书上签署的顾雏军不是他的签名。

27. 2002年12月16日顺德格林柯尔和天津格林柯尔法定代表人任职书一份,有顾雏军和天津格林柯尔方志国的签名,盖有天津格林柯尔的公章,证明选举顾雏军为顺德格林柯尔法定代表人。经被告人顾雏军辨认证实股东签名不是他的签名。

28. 2002年6月16日顺德格林柯尔公司股东决议一份,有顾雏军、顾善鸿、方志国的签名,盖有天津格林柯尔的公章,证明天津格林柯尔出资9.6亿元占有顺德格林柯尔80%股份,顾雏军出资2.4亿元占有该公司20%股份,顾善鸿不再持有该公司股份。经被告人顾雏军辨认证实该份股东决议上的顾雏军签名是他本人的签名。经证人方志国辨认证实该股东决议上的方志国签名不是本人签的,也没有委托他人签名。经证人黄冬辨认证实资料上所盖的“格林柯尔制冷剂(中国)有限公司”的公章不是由他加盖的,也不是其保管的天津格林柯尔的公章加盖形成的。经证人顾善鸿辨认称该文件上“顾善鸿”应该是他本人的签名。

29. 法人授权委托证明书一份(存根),有法定代表人顾雏军的签名,盖有顺德格林柯尔的公章,证明授权刘义忠办理顺德格林柯尔股东变更手续。经被告人顾雏军辨认证实法定代表人顾雏军的签名是他本人的签名。

30. 顺德格林柯尔公司章程一份,有顾雏军的签名,盖有天津格林柯尔的公章。经被告人顾雏军辨认该份章程是刘从梦提供给他签字,用于注册顺德格林柯尔。

31. 天津格林柯尔(甲方)与顺德格林柯尔(乙方)的《供货协议书》,签署日期为2002年5月12日,甲方由天津格林柯尔盖章,没有法定代表人签字,乙方由顾雏军签字,没有顺德格林柯尔的公章。该协议证明天津格林柯尔向顺德格林柯尔供应制冷剂合计金额8.858亿元,顺德格林柯尔支付天津格林柯尔6.6亿元作为货物预付款。经被告人顾雏军辨认证实是刘从梦给他签字,为了从法律上完善顺德格林柯尔的注册手续使用。经被告人刘义忠辨认称是顾雏军提供给其交给会计师事务所用于股东变更。经证人方志国辨认称天津格林柯尔没有签订过此份《供货协议书》。其他没有安排天津格林柯尔按此协议书生产过制冷剂,也没有发货至顺德格林柯尔。经证人黄冬辨认称其没有见过此份《供货协议书》,该协议上的天津格林柯尔公章与其保管的天津格林柯尔公章不一致。

32. 2002年5月14日顺德农村信用合作社进账单四份、对账单一份,证明天津格林柯尔同一天转款1.7亿元、1.6亿元、1.8亿元、1.5亿元到顺德格林柯尔公司,单证上天津格林柯尔盖了财务章,顾雏军法人章,单证上注明是“顾雏军投资顺德格林柯尔公司款”。被告人刘义忠对上述单证均进行了辨认,证实是受顾雏军口头委托交给公诚会计师事务所和顺德工商局用于办理股东变更验资的共6.6亿元的四份进账单和一份对账单。进账单上注明的“顾雏军投资顺德格林柯尔公司款”是按顾雏军指示加注的。

33. 2002年6月18日专利技术使用权投资作价协议一份,有顾雏军、方志国的签名以及加盖天津格林柯尔的公章，证明专利技术使用权评估价的其余6.6亿元，顾雏军同意留在顺德格林柯尔作为资本公积金。经被告人刘义忠辨认，该协议连同顺德格林柯尔股权转让协议、顺德格林柯尔公司股东决议、天津格林柯尔董事会决议，均是由顾雏军提供给他提交给顺德工商局容桂分局办理顺德格林柯尔变更手续的相关资料。经证人方志国辨认证实该作价协议的方志国签名不是本人签的，也没有委托他人签名。

34. 2001年10月21日容桂镇政府给顺德工商局容桂分局的担保函、2002年5月17日容桂区办事处给顺德工商局的关于顺德格林柯尔年检事宜的函，证明在2001年顺德格林柯尔成立时，容桂政府让工商部门为其先发营业执照再补办验资、评估手续。2002年顺德格林柯尔无形资产过高凭政府函由工商部门先办理年检，但工商部门要求其2002年11月30日前必须完善注册手续。经被告人刘义忠辨认证实以上两份函件是其负责交给工商部门的。

35. 顺德格林柯尔2002年11月6日发给天津格林柯尔的询证函一份，盖有两个单位的公章，证明广东公诚会计师事务所在为顺德格林柯尔办理验资业务时，曾要求函证天津格林柯尔以证实天津格林柯尔缴纳对顺德格林柯尔的出资后当天又将出资转回所形成的供货预付款6.6亿元的真实情况。经被告人刘义忠辨认证实由会计师事务所提供字样，内容由刘义忠签写的，是用于降低顺德格林柯尔公司无形资产比例股东变更验资询证文件。经证人刘从梦辨认证实上述文件上的顺德格林柯尔公章是其根据顾雏军签订的供货协议书加盖的，上述资料是刘义忠办理工商注册登记所需资料。经证人黄冬辨认证实资料上所盖的“格林柯尔制冷剂(中国)有限公司”的公章不是由他加盖的，也不是其保管的天津格林柯尔的公章加盖形成的。

36. 顺德格林柯尔发给容桂信用社的银行询证函一份，证明广东公诚会计师事务所在为顺德格林柯尔办理验资业务时，曾要求该公司向容桂信用社发函询证天津格林柯尔向顺德格林柯尔缴存出资6.6亿元的情况，但容桂信用社没有为该询证函盖章。经被告人刘义忠辨认证实用于降低顺德格林柯尔公司无形资产比例股东变更验资询证文件，信用社拒绝盖章。经证人刘从梦辨认证实上述文件上的顺德格林柯尔公章是其根据顾雏军签订的供货协议书加盖的,上述资料是刘义忠办理工商注册登记所需资料。经证人黄冬辨认证实资料上所盖的“格林柯尔制冷剂(中国)有限公司”的公章不是由他加盖的,也不是其保管的天津格林柯尔的公章加盖形成的。

37. 2002年5月4日顺德格林柯尔收据一份,该收据内容为顺德格林柯尔收到天津格林柯尔投资款人民币6.6亿元。经被告人刘义忠辨认证实内容是自己填写后,交给顾雏军完善签名手续,后由王彩变交给他。他再找刘从梦加盖顺德格林柯尔公章后交给会计师事务所,用于说明顺德格林柯尔股东变更情况,刘义忠证实真实签写时间是2002年11月初,依顾雏军指示签写汇款时间。经证人刘从梦辨认证实上述文件上的顺德格林柯尔公章是其根据顾雏军签订的供货协议书加盖的,上述资料是刘义忠办理工商注册登记所需资料。经证人晏果茹辨认证实他从来没有见过该份收据,没有在该份收据上签名,也没有委托过他人签名。会计栏“晏果茹”不是其本人的亲笔签名。

38. 姜宝军写给刘从梦的转款1.87亿元到天津格林柯尔的报告和用款申请书各一份,证明2002年5月13日,姜宝军申请从科龙电器转款1.87亿元到天津格林柯尔,注明的是往来款。刘从梦作了批示同意。经被告人姜宝军、证人刘从梦辨认无误。

39. 天津格林柯尔分别转款1.5亿元、1.6亿元、1.7亿元、1.8亿元到顺德格林柯尔账户的四张银行转账支票和顺德格林柯尔当天转回至天津格林柯尔账户1.5亿元、1.6亿元、1.7亿元、1.8亿元的四张银行转账支票以及天津格林柯尔同一天转回1.87亿元至科龙电器账户的银行转账支票,证明2002年5月14日,天津格林柯尔账户有1.87亿元被通过来回倒款的转账方式放大为6.6亿元分四次转入顺德格林柯尔账户,并当天转回天津格林柯尔,通过天津格林柯尔账户又转回科龙电器账户。经证人莫姝辨认证实1.87亿元转款单证由张细汉叫她填写的,天津格林柯尔在容桂信用社开户资料的内容由她填写,账户按张细汉要求开设的,用途不清楚。经证人黄冬对天津格林柯尔转款到顺德格林柯尔的四张支票和天津格林柯尔转款回科龙电器的支票进行辨认,证实上述五份支票原件都没有见过,支票上“顾雏军”法人章不是其盖的,也不是其保管的格林柯尔制冷剂(中国)有限公司的顾雏军法人章加盖所形成的。经证人方志国对天津格林柯尔转款到顺德格林柯尔的四张支票进行辨认，证实他没有在2005年5月14日从天津格林柯尔划1.8亿元、1.7亿元、1.6亿元、1.5亿元至顺德格林柯尔的四张支票原件上加盖过天津格林柯尔的财务章，该支票上加盖的财务章与天津格林柯尔由他保管的原始财务章是不一致的。

40. 2001年11月14日刘从梦签署发给天津格林柯尔方志国的特急函，关于天津格林柯尔出资9.6亿元受让顾雏军和顾善鸿所持顺德格林柯尔80%股权的协议。特急函写明汇出3亿元的用途更改为顾雏军和顾善鸿的投资款。经证人方志国辨认证实上述所有书证的签名都不是他本人签名、股权转让协议他没有见过。经证人黄冬辨认证实股权转让协议上所盖的"格林柯尔制冷剂(中国)有限公司"的公章不是由他加盖的，也不是其保管的天津格林柯尔的公章加盖形成的。经证人顾善鸿辨认证实股权转让协议上"顾善鸿"应该是他本人的签名。

41. 马海云出具情况说明一份称，2003年自己开始保管天津格林柯尔财务章、人事章、业务章，并对所保管的章作了样章盖印，证明马海云所保管的天津格林柯尔财务章与顺德格林柯尔在办理工商变更登记的材料中天津格林柯尔的财务章不一致。

42. 顺德格林柯尔申请成立的工商登记资料(包括验资报告、专利评估报告、容桂镇政府担保函、花洲会计师事务所验资报告，康诚会计师事务所专利评估报告书、营业执照等)，证明顺德格林柯尔设立时的股权情况如下：股东顾雏军以货币出资1.8亿元、以无形资产出资9亿元，共10.8亿元，占注册资本总额的90%；股东顾善鸿以货币出资1.2亿元，占注册资本总额的10%。顺德格林柯尔的注册资本总额为12亿元，其中无形资产9亿元，占注册资本总额的比例为75%，货币资金3亿元，占注册资本总额的比例为25%。

43. 顺德格林柯尔变更股东为顾雏军与天津格林柯尔的工商登记资料(包括顺德市容桂办事处《关于顺德市格林柯尔企业发展有限公司年检事宜的函》、公司变更登记申请书、委托书、股东决议书、董事会决议、股权转让协议、广东公诚会计师事务所对于顺德格林柯尔变更注册资本的验资报告等、工商部门的核准材料)，证明2002年12月16日顺德格林柯尔向顺德市工商行政管理局申请变更登记，变更股东为顾雏军、天津格林柯尔，顾雏军占20%股权，天津格林柯尔占80%股权。注册资本中属于以无形资产出资的6.6亿元由天津格林柯尔以货币性资产置换。该变更申请经工商部门于同年12月23日予以核准登记。其中委托书证明2002年12月16日，被告人刘义忠受股东顾雏军等人的委托到顺德市工商行政管理局办理申请顺德格林柯尔的变更登记手续。

44. 顺德格林柯尔变更股东顾雏军与天津格林柯尔的出资比例的工商登记资料，证明2003年5月29日经工商部门核准，变更股东出资比例，将原顾雏军占20%，天津格林柯尔占80%的出资比例，变更登记为顾雏军占60%股权，天津格林柯尔占40%股权。

45. 顺德格林柯尔变更名称及住所的工商登记资料，证明2004年4月20日核准变更企业名称为广东格林柯尔企业发展有限公司，变更住所为佛山市顺德区容桂容奇大道中88号容山大道八楼。

46. 顺德格林柯尔2001年度年检报告书，证明2002年5月30日，顺德格林柯尔提交年检报告通过年检情况。

47. 顺德格林柯尔2002年度年检报告书，证明2003年4月23日顺德格林柯尔提交该年检报告书，顺德市工商局于4月26日审批顺德格林柯尔通过年检，同时确认了顺德格林柯尔的第一次变更申请。变更后顾雏军以专利实缴出资2.4亿元，占股份数的20%，天津格林柯尔以货币实缴出资9.6亿元，占股份数的80%。

48. 顺德格林柯尔2003年度年检报告书，证明2004年4月20日，顺德格林柯尔提交年检报告通过年检情况。

49. 顺德格林柯尔2002、2003年审计报告，证明该公司2002、2003年度的审计情况。

50. 天津格林柯尔提供给顺德容桂信用社开户资料、顺德格林柯尔提供给顺德容桂信用社开户资料、科龙电器提供给顺德容桂信用社开户资料。

51. 广东公诚会计师事务所对于顺德格林柯尔变更注册资本的6.6亿元出具的验资报告及相关用于验资的资料。该验资报告称，2002年11月15

日顾善鸿将其持有的10%股权共计1.2亿元转予新股东天津格林柯尔,顾雏军将持有的70%股权共计8.8亿元转让给新股东天津格林柯尔,其中属于以无形资产(专利技术使用权)出资的6.6亿元由天津格林柯尔以货币性资产置换,截至2002年10月31日,上述股权转让及股权置换的相关法律手续已履行完毕。关于置换专利技术使用权之货币性资产,顺德格林柯尔已用于向天津格林柯尔购买制冷剂之预付款。

52. 顺德市花洲会计师事务所对顺德格林柯尔成立时注册资本出具的验资报告以及验资所使用的相关资料,证明顺德格林柯尔注册资本12亿元,以顾雏军专利技术出资9亿元,现金出资3亿元。

53. 2001年10月29日广东科龙(容声)集团有限公司与顺德市格林柯尔《关于科龙电器的股份转让合同》,证明广东科龙(容声)集团有限公司以5.6亿元的价格转让其持有的广东科龙电器股份有限公司20.6%的法人股给顺德格林柯尔。

54. 2002年3月5日广东科龙(容声)集团有限公司与顺德市格林柯尔企业发展有限公司《关于广东科龙电器股份有限公司的股份转让合同书的补充合同》,证明将以上2001年10月29日的广东科龙(容声)集团有限公司与顺德市格林柯尔企业发展有限公司《关于广东科龙电器股份有限公司的股份转让合同》中的转让价5.6亿元修改为3.48亿元。

55. 顺德康诚会计师事务所关于对顾雏军先生委托的两项专利资产的评估报告书,证明顺德康诚会计师事务所对顾雏军的两项专利技术得出评估值为91 138万元。

56. 科龙电器在工商银行容桂支行的开户资料、科龙电器在容桂信用社的开户资料以及银行单证,证明2002年5月14日科龙电器1.87亿元从工商银行容桂支行账户转款到容桂信用社账户。1.87亿元从科龙电器账户汇给天津格林柯尔时候单证上注明的是往来款。

57. 2006年3月24日科龙电器出具说明一份,证明2002年5月14日从科龙电器划款1.87亿元到天津格林柯尔没有经董事会讨论。

58. 天津格林柯尔资产负债表、利润表,证明2000年至2005年天津格林柯尔真实的资产、经营和利润情况。天津格林柯尔在2000年负债2 639万元,2001年负债2 309万多元,2002年负债2 681万多元,2001年净利润329万多元,2002年净利润300万多元。

59. 天津格林柯尔划款3亿元给顺德格林柯尔的资金来源银行单证以及记账凭证,证明天津格林柯尔自身没有资金投资顺德格林柯尔,3亿元资金来源于其他的公司。

60. 天津格林柯尔真实的财务专用章、法人章留印,证明天津格林柯尔真实的财务章、法人章与1.87亿元转款银行单证上所盖的财务章、法人章不一致。足以证实银行单证上的天津格林柯尔印章是虚假的。

61. 天津格林柯尔税务登记表中留有天津格林柯尔的公章、财务专用章、法人章印鉴备案,证明用于虚报注资单证上的天津格林柯尔印章与真实的印章不一致,是虚假的。

62. 天津格林柯尔叶顶红、黄冬于2006年6月9日提供天津格林柯尔公章样本、佛公刑技文检字[2006]18号鉴定书,证明用于虚报注资单证上的天津格林柯尔印章与真实的印章不一致,是虚假的。

三、违规披露、不披露重要信息罪

由于科龙电器在2000年和2001年两年连续亏损,被证券交易所戴上"ST"的帽子,如果2002年还是亏损,科龙电器将退市。2002年为了不被退市,根据顾雏军的指使,在年度报表上作了一些特别处理,科龙电器在2003、2004年度也对年度报表作了相应的处理。

2002年至2004年间,被告人顾雏军为夸大科龙电器的业绩,指使被告人姜宝军、严友松、张宏、晏果茹、刘科等人以加大2001年的亏损额、压货销售、本年费用延后入账、作假废料销售等方式虚增利润。其中2003年,顾雏军还指使专门成立合肥维希公司、武汉长荣公司以操作压货销售增加利润额。

据科龙电器公布的年度财务会计报告公布的数据显示,2001年的利润总额为-1 489 548 691元,2002年的利润总额为103 919 721元,2003年的利润总额为220 003 504元,2004年的利润总额为-68 333 660元。被告人顾雏军等人向社会提供上市公司虚假的财会报告,剥夺了社会公众和股东对上市公司真实财务状况的知情权，对社会作出了错误的诱导，给股东和社会造成了严重的损失。

以上事实，有公诉机关提交，并经庭审举证、质证的下列证据证实：

1. 被告人顾雏军的供述：科龙电器从2002年到2004年的年报中的盈利数额都要经过董事会开会确认。德勤会计师事务所审计的盈利数额每年都和科龙电器的内部账有差距、科龙电器都按照德勤会计师事务所的审计结果为准。参加会议的成员有我、刘从梦、张宏、方志国、严友松、李振华、陈庇昌、徐小鲁、李公民，还有监事会成员和一部分高管（如财务总监、副总裁），但有签字确认权的只有董事会的九个人。科龙电器的确存在年底压货的情况，这个属于行业惯例，压货如果压得不准确导致将来退货从长期来看是平衡的，而且压货导致退货是不可避免的。每年的12月份是科龙电器的销售小旺季，要给元旦和春节备货，所以年底压货属正常现象。退货由销售部门和财务部门联合实施和监督，财务部门主要起监督作用，顾在财务部门负责人和销售部门负责人的签字之后才签字批准，科龙电器从2002年到2004年的退货都是这样进行的。

姜宝军在科龙公司任财务监察一职，主要负责财务方面的一些事情，他的工作与科龙电器的年、中、季报的出台无关，他只负责科龙公司内部的预算费用控制。

2. 被告人姜宝军的供述：2005年春节前后，顾雏军召集我、晏果茹、刘科、李志成、阙海辉、罗耀东等人开会，阙海辉在会上报告2004年科龙电器大致盈利1亿元，顾雏军要求将科龙电器2004年的利润在财务上由1亿多元操作成2亿元，经过讨论，顾雏军最后决定通过将费用和成本推迟到2005年结算和虚增销售收入的办法来达到增加利润的目的。虚增销售收入的方面是通过武汉长荣公司和合肥维希公司完成的，是晏果茹、刘科和罗耀东负责的。通过上述方法大约虚增了8 000万元到9 000万元的利润。顾雏军当时叫我统筹这件事，但实际上由李志成统筹。科龙电器2001年和2002年的财务报告把2002年约8 000万元的广告费提前到2001年支付，以减少2002年的开支。2004年以压货的方式虚增的销售额2亿元至3亿元，具体操作是晏果茹、李志成、刘从梦等人负责的。科龙电器一般有季末压货、淡季压货和年终压货,这是很正常的。2004年通过武汉长荣公司和合肥维希的压货是不正常的。我于2004年7月被内部任命为科龙公司的首席财务执行官,实际上我负责广东科龙冰箱公司的生产、研发和物控等管理工作,以压货方式虚增销售收入不用请示我。我没有参与压货给武汉长荣和合肥维希的过程,2004年的财务报表不用我签字,只要顾雏军、刘从梦和李志成签字即可。

3. 被告人严友松的供述:2005年4月,科龙电器董事会召开会议,内容是2004年上市公司的年度报表,与会人员有顾雏军、刘从梦、李振华、方志国、张宏和我,另加三名独立董事陈庇昌、李公民、徐小鲁。按顾雏军的意思,2004年科龙电器与维希、长荣公司的销售收入5.7亿元冲入该年的销售业绩,我开始提出保留意见,后来相信德勤会计师事务所的意见,就签了名。科龙电器对长荣、维希二公司压货不是我安排的。我既未参与该事的策划、亦未参与该事的督促与执行,关于该事的具体情况,没有人向我汇报过,是事后根据证监会的调查才知道的。关于长荣、维希两公司的压货是否属虚假销售,我不能肯定,因为二公司也与科龙电器存在贸易关系。压货销售不需经过我的审批,具体由科龙电器的财务部门去操作,与我不相关。

4. 被告人晏果茹的供述:因为科龙电器在2000年和2001年两年连续亏损,被证券交易所戴上"ST"的帽子,在2002年为了不被退市,在年度报表上作了一些特别处理,后为了消化2002年对报表所作的特别处理,科龙电器在2003、2004年度也对年度报表作了相应的处理。

2002年度对科龙电器的年度报表作的特别处理是指:第一,加大2001年的亏损额,因为2001年科龙公司亏损已经不可改变,所以科龙电器加大了2001年亏损额,实际上是为2002年处理做好准备。第二,将公司尚未销售出去的产品押给经销商,在账务上成应收未收款。从而增加销售收入。第三,将2002年的部分费用延后入账。经过上述三种手段向社会公布的科龙电器年度报表显示是盈利的。

方案的制订具体由我负责,但必须有物流部、营销部配合。有时也会开会商讨方案的制订。

由于顾雏军提出的利润目标达不到,我、刘科、营销财务科科长罗耀东、管理会计科科长阙海辉、财务会计科科长陈晓凯、副科长石艾生、空调公司经营部赵深湖、冰箱公司经营部部长刘春光、配件公司的经营部刘哲等法人单位经营部长召开了一次会议，会议由我主持，会上得出方案是联系一些关系好的客户，由这些客户提供现款给科龙电器，科龙电器作假废料销售。这个方案是顾雏军审批同意的。具体客户有两家：一家叫珠海德发空调配件有限公司、另一家叫珠海隆信制冷设备有限公司。销售废料的货款是由江西科龙将资金转到珠海的两家公司，再由这两家公司转到科龙电器的账户上。

科龙电器有费用延期入账。这也是为了完成顾雏军很不合理的利润目标而采取的办法，由我向姜宝军请示，再由姜宝军向顾雏军汇报，经顾雏军允许后这些营销费用、维修费等才可以延期入账。最终的结果也就减少了费用，这样也给公司的融资及货款提供了方便条件，给顾雏军的个人经营能力造成一定的假象，以方便顾雏军在全国的进一步收购。

2004 年顾雏军和姜宝军先后召集我、刘科和科龙电器各法人单位的经营部部长一起开会讨论如何实现顾雏军下达的不合理的利润目标。最后决定由我、刘科和科龙电器各法人单位的经营部部长出方案，报顾雏军审批，经顾雏军审批通过的方案，再交由相关部门执行。刘科便提出要压货，并将压货的具体过程经开会研究了一下，便吩咐给营销本部、营销财务部及物流本部的工作人员去做了。

由严友松召集我、刘科、空调营销总监冀成、冰箱营销总监魏五洲、物流部总监张海军在严友松的办公室开会，会上研讨出了两个方案，第一是如何压货的具体办法，第二是压过的货如何处理。这两个方案是经顾雏军同意后才能实施的。具体的压货工作由严友松、刘科和我负责。那两个方案是：通过科龙公司的湖北分公司和安徽分公司分别压给武汉长荣公司和合肥维希公司，具体的压货金额由刘科负责通知给科龙公司在湖北和安徽的两家分公司。

年终财务报表内部是由我、刘科等人一起汇总编制，即由科龙集团下属分公司和控股子公司将财务报表报上来后，科龙集团的财务会计负责合并汇总。对外披露的年终财务报表和审计报告是由德勤华永会计师事务所审计和编制的。

姜宝军对所有的财务报表都不用签字,但他要审核过,要知道报表的内容。按公司法的规定,姜宝军作为一个财务首席执行官,总的财务负责人,应该在财务报表上签字的。但顾雏军规定由晏果茹和李志成负责签字。

5. 被告人刘科的供述:2002年至2004年间,科龙电器采用收取商业承兑汇票并作假货物出库处理,虚增生产废料销售收入,少提坏账准备虚增应收账款及费用延期入账等四种方式,达到虚增公司利润的目的。

2002年12月份,顾雏军在他的办公室召集相关部门开会研究虚增2002年公司利润的问题,顾雏军要求公司2002年年度会计报告显示公司利润完成1亿元的目标,指使财务部门要想尽一切办法虚增销售收入,由销售部提供愿意合作的客户名单,财务部负责收取客户开出的无真实贸易背景的商业承兑汇票,并作会计处理。会后,晏果茹向我提出了要求收取4亿元商业承兑汇票的预算目标。2002年有14个左右的客户共向科龙电器公司开具无真实贸易背景的商业承兑汇票3.7亿元左右,我收到上述商业承兑汇票后,一次性交给出纳处进行入账处理,然后我通知客户所在的科龙电器销售分公司作假出库处理,这样就完成整个虚增利润的流程。

2003年底,晏果茹在我办公室对我说,2002年的上述操作方法不妥,参与配合的商家太多,公司的风险太大,顾雏军指示最好由一两家公司来开具无真实贸易背景的商业承兑汇票,并说他已经于2003年8月注册了安徽合肥维希公司和武汉长荣有限公司两家公司。2003年安徽维希公司开具无真实贸易背景的商业承兑汇票4亿元左右给科龙电器。

2004年,采用同样方法,收取安徽维希公司和武汉长荣公司无真实贸易背景的商业承兑汇票4.8亿元。

科龙电器公司虚增生产废料销售收入由会计处负责,晏果茹知道整个流程。晏果茹曾说服一些关系好的客户,由这些客户提供现款给科龙电器公司,科龙电器再作假废料销售处理,通过这种方式2003年科龙电器公司虚增2 000万元至3 000万元利润,2004年亦虚增2 000万元左右利润。

根据晏果茹的指示,我对客户应收账款账龄分析表作相应调整,采取以下两种方式:(1)将一年以上账龄客户调整为一年以下;(2)用应付账款项目中的商家余款抵减应收账款项目中的商家欠款,以达到少提坏账准备的目标。2003、2004 年科龙电器公司通过这种方式各虚增 2 000 万元至3 000万元利润。

我通知售后结算组、传播组、物流部，将当年发生的结算周期长的售后维修费、广告费、运输费发票的一部分，推迟到次年再上交。通过这种方式科龙电器 2003、2004 年各虚增利润 4 000 万元至 5 000 万元。

在研究虚假销售一事会议中，没有见过姜宝军参加。

每年的 12 月份下旬，管理会计科会计算出科龙电器 1 月至 12 月的真实销售情况，报给晏果茹，由晏报给顾雏军，然后由顾雏军根据这个真实的销售收入数据，通过召开会议，研究虚假销售的事宜。

6. 被告人刘宏的供述：2004 年 12 月中旬左右，高国平、魏斌斌对我说，科龙总部要封仓，封仓的意思就是将货物存放在一个地方，应该视为销售了，也就是说，这些产品不属于江西科龙和科龙总部了。我打电话问晏果茹、刘科怎么回事，晏果茹就说是顾雏军安排要压货的，我又问顾雏军，顾说按晏果茹、刘科说的去做，我就把 7 万多台空调作了封仓，由高国平、魏斌斌去办理。封仓后开出的单据在魏斌斌那里，这 75 000 台空调在账上有无反映不清楚了，当时科龙总部派了一个人过来协助处理财务上的事情，我就叫高国平、魏斌斌按总部的流程去做。

7. 证人李志成（科龙电器财务总监）的证言：科龙电器的销售存在问题，主要是德勤会计师事务所出具了一份保留意见的审计报告，原因是对合肥维希及武汉长荣两客户公司的交易有怀疑。姜宝军没有参与 2004 年的年度财务报表的制作和审批，但他有无指使或参与 2004 年底虚假销售的工作不清楚。2004 年的财务报告经董事会表决通过，当时有两个决议要表决：一个是财务报告决议的表决，全部九个与会董事都通过并签名；另一个则是是否同意会计师的保留意见，结果是三名独董同意，但六名执董不同意，会议有制作纪要，我作为董事会秘书在会议纪要上签名。

姜宝军在 2004 年 7 月被任命为首席财务官，他对企划发展部、财务资源部、审计监察部、深圳科龙等部门负责和管理。

8. 证人刘从梦（科龙电器总裁）的证言：姜宝军在科龙电器的任职，从财务督察到首席财务官，都是由顾雏军直接任命的，根本没有经过董事会的讨论通过,是不符合科龙电器的程序和制度的。

9. 证人李振华(科龙电器副董事长)的证言:2002年到2003年科龙电器每次召开董事会议,我都参加,但会上从来没有讨论审议有关生产经营的问题,有关虚假销售的问题根本没有涉及。

2004年的年终财务报告和审计报告都有向外界披露。2004年的年报有通过董事会讨论审议通过,召开会议时,曾有一个粗略的提纲,即统计出来的几个数字,还有事务所提出的两点保留意见,会上大家主要讨论那两点保留意见,看如何向深交所解释,最后董事会作出的解释我不同意,是持保留意见的。会计师事务所的保留意见出来后,我才知道有5.6亿元的压货,才开始怀疑2004年的报告有问题。

10. 证人姜道蔚、陈惠珠(德勤会计师事务所工作人员)的证言:德勤华永会计师事务所对科龙电器的2004年年报作出了保留意见,因为在审计科龙电器向两个客户合肥维希、武汉长荣销售过程中发现异常情况即这两间公司规模小,成立日子短,销售量大,全集中在年尾,而合肥维希公司退货频繁,在2003年底合肥维希公司出具给科龙电器的票据于到期日全部不兑现。德勤所因科龙电器管理层无法对此作出合理的解释而出具保留意见。

11. 证人魏五洲(科龙电器冰箱营销本部总监)的证言:科龙电器于2003年和2004年都向安徽维希公司和湖北长荣公司作假销售,来达到虚增公司年度利润的目的。具体做法是把科龙电器的空调和冰箱在账面上做成卖给这两个公司的假象,实际上,这些货物没有卖给这两间公司,而是在科龙电器的仓库中封存起来,从而形成科龙电器的销售收入,达到账面上虚增利润的目的。作虚假销售有两种后续处理方法:一种是在虚假销售的第二年,直接由维希和长荣在账面上退货;还有一种是由这两家公司销售一小部分。参加虚假销售的人员有晏果茹、刘科、刘海军、杨绍平、冀成和我六个人。

我作为冰箱营销本部总监是直接对严友松负责,但科龙电器作虚假销售的事情他没有向严汇报过。

12. 证人张海军(科龙电器物流部总监)的证言:2004年12月底,物流部接财务部通知,要将武汉长荣、合肥维希的一批冰箱、空调单独存放,这些货在2005年陆续发了一部分,后来在2005年4月至7月间,接财务部通知说之前已发出的货物和剩下的货物全部按退货处理。

13. 证人罗耀东（科龙电器营销财务科科长）的证言：2003 年以压货的方式收到维希公司开出的 4 亿元左右的商业承兑汇票，虚增了 7 000 万元至 8 000万元的毛利，这些虚构的销售在次年作了退货处理。2004 年刘科和晏果茹又指示我用同样的方法压货，不同的是这次是压货给武汉长荣和合肥维希。武汉长荣和合肥维希是合法注册成立的。

每年的 12 月份下旬，管理会计科会计算出科龙电器 1 月至 12 月的真实销售情况，报给晏果茹，由晏报给顾雏军，然后由顾雏军根据这个真实的销售收入数据，通过召开会议，研究虚假销售虚增利润的事宜。

14. 证人陈小凯（科龙电器会计科科长）的证言：平时科龙电器没有与合肥维希和武汉长荣这两家客户有销售或代销业务，从账面上看，只有在办理压货的时候才出现。

15. 证人石艾生（科龙电器财务会计科副科长）的证言：2003 年 12 月份，晏果茹和刘科召集我和陈小凯到晏果茹的办公室，说为了完成顾雏军下达的不合理的利润目标准备采取压货的方式虚增利润。晏果茹通知要压 3.5 亿元的货，当时 3.5 亿元的货压到了合肥维希公司。2004 年 6 月份，晏果茹通知物流部要退货，物流部提供了系统的退货单，晏果茹又召集财务人员填写退货单，客户将退货发票寄到罗耀东负责的营销财务科，由营销财务科将退货发票给财务会计科。

姜宝军主要负责广东科龙总公司及其子公司的日常开支审批及预算。2004 年，江西科龙负责处理封存 7 万台空调的是高国平、魏斌斌。

16. 证人佘修仪（科龙电器财务部出纳科科长）的证言：2003 年和 2004 年底，科龙电器都有在最后一两天要财务部门加班开具一些空调和冰箱方面的销售发票，而且数额巨大，大概有上亿元，并且在第二年又让开出红字销售发票冲销。发生退款退货的合肥维希公司不是公司的长期客户，还有一家叫武汉长荣的公司，都用来办理这些销售退款的业务。次年退货的时候，退款都由姜宝军来签署同意。

17. 证人阙海辉（科龙电器管理会计处经理）的证言：2004 年 12 月，我与会计核算处陈小凯经理、营销财务处罗耀东经理、王亚敏副科长、石艾生副科长、财务部副部长到财务部副总监晏果茹的办公室开会,晏果茹主持,会上,晏说接到顾雏军的死命令,要虚增纯利3亿元,并给各部分配压货任务,这种压货是非正常压货,也就是说,在没有真正的贸易背景的情况下,由公司的各个部门协力操作,虚设货物的数量、价值,在销售方面取得业绩,虚增公司的纯利。此次压货的参与经销商是合肥维希和武汉长荣。2003年是通过上述方法,跟维希公司发生压货的事情。当时,每月最后一天,管理会计科根据最后一天的日报表制作营销例会简报,简报上的内容有销量、收入、回笼等,然后在每个月的营销例会上报给顾雏军、刘从梦、严友松、姜宝军、林澜、营销部长、财务部长,由他们进行讨论。

18. 证人易桂平、黄文婷(江西科龙成品仓工作人员)的证言:2004年12月中旬,接江西科龙公司宋欣的通知封存了车间的71 000多套空调,后来也没有将这些空调发到武汉和湖北这两家公司。2005年2月份左右,科龙总部发来要货申请单,从封存的7万多台空调中分3万至4万台空调到各地的中转仓,其余的作了退货处理。

19. 证人魏斌斌(江西科龙销售财务主管)的证言:2004年封存7万多台空调的过程,由石艾生和我具体操办,高国平和张宏要求魏按照总部的意思办理。

20. 证人高国平(江西科龙财务主管)的证言:2004年12月底,科龙电器的财务副总监晏果茹打电话给我,要求江西科龙作一批空调产品的虚假发货,我请示张宏,张宏要求我按照母公司的要求做。2003年从江西科龙划了两笔资金分别到达合肥和武汉的两个账户里,当时不知是什么用途。

21. 证人霍永新(湖北格林柯尔环保节能工程有限公司副总裁)的证言称,成立武汉长荣公司的资金来自江西科龙。

22. 证人陈文杰(山西科龙财务科科长)的证言:2004年10月份科龙总部要求山西分公司查2002年底的虚假销售情况和资料,我才知道山西科龙有虚假销售情况。

23. 证人李伟(前任沈阳新大新电器有限公司总经理)的证言称,2002年辽宁科龙对沈阳新大新电器有限公司的销售存在虚假成份。

24. 证人郭悦(黑龙江科龙财务科长)的证言称,2002、2004年黑龙江科龙电器销售收入存在虚假成份。

25. 证人张艳(广西科龙财务科会计)的证言称,广西科龙于2002年底对空调进行了开单压货的操作,空调共计压货1 664套,434万元,涉及的六个客户为:广西天泰冷气、柳州郑鑫特利、广西区医疗器械、梧州通信、梧州华光、百色百环公司,由于相应的客户在公司都有余款,付款方式就是从他们的账上的余款中扣除相应的压货的金额,后续处理就是办理退货,以上压货的空调产品有一小部分是在2003年的时候给客户提走了,其余大部分在德勤所完成2002年的年度审计后,于2003年2月至4月办理了退货。

26. 证人冯锦才、钟文胜、梁常青、高桂兰(分别为郑鑫特利公司、梧州华光贸易有限公司、广西区医疗器械工业公司、天泰公司工作人员)的证言称,广西科龙2002年对郑鑫特利公司、梧州华光贸易有限公司、广西区医疗器械工业公司、天泰公司的销售存在虚假成份。

27. 证人甄森伟、颜庆华(广州科龙财务人员)的证言称,广州科龙2003年对东莞泰林电器、广州天河科龙专业冷气商场、顺德长实家电、顺德容供五金、深圳夏怡的销售存在虚假成份。

28. 证人陆英、焦洪斌、张军(分别为湖北多福商贸有限公司、武汉工贸有限公司、湖北武汉金石集团公司工作人员)的证言称,湖北科龙2002年与湖北多福商贸有限公司、武汉工贸有限公司、湖北武汉金石集团公司的销售存在虚假成份。

29. 证人岑辉波、张雄飞、梁就开、陈乙明、谢小敏、方志群、梁丽霞(分别为顺德长实家电有限公司、广州市天河科龙专业冷气商场、顺德容供五金交电有限公司、深圳夏怡投资发展有限公司、东莞市泰林电器贸易有限公司、广州市俊志贸易有限公司、番禺沙园集团有限公司工作人员)的证言称,广州科龙2002、2003年对顺德长实家电有限公司、广州市天河科龙专业冷气商场、顺德容供五金交电有限公司、深圳夏怡投资发展有限公司、东莞市泰林电器贸易有限公司、广州市俊杰贸易有限公司、番禺沙园集团有限公司的销售存在虚假成份。

30. 证人夏斌、覃锐(广西科龙财务科长、四川科龙财务人员)的证言称,广西科龙2002年、四川科龙2004年的销售存在虚假成份。

31. 证人李渝、孟辉、李剑峰、宋火红(分别为成都人民商场南充川北有限公司、成都铁路局电通总公司、成都国美电器有限公司、四川成都国美电器有限公司工作人员)的证言称,科龙电器2004年对成都人民商场南充川北有限公司、成都铁路局电通总公司、成都国美电器有限公司、四川成都国美电器有限公司的销售存在虚假成份。

32. 证人徐力、李沁、肖明祥(分别为四川科成有限公司财务总监兼董事、四川科龙工作人员)的证言称,四川科龙2002年的销售存在虚假成份。

33. 证人高霞(四川科龙工作人员)的证言称,四川科龙2003年对新科成公司的销售存在虚假成份。

34. 证人申华香(湖北科龙工作人员)的证言称,湖北科龙2002年对湖北多福商贸有限公司、武汉长荣电器有限公司、武汉工贸有限公司及武汉金石经济发展有限公司的销售存在虚假成份。

35. 证人王立华(新疆科龙工作人员)的证言称,新疆科龙2002、2004年对哈密新兵工贸总公司通利商场的销售存在虚假成份。

36. 证人韩立嗣(山东科龙工作人员)的证言称,山东科龙2002年对山东新星购销总部的销售存在虚假成份。

37. 证人王澜、陈祖康(分别为浙江科龙、浙江国大商贸有限公司工作人员)的证言称,浙江科龙2002年对浙江国大商贸有限公司的销售存在虚假成份。

38. 证人黄燕庆(杭州远东五金交化公司总经理)的证言称,2004年安徽合肥维希公司、科龙电器对杭州远东五金交化公司的销售存在虚假成份。

39. 证人谭刚(北京科龙总经理)的证言称,北京科龙2002年对北京西单商场股份有限公司的销售存在虚假成份。

40. 证人夏玉梅(天津科龙工作人员)的证言称,天津科龙2002年对天津市正泰实业总公司电子分公司的销售存在虚假成份。

41. 证人张利新、袁洪建(分别为江苏科龙、扬州金声公司工作人员)的证言称,江苏科龙2002年对扬州金声公司的销售存在虚假成份。

42. 证人文乐雄(湖南科龙工作人员)的证言称,湖南科龙在2002年和2004年都存在压货情况。

43. 德勤会计师事务所提供财会报告资料。

44. 科龙电器关于广东科龙(容声)集团公司 2001 年 10 月 29 日同意将其持有的科龙电器的 20.64% 的股份转让予顺德格林柯尔的董事会决议。

45. 罗耀东提供的科龙电器压货销售的相关书证材料:科龙电器 2004、2005 年对武汉长荣的销售出库单,科龙电器与武汉长荣、合肥维希公司签订的销售协议,科龙电器在销售中支付给退货方的退货款相关银行汇票及银行承兑汇票,以及办理退款的用款申请书,浙江国大贸易有限公司因开具增值税发票向科龙电器收取费用并向合肥维希支付剩余货款的公函,浙江国大退货给科龙电器的发货单,科龙电器出具的成品出库单,销售过程中科龙电器给四川新科成、成都国美公司的销售清单,刘科交给罗耀东保管的顾雏军授权刘科办理压货相关手续的授权委托书,合肥维希公司制作的虚构维希供货给四川新科成、成都国美并收到两公司货款的虚假收据,压货销售中合肥维希制作的产品供价表,合肥维希给科龙电器的退票报告和退货公函,科龙电器在办理压货销售中的相关材料。

46. 2002 年至 2005 年在报纸上披露的年度报告和财务报告。

47. 2002 年至 2004 年压货的相关成本费用明细。

48. 2004 年科龙电器董事会针对审计师对科龙电器出具保留意见的审计报告所涉及事项的说明。该说明是针对该审计报告中的保留意见出具的,认为被出具保留意见的 5.7 亿元的销售属于赊销性质,是业内通行的惯例,也是一个成功的做法,对公司业务的快速增长有重要意义。

49. 2003 年 9 月 8 日广东科龙电器股份有限公司集团财务资源部《关于财务资源部各部级领导具体分工的通知》,证明财务资源部财务副总监晏果茹,负责主持该部全面工作,对集团公司财务总监和财务督察负责,同时负责管理会计处和财务会计处的具体业务;副部长刘科,负责营销财务处的具体工作。

50. 科龙电器 2004 年退货款往来明细表。

51. 科龙电器 2004 年银行汇票、商业汇票一览表。

52. 2005 年 4 月 28 日科龙电器董事会决议。

53. 严友松授权刘从梦签署 2005 年 4 月 28 日董事会决议的授权书

一份。

54. 科龙电器2005年4月28日股东会讨论《2004年年度报告正文》、《2004年年度报告摘要》及《经审计的2004年年度财务报告》等文件的会议纪要。

55. 科龙电器2004年6月19日股东周年大会决议。

56. 德勤华永会计师事务所对科龙电器2004年度的财会报告出具保留意见审计报告的说明。

57. 科龙电器关于江西科龙2004年压货的说明。

58. 2005年5月9日科龙电器因涉嫌违反证券法规被中国证监会立案调查而发布的董事会公告。

59. 2005年5月9日科龙电器因于2005年5月10日在《中国证券报》《证券时报》上公布公告而向深圳证券交易所提出的于5月10日上午9:30至10:30停牌一小时的申请。

60. 深圳证券交易所向佛山市公安局提供的关于科龙电器股票在2005年5月10日至5月12日连续下跌,价格由2.93元跌至2.48元的统计查询结果。

61. 科龙电器2002年至2004年总部及各分公司压货统计表。

62. 科龙电器提供2002年至2004年年度会计报表及审计报告,2003年年报、财务报告,2004年年报、财务报告。

63. 科龙电器上报的2004年12月份出库未开票明细清单、各分公司2004年出库未开票明细清单。

64. 科龙电器提供的四川新科成制冷有限公司空调账套、四川新科成电器集团有限公司空调账套、四川新科成销售冰箱给科龙电器的记账凭证。

65. 杭州远东五交化有限公司空调账套。

66. 合肥维希、四川新科成实业有限公司2003年12月至2004年12月销售、收款、退款资料。

67. 科龙电器提供的销售资料,包括四川新科成制冷有限公司空调账套、增值税发票、提货通知单、四川新科成退货科龙电器冰箱资料及浙江国大商贸有限公司退货资料、四川国美电器有限公司空调账套资料。

68. 科龙电器提供的合肥维希公司销售空调账套、武汉长荣商业承兑汇票、武汉长荣2005年退2004年购买电器明细表及情况说明。

69. 科龙电器2004年销售开具的增值税专用发票明细及办理退货手续的业务凭证。

70. 江苏科龙提供的扬州金声家电销售中心开具的2002年12月25日商业承兑汇票及背书、送货单、记账凭证、销售发票、出库单、退货总表、冲销退货申请单、2004年退货总表、2004年压货销售明细。

71. 浙江科龙销售承兑汇票、发票、销售明细、记账凭证。

72. 天津科龙与天津正泰销售协议、天津分公司开具发票、记账凭证及出库单、正泰公司开具的商业承兑汇票及背书。

73. 杭州远东五交化公司工商登记资料、合肥维希与杭州远东五交化公司销售合同、增值税发票、银行汇票、收货单、出库单。

74. 浙江国大商贸有限公司工商登记资料、维希销售科龙空调的情况说明、2003年退回空调清单、2002年开出的商业承兑汇票、2002年与2004年销售的记账凭证和入库单、发票、付款清单。

75. 武汉长荣电器有限公司提供的2002、2003、2004年会计报表,2005年与科龙电器签订的销售协议,库存商品明细及原始凭证,主营业务收入明细,与江西科龙往来账明细及原始凭证。

76. 成都国美电器工商登记资料、采购合同书、银行承兑汇票及背书、2004年6月至10月合肥维希销售给成都国美所开具的增值税发票,成都国美提供2004年销售给科龙电器的增值税发票、记账凭证、入库单、销货通知单,科龙电器与四川新科成公司销售协议,合肥维希虚假销售给四川新科成公司产品的增值税发票、产品送货单,四川新科成公司提供产品送货单、出库单、增值税发票,四川新科成公司在广东科龙电器签订的销售协议,企业名称变更核准通知书,四川新科成公司开出的2002年12月商业承兑汇票及背书,四川新科成公司的提货通知单(2004年6月份),科龙电器委托书,四川新科成公司提货通知单,四川新科成公司提供的科龙电器申请开具的银行汇票及背书,合肥维希电器公司产品送货单(2004年6月份),四川新科成公司提供2004年6月份合肥维希电器公司开具销售产品的增值税专用发票,四川科成实业集团有限公司提供2004年8月份科龙电器公司回购2003年虚假销售部分产品的增值税专用发票,四川科成实业集团有限公司提供的合肥市维希电器有限公司产品送货单,四川科成实业集团有限公司提供的2004年7月份合肥维希公司销售给四川科成产品的增值税专用发票,四川成都科成实业集团提供的证据材料:增值税专用发票复印件。

77. 合肥维希、武汉长荣、柳州金鑫、广西医疗器械、广西天泰、番禺沙园、深圳夏怡、顺德容供、广州俊志、天河科龙专业冷气、东莞泰林、扬州金声家电、武汉金石经济发展、武汉工贸、湖北多福商贸的工商资料。

78. 湖北科龙提供的凭证资料。

79. 黑龙江科龙的开单开票资料。

80. 山西科龙的开单开票资料。

81. 湖北科龙2003年退货凭证,湖南科龙2002年底销售记账凭证、发票、出库单。

82. 四川科龙营业执照,成都人民商场(集团)南充川北公司与四川科龙签订的销售协议,四川新科成公司与四川科龙签订的销售协议,成都铁路局电通总公司电通家电销售中心与四川科龙的销售协议,四川科龙压货情况说明,四川科龙2002年底压货未确认收入记账凭证和销售出库单复印件商业承兑汇票,四川科龙2002年底的压货记账凭证、商业承兑汇票,四川广东科龙冰箱2002年底的压货确认收入记账凭证、销售出库单复印件、增值税发票,四川科龙2003年冲2002年压货、退货明细,四川科龙2003年的退货记账凭证、销售冲回对应系统发票复印件增值税发票,2004年四川科龙空调压货情况说明,四川科龙商业承兑汇票、四川科龙记账凭证,2002年四川科龙压货明细表、销售出库单,2003年四川科龙退2002年的压货销售空调的记账凭证、明细表、采购退货单。

83. 广西科龙提供的2002年至2004年情况说明、年底压货明细表、压货销售制作的记账凭证、增值税发票出库单。

84. 2002年新疆科龙压货情况说明、销售明细表、空调出库单、记账凭证、销售空调退货记账凭证,2004年新疆科龙压货销售明细、销售出库单、开票、记账凭证、销售退货记账凭证。

85. 北京科龙电器分公司提供的2002年底压货销售的记账凭证、增值税发票、2002年负债表、利润表、2002年12月压货销售出库单。

86. 山东科龙销售明细、2002年出库凭证、冲销凭证、利润表、资产负债表(冰箱分公司)、退款退货凭证、收款出库凭证、2002年压货明细、2002年资产负债表、利润表。

87. 安徽科龙压货销售情况说明、压货销售明细、合肥维希公司虚假购买安徽分公司产品开具的商业汇票复印件。

88. 湖北科龙2002、2003、2004年空调、冰箱压货明细、压货记账凭证、退货记账凭证。

89. 广州科龙2002、2003年压货、退货明细、报表、出库单、增值税发票。

90. 辽宁科龙与沈阳新大新电器有限公司贸易往来资料及内附情况说明一份。

91. 江西科龙与武汉长荣的银行往来账。

被告人晏果茹的辩护人在庭上出示的证据:

1. 证人杨绍平(科龙电器空调本部副部长)的证言称,科龙电器空调本部每个月都有压货,但压货都是正常的。

2. 证人涂光华(科龙电器管理会计科工作人员)的证言:我没有参与过公司的压货,管理会计科做毛利测算的是公司每个月已经销售出去的货物,但由于销售月报表上没有购货公司一栏,而且没有将虚假销售的货物单列出来,所以即使经过测算毛利,也不知道是压货。

3. 证人杨强(科龙电器冰箱本部工作人员)的证言:科龙电器存在的压货现象,有正常和不正常两种,不正常压货主要是科龙电器冰箱营销本部和空调营销本部,关于40 000多台冰箱和70 000多台空调。关于冰箱营销本部的40 000多台冰箱,做虚假销售由会议商定。2004年底由科龙电器财务部副部长刘科主持会议,参加的有财务部的罗耀东、空调营销本部的杨绍平、还有杨强和冰箱营销本部的谢忠勤等人。严友松没有参与主持。

4. 证人王亚敏(科龙电器营销财务处工作人员)的证言:我到合肥维希公司搞公司的前期建账工作,当时我认为科龙电器与合肥维希之间的业务是基本正常的,合肥维希下面的客户是真的,在证监会的人来调查时,我负责收集压货的资料。

5. 证人邝敏(科龙电器财务人员、合肥维希财务人员)的证言:我在2004年7月到2005年2月在合肥维希做财务,负责销售账、资金往来等业务。2004年12月安徽科龙有压货给合肥维希,后作退货处理。但有无发货,我不清楚。

6. 证人石燕(科龙电器营销财务处工作人员、武汉长荣财务人员)的证言:2004年湖北科龙有压货给武汉长荣、次年退回。我认为压货意义不大,只是虚增当年利润,次年退货又冲减了次年的销售利润。

7. 证人李晓锋(科龙电器营销财务处工作人员、合肥维希财务人员)的证言:合肥维希的财务人员是由科龙电器派过去的,我知道科龙电器2004年有压货情况。

8. 证人顾艳敏(科龙电器物流部工作人员)的证言:科龙电器2002、2003、2004年有压货情况,货物单独存放,不反映在库存月报表上。

9. 证人岑彩霞(科龙电器财务部结算中心工作人员)的证言:2004年12月31日,财务部加班制作空调销售出库单,都是销售给合肥维希的,有无真实交易,其不清楚。

被告人刘科的辩护人在庭上出示的证据:

科龙电器空调、冰箱、冰柜已出库未开票汇总表及各产品、各分公司利润表,拟证明争议的销售额在刘科主管的营销财务科这个环节,未确认为销售收入。

四、挪用资金罪

(一)被告人顾雏军、张宏挪用江西科龙4 000万元和科龙电器2.5亿元,用于顾雏军个人注册成立扬州格林柯尔。具体事实如下:

2003年,被告人顾雏军为了收购扬州亚星客车,指示张宏、林科等人以其父子名义申请设立注册资本为10亿元的扬州格林柯尔,其中无形资产出资2亿元,现金出资8亿元。同年6月初,为了筹集8亿元现金注册资本,被告人顾雏军指示姜宝军、林玉国从科龙电器调动2.5亿元,指示张细汉从深圳格林柯尔筹款1亿余元,指示张宏从江西科龙内部划拨4 000万元,并以江西格林柯尔的名义向扬州中行贷款约4亿元。被告人顾雏军并指示他们以江西科龙、江西格林柯尔为操作平台调拨8亿元资金经天津格林柯尔转入扬州格林柯尔的验资账户。

2003年6月16日，张宏向金立民、翟小明、高国平传达了顾雏军的以上指示。随后，由被告人张宏负责安排人员填单，由金立民、翟小明分别电话请示顾雏军后在划款凭证上分别加盖公司的法人章和财务专用章，将款项划到顾雏军指定的账户上，具体作如下划款：6月17日，江西科龙向银行贷款4 000万元，6月18日，顾雏军指示姜宝军等人从广东科龙冰箱有限公司划款2.5亿元至江西科龙。至此，江西科龙账面余额2.9亿元。同日，该2.9亿元划至江西格林柯尔，加上从江西发达思家电有限公司转来的0.21亿元，江西格林柯尔的账面余额合计3.11亿元，该款划至天津格林柯尔的账上。6月19日，金立民、高国平等人将来自深圳格林柯尔的1.1亿元从江西格林柯尔的账上划至天津格林柯尔。至此，天津格林柯尔账上余额共计4.21亿元。同日，张宏、翟小明等人以天津格林柯尔账户中的4亿元资金作为质押，以江西格林柯尔的名义向扬州中行贷款3.98亿元。6月19日至6月20日，高国平、翟小明、金立民等人将其中的3.82亿元划至天津格林柯尔。至此，天津格林柯尔的扬州中行608账户的存款余额为8.03亿元。6月20日，从天津格林柯尔的扬州中行608账户分两笔划出各4亿元共8亿元至扬州格林柯尔的验资账户。扬州格林柯尔经验资，会计师事务所出具了以顾雏军和顾善鸿为出资人的验资报告。同日，扬州格林柯尔注册成立。同年6月23日至25日，从江西科龙分五笔共转入科龙电器2.5亿元。

上述事实，有公诉机关提供的，并经庭审举证、质证的如下证据证实：

1. 被告人顾雏军的供述：江西科龙的资金使用有严格的财务制度，相应的授权资金签字人应对其签出的资金负责；对于2003年6月18日广东科龙冰箱是否转款2.5亿元到江西科龙以及相关的记账凭证不清楚；我从无见过，也没签发过天津格林柯尔的董事会决议。

2. 被告人张宏（江西科龙总裁兼董事长）的供述：2003年6月13日，林科打电话给我说顾雏军欲以其父子的个人名义注册成立扬州格林柯尔。约过了一个星期，顾雏军指示我去扬州协助林科办理扬州格林柯尔的注册。

于是我去到扬州找林科了解情况,林科介绍说扬州格林柯尔的注册资本金为10亿元,其中2亿元无形资产已经跟当地工商局谈好了,扬州中行同意发放4亿元的贷款,但要求他们先准备4亿元存入该银行。我打电话向顾雏军请示如何去筹备4亿元,顾雏军指示由姜宝军从广东科龙划拨2.5亿元,张细汉从深圳汇款1亿元至1.2亿元,不足的部分由江西科龙借用。我次日返回江西省南昌市后,在江西出版大厦11楼江西科龙的办公室内,召集金立民、翟小明和高国平开会,向他们传达了顾雏军关于以其个人名义注册成立扬州格林柯尔事宜的指示,并现场进行了分工:金立民、翟小明负责电话请示顾雏军后在划款凭证上分别加盖公司的法人章和财务专用章,将款项准确无误划到顾雏军指定的账户上;金立民还负责刻天津格林柯尔、艾柯企业的财务专用章,并交翟小明保管使用;翟小明负责为天津格林柯尔、艾柯企业在昌北中行开设异地临时账户,还负责与广东科龙的姜宝军和林玉国、深圳格林柯尔的张细汉以及扬州的张宏联系资金调度事宜;高国平负责在昌北中行具体办理划款业务。会后,我、周健和曾俊洪一起到扬州新世纪大酒店,与林科协商注册扬州格林柯尔事宜。我根据顾雏军的指示制作了一份资金调度安排表,并传真给在广东的顾雏军,顾雏军电话回复我同意资金调度安排。然后我将该表传真给金立民,要求其按照该表进行划款。6月18日,我打电话请示顾雏军同意后安排高国平填写汇款单,翟小明和金立民分别打电话向顾雏军请示后盖章,将江西科龙向叠山路招行的贷款4 000万元和广东科龙冰箱汇来的2.5亿元共2.9亿元,在没有贸易背景和未经董事会讨论的情况下划转到江西格林柯尔。6月18日至19日,江西格林柯尔将深圳格林柯尔汇来的1.1亿元、发达思家电转来的0.21亿元和江西科龙转来的2.9亿元共4.21亿元,通过天津格林柯尔在昌北中行所开设的账户进行走账,汇往天津格林柯尔在扬州中行所开设的账户。我安排以天津格林柯尔的扬州中行608账户中的4亿元作为质押,并以流动资金名义,由江西格林柯尔向扬州中行贷款3.98亿元并转存至江西格林柯尔808账户。2003年6月18日至19日,我指示翟小明从南昌市赶到扬州新世纪大酒店,在相关划款凭证上加盖江西格林柯尔的财务专用章和法人章,将其中的3.97亿元汇回至江西格林柯尔的昌北中行3241账户。该贷款中的3.82亿元最终也以相同的方法汇至天津格林柯尔在扬州中行的608账户，从而该账户在2003年6月20日有资金8亿余元。当天，顾雏军指示我将其中的8亿元划到扬州格林柯尔的验资账户上。我安排周健填写划款凭证，刘为民加盖天津格林柯尔的公章和财务章，他们分别电话请示顾雏军同意后，分两笔各4亿元将8亿元划到扬州格林柯尔的验资账户上。顾雏军为使会计师事务所出具以其父子个人名义出资的验资报告，派人将天津格林柯尔代顾雏军父子共出资8亿元的委托书和董事会决议等四份证明文件送给验资人员。扬州格林柯尔成立后，顾雏军担任董事长。

江西科龙董事会从成立起后一直被顾雏军所控制，基本上没有运作过，董事会成员只是在顾雏军的授意下在涉及江西科龙公司工商登记、银行融资的董事会决议上签过字。非正常资金划拨时顾向我发出指令，由我向金立民、高国平、翟小明等人传达顾的指令，他们还要分别请示顾同意后方可盖章办理。没有顾雏军的指示谁也动不了广东科龙公司及其他科龙子公司的资金。顾雏军从来就不在涉及挪用资金的《用款申请单》上签字确认。2002年6月至今，我迫于顾的压力，协助顾雏军挪用江西科龙公司的资金累计25亿余元。我在顾的授意下，安排江西科龙的财务人员对涉及挪用资金的凭证作不入账处理。江西科龙和江西格林柯尔的所有转款凭证都由高国平保管，其中的非正常转款凭证不入账单独保管，但其中的大额资金调拨令在顾雏军的指示下已经烧掉。

3. 被告人姜宝军（科龙电器董事、财务督察、广东科龙冰箱总经理）的供述：2003年3月底，我根据顾雏军的指示，负责与扬州市有关职能部门商谈收购扬州亚星客车股权的事宜。在此期间，林科对我说顾雏军指示由格林柯尔系公司向扬州中行贷款3.98亿元。后其以广东科龙财务督察的身份和林科一起与扬州中行协商贷款事宜，并将有关结果向顾雏军汇报。2003年6月18日左右，顾雏军打电话指示我从广东科龙账户上划款人民币2.5亿元到江西科龙的账户上，并说江西格林柯尔需要短期借用这笔2.5亿元资金，大概几天后就归还给广东科龙。顾雏军让我找顾雏军的秘书施准办理此事。当天，施准将2.5亿元的用款申请单交给我审查，我根据顾雏军的指示进行了签字确认。该款最终用于以顾雏军和顾善鸿的个人名义注册成立扬州格林柯尔。

2002年1月至今,顾雏军安排我担任江西科龙公司、扬州科龙公司、广东科龙冰箱等公司董事职务。上述三家公司的董事会成员从来没有聚集在一起开过会,实际上都由顾雏军掌控。

4. 证人高国平(江西科龙和江西格林柯尔的财务经理)的证言:2003年6月18日,江西科龙的3362账户收到招行账户转来的4 000万元贷款及广东科龙冰箱汇来的2.5亿元。按照张宏的安排,我和曲朝霞填写转账支票和银行凭证,翟小明、金立民分别加盖江西科龙的法人章和财务专用章,在没有真实贸易背景和未经董事会讨论的情况下,从江西科龙将该2.9亿元划到江西格林柯尔3241账户,并没有作入账处理。后张宏又指示上述人员从江西格林柯尔3241账户将该2.9亿元,加上发达思家电汇来的2 100万元、深圳格林柯尔汇来的1.1亿元及扬州中行的贷款3.98亿元共8.03亿元,汇至天津格林柯尔在中行扬州分行新开设的608账户。最后,该款中的8亿元用于扬州格林柯尔的注册。上述所有划款不存在真实贸易背景,也未经相关公司董事会讨论。

经统计,2002年7月至2005年4月份,科龙未上账的资金往来总金额是27.2亿元人民币。但是这其中包括贷款、承兑汇票等其他款项。江西科龙直接向格林柯尔非正常划款54笔,金额为17.49亿元;格林柯尔累计还款64笔,金额为20.02亿元,但这其中包括4亿元的银行承兑汇票和2005年4月的虚假还款。根据江西科龙每月银行对账单和非正常转款凭证累计统计出来,江西科龙的资金缺口是6.37亿元。

5. 证人翟小明(江西科龙总裁助理,保管江西科龙和江西格林柯尔的财务章)的证言:2003年6月17日前几天,张宏从扬州出差回到南昌市后,在江西出版大厦11楼他的办公室内,召集金立民、高国平和我开会,向我们传达了顾雏军关于以其个人名义注册成立扬州格林柯尔事宜的指示,讲述注册资金来源分别为广东科龙、江西科龙、深圳格林柯尔的情况,并现场进行了分工(陈述分工的情况与张宏的供述一致)。6月17日,我在昌北中行为天津格林柯尔、艾柯企业分别开设了5407、5427两个异地账户。另外,我请求将叠山路招行向江西科龙发放的4 000万元贷款改变用途,并将该款转到江西科龙的昌北中行3362账户。2003年6月18日左右,周健根据张宏的指示,从扬州传真了一份资金调度安排表到江西科龙,金立民、高国平和我各执一份。同日,江西科龙3362账户收到广东科龙冰箱转来2.5亿元后共有余额2.9亿元。在没有发生真实贸易背景和未经董事会讨论的情况下,张宏电话通知金立民、我、高国平等人将该2.9亿元人民币划至江西格林柯尔的3241账户,连同从发达思家电472814账户转来的0.21亿元,合共3.11亿元,通过天津格林柯尔的昌北中行5407账户进行走账,汇至天津格林柯尔的608账户。次日,我们将江西格林柯尔昌北农行和昌北建行收到的深圳格林柯尔汇来的1.1亿元经天津格林柯尔5407账户走账,也汇至天津格林柯尔在扬州中行的608账户。我在将上述款项从天津格林柯尔昌北中行5407账户汇到扬州中行608账户前均电话请示顾雏军同意。同月19日,张宏等人以江西格林柯尔的名义向扬州中行申请贷款3.98亿元,并汇回江西格林柯尔3241账户。后来,该款中的3.82亿元也汇至天津格林柯尔的扬州中行608账户。截至2003年6月20日,天津格林柯尔的608账户的资金余额为8.03亿元。上述划款均不存在贸易背景。后该款用于扬州格林柯尔的验资。我于2003年6月底将其所保管的天津格林柯尔和艾柯企业的财务专用章交回给了金立民,并将天津格林柯尔5407和艾柯企业5427两个异地账户销户。

顾雏军掌控着江西科龙的一切人财物资源,而且从不在不正常的资金付款请示书上签字确认。正常的大额资金支付款项都必须将用款申请书传真给其签字确认,对不正常的大额资金支付款项,顾雏军则采取由张宏、金立民和我互相监督牵制的手段,严格控制每一笔的不正常资金支付款项。每次需要从江西科龙划拨不正常款项时,顾雏军就打电话指示张宏,而张宏将顾雏军的划款指示传达给金立民和我,然后我们分别打电话请示顾雏军,在征得顾雏军同意后,金立民和我分别在支票或电汇单上盖法人章和财务专用章,然后办理并不作入账处理。2002年7月17日至2005年4月30日,江西科龙公司支付不正常的款项达26.2亿元人民币,绝大部分被江西格林柯尔挪用。

6.证人金立民(江西科龙副总裁,保管江西科龙和江西格林柯尔的法人章)的证言:2003年6月中旬的某天,张宏在江西出版大厦11楼办公室内,对我、翟小明和高国平传达了顾雏军关于从江西科龙调拨资金用于以其个人名义注册成立扬州格林柯尔的指示,讲述根据顾雏军的指示,姜宝军将会从广东科龙电器调拨2.5亿元、张细汉将会从深圳格林柯尔调拨1亿元,张宏以江西格林柯尔的名义向扬州中行贷款4亿余元,另外张宏将从江西科龙调拨4 000万元,从江西发达思家电调拨2 100万元,合计8亿余元,上述款项都将经过江西格林柯尔和天津格林柯尔的昌北中行新账户进行走账,最终汇到扬州格林柯尔在扬州中行的验资账户上。然后进行了现场分工:我还负责刻天津格林柯尔、艾柯企业的财务专用章交翟小明保管,电话请示顾雏军后在划款凭证上加盖相应公司的法人章,以及核实在此期间的划款去向是否符合顾雏军的要求;翟小明负责为天津格林柯尔、艾柯企业在昌北中行开设异地临时账户,联系叠山路招行下拨贷款4 000万元事宜,并电话请示顾雏军后在划款凭证上分别加盖相应公司的财务专用章,与广东科龙的姜宝军和林玉国、深圳格林柯尔的张细汉以及扬州的张宏联系资金调度事宜;凡涉及将江西公司的款项划到外省其他公司的事项,必须事先电话请示顾雏军同意;高国平负责在昌北中行具体办理划款业务。会后,我马上找人刻天津格林柯尔和艾柯企业的财务专用章,交给翟小明使用。2003年6月18日至同月25日期间,根据张宏的安排,我、翟小明、高国平和曲朝霞每个工作日都在昌北中行等待张宏的划款指令。2003年6月18日,江西科龙3362账户收到叠山路招行发放的4 000万元贷款和广东科龙冰箱转来2.5亿元后共有余额2.9亿元。在没有发生真实贸易背景和未经董事会讨论的情况下,张宏电话通知我、翟小明、高国平等人将该2.9亿元人民币划至江西格林柯尔的3241账户,连同从发达思家电472814账户转来的0.21亿元,合共3.11亿元,通过天津格林柯尔的昌北中行5407账户进行走账,汇至天津格林柯尔的608账户。次日,高国平等人将江西格林柯尔昌北农行和昌北建行收到的深圳格林柯尔汇来的1.1亿元经天津格林柯尔5407账户走账,也汇至天津格林柯尔在扬州中行的608账户。同月19日,张宏等人以江西格林柯尔的名义向扬州中行申请贷款3.98亿元,并汇回江西格林柯尔3241账户。后来,该款中的3.82亿元也汇至天津格林柯尔的扬州中行608账户。

我在每次将上述款项从天津格林柯尔昌北中行5407账户汇到扬州中行608账户前均电话请示并征得顾雏军同意后加盖公司法人章。截至2003年6月20日,天津格林柯尔的608账户的资金余额为8.03亿元。上述划款均不存在真实的贸易背景。后该款用于扬州格林柯尔的验资。资金调拨完成后,我已将天津格林柯尔和艾柯企业的财务专用章销毁,天津格林柯尔5407和艾柯企业5427两个异地账户也已经销户。

7. 证人曲朝霞(江西格林柯尔会计)的证言:我是按照金立民、翟小明、高国平下达的划拨安排表,填写了部分银行进账单。

8. 证人林科(北京格林柯尔副总裁,负责办理扬州格林柯尔的工商登记)的证言:2003年初至6月上旬,顾雏军指派我和姜宝军到扬州与政府有关部门协商收购扬州亚星客车事宜。因为汽车行业的股权必须由纯内资的企业进行收购,且扬州市政府欲将扬州亚星客车的股权交由属地公司来掌握,所以顾雏军决定在扬州注册成立一家自然人性质的公司,即扬州格林柯尔。林科到扬州市有关职能部门咨询后,得知要注册成立自然人性质的公司,必须要由自然人进行出资,然后我将此情况向顾雏军汇报了。2003年5月初,顾雏军打电话让我咨询张宏就如何将公司性质的款项转化为自然人性质的,张宏答复此事较难办。2003年6月上旬,顾雏军指派张宏到扬州办理扬州格林柯尔的注册和收购扬州亚星客车股权事宜。张宏和周健负责注册资金的调拨,曾俊洪负责收集工商登记所需的资料,我则具体经办工商登记事宜。2003年6月20日,扬州格林柯尔注册成立。

9. 证人周健(原江西科龙财务部会计)的证言:2003年6月15日,我和曾俊洪一起出差到扬州,住在新世纪大酒店。6月18日至20日,我在张宏的指示下,到扬州中行领取了天津格林柯尔608账户收到天津格林柯尔的昌北中行5407账户的汇款共计8.03亿元的进账单。2003年6月20日,张宏指示我填单、刘为民加盖天津格林柯尔的法人章和财务章,将天津格林柯尔608账户的8.03亿元中的8亿元分两笔各4亿元,划到扬州格林柯尔的扬州中行33验资账户。随后,我在张宏的指示下填写单据,张宏和林科分别加盖天津格林柯尔的法人章和财务章,就从扬州格林柯尔汇款6.980 6亿元至艾柯企业的5427账户。后天津格林柯尔608账户汇入扬州格林柯尔33验资账户的8亿元作为顾雏军个人出资7亿元,顾善鸿个人出资1亿元。

10. 证人刘为民(天津格林柯尔总裁助理,保管该公司文件)的证言:2003年5月至6月,我受黄冬指示带上天津格林柯尔和艾柯企业的公章、法人章和财务章出差到扬州。到扬州先后见到了张宏、曾俊洪、周健和姜宝军、林科等人。我将公章交给张宏,从张宏等人的谈论中知道他们是在成立公司。我还陪周健去银行办理过业务。我保管天津格林柯尔的文件资料,没有见过天津格林柯尔代顾雏军、顾善鸿出资的委托书和董事会决议。天津格林柯尔从未正式召开过董事会,所以也没有什么董事会决议。

11. 各转账单位提供的银行转账资料及贷款资料,证实资金流向的情况:

(1)科龙电器2.5亿元用款申请单一份、广东科龙冰箱2.5亿元记账凭证、电汇凭证各一份,证明广东科龙冰箱27242账户于2003年6月18日汇款2.5亿元至江西科龙3362账户。

该用款申请单经林玉国辨认无误。

该用款申请单经姜宝军辨认无误,证明2003年6月18日姜宝军受顾雏军指使,同意施准、李蕾、林玉国等人以"转款"名义从广东科龙冰箱划款人民币2.5亿元到江西科龙。

科龙电器于2005年12月2日打印的中行容办31569108093001账户的明细分类账证实确有一笔2.5亿元作为其他应收款用于集团内部往来。

被告人姜宝军和证人刘从梦(科龙电器总裁)、施准(顾雏军秘书)等人证实该2.5亿元由顾雏军同意,并由广东科龙冰箱有限公司账户转出的。

此2.5亿元最终在没有经过科龙电器董事会批准和没有发生真实交易的情况下,被顾雏军擅自用于以其和顾善鸿的个人名义注册扬州格林柯尔。

(2)江西科龙4 000万元的借款合同及资料、借款借据、进账单各一份;江西科龙2.5亿元的收款凭证一份,证明江西科龙于6月17日向叠山路招行借款4 000万元并转存至3362账户;江西科龙3362账户6月18日收到广东科龙冰箱327242账户的汇款2.5亿元。

(3)江西科龙3362账户18日转款2.9亿元至江西格林柯尔3241账户的进账单四张(金额分别为9 000万元、9 000万元、7 000万元、4 000万元);发达思家电472814账户18日转款2 100万元至江西格林柯尔3241账户的进账单一张;江西格林柯尔3241账户18日转款3.11亿元至天津格林柯尔5407账户的进账单四张(金额分别为9 000万元、9 000万元、7 000万元、6 100万元);天津格林柯尔5407账户18日汇款3.11亿元至天津格林柯尔的扬州中行608账户的电汇凭证四张(金额分别为9 000万元、9 000万元、7 000万元、6 100万元)。证明2003年6月18日,江西科龙从3362账户中转款2.9亿元至江西格林柯尔的3241账户;同日,江西格林柯尔3241账户将该2.9亿元,加上从发达思家电汇来的2 100万元,共3.11亿元,通过天津格林柯尔的昌北中行5407账户走账,汇至天津格林柯尔的扬州中行608账户。

(4)江西格林柯尔昌北农行9052账户19日转款1亿元至天津格林柯尔5407账户的本票申请书、进账单各二张(金额分别为3 000万元、7 000万元);江西格林柯尔昌北建行877账户19日转款1 000万元至天津格林柯尔5407账户的进账单一张;天津格林柯尔5407账户18日汇款1.1亿元至扬州中行608账户的电汇凭证二张(金额分别为2 000万元、9 000万元),证明2003年6月19日,江西格林柯尔昌北农行9052账户和昌北建行877账户收到深圳格林柯尔汇来的1亿余元后,从该两个账户共划款1.1亿元经天津格林柯尔5407账户走账,汇至天津格林柯尔的608账户。

(5)江西格林柯尔向扬州中行借款3.98亿元的借款借据一份(经周健辨认无误,79P82);江西格林柯尔扬州中行808账户汇款3.970 2亿元至昌北中行3241账户的电汇凭证和收款凭证各六张(其中19日四张,金额分别为4 965万元、9 730万元、7 000万元、3 200万元,合共2.489 5亿元;20日二张,金额分别为8 130万元、6 677万元,共1.480 7亿元);江西格林柯尔3241账户转款3.82亿元至天津格林柯尔的5407账户的进账单五张(其中19日的三张,金额分别是8 000万元、9 500万元、7 200万元,共2.47亿元;20日的二张,金额分别是4 500万元、9 000万元,共1.35亿元);天津格林柯尔5407账户汇款3.82亿元至扬州中行608账户的电汇凭证五张(其中19日的三张,金额分别是8 000万元、9 000万元、7 700万元,共2.47亿元;20日的二张,金额分别是4 500万元、9 000万元,共1.35亿元),证明江西格林柯尔于2003年6月19日向扬州中行借款3.98亿元并转存至扬州中行的

808账户,又于6月19日至6月20日将该款中的3.970 2亿元汇回至昌北中行的3241账户,随即将其中的3.82亿元通过天津格林柯尔的5407账户走账,汇至天津格林柯尔的608账户。

江西格林柯尔向扬州中行借款3.98亿元的借款借据一份经周健辨认无误。

(6)扬州格林柯尔进账单二份、收款凭证一份,证明2003年6月20日,天津格林柯尔608账户分两笔划款各4亿元,共8亿元至扬州格林柯尔33验资账户;扬州格林柯尔将该款记作顾雏军个人出资8亿元,顾善鸿个人出资1亿元。该三份凭证均经周健辨认无误。

12. 昌北中行、叠山路招行、扬州中行、昌北建行提供的转账凭证和贷款资料,以及证人陈隆建(昌北中行行长)、刘宪庐(昌北中行财会营业部主任)、郭盈盈(叠山路招行副行长)、任坚(原扬州中行业务部副经理)、徐松(昌北建行副行长)的证言,与上述各转账单位提供的证据相印证,证明以上事实中的各转账单位开设账户情况和向银行申请贷款情况。

13. 昌北中行提供的江西科龙3362账户、江西格林柯尔3241账户、天津格林柯尔5407账户的银行对账单,证明上述三账户在6月18日的初始余额均为0,且当日只发生上述款项的转入与转出。这说明6月18日江西科龙3362账户划出的2.9亿元,在当日即经江西格林柯尔3241账户和天津格林柯尔5407账户,全部汇入天津格林柯尔608账户。

14. 高国平提供江西科龙划款2.9亿元的资金线路图一份、归还部分款项的资金线路图一份、江西科龙关于转出4 000万元的说明一份,与上述银行转账资料和凭证相印证,证明以上事实中的资金的流向及部分资金的归还情况。

15. 江西格林柯尔的证明一份、天津格林柯尔和艾柯企业开户银行和账户情况统计表一份,证明江西格林柯尔在昌北中行开设了3241账户,并为天津格林柯尔和艾柯企业开设了5407和5427两个临时异地账外账户,相关的银行凭证也由江西格林柯尔代为保管。

16. 江西格林柯尔关于3241、5407、5427账户收付款情况说明三份,与上述银行转账资料和凭证相印证,证明以上事实中的该三账户中的资金转入和转出情况。该三份情况说明经金立民辨认无误。

17. 证人徐明炎(江西省赫尔利联合会计师事务所所长)的证言,证明2005年6月18日,徐明炎和胡伟受曾俊洪的委托出差到扬州办理扬州格林柯尔的注册。6月20日,张宏派人通知说扬州格林柯尔的验资账户上已收到天津格林柯尔汇来的8亿元,同时送来了四份材料,分别是天津格林柯尔出具的代顾雏军、顾善鸿分别出资7亿元、1亿元的委托书和董事会决议。当时,徐、胡二人到银行询证,得到了天津格林柯尔汇来的两笔各4亿元的进账单二份,他们便出具了验资报告。

18. 证人胡伟(江西赫尔利联合会计师事务所会计师)的证言,证明2003年6月的某一天,曾俊洪说起顾雏军欲以顾雏军和顾善鸿的个人名义注册成立扬州格林柯尔,还明确讲其中的8亿元现金出资是天津格林柯尔借给顾雏军的个人出资款,要求出具以顾雏军、顾善鸿为出资人的验资报告。2003年6月20日,徐明炎和胡伟在扬州办理扬州格林柯尔的注册验资时,张宏派人给了他们四份证明文件,分别是天津格林柯尔出具的"代顾雏军、顾善鸿出资7亿元、1亿元"的委托书和董事会决议。徐、明二人根据这些材料加上银行询证函和进账单,就在验资报告里注明顾雏军、顾善鸿已缴足注册成立扬州格林柯尔所需的8亿元验资款,且没有将天津格林柯尔的委托书和董事会决议附入验资报告中。

19. 江西赫尔利联合会计师事务所提供的扬州格林柯尔验资工作底稿,其中包含天津格林柯尔的委托书和董事会决议,证实天津格林柯尔的委托书和董事会决议是扬州格林柯尔验资报告的依据之一。

其中,天津格林柯尔的委托书和董事会决议各二份经胡伟辨认无误。

20. 天津格林柯尔的委托书和董事会决议,经顾雏军、方志国、黄冬、马海云(以上四人均为天津格林柯尔董事)及刘为民(天津格林柯尔工作人员,负责保管天津格林柯尔档案)等人辨认,均称没有见过该文件,也没有签过该董事会决议;天津格林柯尔财务部也证明没有见过该文件,也没有依照该文件向扬州格林柯尔汇款8亿元。上述证据证明天津格林柯尔的委托书和董事会决议是无效的。

21. 证人顾善鸿(顾雏军的父亲)的证言,证明扬州格林柯尔就是顾雏军个人所有的公司,顾善鸿只是应顾雏军的要求挂名而已。

22. 还款2.5亿元的证据。

江西科龙还款2.5亿元给科龙电器的原始凭证证实,江西科龙实业发展有限公司于2003年6月23日三笔、24日二笔共汇款2.5亿元给科龙电器。

科龙电器财务部出纳科长佘修仪证实2003年6月23日至25日从江西科龙共五笔转入科龙电器2.5亿元。

江西科龙总裁助理翟小明证实江西科龙于2003年6月23日至24日通过划款共五笔归还了科龙电器2.5亿元。

就以上指控的挪用资金的事实,控方提供的综合证据:

1. 被告人顾雏军签署的《印章保管使用制度》,该《印章保管使用制度》上有张宏、黄冬、方志国等人的签名,经张宏、黄冬、方志国辨认无误。证明1万元以上的支出应经顾雏军签批或者由保管财务专用章与法人章的二位监印人分别电话请示顾雏军同意后加盖印章。

2. 被告人张宏的供述,证明江西格林柯尔公司成立后基本没有开展业务经营,只是建立了厂房租给江西科龙公司用,其公司相关职务也是由江西科龙工作人员兼任。江西科龙的董事长由张宏担任,董事成员有方志国、严友松、姜宝军、林澜,共五人。江西科龙董事会从成立起后一直被顾雏军所控制,基本上没有运作过,董事会成员只是在顾雏军的授意下在涉及江西科龙公司工商登记、银行融资的董事会决议上签过字。江西科龙和江西格林柯尔的日常管理主要由张宏负责,财务由张宏分管,高国平是两家公司的财务负责人,财务章由翟小明保管,法人章和公章于2002年10月后由金立民保管,江西科龙和江西格林柯尔的资金使用和划拨是由上述四人完成的。非正常使用资金就是在没有发生业务的情况下,直接从江西科龙划拨资金。非正常使用资金进出由张宏向顾直接负责,不受科龙总部控制,一般由顾直接指示张宏操作。顾雏军发过一份《印章保管使用制度》的通知,讲所有格林柯尔系的公司转款都不能以顾雏军本人签名传真为准,应以各公司持财务章和法人章的两人同时打电话请示顾雏军,以听到顾雏军同意转款的声音为准。顾雏军属下的公司都适用该规定。非正常资金划拨时顾向张宏发出指令,由张宏向金立民、高国平、翟小明等人传达顾的指令,他们还要分别请示顾同意后方可盖章办理。没有顾雏军的指示谁也动不了广东科龙公司及其他科龙子公司的资金。顾雏军从来就不在涉及挪用资金的《用款申请单》上签字确认。2002 年 6 月至今,张宏迫于顾的压力,协助顾雏军挪用江西科龙公司的资金累计 25 亿余元:9 000 万元用于注册江西格林柯尔、约 3 亿元注册扬州格林柯尔、日常开支用去 2 000 万元,剩下挪用科龙约 15 亿元人民币都是用在还格林柯尔公司在银行的贷款上。张宏在顾的授意下,安排江西科龙的财务人员对涉及挪用资金的凭证作不入账处理。江西科龙和江西格林柯尔的所有转款凭证都由高国平保管,其中的非正常转款凭证不入账单独保管,但其中的大额资金调拨令在顾雏军的指示下已经烧掉。

3. 证人高国平(江西科龙和江西格林柯尔财务经理)的证言,证明 2002 年 7 月调到江西格林柯尔任财务主管。江西格林柯尔没有正式的生产经营,与江西科龙除了财务是分开的以外,几乎是两套牌子,一班人马。江西科龙和江西格林柯尔的董事会基本上没有运作过,董事会成员只是在顾雏军的授意下在涉及公司工商登记、贷款的董事会决议上签过字。所有格林柯尔系的公司转款都以公司持财务章和法人章的两人同时打电话请示顾雏军后才能盖章办理。非正常使用资金的划拨程序是:由张宏接到顾雏军指令后,直接交办出纳填写汇款凭证,报送持有财务章的翟小明和持有法人章的金立民,由他们分别电话请示顾雏军同意后,在汇款凭证上加盖印章,再由财务人员到银行汇款。顾雏军从来就不在涉及挪用资金的用款申请单上签字确认。在 2003 年底,在张宏的提议下江西科龙专门制定了一份资金调拨令的表格,由金立民、翟小明和高国平等人在该调拨令上签字证明请示顾雏军同意。但用了一段时间,就没有用了。在 2005 年 6 月份左右,张宏看完这些调拨令交给张佰民保管了。江西格林柯尔与江西科龙和天津格林柯尔之间至今没有签订任何合同,不存在真实贸易背景。高国平兼任江西格林柯尔与江西科龙的财务经理,持有和保管该两间公司划款的全部凭证,经整理这些凭证可以清楚两间公司非正常划款的流程和去向。其保管着江西科龙公司 273 笔不入账的会计凭证。2005 年 5 月,证监会、公安检查时让高国平整理江西科龙账外资金往来表,根据统计,2002 年 7 月至 2005 年 4 月份,科龙未上账的资金往来总金额是 27.2 亿元人民币。但是这其中包括贷款、承兑汇票等其他款项。江西科龙直接向格林柯尔非正常划款54笔,金额为17.49亿元;格林柯尔累计还款64笔,金额为20.02亿元,但这其中包括4亿元的银行承兑汇票和2005年4月的虚假还款。根据江西科龙每月银行对账单和非正常转款凭证累计统计出来,江西科龙的资金缺口是6.37亿元。

4. 证人翟小明(江西科龙总裁助理)的证言,证明从江西科龙公司于2002年6月22日注册成立之日起,翟小明就在江西科龙公司工作,并负责保管江西科龙公司财务专用章,2002年8月被任命为总裁助理。江西格林柯尔公司成立后基本没有开展业务经营,只是建立了厂房租给江西科龙公司用,其公司相关职务也是由江西科龙工作人员兼任。高国平兼任两家公司的财务经理。格林柯尔系公司属于顾雏军个人所有的公司,而江西科龙是上市公司。非正常的转款是指在无真实贸易背景的情况下,只根据顾雏军的指示从江西科龙划拨款项。顾雏军掌控着江西科龙的一切人财物资源,而且从不在不正常的资金付款请示书上签字确认。正常的大额资金支付款项都必须将用款申请书传真给其签字确认,对不正常的大额资金支付款项,顾雏军则采取由张宏、金立民和翟小明互相监督牵制的手段,严格控制每一笔的不正常资金支付款项。每次需要从江西科龙划拨不正常款项时,顾雏军就打电话指示张宏,而张宏将顾雏军的划款指示传达给金立民和翟小明,然后金立民和翟小明分别打电话请示顾雏军,在征得顾雏军同意后,金立民和翟小明分别在支票或电汇单上盖法人章和财务专用章,接着高国平或其安排财务人员李德军、李永辉到银行办理付款手续,最后,这些付款银行凭证则由高国平保管,而且不作入账处理。2002年7月17日至2005年4月30日,江西科龙公司支付不正常的款项达26.2亿元人民币,绝大部分被江西格林柯尔挪用。这26.2亿元是没有作入账处理的,顾雏军都没有签字确认。后张宏召集金立民、高国平和翟小明开会决定使用《大额资金调拨令》的内部凭证,由他们签字证实资金划拨是经电话请示顾雏军同意的。

5. 证人金立民(江西科龙副总裁)的证言,证明江西格林柯尔成立后基本没有开展业务经营,只是建立了厂房租给江西科龙使用,其公司相关职务也是由江西科龙工作人员兼任。顾雏军要求江西科龙和江西格林柯尔的财务章和法人章分开保管,调动资金时需保管印章的二人分别打电话向他请示同意才能办理。非正常的转款是指在无真实贸易背景的情况下,只根据顾雏军的指示从江西科龙划拨款项。非正常资金划拨的情况是:张宏转告顾雏军的指示,总裁助理翟小明或高国平告诉其收款人名称、账号及待拨资金额,其填写银行付款凭单,后交金立民处盖法人章、到翟小明处盖公司财务章,后再到银行办理付款手续。顾雏军从不在非正常的资金付款请示书上签字确认。高国平负责财务,他清楚挪用的情况。

6. 证人方志国(天津格林柯尔副总裁)的证言,证明其系原天津格林柯尔副总裁及广东科龙、江西科龙、江西格林柯尔董事,曾保管及使用天津格林柯尔及艾柯企业的财务章。江西科龙和江西格林柯尔的董事会基本没有实际运作过,方志国作为上述公司董事,只是在银行贷款和对外投资董事会决议上签过字,大多为传真签字,并且在见到顾签字后自己再签字。江西科龙是广东科龙的子公司,按江西科龙的章程规定,凡涉及投资的项目和资金都要经公司董事会通过并上报广东科龙董事会讨论通过。至于江西科龙的资金运作,据说顾雏军授权该公司董事长张宏,有关财务管理人员高国平、金立民、翟小明等人管理和运作。天津格林柯尔的资金往来和日常开销需要待顾雏军批准后,由黄冬请示顾雏军盖好法人章后,方志国再加盖财务章。顾雏军曾制定过划款盖章制度,规定印章分人保管,1 万元以上支出要印章保管人分别向其请示。顾雏军属下的格林柯尔系公司,包括江西科龙等被顾收购的公司都按此财务制度执行。

7. 证人黄冬(北京格林柯尔副总裁,保管天津格林柯尔公章和法人章)的证言,证明其保管多家公司包括天津格林柯尔和艾柯企业的公章和法人章。其保管和使用印章是按照 1996 年顾雏军签署的《印章保管使用制度》执行的。划拨款项时,其均要电话请示顾雏军同意才在转款票据上盖章。

8. 证人严友松(科龙电器和江西科龙董事)的证言,证明科龙的投资和大额资金调拨都由顾雏军一人说了算。江西方面的资金调拨原则上是江西总裁张宏负责,但根据多年来其对顾雏军的了解,还是由顾雏军说了算,张宏不能自由调拨资金。按顾雏军一贯的财务管理方法,江西科龙财务方面公章、财务章等印鉴一直是分开保管。顾雏军要划拨资金时保管印鉴的人员要分别向顾请求才能盖章。顾雏军名下的其他公司也都是按此财务制度实施。

9. 证人姜宝军(科龙电器和江西科龙董事)的证言,证明2002年1月至今,顾雏军安排姜宝军担任江西科龙公司、扬州科龙公司、科龙冰箱等公司董事职务。2002年1月至今,上述三家公司的董事会成员从来没有聚集在一起开过会,实际上这三家公司都是由顾雏军掌控。董事会决议内容都是顾雏军个人意志的体现,顾雏军在董事会决议上签字确认后,其他董事就必须无条件地进行签字确认。江西格林柯尔没有正式的生产经营,与江西科龙除了财务是分开以外几乎是两套牌子,一班人马。张宏从2002年6月至今一直担任江西科龙公司董事长一职,负责江西科龙公司的全面工作,实际上江西科龙公司董事会一直由顾雏军所掌控,张宏必须无条件服从顾雏军的安排。

10. 证人李永辉(江西科龙出纳)、李德军(江西科龙会计)的情况说明二份,证明非正常资金划拨的情况是:由张宏转告顾雏军的指示,总裁助理翟小明或高国平告诉其收款人名称、账号及待拨资金额,其填写银行付款凭单,后交金立民处盖法人章、到翟小明处盖公司财务章,后再到银行办理付款手续,对资金用途不了解,故填写"货款"。

11. 江西科龙证明一份,证明江西科龙实业发展有限公司自2002年成立以来,顾雏军从江西科龙公司调拨大量无贸易背景的资金的行为,一直未经正常合法的董事会讨论同意,也无书面的董事会决议。

12. 张宏、姜宝军、严友松、方志国(以上四人均为江西科龙董事)提供的情况说明四份,证明江西科龙董事会未授权任何人包括顾雏军独立划拨于其他公司无贸易往来资金的权力。

13. 证人陈庭昌、李公民(均为科龙电器董事)的证言及广东科龙电器董事会提供的证明一份,证明广东科龙电器从未授权任何个人包括顾雏军自由划拨公司资金的权力。

针对以上指控的挪用资金的事实,辩方提供了如下证据:

被告人顾雏军的辩护人向法庭提交的证据:

1. 其向广东顺德格林柯尔企业发展有限公司调取的佛山市中级人民法院(2006)佛中法民贰初字第10、11、12、13、14、93、94、153、154号案件《民事诉状》、扬州市中级人民法院(2006)扬民贰初字第0002号《民事判决书》,拟证明科龙系公司已就格林柯尔系公司占用其资金的事实向法院提起民事诉讼,并且法院已受理,故本案是民事纠纷,不应当再进行刑事追究。

2. 广东科龙电器股份有限公司重大诉讼公告2006-006、026号,证明本案所指控的顾雏军挪用4 080万元、8 960.03万元,9 741.222万元三笔,挪用江西科龙9 000万元、7 500万元两笔,佛山市中级人民法院已作为民事案件受理,正在审理过程中。

3. 其向广东科龙电器股份有限公司调取的《关于毕马威华振会计师事务所调查结果的公告》,拟证明是科龙系公司欠格林柯尔系公司资金2.93亿元,故不存在格林柯尔系公司占用科龙系公司资金的事实。

该份证据的内容是:科龙集团与格林柯尔系公司于2001年10月1日至2005年7月31日间发生的不正常现金流向涉及现金流出金额人民币21.69亿元,现金流入金额人民币24.62亿元;与怀疑和格林柯尔系公司有关的公司发生的不正常现金流向涉及现金流出金额人民币19.02亿元,现金流入金额人民币10.17亿元。

4. 广东科龙电器股份有限公司2005年年度报告,证明科龙审计报告并不认为格林柯尔占用起诉书指控的挪用的资金。

被告人张宏的辩护人向法庭提交的证据:

1. 其向江西科龙财务部调取的科龙集团财务部制定的《南昌空调财务流程暂行规范》一份、《广东科龙电器股份有限公司传真》二份,拟证明江西科龙财务部由广东科龙电器股份有限公司垂直管理,张宏无指挥权。

2. 佛山市公安局的佛公经诉[2006]1号《起诉意见书》,拟证明经公安调查张宏没有直接划款的权力,公司财务章、法人章分别由其他人保管。

(二)被告人顾雏军为谋取个人利益伙同被告人姜宝军挪用扬州亚星客车6 300万元给扬州格林柯尔使用。具体事实如下:

2005年3月至4月间,时任扬州亚星客车法定代表人的顾雏军指使公司董事姜宝军向扬州机电资产经营管理有限责任公司(以下简称扬州机电)借款。姜向扬州机电的法定代表人王大庆提出借款,被王拒绝。其后,被告人顾雏军、姜宝军在没有经扬州亚星客车董事会同意的情况下,以扬州亚星客车的名义起草了《付款通知书》并交给了王大庆,要求扬州机电在2005年4月26日前将《关于扬州柴油机有限责任公司股权转让合同书》项下应付扬州亚星客车股权转让款及部分投资分红款共6 300万元人民币,支付至扬州格林柯尔在中国交通银行扬州分行荷花支行的账户上(账号:067100018000218002)。扬州机电收到该《付款通知书》后,于4月25日将6 300万元划到了指定的扬州格林柯尔账户。转款后,扬州机电收到了扬州亚星客车两张金额分别为300万元和6 000万元的收据。至此,被告人顾雏军、姜宝军挪用扬州亚星客车6 300万元给扬州格林柯尔使用。

上述事实,有公诉机关提供,并经庭审举证、质证的下列证据证实:

1. 被告人姜宝军在侦查阶段的供述:扬州亚星客车上市的时候,扬柴公司的资金比较困难,扬州市政府要求扬州亚星客车用1.2亿元购买扬柴公司39.78%的股份。后来,扬州亚星客车的资金也出现了困难,扬州市政府要扬州机电支付6 000万元给扬州亚星客车以购买扬州亚星客车所持有的扬柴公司19.89%的股份,这笔款已经支付,但没有到工商部门办理股权变更登记,而扬柴公司19.89%的股权收益已经由扬州机电享有。

2005年3月,扬州亚星客车法定代表人顾雏军与扬州机电法定代表人王大庆签订了一份关于扬州柴油机公司的股权转让合同,主要内容为扬州亚星客车将持有扬柴公司39.78%的股份以1.2亿元的价款转让给扬州机电。2005年4月,双方又签订了补充合同,扬州机电应付扬州亚星客车1.2亿元股权转让款中冲减6 000万元。2004年度扬州亚星客车在扬柴公司的投资分红按照19.87%核算,实际上扬州机电应付6 404万元给扬州亚星客车。

同年4月,顾雏军对我讲,格林柯尔有银行贷款到期,让我向亚星集团或扬州机电公司作短期拆借。我找到扬州机电的王大庆谈借款一事,未能谈成。其后,我请示并经顾同意后以扬州亚星客车的名义起草了《付款通知书》,要求扬州机电公司在4月26日之前将股权转让金和部分投资分红款共计6 300万元支付至扬州格林柯尔公司在交行扬州分行荷花支行的账户上。扬州机电在收到《付款通知书》后,将6 300万元转到指定银行账户。

2. 证人王大庆(扬州机电法定代表人)的证言:2004年底,顾雏军全权委托姜宝军与我就扬州机电收购扬州亚星客车所持有的39.78%扬柴公司股份进行谈判。股权转让价为1.2亿元,但由于扬州亚星客车欠扬州机电6 000万元,另扬州机电需支付扬州亚星客车2004年度在扬柴公司的投资分红404万元,所以实际的股权转让价为6 404万元。

2005年3月29日,扬州亚星客车与扬州机电正式签订股权转让合同。在股权转让谈判过程中,姜宝军对我说,顾雏军欲向扬州机电公司借款6 000万元,我拒绝了姜的要求。

同年4月下旬,姜电话通知我到扬州亚星客车,交给我几份股权转让补充合同,我见顾雏军已在股权转让补充合同上签字,就代表扬州机电也在补充合同书上签字。然后,姜交给我一张《付款通知书》,内容是要求扬州机电在2005年4月26日前将收购扬柴公司股权的款项6 300万元划到扬州格林柯尔公司在交通银行扬州分行荷花支行开设的账户上,我看见《付款通知书》上盖着扬州亚星客车的公章,便同意付款,将6 300万元划到了指定的扬州格林柯尔银行账户。付款后,扬州机电收到扬州亚星客车开具的结算收据。

3.证人谭荣伟(扬州亚星客车总经理)的证言:姜宝军是扬州亚星客车的董事,接受顾雏军的全权委托处理扬州亚星客车的事务。2005年5月,扬州亚星客车召开股东大会批准将所持有的扬柴公司的股份转让给扬州机电。姜以扬州亚星客车的名义出具《付款通知书》给扬州机电没有经过董事会,扬州亚星客车与扬州格林柯尔之间没有业务往来。股权转让款被转至扬州格林柯尔后,姜告诉我,钱是被顾雏军拿去用了。

4.证人张路(扬州亚星客车财务总监)证言及其所作的情况说明。姜宝军是扬州亚星客车的董事,顾雏军不在扬州亚星客车时,姜是顾的代言人。2005年6月底,我向姜询问股权转让款时,姜告诉我6 300万元被顾借走,并交给我《借款协议书》和《付款通知书》。

5.证人张榕森(扬州亚星客车股份董事会秘书)的证言:扬州亚星客车6 300万元股权转让款被扬州格林柯尔划走没有经过董事会同意。姜宝军曾跟我说这6 300万元是顾雏军自己用的。2004年4月,顾还曾经对我说,顾不在公司时,由姜全权代表顾处理工作。

6. 证人周荣鑫(扬州亚星客车办公室主任)的证言:2005年4月至2005年10月,扬州亚星客车的公章和法人章由我负责保管。2005年4月,姜宝军曾到我办公室要公章盖过章。董事长不在公司时,由姜代表董事长履行职责。

7. 扬州机电收到的二张结算收据,均盖有扬州亚星客车的财务专用章,交款单位均为扬州机电,其中编号0016907的一张金额为300万元,其收款事由为2004年度扬柴分红;编号0016906的一张,金额为6 000万元,其收款事由为收回扬柴投资款。两张收据上的日期均注明2005年4月25日,"开具人"署名"张"。

8.《付款通知书》、被告人姜宝军对该《付款通知书》的辨认材料、《扬州亚星客车股份有限公司董事会说明》,证明被告人姜宝军经请示并得到顾雏军的同意,在未经扬州亚星客车董事会授权的情况下起草了《付款通知书》,要求扬州机电在2005年4月26日之前将《关于扬州柴油机有限责任公司股权转让合同书》项下应付扬州亚星客车股权转让金和部分投资分红款共6 300万元支付至扬州格林柯尔公司在中国交通银行扬州分行荷花支行的账户上(账号:067100018000218002)。

9.《付款通知书》《借款协议书》及张路对两份书证的辨认材料,证明2005年6月,张路向姜宝军询问扬州亚星客车的股权转让款时,姜告诉他6 300万元股权转让款被顾借走,并交给他《借款协议书》和《付款通知书》。《借款协议书》上仅有扬州格林柯尔的盖章和顾的签名,扬州机电方没有签名和盖章。

证人张路所辨认即被告人姜宝军当时交给张的《付款通知书》与前面证据第八项中被告人姜宝军及证人王大庆所辨认的《付款通知书》并非同一版本。

10. 扬州亚星客车公司出具的《情况说明》,证明扬州格林柯尔与扬州亚星客车没有业务往来。

11.《扬州机电资产经营管理有限责任公司与扬州亚星客车股份有限公司关于扬州柴油机有限责任公司的股权转让合同书》《扬州机电资产经营管理有限责任公司与扬州亚星客车股份有限公司关于扬州柴油机有限责任公司的股权转让合同书的补充合同》,证明2005年3月29日,扬州机电与扬州亚星客车签订股权转让合同，约定扬州机电以 12 000 万元的价款向扬州亚星客车购买其所持有的扬柴公司 39.78% 的股份。同时约定，扬州机电在合同签署后 90 日内一次性向扬州亚星客车指定账户支付转让价款和 2004 年投资分红。2005 年 4 月 26 日双方又签订了补充合同。补充合同中写明，鉴于扬州亚星客车账面往来款项下对扬州机电的欠款余额 6 000 万元人民币从股权转让款中冲减，扬州机电应付扬州亚星客车的股权转让款余额为 6 000万元。另外，扬州机电需支付扬州亚星客车 2004 年度在扬柴公司的投资分红 404 万元人民币，并约定，该 404 万元人民币由扬州机电在补充合同签署后 90 日内向扬州亚星客车一次性付清。

综上，被告人顾雏军挪用资金人民币 3.53 亿元，被告人张宏挪用资金人民币 2.9 亿元，被告人姜宝军挪用资金人民币 6 300 万元。

五、对起诉书指控为犯罪，本院认为不构成犯罪的事实查明如下

（一）扬州开发区政府划款人民币 4 000 万元到扬州格林柯尔（起诉书指控为被告人顾雏军和姜宝军职务侵占）的相关事实

2004 年 4 月下旬，被告人顾雏军指示被告人姜宝军向扬州经济开发区管理委员会（以下简称扬州经济开发区管委会）预先支付超大冰箱项目用地的土地款，并要扬州经济开发区管委会落实对扬州格林柯尔的奖励。被告人姜宝军与扬州经济开发区管委会洽谈后，于同年 4 月 29 日指示扬州科龙经营部负责人曾勤，以扬州科龙的名义向科龙电器提出 4 000 万元的用款申请，《用款申请书》上“品名”一栏为“土地款”。科龙电器批准了该笔用款。4 月 30 日，扬州科龙在收到科龙电器划来的 4 000 万元后，曾勤按照姜宝军的指示，安排出纳江敏将此笔资金转至扬州经济开发区财政局预算管理科的账户（账号：32001744536051150018），并以无形资产的科目将这笔 4 000 万元入账。扬州经济开发区财政局收取该笔资金后，出具了江苏省行政事业单位结算凭证，结算凭证上写明“今收到扬州科龙电器有限公司交来预收征地费（大写）人民币肆仟万元”。当天，扬州经济开发区财政局将 4 000 万元人民币划到扬州格林柯尔在建设银行扬州经济开发区支行的账户（账号：32001744536052227578）。扬州格林柯尔出具了收据，收据上“收款事由”栏

写为“发展基金”。

相关背景事实:2003年6月,科龙电器与扬州经济开发区管委会签订了《项目投资合同书》,双方约定在合同正式签字生效后,科龙电器在扬州经济开发区注册设立中外合资企业;扬州经济开发区以4 500万元人民币的价格为科龙电器提供1 100余亩工业开发用地。2003年7月3日,扬州科龙成立,注册资本2 980万美元,其中科龙电器出资894万美元,占注册资本30%,科龙发展有限公司出资2 086万美元,占注册资本70%。同年8月,扬州科龙与扬州市国土资源局开发区分局(以下简称扬州国土局开发区分局)签订《国有土地使用权出让合同》,合同约定,扬州国土局开发区分局以1.02亿元人民币的价格将729 099平方米的工业用地出让给扬州科龙。《项目投资合同书》与《国有土地使用出让合同》中所称的工业用地为同一块地,扬州科龙也即《项目投资合同书》所称的中外合资企业。2003年11月5日扬州科龙向扬州市国土资源局开发区分局交付了其项目用地的土地出让金4 500万元和契税180万元,同年12月12日领取了《国有土地使用权证》。《项目投资合同书》与《国有土地使用出让合同》之间关于扬州科龙项目用地的差价由扬州经济开发区财政局向扬州国土局开发区分局支付,扬州科龙不需要再缴纳该差额。

2004年1月10日,扬州经济开发区管委会与科龙电器签订了《扬州经济开发区管委会与广东科龙电器股份有限公司关于对开门大冰箱及其配套项目的投资协议书》,约定协议书正式签署生效后,科龙电器及其配套企业将分别在扬州经济开发区注册设立中外合资企业,并开始筹备设立对开门大冰箱及其配套产品生产基地;扬州经济开发区将开发区内1 500亩工业土地有偿出让给科龙电器及其配套企业用于举办对开门大冰箱及其配套项目。2004年6月15日,扬州经济开发区与香港科龙发展有限公司签订了《扬州经济开发区管委会与香港科龙发展有限公司关于超大冰箱及其配套项目的投资框架协议》。双方约定,香港科龙发展有限公司(以下简称香港科龙)将在扬州经济开发区注册设立中外合资企业研发、生产与销售超大冰箱及其配套产品;扬州经济开发区将提供项目用地1 500亩。

另外,2003年12月10日,江苏亚星客车集团有限公司(以下简称亚星集团)与扬州格林柯尔签订了《江苏亚星客车集团有限公司与扬州格林柯尔创业投资有限公司关于扬州亚星客车股份有限公司的股份转让合同书》。双方约定,亚星集团将其所持有的扬州亚星客车60.67%的股权以4.178 6亿元人民币的价款转让给扬州格林柯尔。同年12月31日,扬州市人民政府、扬州格林柯尔、扬州经济开发区管委会三方签署了《关于扬州亚星客车股份有限公司股份转让的补充合同》。该补充合同约定,由扬州市人民政府提供5 500万元给扬州格林柯尔作为汽车产业发展基金;扬州经济开发区奖励扬州格林柯尔3 500万元作为实业投资发展基金。

2004年4月30日,扬州格林柯尔在建设银行扬州经济开发区支行的账号(账号:32001744536052227578)收到上述4 000万元人民币外,还收到另外两笔资金,分别为3 500万元和5 500万元。其中3 500万元也来源于扬州经济开发区,扬州格林柯尔向扬州经济开发区出具了收据,收款事由同样写为"发展基金"。5 500万元来源于扬州市财政局。

上述事实,有下列证据证实:

1. 被告人顾雏军在侦查阶段辩称,对起诉书所指控其侵占扬州科龙4 000万元的事实不知情。在庭审阶段辩称,该4 000万元是扬州市政府对扬州格林柯尔的奖励。扬州市政府对扬州格林柯尔的奖励共三项,分别为汽车产业发展基金5 500万元,科技发展基金4 000万元,招商引资基金3 500万元,共计1.3亿元。这些款项在同一天打入扬州格林柯尔与扬州市政府的共管账户,加上扬州格林柯尔的自有资金9 000万元共计2.2亿元在当天被转入扬州亚星客车的账户,用于扬州格林柯尔收购扬州亚星客车60.67%的股份。

2. 被告人姜宝军在侦查阶段的供述:2004年4月下旬,顾雏军打电话给我,要求我向开发区管委会预先支付超大冰箱项目用地的购地款4 000万元,同时落实奖励给扬州格林柯尔3 500万元和4 000万元。2004年4月我到区管委会主任汪仪仁办公室,转达顾雏军的意思。汪仪仁用他的手机和顾雏军通电话,在得到顾雏军承诺将超大冰箱项目投资在扬州以后,汪仪仁同意了兑现奖励。其后,我通知曾勤将4 000万元汇到扬州经济开发区财政局,扬州经济开发区财政局以"预收征地款"收了该款之后,当天以科技发展奖励基金汇入扬州格林柯尔的账户。

3. 证人汪仪仁(原扬州经济开发区管委会主任,现为扬州市发改委副主任)的证言:扬州方与姜宝军代表的科龙方经过几轮磋商,科龙方同意将对开门冰箱项目(即超大冰箱项目)放在扬州,条件是扬州方奖励科龙方4 000万元的科技发展基金,我们表示同意。之后的几个月,姜宝军催促落实奖励一事。由于投资主体尚未注册,不好操作,后来,我们在明确表示不可行的同时,提出可以采用由科龙方按土地出让合同缴款后再由扬州方支付科技发展基金的办法。2004年4月30日,姜宝军让扬州科龙汇了4 000万元土地出让金到扬州经济开发区财政局预算管理科的账户。随即,姜宝军要扬州方将此4 000万元科技发展基金汇出,我们提出一个条件,必须将对开门冰箱项目放在扬州,并在2004年6月份"江苏省香港经贸活动周"签约仪式上签字,姜宝军当场打电话给顾雏军,顾雏军在电话里向我表态承诺将对开门冰箱项目放在扬州。在这种情况下,我们当天就按姜宝军的要求,将4 000万元科技发展基金汇到扬州格林柯尔的账户上。2004年我与刘从梦在"江苏省香港经贸活动周"签约仪式上签订了"超大冰箱项目"的投资协议。之后,扬州方多次催促姜宝军进行项目注册,2005年5月,姜答应这个项目不变,但至今未注册。汇入开发区财政局预算管理科账户的4 000万元,当时是以原冰箱项目土地出让金的名义汇入的,因为按照土地出让合同还欠1 000多万元,所以我们只能开具"预收征地费"的收据,原则上等全部交齐了换取正式发票,但我们这样操作是为了满足姜宝军提出的要求。

2003年,顾雏军代表科龙与扬州经济开发区管委会签订了普通冰箱项目的《项目投资合同书》,以总地价4 500万元购置了1 093亩土地,同时要求区管委会以奖励的形式,从总地价中奖励3 500万元给投资方;同年,顾雏军代表科龙与扬州经济开发区国土资源分局签订了总金额1.020 738 6亿元的《土地出让合同书》,扬州科龙向区国土资源分局支付4 500万元土地出让金及180万元税费后,于2003年12月12日取得了上述用地的土地使用权证。根据扬州市政府的招商引资有关政策,《土地出让合同书》与《项目投资合同书》之间的差额5 707.386万元不用扬州科龙支付,由区财政局与区国土资源分局进行内部冲账。

2003 年底 2004 年初，姜宝军代表顾雏军与扬州经济开发区管委会就“对开门冰箱项目”（即超大冰箱项目）的生产用地等问题进行谈判，在谈判过程中，姜宝军提出“超大冰箱项目”用地参照扬州科龙“普通冰箱项目”用地优惠条件，即以每亩 5 万元的协议价格受让 1 000 亩左右土地，同时由区管委会以奖励的形式奖励投资方 4 000 万元的要求，此后，姜宝军多次催促，理由是收购“超大冰箱”国外生产线需要大量资金。2004 年 4 月 26 日，经区管委会集体讨论研究（《主任办公会议纪要》）认为，“超大冰箱项目”尚未注册，受让“超大冰箱项目”用地的主体尚未形成，故无法出让土地，更谈不上奖励，但为了吸引投资，区管委会还是同意了姜宝军提出的部分要求，前提条件是投资方必须以按普通冰箱项目用地《土地出让合同书》的最低保护价补齐土地出让金的名义，再由管委会以“科技发展奖励资金”的形式，将此 4 000万元返回给投资方，因为政府不会掏钱来奖励投资方，用投资方的钱奖励投资方，政府没有损失。

4. 证人陈卫庆（扬州市副市长）的证言：2003 年 6 月份的普通冰箱项目，科龙已向扬州方的区国土资源分局划款 4 680 万元用以支付土地出让金和契税，科龙于 2003 年 12 月取得该块土地的土地使用权证，用地的所有手续已经完备。《项目投资合同书》的土地协议价与《国有土地使用出让合同》的最低保护价之间的差价 5 707.386 万元不需要科龙缴纳，此差额已由区国土资源分局与区财政局按扬州市政府的有关规定进行了内部冲账。2004 年 4 月 30 日，区财政局划给扬州格林柯尔的 4 000 万元是政府为了招商引资，吸引“超大冰箱项目”落户扬州而以“科技发展奖励基金”的名义划给扬州格林柯尔的，该款来源于扬州科龙当天划到区财政局的 4 000 万元。

2004 年 4 月 26 日，在扬州经济开发区管委会主任办公会议上，汪仪仁主任介绍，姜宝军代表顾雏军正与区管委会就“超大冰箱项目”事宜谈判，姜宝军提出由科龙汇款人民币 4 000 万元到区管委会，同时由区管委会以“科技发展奖励基金”的形式返还给投资方用于购买国外的先进设备。当时与会人员一方面对姜宝军的要求表示难以理解，投资方为什么要用自己的钱来返还给自己；另一方面认为由于“超大冰箱项目”的 2 亿元左右注册资金尚未到位，区管委会无法向政府职能部门申请“超大冰箱项目”的用地批复，但由于不需要政府用自有资金来返还给投资方,政府不会有损失,同时也为了顾全招商引资的大局,吸引“超大冰箱项目”落户扬州,与会人员还是同意了姜宝军的上述要求,具体做法是科龙以补交“普通冰箱项目”用地协议价与最低保护价之间的差额的名义汇款4 000万元到区管委会,再由区管委会以“科技发展奖励基金”的名义划给投资方用于购买国外先进设备,但用于购买国外先进设备也只是一种名义。2004年4月30日,扬州科龙以“预付征地费”的名义汇款4 000万元到区财政局账户,区财政局于当天以“科技发展奖励基金”的名义将此4 000万元划到扬州格林柯尔。

5. 证人刘从梦(原科龙电器总裁)的证言:2004年4月29日,我在上海出差,林玉国打电话告诉我扬州科龙急需4 000万元资金用于购买土地,我就让林在用款申请书上先盖上我的章,到5月10日我回到公司后补签了字。2004年6月份,顾雏军让我去香港参加一个江苏省政府举办的招商会,并在会上代表香港科龙与扬州经济开发区签订一个超大冰箱项目的协议。姜告诉我,去签协议的目的是帮助扬州市和扬州经济开发区政府做形象工程。我到香港后,与扬州经济开发区管委会主任汪仪仁共同签署了超大冰箱项目的框架协议。

6. 证人洪云(广东科龙冰箱经营管理部经营处经理)的证言:2004年4月29日,经营部部长刘春光在外出差,授权我代刘在扬州科龙的用款申请书上签名,并根据扬州科龙经营部长曾勤经办的用款申请书代为办理相关申请手续。

7. 证人林玉国(科龙电器财务资源部副部长)及李志成(科龙电器财务总监)的证言,证明林玉国是经财务总监李志成授权并向刘从梦汇报用款事项,刘同意后,他在用款申请书上签名。

8. 证人刁中华(扬州科龙总经理)、罗俊(科友电器副总裁)、李志成(科龙电器财务总监)的证言,证明扬州科龙董事会、科龙电器董事会没有开会讨论过2004年扬州科龙向扬州经济开发区购买土地的事情。

9. 证人江敏(扬州科龙出纳)的证言:2004年4月29日,曾勤要我填写扬州科龙4 000万元的用款申请书。2004年4月30日,曾勤安排我填写转款4 000万元至扬州经济开发区财政局预算管理科的转账支票,支票由曾勤加盖财务章,向国忠加盖法人章。该日上午,我和曾勤一起到建行开发区支行将支票交给扬州经济开发区财政局的一名工作人员,对方开具了江苏省行政事业单位结算凭证。后来,曾勤要我将此笔4 000万元以无形资产的科目入账。

10. 证人曾勤(扬州科龙经营部部长)的证言:2004年4月30日,姜宝军要我向扬州经济开发区财政局支付4 000万元土地款。

11. 证人肖银华(扬州科龙经营部会计)的证言:扬州科龙将支付给扬州经济开发区财政局的4 000万元以无形资产入账是江敏编制,由我进行审核的。

12. 证人向国忠(扬州科龙副总经理)的证言:2004年4月30日,曾勤在4 000万元的转账支票上加盖财务章后,我加盖了法人章。

13. 证人诸芳(扬州经济开发区财政局副局长)的证言:2004年4月30日,扬州科龙转款4 000万元至区财政局的账户,我依据对方支票上写的用途开具了预收征地费的收据。当天,我根据区管委会主任汪仪仁的指示,向扬州格林柯尔转款3 500万元和4 000万元,扬州格林柯尔出具了收据。

14. 证人周健(原扬州科龙工作人员)的证言:2004年4月30日,扬州经济开发区财政局向扬州格林柯尔转款3 500万元和4 000万元,我向财政局出具了收据,姜宝军让我在收款事由栏上填写为"发展基金"。当天姜宝军指示我从扬州格林柯尔在建行的账户划款1.3亿元到江西亚星集团的账户,1.3亿元是分两笔分别为5 000万元和8 000万元划出的。另外,姜指示我从扬州格林柯尔在中国银行的账户分两笔分别为2 000万元和7 000万元共计9 000万元划入江苏亚星集团的账户。按姜的指示,我在银行转款凭证上注明为"亚星股份股权收购款"。

15. 证人张明森、张剑、唐太平(均为扬州国土资源局开发区分局的干部)的证言,证明2003年8月5日,扬州市国土局开发区分局和扬州科龙签订《国有土地使用权出让合同》,总地价1亿余元,扬州科龙支付了4 500万元,其他的由扬州经济开发区财政局账上支付,扬州科龙已经取得土地使用权证,该合同履行完毕。

16.《用款申请书》经证人刘从梦、洪云辨认无误,证明扬州科龙向科龙电器申请4 000万元的用款,该款的用途在申请书上写明为土地购置款。

17. 相关的银行凭证，证明2004年4月29日科龙电器转款4 000万元至扬州科龙的账户。2004年4月30日，扬州科龙转款4 000万元至扬州经济开发区财政局预算管理科在建行扬州经济开发区支行的账户。

18. 扬州经济开发区财政局预算管理科出具的结算凭证，时间为2004年4月30日，盖有扬州经济开发区财政局预算管理科的公章，上面写有"今收到扬州科龙电器有限公司交来预收征地费（大写）人民币肆仟万元"，"收款人"一栏署名"诸"。

19. 扬州经济开发区财政局的记账凭证，摘要为"科龙征地费"，总账科目为"土地出让金"，金额为4 000万元。

20. 有关银行凭证，证明2004年4月30日，扬州经济开发区财政局预算管理科划款4 000万元至扬州格林柯尔在建行扬州经济开发区支行的账户。

21. 扬州格林柯尔出具的收据，时间为2004年4月30日，盖有扬州格林柯尔的公章。收据的内容为，扬州格林柯尔收到扬州经济开发区4 000万元的发展基金。

22. 扬州经济开发区财政局的记账凭证第18号，时间为2004年4月30日，摘要为"付科龙项目发展奖励"，金额为4 000万元；扬州经济开发区财政局的记账凭证第20号，时间为2004年4月30日，摘要为"付科龙项目发展奖励"，金额为3 500万元。

23. 扬州科龙的记账凭证，时间为2004年4月30日，摘要为"付征地费"，总账科目为"无形资产"，明细科目为"土地使用权"，金额为4 000万元。

24. 扬州市国土资源局开发区分局出具的4 500万土地规费专用收据、契税完税证、国有土地使用权证、《国有土地使用权出让合同》、《广东科龙电器股份有限公司与扬州经济开发区管委会项目投资合同书》、扬州市国土资源局开发区分局出具的《关于扬州科龙相关情况的说明》、扬州经济开发区管委会出具的《情况说明》等书证，证明2003年11月5日，扬州科龙向扬州市国土资源局开发区分局交付了土地出让金4 500万元和契税180万元，并于2003年12月12日领取了《国有土地使用权证》，《国有土地使用权出让合同》与《广东科龙电器股份有限公司与扬州经济开发区管委会项目投资合同书》之间关于该项目用地的差价 5 707.386 万元已由扬州市国土资源局开发区分局和开发区财政局内部冲账。

25. 2004 年 1 月的《扬州经济开发区管委会与广东科龙电器股份有限公司关于对开门大冰箱及其配套项目的投资协议书》第一条约定:本协议书正式签署生效后,乙方(即科龙电器)及其配套企业将分别在扬州经济开发区注册设立中外合资企业,总注册资本预计不低于 2 亿美元……第二条约定:甲方(即扬州经济开发区管委会)同意将开发区内 1 500 亩工业土地有偿出让给乙方及其配套企业用于举办对开门大冰箱及其配套项目……2004 年 6 月的《扬州经济开发区管委会与香港科龙发展有限公司关于超大冰箱及其配套项目的投资框架协议》第二条约定:预计项目总投资(含配套项目)为 2 亿美元,其中外商投资比例不低于 30%。项目最终用地 1 500 亩(具体方位图见附件一),由甲方根据国家规定按照项目进度供地。首先注册资本拟定为 3 500 万美元,将于 2004 年 8 月底前完成注册登记手续。

26. 扬州市预算外资金拨款凭证(收入凭证),证明 2004 年 4 月 30 日,扬州市财政局将 5 500 万元人民币汇入扬州格林柯尔在建行扬州经济开发区支行的账户上(账号:32001744536052227578)。

27. 扬州格林柯尔在建行扬州经济开发区支行开设的账户(账号:32001744536052227578)交易对账单,证明 2004 年 4 月 30 日共有三笔资金打入该账户,分别为 4 000 万元、3 500 万元、5 500 万元。当天有两笔资金从该账户划出去,分别为 8 000 万元和 5 000 万元。

28.《江苏亚星客车集团有限公司与扬州格林柯尔创业投资有限公司关于扬州亚星客车股份有限公司的股份转让合同书》及扬州市人民政府、扬州格林柯尔和扬州经济开发区签订的《关于扬州亚星客车股份有限公司股份转让的补充合同》,证明合同约定,江苏亚星客车集团有限公司将其持有的亚星客车的 60.67% 的股权以 4.178 6 亿元的价款转让给扬州格林柯尔。扬州市人民政府提供 5 500 万元人民币给扬州格林柯尔作为汽车产业发展基金;扬州经济开发区奖励扬州格林柯尔 3 500 万元作为实业投资发展基金。

29. 扬州经济开发区管理委员会 2004 年 4 月 26 日《主任办公会议纪要》,证明 4 月 24 日下午,管委会召开主任办公会,其中就广东科龙冰箱项目议定的纪要为:关于冰箱项目。原科龙项目征地费,实际价格为1 000万元,协议价格为4 500万元,其中3 500万元用于冰箱基地建设补贴支持格林柯尔;为了吸引对开门冰箱项目也落户开发区,同意从原冰箱项目按原协议多收入的出让金中支付4 000万元作为科技发展基金,购买国外先进生产线设备及技术。出席人员:陈卫庆、汪仪仁、姜春兰、朱定国、吴华祥、陈源涛;列席人员:韦长华、丁晓东、蔡平、王玉林、施益香。

30.扬州经济开发区管理委员会2006年3月1日出具的《关于奖励科龙冰箱项目“冰箱基地建设发展基金”3 500万元人民币和吸引超大型冰箱项目落户奖励“科技发展基金”4 000万元人民币的经过》的说明证实:2002年4月,顾雏军和姜源到扬州考察投资项目,谈征地建厂项目。经几轮谈判,确定用土地1 100亩,总地价4 500万元,且扬州经济开发区同意将土地出让金4 500万元中的3 500万元,作为冰箱基地建设发展基金奖励给投资方,后双方在深圳签订了协议。2003年,在冰箱项目实施过程中,姜源提出顾雏军谈妥在北美收购两条对开门冰箱生产线,该项目注册资金在1亿美元以上。开发区很感兴趣,多次追踪洽谈。姜提出购买用地1 000亩,总地价5 000万元,但其中4 000万元要作为科技发展基金奖励。开发区同意了这个条件并多次催促姜签约,但姜一直以海外谈判尚未签约而拖延。2004年3月至4月份,姜要求开发区奖励科技发展基金4 000万元事宜。因项目没有注册,开发区无法开支这笔资金,于是双方商定:由扬州科龙按土地出让合同价格(即前述冰箱项目,具有法律效力的)再缴出让金4 000万元,开发区用此笔资金以科技发展基金的名义进行奖励,以吸引对开门冰箱项目落户扬州。4月30日,姜源从扬州科龙汇4 000万元到开发区财政局账户,并督促该局立即将此4 000万元以科技发展基金名义汇入他指定的扬州格林柯尔公司账户。同日,财政局将前期收取的4 500万元中的3 500万元以冰箱基地建设基金的名义汇入扬州格林柯尔公司账户。

为了吸引项目落户扬州开发区,开发区根据项目规模、技术含量、预期地方财税收益等决定优惠地价,对协议价格与最低保护价的差额部分,通常用两种方式处理:一是由财政以招商补贴的名义帮企业补交差额;二是由企业交土地款到财政部门,财政部门一方面与国土局内部转账,另一方面再以

“建设基金”、“科技发展基金”、“配套建设补贴”等名义将差额部分返还给企业。当然,重大项目引进的优惠条件都必须经办公会集体研究。扬州科龙项目的操作,顾雏军和姜源先是要求将协议价4 500万元中的3 500万元以“冰箱基地建设发展基金”的名义返还;第二次又补交协议价与最低保护价差额4 000万元,要求以“超大冰箱科技发展基金”的名义奖励4 000万元。我们不理解顾为什么不直接以1万元/亩的价格购买土地,而支付高额地价,再将大部分的钱以扬州市政府的名义奖励给自己。

姜和顾都一直向我们宣称:科龙是格林柯尔的子公司。所以3 500万元与4 000万元两笔资金都汇入姜源指定的格林柯尔账户。

(二)江西科龙的人民币9 000万元被天津格林柯尔用于作为注册江西格林柯尔的注册资本金(起诉书指控顾雏军、张宏挪用资金)的事实

2002年6月24日,顾雏军、张宏等人在江西南昌申请注册成立了江西科龙实业发展有限公司(以下简称江西科龙)和江西格林柯尔实业发展有限公司(以下简称江西格林柯尔)。因是外资企业,依法可以先登记成立后补足注册资本金。江西科龙的注册资金在成立时已全部到位,江西格林柯尔还差格林柯尔制冷剂(中国)有限公司(以下简称天津格林柯尔)认缴的出资美元1 080万元(折合人民币8 925.66万元)尚未缴付。2002年7月17日至26日间,顾雏军指示张宏等人在没有真实交易背景和未经董事会讨论通过的情况下,从江西科龙汇款9 000万元至艾柯企业(天津)有限公司(以下简称艾柯企业),再转款至天津格林柯尔,最后电汇至江西格林柯尔,补足了天津格林柯尔对江西格林柯尔的出资美元1 080万元。具体是:2002年7月17日,张宏安排江西科龙财务主管高国平从江西科龙在建设银行南昌昌北支行(以下简称昌北建行)的2213000403账户(以下简称0403账户),两次划款5 000万元共计1亿元,至江西科龙在南昌商业银行科技支行(以下简称南昌商行)的188091018020251967账户(以下简称1967账户)。同月18日,张宏安排高国平填写转账支票,张宏、翟小明分别电话请示顾雏军同意后加盖了江西科龙的法人章和财务章。从江西科龙在南昌商行的上述账户中划款9 000万元到艾柯企业在农业银行天津黄海路分理处(以下简称天津黄海路农行)9801031361账号(以下简称1361账户)。顾雏军指示黄冬、方

志国等人于同月22日将该款划转到天津格林柯尔在上海浦东发展银行浦城支行(以下简称上海浦发行)的982－4135002175账户(以下简称2175账户),又于7月26日经天津格林柯尔在工商银行天津锦州道分理处(以下简称天津工行)的0302010109086319034账户(以下简称9034账户),将该款汇入了江西格林柯尔在工商银行南昌昌北支行(以下简称昌北工行)开设的1502210019300005601验资账户(以下简称5601账户)上,作为天津格林柯尔投资江西格林柯尔的注册资本金。2002年7月27日,江西大华会计师事务所受委托为江西格林柯尔办理了验资手续。

上述事实,有下列证据证实:

1. 被告人顾雏军辩解称,江西科龙的资金使用有严格的财务制度,相应的授权资金签字人应对其签出的资金负责。

2. 被告人张宏(江西科龙董事长兼总裁)的供述:2002年7月,我受顾的委派在江西办理江西格林柯尔的注册手续,当时还差天津格林柯尔的出资1 080万美元没有到位,顾雏军指示从江西科龙挪用9 000万元。此笔资金没有真实贸易背景,也没有经江西科龙董事会讨论,只是顾雏军个人的意思。顾雏军电话安排我和翟小明执行、并指示联系黄冬用艾柯企业过渡。7月中旬左右,我和翟小明分别电话请示顾雏军同意后,安排高国平先从江西科龙的建行户分两笔5 000万元共1亿元转款至江西科龙的商行户,再将其中的9 000万元划转到艾柯企业。之后,该款转入天津格林柯尔,又汇入江西格林柯尔的验资账户。按顾雏军的指示,江西科龙对此笔资金没有入账。

3. 证人高国平(江西科龙的财务经理)的证言:2002年7月17日,我在张宏的指示下分两笔各5 000万元将1亿元从江西科龙建行账户划到了江西科龙的商行账户。次日,我又按张宏的指示将其中的9 000万元划至艾柯企业在天津黄海路农行的账户。后该款经天津格林柯尔在天津工行的账户转入江西格林柯尔在昌北工行开设的验资账户。汇款时,我填写好汇款凭证后送给张宏审核,张宏电话请示顾雏军后就盖上江西科龙的法人章。之后翟小明也电话请示顾雏军后盖上江西科龙的财务章。该笔划款是没有贸易背景和未经董事会讨论通过的。

4. 证人翟小明(江西科龙总裁助理,保管江西科龙的财务专用章)的证言:2002 年 7 月,张宏转告我说顾老板指示从江西科龙划出 9 000 万元,经艾柯企业和天津格林柯尔走账至江西格林柯尔,作为天津格林柯尔对江西格林柯尔缴付的注资。然后,我打电话请示顾雏军同意后,在汇款凭证上加盖公司的财务章,张宏也盖上法人章,这样就从江西科龙转款 9 000 万元至艾柯企业了。该笔汇款没有真实贸易背景,也没有经过江西科龙董事会讨论通过,是非正常划款。

5. 证人黄冬(北京格林柯尔副总裁,负责保管天津格林柯尔和艾柯企业的法人章及公章)的证言:2002 年 7 月顾雏军安排从江西科龙公司转款9 000万元经艾科公司、天津格林柯尔走账的单据中,艾科公司、天津格林柯尔的法人章都是我盖的,并且是顾雏军亲口指示我盖的。

6. 证人方志国(天津格林柯尔总裁助理、董事和副总裁,及科龙电器、江西科龙、江西格林柯尔公司董事,保管天津格林柯尔及艾柯企业的财务章)的证言:对于非正常转款,黄冬和我需要分别向顾雏军请示才能盖章。艾柯企业于 2002 年 7 月 18 日收到江西科龙划来 9 000 万元后,于 7 月 22 日至 26 日将上述款项划至天津格林柯尔账户,再转至江西格林柯尔。按照时间来看,该笔 9 000 万元的划款是我和黄冬经手办理的,而且是按顾雏军的指示办理的。该笔转款不存在真实交易背景,也非用于偿还债务,是顾雏军安排的走账。

7. 各转账单位提供的转账单、进账单、电汇凭证、收款凭证、账户对账单等银行转账资料。

江西科龙提供7 月 17 日从0403 账户两次转款5 000 万元合计1 亿元至1967 账户的转账支票存根二份、进账单二份,以及 18 日从 1967 账户汇款9 000万元至艾柯企业 1361 账户的电汇凭证一份(汇款用途为往来款);艾柯企业提供 1361 账户 18 日收到江西科龙 1361 账户汇款 9 000 万元的收款凭证一份;天津格林柯尔提供上海浦发行 2175 账户 22 日收到艾柯企业 1361 账户转款 9 000 万元的进账单一份、天津锦道州工行 9034 账户 26 日收到2175 账户转款 9 000 万元的进账单一份、支款凭条一份,以及天津格林柯尔9034 账户即日向江西格林柯尔 5601 账户汇款 9 000 万元的电汇凭证一份(汇款用途为划款);江西格林柯尔提供 5601 账户 26 日收到天津格林柯尔

9034账户汇款9 000万元的收款凭证一份。上述证据证明2002年7月17日,江西科龙昌北建行的403账户两次划款5 000万元共1亿元,至江西科龙在南昌商行的1967账户。同月18日,江西科龙的1967账户划款9 000万元到艾柯企业的天津黄海路农行1361账户。同月22日,艾柯企业的1361账户划款9 000万元到天津格林柯尔的上海浦发行的2175账户,又于7月26日经天津格林柯尔的天津工行的9034账户,将该款汇入了江西格林柯尔的昌北工行5601验资账户。

上述江西科龙和江西格林柯尔提供的银行转账资料经高国平、翟小明辨认无误。

上述艾柯企业和天津格林柯尔提供的银行凭证经方志国辨认无误。

8. 各银行提供的进账单、电汇凭证、银行对账单等转账资料,与上一项证据相吻合,具体是:

昌北建行提供江西科龙5 000万元转账支票二张、0403账户对账单一份;南昌商行提供江西科龙5 000万元收账单二张、9 000万元电汇凭证一份、1967账户对账单一份,之前余额为0;天津黄海路农行提供艾柯企业9 000万元收款凭证一份,9 000万元转账支票一份、1361账户的对账单一份,之前余额为3.171 5万元;上海浦东发展银行提供天津格林柯尔9 000万元收账单一份、9 000万元本票申请书一份、2175账户对账单一份,之前余额为535.547 3万元;天津锦道州工行提供天津格林柯尔9 000万元收账单一份、9 000万元电汇凭证一份、9034账户存款对账单一份,之前有余额1.028 8万元;昌北工行提供江西格林柯尔9 000万元收款凭证一份、9 000万元转账支票一份、5601账户存款对账单一份,之前余额为0。这些转账资料与上述证据相吻合,证明上述事实中资金的流向。

上述银行提供的关于江西科龙和江西格林柯尔的银行转账资料,除银行对账单以外,均经被告人张宏辨认无误。

9. 江西科龙提供的关于江西科龙转出9 000万元的说明一份、天津格林柯尔提供收付9 000万元的证明一份、高国平提供的关于江西科龙划款9 000万元至艾柯企业的资金线路图和说明各一份,与上述证据相印证,证明上述事实中资金的流向。

（三）江西科龙的人民币 7 500 万元被天津格林柯尔用于偿还银行贷款（起诉书指控顾雏军、张宏挪用资金）的事实

2002 年 9 月 17 日，天津格林柯尔向昌北建行申请了流动资金贷款 9 000万元，期限为一年。2003 年 8 月该笔贷款即将到期时，顾雏军指使张宏等人分别从江西科龙和江西格林柯尔划款 7 500 万元和 1 500 万元共 9 000 万元供天津格林柯尔偿还该笔银行贷款。2003 年 8 月 21 日，在张宏的安排下，高国平指示公司财务人员填写了转账支票和银行进账单，金立民、翟小明分别电话请示顾雏军同意后加盖了江西科龙的法人章、财务章，从昌北建行的江西科龙 2213000403 账户划款 7 500 万元、江西格林柯尔 2213000877 账户划款 1 500 万元共 9 000 万元到天津格林柯尔的 2213000521 账户。当日，天津格林柯尔用该账户中的款项偿还了昌北建行的贷款 9 000 万元。

上述事实，有下列证据证实：

1. 被告人顾雏军辩解称，江西科龙的资金使用有严格的财务制度，相应的授权资金签字人应对其签出的资金负责。

2. 被告人张宏（江西科龙董事长兼总裁）的供述：2002 年 8 月，昌北建行向天津格林柯尔发放了 9 000 万元流动资金贷款。2003 年该笔贷款快到期时，顾雏军指示我从江西科龙划款 7 500 万元，从江西格林柯尔划款 1 500 万元共 9 000 万元给天津格林柯尔偿还贷款。我把顾雏军的指示转告给翟小明和金立民，并安排公司财务人员填好转款凭证。翟小明和金立民又分别打电话请示顾雏军后加盖公司财务章和法人章，把钱先转到天津格林柯尔。当天，天津格林柯尔就将此两笔资金共 9 000 万元还给了银行。江西科龙与天津格林柯尔无贸易背景，从江西科龙划出 7 500 万元至天津格林柯尔没有经过公司董事会讨论，在财务上也没有入账。

3. 证人高国平（江西科龙和江西格林柯尔的财务经理）的证言：天津格林柯尔于 2002 年 9 月 17 日向江西建行借款 9 000 万元。2003 年 8 月该笔借款即将到期时，天津格林柯尔从江西科龙划款 7 500 万元，从江西格林柯尔划款 1 500 万元，用来偿还该笔借款。之前我听张宏说顾雏军指示要划该笔款，就安排李永辉和万春娟填写好划款凭证，报送持有财务章的翟小明和持有法人章的金立民，由他们电话请示顾雏军同意后，在汇款凭证上加盖印

章,这样就把钱划出。江西科龙与天津格林柯尔无贸易背景,该笔划款没有经过江西科龙公司董事会讨论,在财务上也没有入账。从江西科龙划去的7 500万元至今未还。

4. 证人翟小明(江西科龙总裁助理,保管江西科龙和江西格林柯尔的财务专用章)的证言:天津格林柯尔在2002年8月份的9 000万元贷款,2003年8月贷款快到期时,张宏转告顾雏军指示从江西科龙划款7 500万元,从江西格林柯尔划款1 500万元给天津格林柯尔偿还贷款。我和金立民就分别打电话请示顾雏军同意后,在财务人员填好的汇款凭证上加盖公司的财务章和法人章,然后把钱从江西科龙和江西格林柯尔的账户转入天津格林柯尔的账户。江西科龙与天津格林柯尔无贸易背景,该笔划款没有经过江西科龙公司董事会讨论,在财务上也没有入账。

5. 证人金立民(江西科龙副总裁,保管江西科龙和江西格林柯尔的法人章)的证言:2003年8月21日,我按照顾的指示,与高国平、翟小明从江西科龙划款7 500万元到天津格林柯尔,此7 500万元与江西格林柯尔的1 500万元共9 000万元,天津格林柯尔将其用于偿还欠银行的贷款。转款前,我经电话请示顾雏军同意后盖公司法人章。

6. 证人高国平提供的企业转账资料:江西科龙转款7 500万元至天津格林柯尔的支票存根、银行转账单,江西格林柯尔转款1 500万元至天津格林柯尔的支票存根、银行转账单,证明2003年8月21日,江西科龙的403账户和江西格林柯尔的877账户分别转款7 500万元和1 500万元共9 000万元到天津格林柯尔的521账户。

上述江西科龙和江西格林柯尔的转账凭证经高国平、金立民、李永辉、万春娟等人辨认无误。

7. 昌北建行提供的贷款、还款和转账资料:天津格林柯尔9 000万元的借款合同、贷款借据,以及2003年8月21日9 000万元的还款凭证;江西科龙7 500万元转账支票、转账单、403账户存款明细账;江西格林柯尔1 500万元转账支票、转账单、877账户存款明细账;天津格林柯尔521账户存款明细账。这些资料与上述企业提供的证据相吻合,证明2002年9月17日,天津格林柯尔向昌北建行申请了一年期的流动资金贷款9 000万元。2003年

8 月 21 日,天津格林柯尔的 521 账户(该账户之前余额为 120.56 万元)收到江西科龙的 403 账户和江西格林柯尔的 877 账户分别汇款 7 500 万元和 1 500万元共 9 000 万元,随后天津格林柯尔以该账户中的 9 000 万元归还了天津格林柯尔的该笔贷款。

上述天津格林柯尔的借款、还款合同及凭证,以及江西科龙、江西格林柯尔进账单经张宏、翟小明辨认无误。

8. 江西科龙提供的关于江西科龙转出 7 500 万元的说明、高国平提供的关于江西科龙划款 7 500 万元至天津格林柯尔的资金路线图和说明各一份。与上述证据相印证,证明上述事实中的被挪用资金的流向与用途。

(四)关于起诉书指控的被告人顾雏军、张宏、曾俊洪涉嫌挪用江西科龙资金人民币 4 080 万元、深圳市科龙采购有限公司资金人民币 8 960.03万元、广东科龙配件有限公司资金人民币 9 741.222 万元的事实

1. 江西科龙于2005 年 1 月 28 日与济南三爱富氟化工有限责任公司(以下简称济南三爱富)签订了 CFC－050105 号工业品买卖合同。合同约定江西科龙向济南三爱富采购制冷剂 600 吨,合同总金额为 8 160 万元,结算方式为“济南交货,买受人带款提货”。广东科龙空调器有限公司于 2005 年 1 月 28 日与济南南三爱富签订了 CFC－050106 号工业品买卖合同。合同约定广东科龙空调器有限公司向济南三爱富采购制冷剂 300 吨,合同总金额为 4 080 万元,结算方式为“济南交货,买受人带款提货”。2005 年 4 月 1 日,广东科龙空调器有限公司向江西科龙出具《付款委托》,委托江西科龙向济南三爱富支付 4 080 万元货款。江西科龙于 4 月 6 日至 14 日间支付货款 12 240万元给济南三爱富,其中 8 160 万元为江西科龙支付的预付货款,4 080万元为广东科龙空调器有限公司委托江西科龙支付的货款。济南三爱富收到上述银行汇票后,于 2005 年 4 月 8 日至 15 日,将其中的 12 231 万元银行汇票分四笔转付给格林柯尔制冷剂(中国)有限公司 10 872 万元、转付给海南格林柯尔环保工程有限公司 1 359 万元、剩下 9 万元银行汇票则留在济南三爱富。从相关银行资料显示,济南三爱富将 12 231 万元银行汇票背书后,最终由珠海泛太平洋广告公司向银行申请承兑,并将 12 231 万元划转至格林柯尔科技发展(深圳)有限公司。截至 2005 年 11 月 21 日,广东科龙

空调器有限公司收到济南三爱富交付的制冷剂78.3吨,按合同价计算约价值1 064.88万元。2005年1月20日,济南三爱富与海南格林柯尔环保工程有限公司签订了CFC-0501002号工业品买卖合同,合同约定济南三爱富向海南格林柯尔环保工程有限公司采购400吨制冷剂价值5 436万元;同日,济南三爱富与格林柯尔制冷剂(中国)有限公司签订了CFC-0501003号工业品买卖合同,合同约定济南三爱富向格林柯尔制冷剂(中国)有限公司购买700吨制冷剂价值9 523万元。

2.深圳市科龙采购有限公司于2005年4月20日与天津立信商贸发展有限公司(以下简称天津立信)签订了M0504201号材料采购合同。合同约定深圳市科龙采购有限公司向天津立信采购钢材12 700吨,合同总金额为89 600 300.00元,合同付款方式为全额预付货款,交货期限为从2005年5月1日至2005年8月31日。合同签订后,深圳市科龙采购有限公司于2005年4月26日至27日向天津立信支付了8 960.03万元。天津立信在2005年4月20日与格林柯尔采购中心签订了合同号G-L05042001号的合同,合同约定天津立信向格林柯尔采购中心采购价值86 008 820.00元的钢材。天津立信于2005年4月26日和27日将8 960.03万元划转给格林柯尔采购中心,格林柯尔采购中心又分别于4月26日、27日收款当天将该收款账户中的8 960万元划转至格林柯尔科技发展(深圳)有限公司,格林柯尔科技发展(深圳)有限公司再分别于收款当日将8 960万元划转至江西格林柯尔。

3.广东科龙配件有限公司于2005年3月28日、2005年4月11日与天津祥润工贸发展有限公司(以下简称天津祥润)签订了合同号为M05032801、M05041101号的材料采购合同,其中M05032801号合同约定广东科龙配件有限公司向天津祥润采购冷轧钢板8 820吨,合同总金额63 063 480.00元;MM05041101号合同约定广东科龙配件有限公司向天津祥润采购冷轧钢板5 000吨,合同总金额34 348 740.00元。合同付款方式为全额预付款,交货期限为从2005年5月1日至2005年8月31日。合同签订后,广东科龙配件有限公司于2005年4月27日至28日向天津祥润支付了9 741.22万元。截至合同约定的交货期限即2005年8月31日,从广东科龙配件有限公司提供的材料入库单列明收到合同号为M05032801的货物

95.64吨,折合同价约为64.53万元。天津祥润在2005年4月26日与格林柯尔采购中心签订了合同号G-X05042601号的合同,合同约定天津祥润向格林柯尔采购中心采购14 220吨钢材,合同价值99 677 700.00元。天津祥润于2005年4月27日和28日,将9 741.222万元划转给格林柯尔采购中心,格林柯尔采购中心又分别于4月27日、28日、29日将该收款账户中的9 450万元划转至格林柯尔科技发展(深圳)有限公司,格林柯尔科技发展(深圳)有限公司分别于收款当日将9 450万元划转至江西格林柯尔。

上述事实,有下列证据证实:

1. 被告人张宏的供述:2005年3月底,顾雏军、晏果茹、刘从梦、方志国、胡晓辉和我共六人在广州中国大酒店的房间里开会。顾说江西科龙有6.37亿元的资金缺口,需要在2005年4月30日之前将这个缺口填平。方法是以预付款的方式通过济南三爱富、中山东悦电器有限公司(以下简称中山东悦)、天津立信、天津祥润走账,再将这些资金汇经深圳格林柯尔系公司汇至江西格林柯尔,再由江西格林柯尔将资金汇至江西科龙。顾在会上安排由方志国负责通过济南三爱富走账,由曾俊洪负责协调科龙电器和通过中山东悦、天津立信、天津祥润走账。

2005年4月,深圳科龙采购公司汇款8 960.03万元至天津立信,广东科龙配件公司汇款9 741.222万元至天津祥润公司,江西科龙再向济南三爱富预付货款1.224亿元,用于走账,均没有真实的货物交易。济南三爱富收取走账好处费9万元,天津立信、天津祥润收取好处费20万元港币。

2. 被告人曾俊洪的供述:2005年4月中旬,张宏要求我负责的深圳科龙采购公司和广东科龙配件公司向天津立信商贸和祥润商贸两家公司采购钢材总价为2亿元。经向顾雏军确认后,我便开始着手办理此事,安排国内采购部的人和天津立信商贸和祥润商贸两家公司以传真的方式签订了合同。合同签订后,张宏要我通知广东科龙配件公司和深圳科龙采购公司付款,经请示顾雏军后,我便安排付款。

2005年4月中旬,科龙电器董事方志国让我拿一份济南三爱富公司已经签字的合同给空调公司供应部签署。我把合同送到空调公司供应部部长李仁良处签字。其后,张宏要我协调广东科龙空调向济南三爱富公司支付货款。经向顾雏军请示后我协调空调公司付款。

3. 证人高国平(江西科龙财务主管)的证言:2005年4月份,证监会正在调查科龙,由于当时格林柯尔系公司共欠江西科龙6.37亿元人民币,为虚假还款,通过中山东悦、济南三爱富、天津立信、天津祥润等公司账户走账,以收到格林柯尔还款不入账而付款出去就正常入账的方法来平账。由曾俊洪统筹安排如何汇款。

在2005年的4月下旬,张宏安排我去天津,并让我将20万元港币带给王江洪。我到达天津后,同天津立信和天津祥润的人一起到银行核对这两家公司的财务章和法人章,确定印章真实后,我电话通知曾俊洪。曾俊洪通过天津立信走账8 960.03万元,通过天津祥润走账9 741.222万元。2005年4月,广东科龙空调委托江西科龙向济南三爱富支付货款4 080万元。

4. 证人翟小明(江西科龙总裁助理)的证言:2005年4月初,张宏把我和高国平、金立民三人叫到办公室开会,张宏说顾雏军指示要以预付款的方式通过供应商走账把格林柯尔公司挪用江西科龙的5亿余元从账面上填平。曾俊洪从广东传真一份资金走账表给高国平,该表列明了应该转账多少钱到哪些供应商,其中包括要转1.224亿元到济南三爱富公司。我根据张宏的安排,开具了1.224亿元的银行汇票给济南三爱富。

5. 证人金立民(江西科龙副总经理)的证言:2005年4月,张宏要我代表江西科龙与济南三爱富签订《工业 品买卖合同》,并告诉我签订此合同的目的是利用济南三爱富的账户走账,以填补江西格林柯尔所欠江西科龙的款项。之后,经请示并征得张宏和张细汉的同意后,我在高国平交来的银行汇票申请书上加盖江西科龙的法人章,由翟小明加盖财务专用章,从江西科龙的建行昌北支行账上划款共8 160万元人民币到济南三爱富的账户。

6. 证人隋广胜(济南三爱富销售部经理)的证言及其出具的情况说明、证人李济阳(济南三爱富策划部经理)的证言、济南三爱富出具的情况说明证实,2005年4月天津格林柯尔总裁助理方志国同济南三爱富协商,由济南三爱富采购天津格林柯尔和海南格林柯尔的制冷剂,然后转销给江西科龙和广东科龙空调。双方同意后,方志国派天津格林柯尔销售总监李卫民来济南。之后,济南三爱富签订了四份合同,其中两份购买合同,两份销售合同。购买合同是济南三爱富购买天津格林柯尔(9 513 万元)、海南格林柯尔(5 436 万元)的制冷剂,销售合同是济南三爱富销售制冷剂给江西科龙(8 160万元)、广东科龙空调(4 080 万元)。合同上写的签订时间是按照李卫民的要求填的。四份合同在济南三爱富盖章签字后,由李卫民和来人带走,其后他们把由江西科龙、广东科龙空调、海南格林柯尔、天津格林柯尔盖章签字的合同送回济南三爱富。合同签订后,方志国电话通知说,货物不需要经过济南三爱富中转,直接由格林柯尔向科龙供货。2005 年 4 月 7 日至 4 月 15 日期间,李卫民带了八张银行汇票共计 12 240 万元到济南三爱富,济南三爱富对其中四张汇票背书,付给天津格林柯尔 10 872 万元,付给海南格林柯尔 1 359 万元,合计 12 231 万元。另外四张共计 9 万元由济南三爱富留下,作为好处费。

7. 证人李连德(天津祥润、立信的法定代表人)的证言及其提供的说明、天津祥润和立信分别出具的情况说明证实,2005 年 3 月至 4 月间,李的朋友王江洪介绍张宏与天津祥润和立信合作,由祥润和立信配合完成钢材采购,销售由格林柯尔负责。李全权委托王与张进行洽谈。2005 年 4 月 26 日至 28 日,广东科龙配件分五笔将共计 9 741.222 万元人民币打入天津祥润 的账户。2005 年 4 月 26 日、27 日,深圳科龙采购分二笔将共计 8 960.03 万元人民币打入天津立信的账户。转款期间,祥润和立信的财务章和法人章均由张宏派来的人员保管,广东科龙配件和深圳科龙采购每一笔资金打入天津祥润和立信账户的当天,即被转至深圳格林柯尔采购中心。转款后,天津祥润分别与广东科龙配件和深圳格林柯尔采购中心签订了购销合同;天津立信分别与深圳科龙采购和深圳格林柯尔采购中心签订了购销合同。并且,祥润和立信在送来的材料送货签收单和材料退货确认单上加盖了公章。后来,王江洪代张宏转交 20 万元给李连德。

8. 证人王江洪(上海浦 东发展银行天津分行公司金融业务二部经理)的证言:2005 年 3 月,张宏要我介绍钢材供应商,我便介绍了天津祥润和立信给张。张要我与曾俊洪具体联系。4 月下旬,科龙汇款 8 960 万元至天津立信,汇款 9 741 万元至天津祥润,这些资金马上被转走。转款期间,天津祥润和立信的财务章和法人章由林洪等人保管。汇款期间,张宏打电话告诉我,与天津立信、祥润的业务做不了。后来,张宏让高国平拿20万元港币给我,让我转交给李连德。

9.证人林洪(天津格林柯尔工作人员)的证言:2005年4月下旬,按照张宏的安排去银行与高国平、邹威林、王江洪将从科龙汇到天津立信和祥润的款项转到深圳格林柯尔。转款后,按张宏的要求我与曾俊洪联系,曾提出前期的转款需要补签购销合同,并将合同寄给他,我将合同拿给王江洪去补签,补签后,他又将合同寄回给曾。

10.证人刘哲、黄凯鸣、何丽芳的证言:2005年4月,曾俊洪提出要向天津祥润购买材料,并安排他们向祥润预付货款。2005年4月26日、27日、28日,广东科龙配件分五笔向天津祥润汇入共计9 741.222万元。付款后,广东科龙配件收到95.64吨的货。

11.证人王文颀(天津格林柯尔生产部经理)的证言:2005年5月,天津格林柯尔向广东科龙空调发出78.3吨制冷剂,按照马海云的意思,我在发货单"托运人"一栏上填写了济南三爱富。

12.证人张细汉的证言:2005年4月,深圳格林柯尔采购中心与天津祥润、天津立信签订了采购合同,之后张宏、曾俊洪让我从深圳格林柯尔采购中心发几百万的货给天津立信、祥润,货发到深圳格林柯尔名义租用的一个仓库。

13.证人谢红(广东科龙空调财务科科长)的证言:广东科龙空调财务部没有委托江西科龙预付货款4 080万元给济南三爱富。开始,财务部没有将这笔款项入账,2005年9月,科龙电器财务部陈小凯打电话给我,说他与科龙电器财务总监李志成商量后决定将付款入账,我便将付款入账了。我还曾听陈佩琼说,李仁良承认是自己在广东科龙空调委托江西科龙支付4 080万元货款给济南三爱富的《付款委托》上盖上合同专用章。

14.证人陈佩琼(广东科龙空调供应部价格管理主办)的证言:我听李仁良说是李自己在广东科龙空调委托江西科龙支付4 080万元货款给济南三爱富的《付款委托》上盖上合同专用章。

15.证人林澜(科龙电器副总裁)的证言:我曾听李仁良说曾俊洪挪用了公司的钱,我还听曾俊洪说是执行老板的安排。

16. 中国建设银行汇票,写明 2005 年 4 月 6 日至 14 日间,江西科龙分八张汇票从江西科龙在建行昌北支行的账户(账号:360616508012213000403)划出共计12 240万元人民币至济南三爱富的账户(账号:1602005209003301087)。

17. 济南三爱富出具的四张收款收据,金额分别为 3 万元、3 万元、2 万元、1 万元,收据上均盖济南三爱富的公章,交款单位为江西科龙,收款方式为汇票,“收款事由”栏为“货款”。

18.《付款委托》,盖有广东科龙空调的合同专用章,落款时间为 2005 年 4 月 1 日,内容是广东科龙空调委托江西科龙代其向济南三爱富支付 4 080 万元的制冷剂货款,经曾俊洪辨认后确认,系其协调广东科龙空调向江西科龙出具的。

19. 科龙电器出具的《关于江西科龙代付款说明》,写明 2005 年 4 月,《付款委托》未经公司领导审批同意,不属于公司正常委托付款形式。其公司委托付款需由公司财务部起草《三方转款协议》并加盖合同专用章或公章,合同专用章的使用必须经主管副总以上领导批准方可使用。

20. 广东科龙空调向科龙电器提出的《关于委托付款的入账申请》,写明 2005 年 4 月,江西科龙代广东科龙空调向中山东悦和济南三爱富支付的货款,公司未进行账务处理,申请将上述付款在 2005 年 9 月会计期内入账,作为中山东悦及济南三爱富的预付款并同时计入江西科龙的往来款。

21. 江西科龙的记账凭证。

22. 广东科龙配件的五张用款申请书,金额共计 9 741. 222 万元,“品名”一栏为“材料”,“汇入单位”一栏为“天津祥润”,申请书“批准人”一栏为“曾俊洪”的签名,时间为 2005 年 4 月 26 日、27 日、28 日。用款申请书经曾俊洪辨认后确认无误。

23. 中国银行电汇凭证,写明 2005 年 4 月 26 日、27 日、28 日,广东科龙配件分五笔向天津祥润的账户(账号:77060154740000519)汇入共计 9 741. 222 万元。

24. 上海浦东发展银行电汇凭证,写明 2005 年 4 月 27 日、28 日天津祥润分四笔将 9 741. 222 万元汇入深圳格林柯尔采购中心的账户(账号:410001600040002251)。

25.深圳科龙采购的二张用款申请书,金额分别为3 460.03万元和5 000万元,申请书上写明该款是付给天津立信的货款,申请书"批准人"一栏为"曾俊洪"的签名,时间分别为2005年4月26日、27日。用款申请书经曾俊洪辨认后确认无误。

26.中国农业银行电汇凭证,写明2005年4月26日、27日、深圳科龙采购分二笔将金额分别为5 500万元和3 460.03万元共计8 960.03万元汇入天津立信的账户(账号:69082600076077)。

27.中信实业银行电汇凭证,写明2005年4月26日、27日天津立信分二笔将金额分别为5 500万元和3 460.03万元共计8 960.03万元汇入格林柯尔采购中心(深圳)公司的账户(账号:41000160004000 2251)。

28.深圳市科龙采购有限公司记账凭证。

29.广东科龙配件与天津祥润签订的M05032801号、M05041101号《广东科龙配件有限公司材料采购合同》,约定由广东科龙配件向天津祥润购买价值分别为6 306.348万元和3 434.874万元的材料,结算方式为合同签订后现金预付货款,M05032801号合同的履行期间为2005年4月20日至2005年8月15日,M05041101号合同的履行期间为2005年5月1日至2005年8月31日。

30.格林柯尔采购中心(深圳)有限公司与天津祥润签订的《格林柯尔采购中心(深圳)有限公司销售合同》,约定天津祥润向格林柯尔采购中心(深圳)有限公司购买价值9 967.77万元的材料,结算方式为现金预付货款,履行期间为2005年5月1日至2005年8月31日。

31.深圳科龙采购与天津立信签订的《深圳市科龙采购有限公司材料采购合同》,约定天津立信向深圳科龙采购购买价值8 960.03万元的材料,结算方式为现金预付货款,履行期间为2005年5月1日至2005年8月31日。

32.格林柯尔采购中心(深圳)公司与天津立信签订的《格林柯尔采购中心(深圳)有限公司销售合同》,约定天津立信向格林柯尔采购中心(深圳)有限公司购买价值8 960.03万元的材料,结算方式为现金预付货款,履行期间为2005年4月20日至2005年8月31日。

33. 江西科龙明细分类账及有关银行凭证。

34. 姜宝军出具的《授权书》，写明姜宝军授权曾俊洪在姜出差期间（2005 年 4 月 20 日至 4 月 26 日）代行首席财务官的审核、审批签字权限。

35. 广东科龙空调出具的《广东科龙空调器有限公司的资金往来情况说明》，写明 2005 年 5 月收到制冷剂 78.3 吨，但对该制冷剂是否为济南三爱富的发货不能判定。

36. 广东科龙配件出具的《关于科龙配件公司与天津祥润公司合同情况的说明》，写明 2005 年 6 月，广东科龙配件收到盖有天津祥润公章的材料送货验收单三份，通知 M05032801 合同一个规格的材料入库 95.64 吨，M05041101 合同两个规格的材料入库 139.8 吨，上述材料存放于广州兴攀公司仓库。其中 95.64 吨的货物，广东科龙配件已经提取。139.8 吨的货物，因兴攀公司反映，该批货物仍属格林柯尔，且格林柯尔尚欠兴攀货款，因而不同意发货。

37. 深圳科龙采购出具的《关于深圳科龙与天津立信合同情况的说明》，写明 2005 年 5 月，深圳科龙收到曾俊洪转交的天津立信加盖公章的材料送货签收单多份，通知办理入库约 1 100 吨，材料存放地点为广州兴攀公司仓库。随后，除一批 55.81 吨的货物之外的其他材料又办理了退货手续。深圳科龙去兴攀公司仓库取货时，兴攀反映，该批货物仍属格林柯尔，且格林柯尔尚欠兴攀的货款，因而不同意发货。

38. 高国平出具的《关于江西科龙实业发展有限公司账外资金往来的情况说明》。

39. 天津祥润的材料送货签收单。

40. 天津立信的材料送货签收单、材料退货确认单。

41. 综合证据：

（1）济南三爱富于 2005 年 1 月 28 日与江西科龙和广东科龙空调器有限公司签订的《工业品买卖合同》，约定济南三爱富向江西科龙和广东科龙空调器有限公司出卖 900 吨共价值人民币 12 240 万元的环保制冷剂；济南三爱富于 2005 年 1 月 20 日与海南格林柯尔环保工程有限公司和格林柯尔制冷剂（中国）有限公司签订了《工业品买卖合同》，约定济南三爱富向海南格林柯尔环保工程有限公司和格林柯尔制冷剂(中国)有限公司购买1 100吨共价值人民币14 949万元的制冷剂。

(2)济南三爱富氟化工有限责任公司为有限责任公司,法定代表人周克经,注册资本1 432.67万元,行业名称化学原料及化学制品制造业,成立日期为1997年12月1日,住所为济南市天桥区济泺路130号。

(3)天津立信商贸发展有限公司为有限责任公司,负责人李连德,资金1 000万元,行业代码五金、交电批发,住所为天津开发区紫云新村1号楼408室。

(4)天津祥润工贸发展有限公司为有限责任公司,负责人岳颖,资金1 000万元,行业代码其他金属加工机械制造,住所为天津开发区紫云新村1号楼418室。

就以上三宗涉嫌挪用资金的事实,经辩方申请,法庭出示了下列证据:

1. 广东科龙配件向天津祥润发出的《关于尽快履行合同交货的函》,内容为广东科龙配件要求天津祥润在2005年7月20日前供货8 600吨,剩余数量在合同期内交齐。该份书证经证人刘哲辨认无误。

2. 盖有天津立信和天津祥润的公章,并有李连德署名的一份说明。

另查明,侦查机关出具证明,证实被告人张宏归案后积极配合侦查机关的侦查活动,认罪态度好,有悔罪表现。侦查机关出具的材料证实被告人姜宝军协助提供的他人涉嫌犯罪的线索正在查证中,暂无侦查结果。本院在审理过程中,收到被告人顾雏军提供的举报信后,已按规定转交给检察机关,至今未收到回复。

全案综合证据:

1. 相关单位的工商登记材料,证明各单位的基本情况。具体是:科龙电器(64P26)、江西科龙(64P1)、江西格林柯尔(85P113、65P28)、扬州格林柯尔(85P9、17P107)、扬州亚星客车(85P41、44~48)、天津格林柯尔(85P97、66P71)、扬州科龙(87P1、85P34)、顺德格林柯尔(5P1~229);广东科龙冰箱、科龙配件、深圳科龙采购。

2. 九被告人的自然身份情况及任职情况的材料,证明各被告人的身份情况如本文书所列的内容。具体是:

自然人基本情况:顾雏军(2P179)、姜宝军(补充卷1P217)、张细汉(补充卷1P216、136)、刘义忠(2P180)、张宏(9P9、散件卷138)、严友松(9P11)、晏果茹(散件卷P139)、刘科(9P10)、曾俊洪(曾俊洪挪用卷4P6)

任职情况:15P119 - 120、13P213、13P202、65P28、14P10 - 24、14P4、65P30、15P119、65P29 - 35、87P1 - 2、87P80 - 81、曾4P7、6P23 - 26、16P16 - 19、散件卷112 - 137、6P23 - 26

3. 侦查机关提供的抓获经过,证明各被告人归案的时间、地点。

4. 侦查机关出具的关于被告人张宏归案后有悔罪表现的证明。

5. 侦查机关提供的关于姜宝军协助提供的检举揭发材料的处理情况,证明举报材料中的他人涉嫌犯罪的线索正在查证中,暂无侦查结果。

再查明,公诉机关在提起公诉时向本院提供了证实起诉书所指控的犯罪事实由天职所作出的十一个“专项司法会计鉴定报告”,该“报告”在第一次开庭的庭审中控方作为证据作了宣读,鉴定报告上署名的鉴定人没有司法鉴定人资格。在庭后,公诉机关以补充侦查为由向本院申请延期审理,在补充侦查完毕后,将包括新的十一个司法会计鉴定报告在内的补充侦查材料移送本院,案件恢复审理,并进行了第二次开庭,在第二次开庭的庭审上,控方出示了该新的十一个司法会计鉴定报告。该报告由天职所于2006年11月15日接受委托,于同月29日作出。原鉴定报告的三名鉴定人均作为本次司法鉴定工作的助理人员,参与了辅助工作。

以上事实,有公诉机关先后在庭上举证的二十二个鉴定报告及天职所在第二次庭审期间提供的如下证据为证:

1. 在案件的补充侦查期间,该所于2006年11月15日与本案的侦查部门签署的《补充合同》称,双方曾于2005年9月12日签订了《专项司法审计业务合同》,侦查部门委托天职所出具专项审计报告,现要求天职所对相关事项进行司法会计鉴定。

2. 天职所关于其接受侦查部门委托专项审计人员的资格说明称,双方于2005年9月12日签订《专项司法审计业务合同》后,天职所出具了天职深专审字[2006]第117号至128号和169号共十二个专项司法会计鉴定报告,(其中的第117 - 124号、第126号、第128号、第169号共十一个报告控方作为证据使用并在庭上出示——本案主办人注)在这些报告上签字的中国注册会计师没有司法部门颁发的司法鉴定人资格。

3. 天职所关于接受侦查部门委托司法鉴定项目组成人员及其工作内容的说明,证实该所于2006年11月15日接受委托后所进行的司法鉴定工作中,原出具天职深专审字[2006]第117号至第128号和第169号共十二个专项司法会计鉴定报告的鉴定人丁景东、屈先富、邓春辉均作为此次鉴定的助理人员,参与了辅助工作。

4. 天职所于2006年11月29日出具的《关于对天职深专审字[2006]第117号第十二个专项司法鉴定报告的说明》称,该十二个专项司法会计鉴定报告是专项审计报告,实质不是司法鉴定报告,其作为专项审计报告是有效的。之后,于2006年11月15日该所与本案的侦查部门签订补充合同,侦查部门委托该所在以上专项审计的基础上,出具与专项审计性质不同的司法鉴定书,该所便重新组织了司法鉴定人对相关事项进行了司法鉴定,并出具了相应的司法鉴定书。

以上列举的全案的证据均经庭审调查程序举证、质证。

本院对全案的事实、证据及控辩双方的主张评析如下:

对公诉机关提供的二十二份司法会计鉴定报告,经查:

第一,前十一份司法鉴定报告因鉴定人不具备司法鉴定人执业资格,依照《司法鉴定程序通则(试行)》第四十二条的规定,司法鉴定文书无效,不应作证据使用。

第二,从前后二十二份报告的委托事项、鉴定对象、送鉴材料、鉴定要求、分析说明及鉴定结论等内容看,前后各十一份鉴定报告均就相同的鉴定材料针对同一事实作出,且两者在分析说明的内容及鉴定结论方面基本一致。可见,后十一份鉴定报告既不是发现新的相关鉴定材料或鉴定项目有遗漏而作的"补充鉴定",也不是对鉴定结论有异议而进行的"复核鉴定",更不是鉴定人在庭上所称的针对原始材料独立作出的"初次鉴定"。因此,正因为前后两次鉴定的内容相同,而前次鉴定的鉴定人没有司法鉴定人资格,后次鉴定由有司法鉴定人资格的鉴定人作出,可见后次所进行的是"重新鉴定",依照司法部颁布的《司法鉴定程序通则(试行)》第三十三条第一款第

(一)项及第二款的规定,此种情形的重新鉴定应由其他司法鉴定机构进行,而不应由原机构进行。即本案中由于前次系天职所委派没有司法鉴定人执业资格的鉴定人作出的司法鉴定,重新鉴定应由其他司法鉴定机构进行,而不应再由天职所进行。天职所应回避重新鉴定,由其作出的重新鉴定因程序违法,不应作为本案证据使用。

综上,本案公诉机关前后提供的共二十二份鉴定报告因违反程序均不能作为证据使用。

此外,以上二十二份鉴定报告还存在以下问题:其一,前次鉴定报告的鉴定人丁景东、屈先富、邓春辉注册会计师证书上的年检登记时间为2001年或者2002年,与出具报告的时间2005年11月和2006年6月不符。其二,天职深专审字[2006]第117、118、119、120号司法鉴定报告显示的鉴定时间是2005年11月5日,而这四份报告标注的文号却是2006年。其三,曾经作出过前次"鉴定报告"的丁景东、屈先富、邓春辉等人参与到重新鉴定的工作中,违反了《司法鉴定程序通则(试行)》第三十三条第三款关于"重新鉴定应当由原司法鉴定人以外的司法鉴定人进行"的规定,也违反了《全国人大常委会关于司法鉴定管理问题的决定》第十条关于"鉴定人应当独立进行鉴定"的规定。其四,从鉴定结论的表述看,鉴定人并没有核实其所依据的鉴定材料是否真实、合法、完整,而作为主要送鉴材料中的证人证言、单位或者个人的情况说明等,经庭审质证后证实相当部分的材料不能认定。依据这些不能认定的材料所作的鉴定结论显然是不可信的。其五,依照《司法鉴定程序通则(试行)》的规定,对鉴定结论进行复核的司法鉴定人应当在司法鉴定文书上签名,而本案的司法鉴定书上没有经具有高级技术职务任职资格的司法鉴定人(复核人)签名。其六,鉴定报告存在多处法律判断,违反司法鉴定程序通则的规定,应认定为无效。其七,二十二份报告中存在鉴定人对超越司法鉴定范围的委托事项进行鉴定的情形。其八,后次鉴定的鉴定人在庭上对一些司法会计的基本概念、基本原则及鉴定报告中的基本内容等问题无法回答并表示已经尽力了,其司法鉴定的专业能力值得怀疑,其作出的司法鉴定可信度不高。

对天职所提出的前次"专项司法会计鉴定"属于"审计报告"的意见,经查,侦查部门与天职所签订的委托合同订明的是委托司法鉴定,天职所在前次的鉴定报告中确认其进行的是司法会计鉴定,发表的是鉴定意见,且天职所是领取了"司法鉴定许可证"从事司法会计鉴定业务,具有司法会计鉴定资格的机构,对"司法会计鉴定"与"审计报告"的性质不可能混同。天职所接受司法鉴定业务后委派没有司法鉴定人资格的鉴定人出具司法鉴定报告,本身就违反《司法鉴定程序通则(试行)》的规定,现因鉴定人没有司法鉴定人资格,又将"专项司法会计鉴定"当做"审计报告",是没有依据,也没有理由的,对该意见不予采纳。

对被告人和辩护人提出的与上述相应的意见予以采纳。

被告人顾雏军、刘义忠、姜宝军、张细汉在完善顺德格林柯尔公司注册登记手续,降低无形资产比例的过程中,虚报了货币注册资金6.6亿元。起诉书指控的基本事实清楚,证据确实充分,予以认定。

对被告人顾雏军辩解其交代刘从梦和刘义忠办理,具体过程不清楚,其辩护人提出顾雏军等人的实际出资数额是真实的,公司的无形资产并未减少,一直是9亿元,不符合本罪的"虚报",被告人顾雏军没有犯罪故意,以及提出认定顾雏军策划和实施的证据不足,其行为不构成虚报注册资本罪,以及被告人刘义忠及其辩护人认为刘义忠的行为不构成犯罪的意见,经查,按被告人顾雏军当时在公司的任职情况,其对公司的具体事务没有经手操办是合理的,但是,其知道顺德格林柯尔注册成立时(2001年10月)注册资本中的无形资产为9亿元,所占比例过高,不符合法律规定。为降低无形资产的比例,顾雏军提出由天津格林柯尔购买顺德格林柯尔的大部分股权来解决这一问题,并指使刘从梦与刘义忠具体负责办理相关手续。同时,顾雏军指示姜宝军挪用科龙电器1.87亿元以走账产生四张共计6.6亿元的进账单。转款过程:科龙电器—天津格林柯尔—顺德格林柯尔—天津格林柯尔—科龙电器,该转款过程在2002年5月14日一天之中在同一银行同一营业网点内完成,款项从科龙至天津格林柯尔、从顺德格林柯尔转回天津格林柯尔、从天津格林柯尔转回科龙电器的转款环节均没有依据,在天津格林柯尔和顺德格林柯尔的账户均没有形成余额。在银行拒绝询证、会计师事务所拒绝验资的情况下,事隔数月之后,为骗取验资与工商登记,被告人顾雏军签署了顺德格林柯尔预付货款6.6亿元给天津格林柯尔的《供货协议书》，被告人刘义忠填写了顺德格林柯尔收天津格林柯尔6.6亿元投资款的收据交给刘从梦盖章，后刘义忠将顾雏军签署的《供货协议书》及以上收据提交给会计师事务所验资，随后持验资报告到工商部门办理公司的变更登记手续。变更登记中6.6亿元的货币出资显属虚假。被告人顾雏军和刘义忠明知置换无形资产的6.6亿元货币为虚假仍然使用相关的虚假证明文件欺骗公司登记主管部门，取得公司的变更登记，其行为均已构成虚报注册资本罪。

被告人姜宝军提出指控其知道转款用途的依据不足以及其辩护人提出姜宝军没有虚报注册资本的故意，没有使用虚假证明文件，认为姜宝军的行为不构成本罪的意见，以及被告人张细汉的辩护人提出被告人张细汉没有虚报注册资本的主观故意，莫姝的证言中声称是被告人张细汉安排她填写支票的内容，是一份孤证的意见，经查，刘义忠的供述、刘从梦和莫姝的证言，均证实姜宝军和张细汉直接参与了科龙电器的1.87亿元通过银行倒账，使顺德格林柯尔取得6.6亿元银行进账单的全过程，姜宝军和张细汉本人也供认。姜宝军是科龙电器的首席财务官，张细汉是顺德格林柯尔财务章和天津格林柯尔合同专用章的保管人，均是倒账行为的组织者，在其他参与人员均知道倒账行为是为了完善顺德格林柯尔的注册资金手续的情况下，姜宝军和张细汉应当知道倒账的目的，具有虚报注册资本的主观故意。故对被告人姜宝军和张细汉及其辩护人的相关意见不予采纳。

对被告人顾雏军的辩护人提出顾雏军等人的行为不是在申请注册成立公司过程中发生，而仅仅是在"变更登记"过程中发生，其行为并不是"取得公司登记"，因而其行为不构成虚报注册资本罪的意见，经查，依据相关法规的规定，公司登记包含设立登记、变更登记、注销登记等。本案中，被告人在设立顺德格林柯尔时所申报的注册资本中无形资产所占比例就不符合法律的规定，该状态一直持续至被告人提供虚假的天津格林柯尔投资6.6亿元的进账单和《供货协议书》等材料骗取关于天津格林柯尔以6.6亿元的货币资本作为注册资本以置换顾雏军6.6亿元的无形资产的验资报告，并持验资报告和虚假的董事会决议、股东决议等文件向顺德市工商行政管理局申请变更登记,从而骗取了顺德市工商行政管理局的变更登记时。被告人在办理公司变更登记时虚报了注册资本6.6亿元,其行为构成虚报注册资本罪。对该辩护意见不予支持。

对被告人顾雏军的辩护人提出顺德格林柯尔从未申请变更注册资本的意见,经查,本案中顺德格林柯尔提交给工商部门的变更登记申请书虽然载明的是申请股东变更,但其是在明知无形资产比例过高无法通过年检的情况下,为调整注册资本结构的比例,以股东变更为手段,具体是以天津格林柯尔虚假出资6.6亿元购买顺德格林柯尔股权以达到降低顺德格林柯尔无形资产的比例至法定的20%目的。最终,注册资本中各股东出资方式和出资比例的变更于2002年12月23日得到了公司登记部门的核准,确认了该公司所提交的验资报告中关于在股东变更后各股东的出资情况:股东顾雏军以专利实缴出资2.4亿元,占出资额的20%,股东天津格林柯尔以货币实缴出资9.6亿元,占出资额的80%。而其中股东天津格林柯尔以货币实缴出资9.6亿元中的6.6亿元是虚假的(详见上述)。该辩护意见与事实不符,对该辩护意见不予采纳。

对被告人顾雏军的辩护人提出刘义忠有关顾雏军要求会计师事务所将两项专利技术评估为9亿元的供述前后矛盾,应不予采信的意见,理由充分,予以采纳。

对被告人顾雏军的辩护人提出刘义忠于2005年8月2日9时05分至13时10分同一时间在两个不同地点被不同的侦查人员询问的两份笔录相冲突,证据形式不合法的意见,理由充分,予以采纳。本院对被告人刘义忠该两份供述不予采信。

被告人刘义忠的辩护人提出本罪属法人犯罪的意见,经查,依照刑法条文的规定,申请公司登记的个人或单位均可成为本罪的犯罪主体,该辩护意见与法律规定相冲突,不予支持。

对被告人张细汉的辩护人提出被告人张细汉不是顺德格林柯尔办理公司设立登记的股东代表,也不是该公司股东委托的办理公司设立登记的代理人,不具备虚报注册资本罪的主体资格,以及被告人姜宝军的辩护人提出姜宝军不具备犯本罪的主体资格的意见,经查,构成本罪身份犯的共犯并不要求具有以上所称的“主体资格”,至于被告人张细汉及姜宝军均不是公司登记注册的股东代表一节则与事实相符,但该两被告人可以构成本罪的共犯。

起诉书指控被告人顾雏军、姜宝军、张宏、严友松、晏果茹、刘科提供虚假的科龙电器财会报告,严重损害股东利益的基本事实清楚,证据充分,予以认定。理由如下:

1. 认定 2002 年至 2004 年间,科龙电器向社会公众提供了虚假财会报告的证据确实、充分。

(1)被告人供述和相关证人证言,各被告人都承认有压货销售的行为,科龙电器的财务人员也证实对 2002 年至 2004 年的财务报告作了特别处理,将压货收入确认为当年的销售收入。

(2)大量的压货销售实质就是虚假销售。这一点可以从有关供述中认定。科龙公司的财务负责人和报表的经办人晏果茹供述,因为科龙电器在 2000 年和 2001 年两年连续亏损,被证券交易所戴上“ST”的帽子,在 2002 年为了不被退市,在年度报表上作了一些特别处理,后为了消化 2002 年对报表所作的特别处理,科龙电器在 2003、2004 年度也对年度报表作了相应的处理。每年顾雏军会给一个利润的额度,让财务人员据此制订压货销售方案,且每年的压货销售主要集中在 12 月底,所压货物只是封存在科龙电器的仓库中,并没有将货物的风险转移给购货方,货物还在科龙电器的实际控制中。可见,年底压货销售就是为提供虚假的财务报告服务的。而 2003 年底注册成立的安徽合肥维希公司和武汉长荣公司更是为方便压货销售而设立的,这两家公司的财务人员也由科龙电器总部派遣。

(3)书证科龙电器财务部营销财务处于 2003 年 4 月 14 日向各分公司下发的《2002 年末压货问题的最后解决方案》,证实年末压货的退货与正常退货不同。

(4)书证德勤华永会计师事务所 2005 年 4 月 28 日出具的《关于广东科龙电器股份有限公司 2004 年度非标准无保留意见审计报告的专项说明》,证实 2004 年主营业务共计 843 640 万元,包括对两家客户的产品销售收入 57 600 万元,其中人民币 42 700 万元发生于 2004 年 12 月。在 2004 年对两家客户的全部产品销售收入中,截至 2004 年 12 月 31 日和审计报告日尚未收款的金额分别为57 600万元和55 600万元。2004年已确认销售退回超过人民币2亿元,且没有做销售退回计提准备。

(5)书证2002年至2004年科龙电器公布的年度财务报告,证实科龙电器公布的2002年利润总额为103 919 721元,2003年利润总额为220 003 504元,2004年利润总额为-68 333 660元。

以上证据可以认定,2002年至2004年间,科龙电器通过包括压货销售在内的多种手段虚增收入,进而虚增利润。尽管因鉴定结论不能作证据使用而不能认定虚增利润的具体数额,但是根据《企业会计准则——收入》第五条的规定,"销售商品的收入,应在下列条件均能满足时予以确认:(1)企业已将商品所有权上的主要风险和报酬转移给购货方;(2)企业既没有保留通常与所有权相联系的继续管理权,也没有对已售出的商品实施控制;(3)与交易相关的经济利益能够流入企业;(4)相关的收入和成本能够可靠地计量"。结合本案而言,科龙电器所谓压货销售的部分商品仍然封存在科龙电器的仓库中,没有转移风险,违反了《企业会计准则——收入》第五条的规定,不能认定为销售收入,而科龙电器的财务报告将这部分虚假的收入列入了年度财会报告,因而提供的财会报告有虚假成份。

2. 可以认定"严重损害了股东的利益"。

(1)科龙电器作为上市公司,向社会公众提供了虚假的财会报告,实际上剥夺了社会公众和股民对科龙电器真实财务状况的知情权,给社会公众和股民以错误的诱导,客观上严重损害了股民的利益。

(2)虚假财会报告和股东的损失存在因果关系。一般而言,虚假财务报告虚假的成份小,损失小;虚假的成份大,则损失大。在具体损失数额难以计算的情况下,没必要拘泥于数额的计算。本案中深圳证券交易所出具的统计表,证实自2005年5月9日科龙电器因涉嫌违反证券法规被中国证监会立案调查而发布董事会决议后,科龙电器的股价连续三天(2005年5月10日至12日)下跌,价格由2.93元跌至2.48元,其中5月11日跌停,5月12日跌至历史最低点。

(3)关于因提供虚假财会报告而严重损害股东利益的问题,经查,科龙电器被宣布立案调查之后,股价连续三天下跌,说明立案调查是下跌的主要原因,可以认定为严重损害了股东的利益。

控方提供的证实科龙电器股民损失的证人陈焕平、陈艳桃的证言因存在下列程序问题,不予采信:由相同的侦查人员在相同的时间、地点对不同的证人提取证言,且连续询问的时间超过25个小时。

对被告人顾雏军提出的控方没有证据证实科龙电器年报所导致的确切损害后果、顾雏军的辩护人提出的控方证实科龙电器虚报的利润额的证据不足的意见理由充分,予以采纳。

对被告人刘科的辩护人提供的证据,予以采信,但该证据不影响对本罪的认定。

对被告人晏果茹的辩护人申请出示的证据予以采信,但该证据不影响对本罪的认定。

对指控的挪用资金罪,评析如下:

第一,起诉书指控被告人顾雏军指使被告人张宏挪用科龙电器人民币2.5亿元及挪用江西科龙人民币4 000万元,用于注册扬州格林柯尔的基本事实清楚,证据确实充分,予以认定。理由如下:

首先,关于"本单位资金"的问题。第一,挪用2.5亿元中的"本单位资金"问题:2003年6月18日中国银行电汇凭证证明,2.5亿元从广东科龙冰箱有限公司划入江西科龙,但科龙电器2003年6月18日《用款申请单》证明因业务需要转款2.5亿元到江西科龙,且注明该笔资金"由广东科龙冰箱户划出"。该申请单申请人、审核人、批准人三栏签名分别为"施准""李蕾""姜源",并由刘从梦签名批注"请严格控制在6月底转回",林玉国经财务总监李志成授权也在该申请单签字。以上各人均在科龙电器任职,虽然刘从梦是广东科龙冰箱的董事长和法人、姜宝军是广东科龙冰箱的董事和总经理,整个申请用款过程却没有广东科龙冰箱的财务人员参与,况且江西科龙也于收到该2.5亿元几天后共归还科龙电器2.5亿元,据此,可以认定该2.5亿元实质上属于科龙电器,对顾雏军而言系本单位资金,而张宏在资金流转的中间环节起一定作用,成立共犯。另一方面,虽然被告人姜宝军作为广东科龙冰箱的董事并参与了调拨资金,公诉机关却没有指控姜宝军参与挪用该2.5亿元,仅指控被告人顾雏军指使被告人张宏挪用,即使该2.5亿元从实际操控方面不能认定为顾雏军"本单位"资金,但现有证据足以认定顾雏军指示姜宝军挪用本单位资金,顾雏军作为犯意的提出者和指挥者,在挪用资金犯罪中起主要作用,虽然符合身份资格的姜宝军没有被起诉,但顾雏军、张宏作为挪用该2.5亿元的共犯也应予以认定。第二,挪用4 000万元中的"本单位资金"问题:被告人张宏作为江西科龙的法人和董事长,对张宏而言,江西科龙的4 000万元属于本单位资金无疑,而被告人顾雏军作为科龙电器的董事长,且科龙电器占江西科龙60%的注册资本金,虽然在形式上难以认定该4 000万元为顾雏军"本单位"资金,但由于科龙电器拥有江西科龙过半的股份,张宏是受科龙电器的委派就任江西科龙的董事长和法人,科龙电器董事会于2006年1月20日出具证明亦证实江西科龙由顾雏军和张宏负责资金方面的划拨,且被告人张宏的供述和证人翟小明、金立民、高国平等人的证言均证实顾雏军实际操控了该次以及江西科龙的资金调拨,因此,该4 000万元对顾雏军也可以视为"本单位"资金。

其次,关于资金流向的问题。根据书证材料证实,按照顾雏军筹款注册扬州格林柯尔公司的指示,江西科龙从叠山路招行贷款4 000万元,并与科龙电器的2.5亿元、江西发达思家电有限公司的0.21亿元、深圳格林柯尔的1.1亿元以及江西格林柯尔向扬州中行的贷款3.82亿元共计8.03亿元全部汇入天津格林柯尔的扬州中行608账户,后将其中的8亿元划入扬州格林柯尔的验资账户。资金流向清晰,在被告人顾雏军的指使及被告人张宏的协助下,科龙电器的资金2.5亿元和江西科龙的资金4 000万元最终用于顾雏军个人注册成立扬州格林柯尔。

最后,关于资金用途的问题。该2.9亿元虽然经过天津格林柯尔,并作为天津格林柯尔代顾雏军父子的出资,但该款实际上是被被告人顾雏军挪用注册成立扬州格林柯尔,属于挪用本单位资金归个人使用,进行营利活动。该笔2.9亿元资金的走向是清晰的,其分别从广东科龙冰箱及江西科龙转入江西格林柯尔,然后进入天津格林柯尔账户,再由天津格林柯尔以代顾雏军父子出资的名义,转入扬州格林柯尔的验资账户,最终作为顾雏军个人设立扬州格林柯尔的出资款。结合被告人姜宝军、张宏的供述和相关证人的证言,该笔资金的流向完全在顾雏军的控制和指挥下,而且挪用该款项的目的明确，就是为顾雏军父子成立扬州格林柯尔筹集资金，虽然形式上经过了江西格林柯尔和天津格林柯尔的账户，且名义上是天津格林柯尔用该笔资金替顾雏军出资，并且有天津格林柯尔董事会决议，但该决议被天津格林柯尔的相关董事否定。因此，足以认定该款实质使用人是顾雏军个人。

综上所述，顾雏军挪用以上2.9亿元用于个人投资设立扬州格林柯尔的行为符合挪用本单位资金归个人使用，数额巨大的情形，被告人顾雏军的行为构成挪用资金罪。而被告人张宏在广东科龙冰箱的2.5亿元转入江西科龙之后，按照顾雏军的指示将2.5亿元和江西科龙的4 000万元共2.9亿元一起转至江西格林柯尔，因张宏不是资金使用人，且公诉机关没有指控具有身份资格的姜宝军挪用，张宏在以上资金流向的中间环节起一定的作用，应认定为起辅助作用的共犯。

第二，起诉书指控被告人顾雏军指使被告人姜宝军挪用扬州亚星客车人民币6 300万元的事实清楚，证据确实充分，予以认定。理由如下：

被告人顾雏军是扬州亚星客车的法定代表人和董事长，姜宝军是该公司董事，该6 300万元属于扬州亚星客车股权的转让款，因此，该款对顾雏军和姜宝军而言均属于“本单位”资金。顾雏军、姜宝军在向扬州机电等公司借款不成的情况下，未经扬州亚星客车董事会同意，擅自以扬州亚星客车的名义向扬州机电出具《付款通知书》，将扬州机电支付给扬州亚星客车的股权转让款转汇至顾雏军、顾善鸿出资并由顾雏军任法人的扬州格林柯尔，供扬州格林柯尔使用。虽然被告人顾雏军既是扬州格林柯尔的法定代表人又是扬州亚星客车的法定代表人，但是，扬州亚星客车系股份有限公司，而扬州格林柯尔是顾雏军个人控股并实际控制的私营公司，顾雏军伙同姜宝军擅自决定挪用扬州亚星客车的6 300万元给扬州格林柯尔使用，属于个人决定以单位名义将本单位资金供其他单位使用，谋取个人利益，应当认定为挪用本单位资金归个人使用。

第三，起诉书指控被告人顾雏军指使被告人张宏挪用江西科龙9 000万元供顾雏军个人使用、挪用江西科龙7 500万元供天津格林柯尔使用，行为构成挪用资金罪的证据不足，不予认定。理由如下：

首先，指控9 000万元的资金使用人为顾雏军与事实不符，书证材料显示,该笔款项是天津格林柯尔作为股东投资江西格林柯尔的注册资本金,而不是归顾雏军个人使用。其次,9 000万元及7 500万元的用款人是天津格林柯尔,现有证据证实天津格林柯尔的注册地在英属群岛,但控方没有提供该厂的注册资料,其股份情况不明。现有证据仅证实,顾雏军是天津格林柯尔的法定代表人,没有证据证实顾雏军在天津格林柯尔拥有股份或者谋取了个人利益。最后,控方也不能证实顾雏军、张宏以个人名义将以上款项给天津格林柯尔使用。故此,认定该部分事实属于挪用本单位资金归个人使用的证据不足。

第四,起诉书指控被告人顾雏军、张宏、曾俊洪挪用江西科龙资金人民币4 080万元、深圳市科龙采购有限公司资金人民币8 960.03万元、广东科龙配件有限公司资金人民币9 741.222万元进行非法活动的事实不清,证据不足,不予认定。理由如下:

虽然,认定通过济南三爱富、天津立信、天津祥润走账有一定的证据。被告人张宏的供述和证人高国平、翟小明、金立民的证言均证实是通过济南三爱富、天津立信、天津祥润走账。此外,济南三爱富销售部经理隋广胜证实:签订合同时双方已事先约定货物不需要经过济南三爱富中转,且收取了9万元的好处费。天津立信、天津祥润的法人李连德亦证实:广东科龙配件和深圳科龙采购的每一笔资金打入天津立信和天津祥润账户的当天,即被转至深圳格林柯尔采购中心,转款后才签订购销合同,且天津立信、天津祥润在材料送货签收单和材料退货确认单上加盖了公章,后来又收取王江洪代张宏转交的20万元。根据隋广胜、李连德的证言可证实济南三爱富和天津立信、天津祥润仅仅是作为签订合同的一方当事人,资金转入三公司后即被转至格林柯尔采购中心,公司从中收取一定的手续费。

但是,认定在中国大酒店开会预谋填补江西科龙资金缺口等事实的证据不足。被告人张宏供述,2005年3月底,其与顾雏军、晏果茹、刘从梦、方志国、胡晓辉六人在中国大酒店开会,商量以预付款的方式通过济南三爱富等公司走账,填补江西科龙6.37亿元的资金缺口。但被告人张宏供述的该事实没有顾雏军、晏果茹、方志国、胡晓辉等五人的言词印证。而证人高国平、翟小明、金立民关于江西科龙账上有6.37亿元缺口的证言又均来源于被告人张宏，属传来证据，且证人刘从梦出庭作证也称该会议因人不齐没有开成。再者，既然认定以预付款的方式通过走账填补资金缺口，但转出的资金是否回到江西科龙填补资金缺口亦不清楚。因此，现有证据无法证实顾雏军、张宏等人在中国大酒店共同商量以预付款的方式通过供应商走账以填补资金缺口的事实。

而且，签订的合同已部分履行。济南三爱富先后与江西科龙、广东科龙空调器有限公司和海南格林柯尔环保工程有限公司、格林柯尔制冷剂（中国）有限公司（即天津格林柯尔）签订工业品买卖合同（即 4 080 万元的合同），广东科龙空调器有限公司也证实于 2005 年 5 月确收到制冷剂 78.3 吨（按合同价约价值 1 064.88 万元），但制冷剂是否由济南三爱富发货不能判定（但天津格林柯尔生产部经理王文颀证实该 78.3 吨是由天津格林柯尔发货，他在发货单上的“托运人”填写为济南三爱富，即不是由济南三爱富发货）；天津立信先后与深圳市科龙采购有限公司、格林柯尔采购中心签订合同（即 8 960.03 万元合同），深圳市科龙采购有限公司于 2005 年 5 月收到天津立信存放在广州兴攀金属加工有限公司（以下简称兴攀公司）仓库的材料 58.8 吨货物（价值 305 936.4 元，入库通知为 1 100 吨，余货已办理了退货手续），但深圳科龙提货时，兴攀公司称该批货物仍属格林柯尔，且格林柯尔尚欠兴攀公司的货款，因而不同意发货；天津祥润先后与广东科龙配件有限公司、格林柯尔采购中心签订合同（即 9 741.222 万元合同），广东科龙配件有限公司证实于 2005 年 6 月收到天津祥润 95.64 吨（合同约定含税单价 6 747 元/吨，共价值 645 283.08 元）和 139.8 吨材料入库的通知，广东科龙配件有限公司提取了其中 95.64 吨货物，而另外的 139.8 吨货物由于格林柯尔和天津祥润没有办理经兴攀公司仓库确认的转仓手续，该批货物仍记在格林柯尔采购公司名下，且由于格林柯尔尚欠兴攀公司的货款，因而兴攀公司不同意发货，广东科龙配件有限公司不能提取该 139.8 吨货物，且证人刘哲（广东科龙配件有限公司经营部部长）、黄凯鸣（供应部）和何丽芳的证言证实，广东配件有限公司向天津祥润支付货款后，于 2005 年 4 月至 5 月收到 95.64吨货物。综上，4 080 万元的合同和 9 741.222 万元的合同均有部分履行，8 960.03万元的合同也已发货 55.81 吨，广东科龙配件有限公司亦于

2005年7月5日向天津祥润发出了《关于尽快履行合同交货的函》,要求天津祥润在合同期供货,公诉机关提交的证据不足以推翻合同部分履行的事实,而各被告人被公安机关拘留后,该三笔资金对应的合同仍然在履行期(2005年5月1日至8月31日)。

况且,现有证据不能证实资金使用人、资金使用情况、资金流向情况及三被告人在其中所起的作用;起诉书和庭审中,控方均没有说明非法活动的具体内容,亦没有此方面的证据。

综上所述,起诉书指控的该三宗挪用资金事实不清,证据不足,不予认定。

对被告人顾雏军的辩护人提供的有关挪用资金的证据,予以采信,但该证据不影响本院以上的认定。

对被告人张宏的辩护人向法庭提交的证实江西科龙财务部由科龙电器垂直管理、张宏无指挥权、没有直接划款的权力,公司财务章、法人章分别由其他人保管的证据,经查,因本案中有大量的证据证实江西科龙的非正常资金划拨由顾雏军控制,该证据所证实的事实与本院查明的事实基本相符,但是,张宏虽然对江西科龙的财务不具有绝对的领导权和独立划拨资金的权力,但其作为江西科龙董事长兼总裁仍然对公司的全面事务具有管理权,包括公司的财务及大额资金的划拨,在案件事实中,张宏是得到顾雏军划拨资金指令的第一人,负责传达顾雏军的指示并组织具体实施资金的划拨事宜,故张宏在顾雏军划拨非正常资金的过程中起到了一定的帮助作用。对张宏的辩护人提供的该证据酌情予以采纳,但不影响对张宏构成挪用资金罪共犯的认定。

对被告人张宏提出的其无权决定江西科龙的资金划拨的意见,与事实相符,予以采纳。

对被告人顾雏军、张宏及其辩护人关于指控的当事人挪用江西科龙资金9 000万元及7 500万元不成立的辩解和辩护理由予以采纳。

对被告人顾雏军、张宏、曾俊洪及其辩护人关于指控当事人挪用江西科龙资金人民币4 080万元、深圳市科龙采购有限公司资金人民币8 960.03万元、广东科龙配件有限公司资金人民币9 741.222万元不成立的辩解和辩护理由予以采纳。

对挪用资金部分,被告人及其辩护人的其他辩解和辩护意见,不予采纳。

起诉书指控被告人顾雏军、姜宝军构成职务侵占罪的事实不清，证据不足，不予认定。理由如下：

第一，由于“超大冰箱项目”存在，现有证据不能认定顾雏军、姜宝军非法占有了科龙电器的4 000万元“预缴土地款”。《扬州经济开发区管委会与广东科龙电器股份有限公司关于对开门大冰箱及其配套项目的投资协议书》、《扬州经济开发区管委会与香港科龙发展有限公司关于超大冰箱及其配套项目的投资框架协议》、《主任办公会纪要》、科龙电器以及扬州经济开发区管委会方面的证人证言等证据已足以证实，确有“超大冰箱项目”存在。用款申请书、记账凭证、收款凭证等证据证实，科龙电器已经将“超大冰箱项目”的征地费交给扬州经济开发区财政局，开发区财政局以“预交土地费”的名义收取了4 000万元。不能否认“超大冰箱项目”顺利落户扬州后，科龙电器应当可以少缴4 000万元的土地款；在“超大冰箱项目”不能落实后，科龙方面也没有丧失该4 000万元的债权。在开发区财政局收取了4 000万元之后，该4 000万元显属开发区政府所有，而不再属于科龙电器，认定4 000万元是被告人“本单位财物”证据不足，而职务侵占罪所侵犯的犯罪对象必须是行为人的本单位财物。因此，认定顾雏军、姜宝军侵占科龙电器4 000万元土地款的证据不足。

第二，由于《主任办公会议纪要》、证人汪仪仁和陈卫庆的证言以及被告人顾雏军和姜宝军的辩解均具有不可信性，现有证据不能认定4 000万元“科技发展奖励基金”是奖励给科龙还是格林柯尔。《主任办公会议纪要》明确，3 500万元用于冰箱基地建设补贴支持扬州格林柯尔，而此前形成的《关于扬州亚星客车股份有限公司股份转让的补充合同》明确该3 500万元是开发区对扬州格林柯尔收购亚星客车的奖励；而证人汪仪仁和陈卫庆的证言证实，3 500万元是作为冰箱建设发展基金奖励给投资方科龙电器的。可见关于3 500万元的奖励原因和对象表述不同。证人汪仪仁的证言证实，由于顾雏军、姜宝军一直混淆科龙与格林柯尔的关系，所以，才将3 500万元和4 000万元划给扬州格林柯尔，但根据《补充合同》将3 500万元划给扬州格林柯尔是协议明确的。被告人顾雏军、姜宝军提出，4 000万元是扬州市政府对扬州格林柯尔收购亚星客车奖励的一部分，但是根据《补充合同》，扬州市政府方面对扬州格林柯尔收购亚星的奖励只有3 500万元和5 500万元两个部分,没有4 000万元。

第三,科龙电器没有平账,认定被告人顾雏军非法占有主观故意的证据不足。虽然扬州科龙以无形资产的名义平账,但是土地购置费不属于无形资产。同时,超大冰箱项目是科龙电器的项目,协议也明确要另外设立中外合资企业负责该项目,这一项目与科龙无关,也只是合资企业还未设立,暂时由扬州科龙负责办理申请用地手续,因此,扬州科龙的平账,不能等同于科龙电器平账,而在科龙电器的财务账目上,这4 000万元土地购置费仍记为“应收款”。

第四,认定顾雏军、姜宝军个人占有4 000万元,与事实不符,而认定法人占有等同于股东占有与法律规定相违背。现有证据只能证实扬州格林柯尔占有了4 000万元。虽然扬州格林柯尔是顾雏军的个人公司,但毕竟不能把私营有限责任公司简单地等同于个人。将顾雏军的扬州格林柯尔占有认定为顾雏军个人占有,意味着否定私营有限责任公司股东职务侵占罪的成立,这明显与刑法的规定不一致。

对被告人顾雏军的辩护人提出的如下辩护意见予以采纳:1. 不能认为扬州科龙作为“预收征地费”缴纳的4 000万元与开发区财政局支付扬州格林柯尔的4 000万元奖励是同一笔资金。2. 公诉机关提供的《关于扬州亚星客车股份有限公司股份转让的补充合同》中已经将3 500万元和5 500万元奖励事项明确列明。3.《主任办公会纪要》记载的内容与《关于扬州亚星客车股份有限公司股份转让的补充合同》矛盾,《补充合同》经过扬州市政府、扬州经济开发区管委会、扬州格林柯尔三方签字盖章确认,比《主任办公会纪要》更具真实性。4. 对开门冰箱项目并不是虚构名目,有确凿书证和证人证言证明对开门冰箱项目及其用地确实存在。5. 2004年4月30日,扬州科龙交纳的4 000万元不是补交土地款。

对被告人姜宝军提出的4 000万元是预交土地款,超大冰箱项目是真实项目的辩解,控方没有足够的证据推翻该辩解。

对被告人姜宝军的辩护人提出的如下辩护意见予以采纳:1. 顾雏军、姜宝军没有侵占本单位财物的行为。2. 扬州科龙支付给扬州开发区的款项4 000万元的法律定性,应当依据财政局出具的债权凭证进行确认。3. 科龙公司在扬州设立超大冰箱项目,这是已确立的投资项目,双方已经签订了投资协议。4. 顾雏军及姜宝军不存在将本单位财物非法据为己有的行为。

本院认为,被告人顾雏军、刘义忠、姜宝军、张细汉在完善顺德格林柯尔公司注册登记手续,降低无形资产比例的过程中,虚报了货币注册资金6.6亿元,数额巨大,其行为均已构成虚报注册资本罪。起诉书指控被告人顾雏军、刘义忠、姜宝军、张细汉犯虚报注册资本罪的基本事实清楚,证据确实充分,予以认定。本案中,被告人在办理相关降低顺德格林柯尔注册资本中无形资产比例的手续时,被告人顾雏军作为顺德格林柯尔的股东,自愿将其价值9亿元的无形资产作价2.4亿元作为注册资本占公司股份的20%,无形资产的余额6.6亿元转入公司的资本公积金,没有从公司的实际资本总额中抽走,该行为虽不影响被告人罪名的成立,但在社会危害性方面与一般的虚报注册资本犯罪有一定的区别,对被告人的量刑可酌情从轻处罚;被告人犯罪行为发生时的公司法规定,以工业产权、非专利技术作价出资的金额不得超过公司注册资本的百分之二十,现行公司法将该数额提高到百分之七十,这一大幅提高无形资产在注册资本中比例的立法变迁,从侧面说明被告人在注册顺德格林柯尔时无形资产的比例过高的问题对社会的危害性已经有所降低,对被告人的量刑亦可酌情从轻处罚。在共同犯罪中,被告人顾雏军提出作案手段,签署虚假的验资所需重要文件《供货协议书》,起主要作用,是主犯,依法应按其所组织的全部犯罪处罚。被告人刘义忠是受雇佣者,在办理公司登记手续中作为公司股东的代理人,负责填写相关申请资料,联系会计师事务所递交验资所需文件,并作为公司股东代理人到工商部门办理公司登记手续,其在共同犯罪中起次要作用,是从犯;被告人姜宝军作为科龙电器的首席财务官,负责从科龙电器挪出1.87亿元以完成倒账环节,被告人张细汉是顺德格林柯尔财务章和天津格林柯尔合同专用章的保管人,对在以上验资材料上盖章的行为应负相应的法律责任,两被告人在共同犯罪中起次要作用,是从犯。故对被告人刘义忠、姜宝军、张细汉均应依法从轻处罚,同时依照相关规定,对其罚金刑可减轻处罚。被告人顾雏军为夸大科龙电器的业绩,指使被告人姜宝军、严友松、张宏、晏果茹、刘科虚增利润,向社会提供上市公司科龙电器虚假的财会报告,剥夺了社会公众和股东对上市公司真实财务状况的知情权,对社会公众作出了误导,给股东和社会造成了严重的损失,其行为均已构成违规披露、不披露重要信息罪。起诉书指控被告人顾雏军、姜宝军、张宏、严友松、晏果茹、刘科提供虚假财会报告的基本事实清楚,应认定科龙电器财会报告有虚假成份,但指控的犯罪数额证据不足,对指控的具体犯罪数额不予认定。理由是控方提供的证实犯罪数额的22份司法会计鉴定报告不能采作证据;对控方提供的证实科龙电器股民经济损失的证言因提取程序不合法,不予采信。另外,指控的罪名应变更为违规披露、不披露重要信息罪。理由是,于2007年11月6日起施行的《最高人民法院、最高人民检察院关于执行〈中华人民共和国刑法〉确定罪名的补充规定(三)》已取消了提供虚假财会报告罪,将该行为确定为违规披露、不披露重要信息罪。而其间本案正在审理当中,故本案的事实应适用该补规定进行定罪。在违规披露、不披露重要信息罪的共同犯罪中,被告人顾雏军作为科龙电器的控股股东,是犯意的提起者和行为的组织者,是主犯,依法应按其所组织的全部犯罪处罚;被告人姜宝军、张宏、严友松、晏果茹、刘科起次要作用,依法应从轻处罚。对被告人严友松的辩护人、被告人刘科及其辩护人提出的违规披露、不披露重要信息罪属于单位犯罪,六被告人构成本罪的前提是科龙电器构成本罪,公诉机关已撤回对科龙电器的起诉,没有理由再以本罪指控六被告人的意见,经查,本罪的行为主体确实是单位,但正是因为对单位处罚会损害无辜者的利益,故刑法明文规定只对其直接负责的主管人员和其他直接责任人员予以定罪处罚,该辩解和辩护意见与立法原意和刑法的明文规定不相符,不予支持。被告人顾雏军、张宏挪用江西科龙4 000万元和科龙电器2.5亿元,用于顾雏军个人注册成立扬州格林柯尔,被告人顾雏军为谋取个人利益伙同被告人姜宝军挪用扬州亚星客车6 300万元给扬州格林柯尔使用,被告人顾雏军、姜宝军、张宏的行为均已构成挪用资金罪。起诉书指控的该二宗挪用资金的基本事实清楚,证据确实充分,予以认定。在被告人顾雏军、张宏挪用资金的共同犯罪中,被告人顾雏军提出犯意,是资金使用人,应认定为主犯,依法应按其所组织的全部犯罪处罚;被告人张宏受顾雏军指使作案,且在具体实施行为中没有参与从科龙电器挪出2.5亿元这一环节,作案中张宏只是在资金流转的中间环节起一定的作用，且不是资金使用人，起辅助作用，是从犯，对其依法应减轻处罚。在被告人顾雏军、姜宝军挪用资金的共同犯罪中，被告人顾雏军提出犯意，谋取个人利益，是主犯，依法应按其所组织的全部犯罪处罚；被告人姜宝军受顾雏军指使作案，没有谋取个人利益，起次要作用，是从犯，对其依法应从轻处罚。被告人顾雏军、姜宝军、张宏一人犯数罪，依法应实行数罪并罚。起诉书指控被告人顾雏军指使被告人张宏挪用江西科龙9 000万元和7 500万元供天津格林柯尔使用，行为构成挪用资金罪的证据不足，不予认定。理由是控方没有证据证实顾雏军在天津格林柯尔拥有股份或者谋取了个人利益，也不能证实顾雏军、张宏以个人名义将以上款项给天津格林柯尔使用。起诉书指控被告人顾雏军、张宏、曾俊洪挪用江西科龙资金人民币4 080万元、深圳市科龙采购有限公司资金人民币8 960.03万元、广东科龙配件有限公司资金人民币9 741.222万元进行非法活动的事实不清、证据不足，不予认定。理由是该三宗指控的资金使用情况及资金流转情况的事实不清；控方没有指明起诉书所称的“非法活动”的具体内容，也没有此方面的证据；控方据以证实被告人挪用资金主观故意的证据不足。起诉书指控被告人顾雏军、姜宝军犯职务侵占罪事实不清，证据不足，不予认定。理由是，控方提供的证据不足以证实从扬州开发区政府划入扬州格林柯尔的4 000万元属被告人“本单位财物”；控方提供的证据不能认定4 000万元是奖励给科龙还是奖励给格林柯尔；科龙电器没有平账，证实顾雏军非法占有的证据不足；款项进入法人账户，没有证据证实款项被自然人占有，将法人占有等同于自然人占有有悖于法律规定。各被告人及各辩护人提出控方提供的前后共二十二份司法会计鉴定报告不能作证据使用的意见理由充分，予以采纳。被告人顾雏军、姜宝军及其辩护人提出的该两被告人行为不构成职务侵占罪的意见理由充分，予以采纳。被告人曾俊洪及其辩护人提出曾俊洪的行为不构成挪用资金罪的意见理由充分，予以采纳。对被告人张宏的辩护人提出张宏在挪用资金的共同犯罪中起辅助作用，是从犯，且张宏归案后积极配合司法机关，认罪态度好，应减轻处罚的意见，理由充分，予以采纳。被告人顾雏军、刘义忠、姜宝军、张细汉及其辩护人提出的该四被告人的行为不构成虚报注册资本罪的意见与事实不符，不予支持。被告人顾雏军、姜宝军、张宏、严友松、晏果茹、刘科及其辩护人提出的该六被告人的行为不构成违规披露、不披露重要信息罪的意见与事实不符,不予支持。被告人顾雏军、姜宝军、张宏及其辩护人提出的该三被告人的行为不构成挪用资金罪的意见与事实不符,不予支持。依照《中华人民共和国刑法》第一百五十八条第一款、第一百六十一条、第二百七十二条、第六十九条、第二十五条、第二十六条第四款、第二十七条、第七十二条、第七十三条、第五十二条、第五十三条,《中华人民共和国刑事诉讼法》第一百六十二条第(三)项的规定,判决如下:

一、被告人顾雏军犯虚报注册资本罪,判处有期徒刑二年,并处罚金人民币六百六十万元;犯违规披露、不披露重要信息罪,判处有期徒刑二年,并处罚金人民币二十万元;犯挪用资金罪,判处有期徒刑八年。总和刑期有期徒刑十二年,决定执行有期徒刑十年,并处罚金人民币六百八十万元。

(刑期从判决执行之日起计算。判决执行以前先行羁押的,羁押一日折抵刑期一日,即自2005年7月28日起至2015年7月27日止。罚金从判决生效之日起十日内缴纳。)

二、被告人姜宝军犯虚报注册资本罪,判处有期徒刑一年,并处罚金人民币十万元;犯违规披露、不披露重要信息罪,判处有期徒刑一年,并处罚金人民币二万元;犯挪用资金罪,判处有期徒刑三年。总和刑期有期徒刑五年,决定执行有期徒刑四年,并处罚金人民币十二万元。

(刑期从判决执行之日起计算。判决执行以前先行羁押的,羁押一日折抵刑期一日,即自2005年7月29日起至2009年7月28日止。罚金从判决生效之日起十日内缴纳。)

三、被告人张宏犯违规披露、不披露重要信息罪,判处有期徒刑一年,缓刑二年,并处罚金人民币二万元;犯挪用资金罪,判处有期徒刑二年,缓刑二年。总和刑期有期徒刑三年,缓刑四年,决定执行有期徒刑二年六个月,缓刑三年,并处罚金人民币二万元。

(缓刑考验期限,从判决确定之日起计算。罚金从判决生效之日起十日内缴纳。)

四、被告人刘义忠犯虚报注册资本罪,判处有期徒刑一年,缓刑二年,并处罚金人民币十万元。

（缓刑考验期限，从判决确定之日起计算。罚金从判决生效之日起十日内缴纳。）

五、被告人严友松犯违规披露、不披露重要信息罪，判处有期徒刑一年，缓刑二年，并处罚金人民币二万元。

（缓刑考验期限，从判决确定之日起计算。罚金从判决生效之日起十日内缴纳。）

六、被告人张细汉犯虚报注册资本罪，判处有期徒刑一年，缓刑二年，并处罚金人民币十万元。

（缓刑考验期限，从判决确定之日起计算，罚金从判决生效之日起十日内缴纳。）

七、被告人晏果茹犯违规披露、不披露重要信息罪，判处有期徒刑一年，缓刑二年，并处罚金人民币二万元。

（缓刑考验期限，从判决确定之日起计算。罚金从判决生效之日起十日内缴纳。）

八、被告人刘科犯违规披露、不披露重要信息罪，判处有期徒刑一年，缓刑二年，并处罚金人民币二万元。

（缓刑考验期限，从判决确定之日起计算。罚金从判决生效之日起十日内缴纳。）

九、被告人曾俊洪无罪。

如不服本判决，可在接到判决书的第二日起十日内，通过本院或者直接向广东省高级人民法院提出上诉。书面上诉的，应当提交上诉状正本一份，副本两份。

审判长　陈陟云

审判员　万选才

审判员　李　静

二〇〇八年一月三十日

书记员　李春嫦

书记员　徐维利

广东省高级人民法院
刑事裁定书

(2008)粤高法刑二终字第101号

原公诉机关广东省佛山市人民检察院。

上诉人(原审被告人)顾雏军,男,1959年5月5日出生于江苏省泰县,汉族,文化程度硕士研究生,住北京市朝阳区圣馨大地家园E座2206号房。原广东科龙电器股份有限公司(以下简称科龙电器)董事长、扬州科龙电器有限公司(以下简称扬州科龙)法定代表人、格林柯尔制冷剂(中国)有限公司(以下简称天津格林柯尔)法定代表人、江西格林柯尔实业发展有限公司(以下简称江西格林柯尔)董事长和法定代表人、扬州格林柯尔创业投资有限公司(以下简称扬州格林柯尔)法定代表人、扬州亚星客车股份有限公司(以下简称扬州亚星客车)法定代表人。2005年7月28日被羁押,同月29日被刑事拘留,同年9月2日被逮捕。现羁押于佛山市南海区看守所。

辩护人李贵方,北京市德恒律师事务所律师。

辩护人童汉明,广东汇联律师事务所律师。

上诉人(原审被告人)姜宝军(曾用名姜源),男,1967年2月18日出生于河南省南乐县,汉族,文化程度博士研究生,住北京市东皇城根南街11号房。原科龙电器首席财务官、扬州科龙董事、扬州亚星客车董事。因本案于2005年7月29日被羁押,同月30日被刑事拘留,同年9月2日被逮捕。现羁押于佛山市顺德区看守所。

辩护人李湖侯、万信成,广东仲马律师事务所律师。

上诉人(原审被告人)刘义忠(曾用名刘毅钟),男,1962年9月15日出生于山西省朔州市,汉族,文化程度博士研究生,住广东省深圳市南山区(粤海所)学林雅院9栋1103号房,原科龙电器董事长助理。因本案于2005年

8月2日被刑事拘留，同年9月2日被逮捕。2008年1月30日被取保候审。

辩护人蒋宏伟，北京市紫光达律师事务所律师。

上诉人（原审被告人）张细汉，男，1967年12月26日出生于湖北省阳新县，汉族，文化程度硕士研究生，住北京市展览路新华里16号院6号楼1单元1103号房，原格林柯尔环保工程（深圳）有限公司副总裁。因本案于2005年7月30日被刑事拘留，同年9月2日被逮捕。2008年1月30日被取保候审。

上诉人（原审被告人）严友松，男，1965年10月5日出生于湖北省黄冈市，汉族，文化程度硕士研究生，住北京市丰台区怡海花园恒泰园15栋1门103号房，原科龙电器副总裁。因本案于2005年7月29日被羁押，同月30日被刑事拘留，同年9月2日被逮捕。2008年1月30日被取保候审。

原审被告人张宏，男，1962年5月22日出生于北京市，汉族，文化程度大学，住天津市和平区宜昌道世家新苑2号楼1105号房。原江西科龙实业发展有限公司（以下简称江西科龙）总裁兼董事长、科龙电器董事、江西格林柯尔董事。因本案于2005年8月2日被刑事拘留，同年9月2日被逮捕。2008年1月30日被取保候审。

原审被告人晏果茹，男，1969年10月10日出生于湖南省常德市，汉族，文化程度大学，住湖北省武汉市武昌区民主路570号房，原科龙电器财务副总监。因本案于2005年7月29日被羁押，同月30日被刑事拘留，同年9月2日被逮捕。2008年1月30日被取保候审。

原审被告人刘科，男，1967年11月28日出生于湖南省，汉族，文化程度大专，住佛山市顺德区容桂街道振华路宏雅苑G座602号房，原科龙电器财务部副部长。因本案于2005年7月30日被刑事拘留，同年9月2日被逮捕。2008年1月30日被取保候审。

原审被告人曾俊洪，男，1973年12月25日出生于江西省吉安市，汉族，文化程度硕士研究生，住江西省新余市渝水区新钢苗圃村宿舍，原广东科龙配件公司副总经理、深圳市科龙采购有限公司副总经理、科龙集团采购中心总监。因本案于2005年12月25日被刑事拘留，2006年1月25日被逮捕，2008年1月30日释放。

广东省佛山市中级人民法院审理广东省佛山市人民检察院指控原审被告人顾雏军、姜宝军、张细汉、刘义忠犯虚报注册资本罪,原审被告人顾雏军、姜宝军、张宏、严友松、晏果茹、刘科犯提供虚假财会报告罪,原审被告人顾雏军、姜宝军、张宏、曾俊洪犯挪用资金罪及顾雏军、姜宝军犯职务侵占罪一案,于2008年1月30日作出(2008)佛刑二初字第65号刑事判决。宣判后,原审被告人顾雏军、姜宝军、刘义忠、严友松、张细汉不服,提出上诉。本院依法组成合议庭,经审阅案卷和上诉材料,讯问上诉人顾雏军和姜宝军,听取辩护人的辩护意见,认为本案事实清楚,决定不开庭审理。现已审理终结。

原审判决认定:

一、虚报注册资本

2001年5月,被告人顾雏军为收购科龙电器的法人股欲设立注册资本总额为12亿元的顺德市格林柯尔企业发展有限公司(以下简称顺德格林柯尔)。2001年10月22日,由顺德市容桂镇人民政府出具担保函,顺德格林柯尔在未验资、评估的情况下完成公司设立登记,取得营业执照。顺德格林柯尔的股权情况为:股东顾雏军以货币出资1.8亿元、以无形资产出资9亿元,共10.8亿元,占出资额的90%;股东顾善鸿以货币出资1.2亿元,占出资额的10%。顺德格林柯尔的注册资本总额为12亿元,其中无形资产9亿元,占注册资本总额的比例为75%;货币资金3亿元,占注册资本总额的比例为25%。

2002年4月,由于顺德格林柯尔注册资本中无形资产占75%,远高于当时法定20%的比例,顺德市工商部门不予年检。为将无形资产所占比例降至法律规定20%的标准,2002年5月14日,被告人顾雏军指使被告人刘义忠等人在顺德容桂农村信用社通过在天津格林柯尔和顺德格林柯尔账户之间四次来回转账的形式,将来自科龙电器的1.87亿元通过倒款1.5亿元、1.6亿元、1.7亿元、1.8亿元,取得了以天津格林柯尔投资顺德格林柯尔共计6.6亿元为名义的进账单。之后,由被告人顾雏军签署了一份关于顺德格林柯尔向天津格林柯尔购买制冷剂预付货款6.6亿元给天津格林柯尔虚假的《供货协议书》，被告人刘义忠将相关虚假资料交给会计师事务所验资。2002 年 12 月 23 日，顺德市工商行政管理局核准顺德格林柯尔的变更登记手续，确认了顺德格林柯尔注册资本中各股东出资方式和出资比例的变更。变更后的顺德格林柯尔的股权和注册资本情况为：股东顾雏军以无形资产出资 2.4 亿元，占出资额的 20%；股东天津格林柯尔以货币出资 9.6 亿元，占出资额的 80%。顺德格林柯尔的注册资本总额为 12 亿元，其中无形资产 2.4 亿元，占注册资本总额的比例为 20%；货币资金 9.6 亿元，占注册资本总额的比例为 80%。该注册资本的货币资金中有 6.6 亿元为虚假。

二、违规披露、不披露重要信息

由于科龙电器在 2000 年和 2001 年两年连续亏损，被证券交易所戴上"ST"的帽子，如果 2002 年还是亏损，科龙电器将退市。为了不被退市，2002 年至 2004 年间，被告人顾雏军指使被告人姜宝军、严友松、张宏、晏果茹、刘科等人以加大 2001 年的亏损额、压货销售、本年费用延后入账、作假废料销售等方式虚增利润。

据科龙电器公布的年度财务会计报告公布的数据显示，2001 年的利润总额为 -1 489 548 691 元，2002 年的利润总额为 103 919 721 元，2003 年的利润总额为 220 003 504 元，2004 年的利润总额为 -68 333 660 元。被告人顾雏军等人向社会提供上市公司虚假的财会报告，剥夺了社会公众和股东对上市公司真实财务状况的知情权，对社会作出了错误的诱导，给股东和社会造成了严重的损失。

三、挪用资金

2003 年，被告人顾雏军为了收购扬州亚星客车，指示张宏、林科等人以其父子名义申请设立注册资本为 10 亿元的扬州格林柯尔。为了筹集 8 亿元现金注册资本，顾雏军于同年 6 月 17 日至 20 日指示姜宝军等人从科龙电器调动 2.5 亿元、指示张宏从江西科龙内部划拨 4 000 万元，共筹集 8 亿元资金经天津格林柯尔转入扬州格林柯尔的验资账户，用于注册成立扬州格林柯尔。

2005年3月至4月间,被告人顾雏军指使被告人姜宝军向扬州机电资产经营管理有限责任公司(以下简称扬州机电)借款,被扬州机电法定代表人王大庆拒绝。其后,被告人顾雏军、姜宝军在没有经扬州亚星客车董事会同意的情况下,以扬州亚星客车的名义起草了《付款通知书》并交给了王大庆,要求扬州机电在2005年4月26日前支付《关于扬州柴油机有限责任公司股权转让合同书》项下应付扬州亚星客车股权转让款及部分投资分红款共6 300万元人民币,扬州机电收到该《付款通知书》后,于4月25日把6 300万元划到了指定的扬州格林柯尔账户。

原判认定上述事实,有书证、证人证言、被告人的供述等证据。

原审判决认为,被告人顾雏军、刘义忠、姜宝军、张细汉在完善顺德格林柯尔公司注册登记手续,降低无形资产比例的过程中,虚报了货币注册资金6.6亿元,数额巨大,其行为均已构成虚报注册资本罪。在虚报注册资本的共同犯罪中,被告人顾雏军是主犯,依法应按其所组织的全部犯罪处罚;被告人刘义忠、姜宝军、张细汉是从犯,依法应从轻处罚。被告人顾雏军为夸大科龙电器的业绩,指使被告人姜宝军、严友松、张宏、晏果茹、刘科虚增利润,向社会提供上市公司科龙电器虚假的财会报告,剥夺了社会公众和股东对上市公司真实财务状况的知情权,对社会公众作出了误导,给股东和社会造成了严重的损失,其行为均已构成违规披露、不披露重要信息罪。在违规披露、不披露重要信息罪的共同犯罪中,被告人顾雏军是主犯,依法应按其所组织的全部犯罪处罚;被告人姜宝军、张宏、严友松、晏果茹、刘科是从犯,依法应从轻处罚。被告人顾雏军、张宏挪用江西科龙4 000万元和科龙电器2.5亿元,用于顾雏军个人注册成立扬州格林柯尔,被告人顾雏军为谋取个人利益伙同被告人姜宝军挪用扬州亚星客车6 300万元给扬州格林柯尔使用,被告人顾雏军、姜宝军、张宏的行为均已构成挪用资金罪。在被告人顾雏军、张宏挪用资金的共同犯罪中,被告人顾雏军是主犯,依法应按其所组织的全部犯罪处罚;被告人张宏是从犯,依法应减轻处罚。在被告人顾雏军、姜宝军挪用资金的共同犯罪中,被告人顾雏军是主犯,依法应按其所组织的全部犯罪处罚;被告人姜宝军是从犯,依法应从轻处罚。被告人顾雏军、姜宝军、张宏均一人犯数罪,依法应数罪并罚。公诉机关指控被告人顾雒军指使被告人张宏挪用江西科龙资金人民币9 000万元和7 500万元供天津格林柯尔使用，行为构成挪用资金罪的证据不足，不予认定。公诉机关指控被告人顾雏军、张宏、曾俊洪挪用江西科龙资金人民币4 080万元、深圳市科龙采购有限公司资金人民币8 960.03万元、广东科龙配件有限公司资金人民币9 741.222万元进行非法活动的事实不清、证据不足，不予认定。公诉机关指控被告人顾雏军、姜宝军犯职务侵占罪事实不清，证据不足，不予认定。依照《中华人民共和国刑法》第一百五十八条第一款、第一百六十一条、第二百七十二条、第六十九条、第二十五条、第二十六条第四款、第二十七条、第七十二条、第七十三条、第五十二条、第五十三条，《中华人民共和国刑事诉讼法》第一百六十二条第（三）项的规定，作出如下刑事判决：

一、被告人顾雏军犯虚报注册资本罪，判处有期徒刑二年，并处罚金人民币六百六十万元；犯违规披露、不披露重要信息罪，判处有期徒刑二年，并处罚金人民币二十万元；犯挪用资金罪，判处有期徒刑八年。总和刑期有期徒刑十二年，决定执行有期徒刑十年，并处罚金人民币六百八十万元。

二、被告人姜宝军犯虚报注册资本罪，判处有期徒刑一年，并处罚金人民币十万元；犯违规披露、不披露重要信息罪，判处有期徒刑一年，并处罚金人民币二万元；犯挪用资金罪，判处有期徒刑三年。总和刑期有期徒刑五年，决定执行有期徒刑四年，并处罚金人民币十二万元。

三、被告人张宏犯违规披露、不披露重要信息罪，判处有期徒刑一年，缓刑二年，并处罚金人民币二万元；犯挪用资金罪，判处有期徒刑二年，缓刑二年。总和刑期有期徒刑三年，缓刑四年，决定执行有期徒刑二年六个月，缓刑三年，并处罚金人民币二万元。

四、被告人刘义忠犯虚报注册资本罪，判处有期徒刑一年，缓刑二年，并处罚金人民币十万元。

五、被告人严友松犯违规披露、不披露重要信息罪，判处有期徒刑一年，缓刑二年，并处罚金人民币二万元。

六、被告人张细汉犯虚报注册资本罪，判处有期徒刑一年，缓刑二年，并处罚金人民币十万元。

七、被告人晏果茹犯违规披露、不披露重要信息罪，判处有期徒刑一年，缓刑二年,并处罚金人民币二万元。

八、被告人刘科犯违规披露、不披露重要信息罪,判处有期徒刑一年,缓刑二年,并处罚金人民币二万元。

九、被告人曾俊洪无罪。

上诉人顾雏军上诉称:(一)其行为不构成虚报注册资本罪。顺德格林柯尔是在顺德市政府要求并出具担保函的情况下成立的,并没有欺骗工商部门;其只是指派刘从梦一人负责办理顺德格林柯尔的注册和年检手续;其指示刘从梦将其父亲拥有的顺德格林柯尔股份和其拥有的一部分股份转给天津格林柯尔与降低顺德格林柯尔无形资产比例完全无关,其从来没有同意降低无形资产比例的事,刘从梦要其批准1.87亿元使用一天以其个人的常识与降低无形资产比例无关;其签署的《供货协议书》是有效的,不是虚假协议;控方不起诉刘从梦是阴谋,刘从梦称没有与政府和工商部门谈年检方案是伪证;2002年11月,顺德格林柯尔年检时无形资产比例已经降为64%,已完全符合新公司法的要求,按照“从旧兼从轻”的原则,本案不应被追诉。(二)其行为不构成违规披露、不披露重要信息罪。压货销售不是虚假销售,而是家电行业的一种正常营销方式;司法会计鉴定无效,认定虚假财会报告罪的证据不足;适用《中华人民共和国刑法修正案(六)》,认定其犯违规披露、不披露重要信息罪不当。(三)其行为不构成挪用资金罪。综合所有直接和间接往来款项,科龙系公司欠格林柯尔系公司4.78亿元人民币的债务,江西科龙的2.9亿元是对格林柯尔的还款;刘从梦是2.5亿元的最终授权批准人,不是其指挥张宏再由张宏指挥刘从梦批准该笔往来款;6 300万元是扬州市政府决定由扬州机电对扬州格林柯尔的借款;付款通知书是伪造的。

上诉人顾雏军辩护人的辩护意见:(一)顾雏军没有虚报注册资本的故意,也没有虚报注册资本的行为,其注册资本中无形资产比例过高的问题在公司法修改后已不具有社会危害性,顾雏军的行为不构成虚报注册资本罪。1.虚报注册资本罪只能发生在公司注册登记或增加注册资本时,而顾雏军等人的行为发生在公司成立后,且从未增加注册资本。2.股权变更附带资产转换,不可能影响公司注册资本的结构,更不可能影响注册资本的数额。3.顾雏军没有虚报注册资本的故意。(1)顾雏军始终认为是变更公司股权,而不是变更公司注册资本;(2)具体操作是由刘从梦负责的,顾雏军并不知情;(3)现有的书证证明了顾雏军等人的行为只是股权转让,并不是注册资本的资产置换。4. 将1.87亿元放大为6.6亿元用作资本置换究竟是谁策划并具体组织实施的关键事实不清。5. 顾雏军等人的行为不具有社会危害性。(1)新公司法提高无形资产的比例已足以说明顺德格林柯尔注册时无形资产比例过高的问题已不具有社会危害性;(2)科龙电器被收购后良好的业绩表现,足以说明顺德格林柯尔在公司注册时存在的一些问题并未给社会造成不好的影响,顾雏军等人的行为不具有社会危害性。(二)顾雏军领导下的科龙公司并没有提供虚假财会报告的故意,也没有虚假销售提供虚假财会报告的行为,顾雏军不构成提供虚假财会报告罪,更不构成违规披露、不披露重要信息罪。1. 根据刑法从轻兼从旧原则,对顾雏军等只能适用提供虚假财会报告罪,而不应适用违规披露、不披露重要信息罪。2. 本案主要事实不清,证明科龙虚增利润以及因科龙虚假财会报告而导致严重损害的事实不清,证据不足。(1)虚增利润事实不清,不能证明科龙提供了虚假财会报告;(2)损失后果不清,不能证明股东等受到损失;(3)因果关系不清,不能证明股东或其他人的利益因为科龙电器提供虚假财会报告而受到损害。3. 一审法院认为科龙电器压货销售就是虚假销售,这种定性是错误的。(1)在法律未对压货销售的行为性质作出明确界定的情况下,一审法院不能仅凭被告人晏果茹的供述断定压货销售为虚假销售;(2)压货销售是制造行业普遍采取的一种销售方式,更是一种商业竞争的策略,不能认定为虚假销售;(3)科龙电器的压货销售有合同、有收入,是真实的销售;(4)案发后专业审计机构仍然认为科龙压货销售是真实的销售。4. 顾雏军并没有为夸大科龙销售业绩而虚假销售以及出具虚假财会报告的主观故意。(1)从被告人供述来看,仅刘科一人供述不能证明顾雏军有指使他人虚假销售的故意;(2)从相关证人证言来看,也不能证明顾雏军有指使他人虚假销售的故意。5. 对压货销售确认收入,是德勤华永会计师事务所专业审计机构的专业意见,责任应由德勤华永会计师事务所承担。(三)顾雏军不构成挪用资金罪。1. 一审判决认定顾雏军犯挪用资金罪的基本事实不清。(1)现有证据证明,科龙系公司和格林柯尔系公司之间的资金往来笔数很多,且相互交叉,一审判决并没有将这部分事实查清楚;(2)一审判决最终并没有查明所认定挪用资金的使用者。2. 关于2.9亿元,顾雏军不构成挪用资金罪。(1)一审判决认定"2.5亿元实质上属于科龙电器,对顾雏军而言系本单位资金"是错误的;(2)顾雏军并没有在广东科龙冰箱任过职,在公诉机关没有对真正的犯罪人姜宝军指控构成犯罪、一审法院没有作出有罪判决的情况下,不能以构成共同犯罪为由单独认定顾雏军构成挪用2.5亿元资金的犯罪;(3)本案没有充分证据证明顾雏军有指使他人挪用单位资金的主观故意;(4)将资金用于公司验资的活动并没有给出借单位造成任何直接或者间接上的经济损失,属于刑法第十三条规定的"情节显著轻微,危害不大"的情形,不应认为是犯罪。3. 关于6 300万元,顾雏军不构成挪用资金罪。(1)认定顾雏军指使姜宝军挪用6 300万元事实不清,证据不足;(2)顾雏军只是让姜宝军从扬州亚星客车或者是扬州机电拆借一笔资金,在主观上顾雏军并没有挪用6 300万元的故意;(3)6 300万元属扬州机电所有,而不是扬州亚星客车,不符合挪用"本单位资金"的犯罪构成要件;(4)6 300万元并没有"归个人使用或者借贷给他人",因此不符合挪用资金罪的犯罪构成要件;(5)该笔6 300万元是民事借贷行为,早已经得到生效民事判决的认可。(四)上诉人顾雏军作为科龙电器的大股东和实际控制人,在科龙重组过程中,以大局为重,以国家利益为重,牺牲和放弃重大个人利益,最终促成科龙重组的成功,避免造成重大社会损失,维护了社会稳定,对国家和社会作出了重大贡献,顾雏军在科龙重组中具有重大立功表现。

上诉人姜宝军上诉称:(一)其行为不构成虚报注册资本罪。1. 其不是"申请公司登记的人",所以其不具备犯罪主体资格。2. 其没有使用虚假证明文件办理注册资本的行为,也不存在欺骗公司登记主管部门的行为,更不存在取得公司登记的情节和事实,所以原判认定其犯虚报注册资本罪缺乏客观行为要件。1.87亿元转账凭证根本不能作为验资报告的有效合法依据,而是天津格林柯尔与顺德格林柯尔之间签订的《供货协议书》才从根本上把1.87亿元的转账额从两公司之间的往来流水额转化成了天津格林柯尔对顺德格林柯尔的投资额,从而完成了验资手续,而其对《供货协议书》不知情更未参与。3. 其没有虚报注册资本的故意。4. 顺德格林柯尔注册资本变更登记行为不具备社会危害性。(二)其行为不构成违规披露、不披露重要信息罪。1. 其不具备犯罪主体资格。2. 认定科龙电器提供虚假财会报告缺乏证据,特别是其根本不存在参与制作虚假财会报告的行为。压货销售不是虚假销售,即使压货销售可以认定为虚假销售,这些行为亦与其没有关系。3. 其不存在提供虚假财会报告罪的动机与目的。4. 无确凿证据证明科龙电器的财务会计报告严重损害股东或其他人的利益。5. 本案缺少科龙电器这一犯罪主体,程序违法且有失公正。(三)其行为不构成挪用资金罪。1. 其与顾雏军不存在挪用本单位资金归个人使用或者借贷给他人使用的行为。(1)6 300 万元所有权属于扬州机电,而非扬州亚星客车;(2)假设其与顾雏军确实挪用了属于扬州亚星客车的 6 300 万元,但其并未挪用资金归个人使用。2. 原判认定 6 300 万元未归还不符合事实,本案并未造成实际损失。3. 证人王大庆的证言不足采信。(1)《付款通知书》出具之日,《关于扬州柴油机有限责任公司股权转让合同书的补充合同》尚未签署,通知书指定的付款时间 4 月 23 日也早于《补充合同》签署的时间;(2)扬州机电在扬州格林柯尔请求借款时,出于资金安全及个人风险的考虑,采纳其律师意见,要求扬州亚星客车再出一份付款通知,这样,既满足了顾雏军提出的为扬州格林柯尔借款的要求,又为日后万一扬州格林柯尔无法归还借款,则可转而认为这是支付股权转让款,从而为扬州机电避免民事责任风险,为王大庆个人避免刑事风险;(3)王大庆的上述证言系 2006 年补充侦查时调取,而且证言笔录明确载明继续调查取证,足以说明此前侦查机关已向王大庆至少调查录取一次以上的证言,但控方却不出示,有理由相信那应当就是与其上述证言相反的符合事实真相的证言,故王大庆后期证言不足采信。

上诉人姜宝军辩护人的辩护意见:(一)姜宝军的行为不构成虚报注册资本罪。1. 虚报注册资本罪的犯罪主体必须是申请公司登记的人或单位,姜宝军不具备犯罪主体资格。2. 姜宝军没有使用虚假证明文件虚报注册资本的行为,不存在欺骗公司登记主管部门的行为,本案亦不存在取得公司登记的情节和事实,因此,原审认定姜宝军构成虚报注册资本罪缺乏客观行为要件。3. 1.87 亿元的用款报告及银行转款凭证等书证及刘义忠的供述、刘从梦和莫姝的证言等证据不能认定姜宝军具有虚报注册资本的犯罪故意。

4. 顺德格林柯尔早于2001年10月取得公司成立的注册登记,并于2002年4月顺利通过顺德当地工商行政管理部门的年检。顺德格林柯尔之所以要完善无形资产与现款投资的比例,且注册资本高达12亿元,是因为当时的公司法规定,无形资产所占比例不能超过注册资本的20%,而且有限公司对外投资的比例不能超过其注册资本的50%,公司登记主管部门有关人员因害怕其违法为顺德格林柯尔颁发营业执照的行为被人揭发要求顺德格林柯尔更正注册资本的结构与比例,而新公司法已取消上述全部限制,故顺德格林柯尔注册资本变更登记的行为不具有社会危害性。(二)姜宝军的行为不构成提供虚假财会报告罪。1. 提供虚假财会报告罪的犯罪主体只能由股份有限公司或有限责任公司构成,且只能追究直接负责的主管人员和其他直接责任人员的刑事责任,姜宝军不具备犯罪主体资格。2. 压货销售是虚假销售没有法律依据,且压货销售与姜宝军没有任何关系,姜宝军不存在提供虚假财会报告的动机与目的,无确凿证据证明科龙电器的财务报告严重损害股东利益或其他人利益,本案审判缺少科龙电器这一"犯罪"主体,程序违法,有失公正。因此,原审认定科龙电器提供虚假财会报告缺乏证据,姜宝军更不存在参与制作虚假财会报告的行为。(三)姜宝军的行为不构成挪用资金罪。1. 顾雏军、姜宝军不存在挪用资金的故意,顾雏军的动机和目的是在企业间作资金拆借。2. 6 300万元资金所有权属于扬州机电,而非扬州亚星客车,退一步说假设确实挪用了扬州亚星客车的款项,但姜宝军并未"挪用资金归个人使用",顾雏军、姜宝军不存在挪用本单位资金归个人使用或借贷给他人使用的行为。3. 6 300万元已归还,并未造成实际损失。4. 王大庆的证言不足采信,《付款通知书》出具之日《关于扬州柴油机有限责任公司股权转让合同书的补充合同》尚未签署,股权转让主合同也远未正式生效,而通知书指定的付款时间4月23日也早于补充合同签署的时间,扬州机电在扬州格林柯尔请求借款时,出于资金安全及个人风险的考虑,要求扬州亚星客车再出一份付款通知,这样既满足了顾雏军提出的为扬州格林柯尔借款的要求,又为日后万一扬州格林柯尔无法归还借款,则可转而认为是支付股权转让款,从而为扬州机电避免民事责任风险,为王大庆个人避免刑事风险。王大庆的上述证言系2006年补充侦查时调取而且证言笔录明确载明"继续”向其调查取证,足以说明此前侦查机关已向王大庆至少调查录取一次以上的证言,但控方却不出示,涉嫌故意隐匿或销毁此前的证人证言,有理由相信那应当就是与其上述证言相反的符合事实真相的证言,故王大庆后期证言不足采信。

上诉人张细汉上诉称:一审判决认定事实和适用法律错误,其无罪。1. 其没有参与来回倒账;2. 原判认定张细汉也供认直接参与了转款的全过程,其实际没有这样供认;3. 原判认定其具有虚报注册资本的主观故意错误。

上诉人刘义忠上诉称:1. 顺德格林柯尔的注册资本为 12 亿元,其中 3 亿元为现金,9 亿元以无形资产的形式投入,该注册资本经花洲会计师事务所验资,原顺德市工商局容桂分局核准注册成立顺德格林柯尔,这是一种政府行政许可,该注册资本是合法有效的,并为之后的工商变更登记提供了法律基础。2. 顺德格林柯尔申请的登记事项是股东股权变更登记,不是注册资本变更登记,且注册资本在工商变更登记前没有发生变化,工商登记行为属于行政许可行为,按照新公司法规定公司无形资产可占注册资本 70%,本案依法不构成虚报注册资本罪。3. 其未参与 6.6 亿元倒款,也不清楚《供货协议书》的真实情况,其受顾雏军等人的委托办理工商登记事宜,仅是一个“跑腿”的人,没有骗取公司登记的故意,行为不构成犯罪。请求改判无罪。

上诉人刘义忠辩护人的辩护意见:本案不符合虚报注册资本罪的犯罪构成,上诉人刘义忠不构成虚报注册资本罪。1. 顺德格林柯尔设立工商登记行为属于政府行为;2. 从注册资本数额、行政许可、因果关系及依据、法律规定、新公司法的规定等方面及未对社会或公众利益造成其他损失等方面来看,本案不符合虚报注册资本罪的犯罪构成,依法不构成虚报注册资本罪;3. 即使本案构成虚报注册资本罪,本案各被告人也不构成虚报注册资本罪;4. 刘义忠没有虚报注册资本的主观故意,客观方面也未参与制造虚假证明文件或采取其他欺骗手段虚报注册资本。

上诉人严友松上诉称:1. 一审判决认定上诉人犯违规披露、不披露重要信息罪缺乏法律基础。(1)提供虚假财会报告罪属于单位犯罪;(2)单位是否构成犯罪,应当经过正当法律程序才能作出认定。2. 上诉人被指控犯罪,缺乏虚假销售、虚增销售利润的事实基础。(1)科龙电器在客观上没有实施以虚假销售为目的的非正常压货行为;(2)科龙电器将压货销售收入计入当年主营业收入并无不当;(3)科龙电器没有进行虚假销售、虚增销售利润的主观故意,也没有证据能够证明科龙电器具有以压货方式虚假销售的策划或者动议;(4)证明上诉人具有犯罪主观故意的证据不能成立;(5)没有证据证明股东或其他人因为科龙电器年度报告虚假而遭受损失。3.上诉人不具备构成犯罪所需要的事实和条件,也不应该作为直接负责的主管人员承担刑事责任。(1)科龙电器2002、2003年财务报告与上诉人没有任何关系;(2)对于科龙电器2004年财务报告,上诉人也不是直接负责的主管人员;(3)上诉人在董事会决议上签字不能成为上诉人构成犯罪的事实依据。请求依法宣告上诉人无罪。

经审理查明:

一、虚报注册资本

2001年5月,上诉人顾雏军为收购科龙电器的法人股欲设立注册资本总额为12亿元的顺德格林柯尔。2001年10月21日,原顺德市容桂镇人民政府为顺德格林柯尔出具担保函,要求原顺德市工商局容桂分局先颁发营业执照,后由顺德格林柯尔补办验资、评估等手续。次日,顺德格林柯尔凭该担保函在未验资、评估的情况下完成公司设立登记,取得营业执照。同年11月,经顺德花洲会计师事务所验资,顺德格林柯尔的股权情况如下:股东顾雏军以货币出资1.8亿元、以无形资产出资9亿元,共10.8亿元,占出资额的90%;股东顾善鸿以货币出资1.2亿元,占出资额的10%。顺德格林柯尔的注册资本总额为12亿元,其中无形资产9亿元,占注册资本总额的比例为75%;货币资金3亿元,占注册资本总额的比例为25%。

2002年4月,由于顺德格林柯尔注册资本中无形资产占75%,远高于当时法定20%的比例,原顺德市工商部门不予年检。为将无形资产所占比例降至法律规定20%的标准,尚需筹集实缴货币资金6.6亿元以置换注册资本中55%的无形资产。2002年5月14日,上诉人顾雏军指使上诉人刘义忠、姜宝军、张细汉等人在顺德容桂农村信用社,将来自科龙电器的1.87亿元通过在天津格林柯尔和顺德格林柯尔账户之间来回倒账的形式，取得以天津格林柯尔投资顺德格林柯尔共计6.6亿元的进账单，当天又将1.87亿元通过天津格林柯尔转回科龙电器。之后，负责联系验资的刘义忠被多家会计师事务所以该进账单没有形成余额为由拒绝提供验资。2002年5月27日，原顺德市人民政府容桂区办事处出具《关于顺德市格林柯尔企业发展有限公司年检事宜的函》，希望工商部门考虑顺德格林柯尔和科龙电器的实际情况，在政策允许范围内暂准许顺德格林柯尔办理当年的年检手续，同时要求顺德格林柯尔务必于2002年11月30日前严格按企业工商登记注册的规范要求，完善注册登记手续。原顺德市工商部门遂于同年5月30日为顺德格林柯尔办理了年检手续。为了完善注册登记的相关手续，2002年10月，上诉人刘义忠找到广东公诚会计师事务所办理该笔出资的验资业务，该所要求顺德格林柯尔向银行发函询证天津格林柯尔缴存出资6.6亿元的情况，由于天津格林柯尔缴存出资到顺德格林柯尔账户的四次进账共计6.6亿元在当天即转回天津格林柯尔，对账单上没有余额，银行拒绝在询证函上盖章。广东公诚会计师事务所要求刘义忠提供6.6亿元在当天转回天津格林柯尔的依据。为伪造这一依据以骗取验资从而骗取工商登记，在预付款为虚假的情况下，上诉人顾雏军签署了一份关于顺德格林柯尔向天津格林柯尔购买制冷剂预付货款6.6亿元给天津格林柯尔的《供货协议书》，时间倒签为同年5月12日。上诉人刘义忠填写了顺德格林柯尔"收到天津格林柯尔投资款人民币6.6亿元"的收据，科龙电器总裁刘从梦在收据上加盖顺德格林柯尔的公章。上诉人刘义忠将该《供货协议书》及收据等材料提交给广东公诚会计师事务所，后该所凭借以上相关资料为顺德格林柯尔出具了验资报告，认定顺德格林柯尔原股东顾善鸿将其持有的10%股权计1.2亿元及股东顾雏军将其持有的70%股权计8.4亿元，共9.6亿元，转让予新股东天津格林柯尔，其中属于以无形资产出资的6.6亿元由天津格林柯尔以货币性资产置换。2002年12月16日，上诉人刘义忠受股东顾雏军等人的委托凭该验资报告及虚假的天津格林柯尔投资顺德格林柯尔的董事会决议、股东决议等文件到原顺德市工商行政管理局办理申请顺德格林柯尔的变更登记手续，原顺德市工商行政管理局于同年12月23日核准变更登记，确认了顺德格林柯尔注册资本中各股东出资方式和出资比例的变更,即顺德格林柯尔的注册资本总额为12亿元,其中股东顾雏军以无形资产出资2.4亿元,占注册资本总额的比例为20%;股东天津格林柯尔以货币资金出资9.6亿元,占注册资本总额的比例为80%。该注册资本的货币资金中有6.6亿元为虚假。

2003年4月23日,顺德格林柯尔向原顺德市工商行政管理局提交2002年度年检报告书,原顺德市工商行政管理局于同年4月26日在登记主管机关审核表上加盖了"经年检合格"的印章,再次确认了顺德格林柯尔2002年股东变更及股东出资方式和比例的变更。

上述事实,有检察机关提交,并经一审庭审质证、认证的下列证据予以证明:

1. 天津格林柯尔2002年5月8日的董事会决议一份,证明天津格林柯尔投资顺德格林柯尔9.6亿元人民币,拥有该公司80%的股权。经上诉人顾雏军辨认,董事会决议上顾雏军的签名是他本人签署。经方志国、张宏、严有松、黄冬、胡晓辉、刘为民辨认,他们没有参加此次董事会,没有在决议上签名,没有委托他人签名,也没有见过此份决议。且刘为民证实其于2000年至2005年8月保管天津格林柯尔档案资料期间没有保管和见过该协议。

2. 顺德格林柯尔2002年5月30日的变更登记申请书一份,证明顺德格林柯尔的变更登记情况。经上诉人顾雏军辨认,该申请书不是他填写的,股东和法定代表人顾雏军的签名不是他的签名;经上诉人刘义忠辨认,该申请书除法定代表人不是其签名之外,其他内容是其受法定代表人委托签写并交给工商部门办理顺德格林柯尔的变更手续。

3. 顺德格林柯尔和天津格林柯尔2002年12月16日的委托书一份,上有顾雏军和天津格林柯尔方志国的签名,盖有天津格林柯尔的公章,证明委托刘义忠办理顺德格林柯尔的变更登记手续。经上诉人顾雏军辨认该委托书上顾雏军的签名不是他签署。

4. 顺德格林柯尔和天津格林柯尔2002年12月16日的法定代表人任职书一份,上有顾雏军和天津格林柯尔方志国的签名,盖有天津格林柯尔的公章,证明选举顾雏军为顺德格林柯尔法定代表人。经上诉人顾雏军辨认顾雏军的签名不是他签署。

5. 顺德格林柯尔 2002 年 6 月 16 日的股东决议一份，上有顾雏军、顾善鸿、方志国的签名，盖有天津格林柯尔的公章，证明天津格林柯尔出资 9.6 亿元占有顺德格林柯尔 80% 的股份，顾雏军出资 2.4 亿元占有顺德格林柯尔 20% 的股份，顾善鸿不再持有顺德格林柯尔股份。经上诉人顾雏军辨认，该份股东决议上顾雏军的签名是他签署；经证人方志国辨认，该股东决议上方志国的签名不是他签署，他也没有委托他人签名；经证人黄冬辨认，资料上所盖的“格林柯尔制冷剂（中国）有限公司”的公章不是由他加盖的，也不是其保管的天津格林柯尔的公章加盖；经证人顾善鸿辨认，该文件上“顾善鸿”的签名应该是他本人签署。

6. 法人授权委托证明书一份（存根），上有法定代表人顾雏军的签名，盖有顺德格林柯尔的公章，证明授权刘义忠办理顺德格林柯尔股东变更手续。经上诉人顾雏军辨认，法定代表人顾雏军的签名是他本人签署。

7. 顺德格林柯尔公司章程一份，上有顾雏军的签名，盖有天津格林柯尔的公章。经上诉人顾雏军辨认，该份章程是刘从梦提供给他签署，用于注册顺德格林柯尔。

8. 天津格林柯尔（甲方）与顺德格林柯尔（乙方）于 2002 年 5 月 12 日签署的《供货协议书》（甲方由天津格林柯尔盖章，没有法定代表人签字，乙方由顾雏军签字，没有顺德格林柯尔的公章），证明天津格林柯尔向顺德格林柯尔供应制冷剂合计金额 8.858 亿元，顺德格林柯尔支付天津格林柯尔 6.6 亿元作为货物预付款。经上诉人顾雏军辨认，该《供货协议书》由刘从梦提供给他签署，为从法律上完善顺德格林柯尔的注册手续使用；经上诉人刘义忠辨认，该《供货协议书》由顾雏军提供给他交给会计师事务所用于股东变更；经证人方志国辨认，天津格林柯尔没有签订过此份《供货协议书》，他也没有安排天津格林柯尔按此协议书生产过制冷剂，也没有发货至顺德格林柯尔；经证人黄冬辨认，其没有见过此份《供货协议书》，该协议上的天津格林柯尔公章与其保管的天津格林柯尔公章不一致。

9. 顺德容桂农村信用社 2002 年 5 月 14 日的进账单四份、对账单一份，证明天津格林柯尔于当日转款 1.7 亿元、1.6 亿元、1.8 亿元、1.5 亿元到顺德格林柯尔,单证盖有天津格林柯尔的财务章、顾雏军的法人章,单证注明是"顾雏军投资顺德格林柯尔公司款"。上诉人刘义忠对上述单证进行了辨认,证实是受顾雏军的口头委托交给广东公诚会计师事务所和顺德工商局用于办理股东变更验资共6.6亿元的进账单和对账单。进账单上注明的"顾雏军投资顺德格林柯尔公司款"是按顾雏军指示加注的。

10. 专利技术使用权投资作价协议一份,上有顾雏军、方志国的签名以及加盖天津格林柯尔的公章,证明专利技术使用权评估价剩余的6.6亿元,顾雏军同意留在顺德格林柯尔作为资本公积金。经上诉人刘义忠辨认,该协议连同顺德格林柯尔股权转让协议、顺德格林柯尔股东决议、天津格林柯尔董事会决议,均是由顾雏军提供给他提交给顺德工商局容桂分局办理顺德格林柯尔变更手续的相关资料;经证人方志国辨认,该作价协议上方志国的签名不是其本人签署,其也没有委托他人签名。

11. 原顺德市容桂镇人民政府2001年10月21日给顺德工商局容桂分局的担保函、容桂办事处2002年5月17日给顺德工商局的关于顺德格林柯尔年检事宜的函,证明顺德格林柯尔在2001年成立时,容桂镇人民政府让工商部门先颁发营业执照再补办验资、评估手续。2002年,因顺德格林柯尔无形资产比例过高凭政府函由工商部门先办理年检,但要求顺德格林柯尔于2002年11月30日前必须完善注册手续。经上诉人刘义忠辨认,上述两份函件是其负责交给工商部门的。

12. 顺德格林柯尔2002年11月6日发给天津格林柯尔的询证函一份,证明广东公诚会计师事务所在为顺德格林柯尔办理验资业务时,要求天津格林柯尔证实天津格林柯尔对顺德格林柯尔缴纳出资后当天将出资转回所形成的供货预付款6.6亿元的真实情况。经上诉人刘义忠辨认,询证函内容由其签写;经证人刘从梦辨认,文件中顺德格林柯尔的公章是其根据顾雏军签订的供货协议书加盖,上述资料是刘义忠办理工商注册登记所需资料;经证人黄冬辨认,资料上所盖的"格林柯尔制冷剂(中国)有限公司"的公章不是由他加盖的,也不是他保管的天津格林柯尔公章加盖形成。

13. 顺德格林柯尔发给顺德容桂农村信用社的银行询证函一份,证明广东公诚会计师事务所在为顺德格林柯尔办理验资业务时,曾要求该公司向顺德容桂农村信用社发函询证天津格林柯尔向顺德格林柯尔缴存出资6.6亿元的情况,但顺德容桂农村信用社没有为该询证函盖章。经上诉人刘义忠辨认,信用社拒绝盖章。经证人刘从梦辨认,上述文件上顺德格林柯尔公章是其根据顾雏军签订的供货协议书加盖的,上述资料是刘义忠办理工商注册登记所需资料;经证人黄冬辨认,资料上所盖的"格林柯尔制冷剂(中国)有限公司"的公章不是由他加盖的,也不是其保管的天津格林柯尔的公章加盖形成。

14. 顺德格林柯尔2002年5月4日的收据一份,内容为顺德格林柯尔收到天津格林柯尔投资款人民币6.6亿元。经上诉人刘义忠辨认,收据内容由他填写,交给顾雏军完善签名手续,他再找刘从梦加盖顺德格林柯尔的公章后交给会计师事务所,用于说明顺德格林柯尔股东变更情况,真实签写时间是2002年11月初,依顾雏军指示签写汇款时间;经证人刘从梦辨认,上述文件上顺德格林柯尔的公章是其根据顾雏军签订的供货协议书加盖,上述资料是刘义忠办理工商注册登记所需资料;经原审被告人晏果茹辨认,他没有见过该份收据,没有在该份收据上签名,也没有委托过他人签名,会计栏"晏果茹"的签名不是其本人签署。

15. 上诉人姜宝军写给刘从梦转款1.87亿元到天津格林柯尔的报告和用款申请书各一份,证明2002年5月13日,姜宝军申请从科龙电器转款1.87亿元到天津格林柯尔,并注明往来款。刘从梦批示同意。经上诉人姜宝军、证人刘从梦辨认无误。

16. 天津格林柯尔分别转款1.5亿元、1.6亿元、1.7亿元、1.8亿元到顺德格林柯尔账户的四张银行转账支票和顺德格林柯尔当天转回天津格林柯尔账户1.5亿元、1.6亿元、1.7亿元、1.8亿元的四张银行转账支票以及天津格林柯尔当天转回1.87亿元至科龙电器账户的银行转账支票,证明2002年5月14日,天津格林柯尔账户有1.87亿元通过来回倒账的方式放大为6.6亿元分四次转入顺德格林柯尔账户,当天转回天津格林柯尔,又通过天津格林柯尔账户转回科龙电器账户。经证人莫姝辨认,1.87亿元转款单证由张细汉叫其填写,天津格林柯尔在顺德容桂农村信用社开户资料的内容由其填写,账户按张细汉要求开设,用途不清楚;经证人黄冬辨认,上述支票原件没有见过,支票上“顾雏军”的法人章不是其盖的,也不是其保管的天津格林柯尔的顾雏军法人章加盖形成;经证人方志国辨认,其没有在上述支票原件上加盖天津格林柯尔的财务章,上述支票加盖的财务章与他保管的天津格林柯尔原始财务章不一致。

17. 2001年11月14日,刘从梦签发给天津格林柯尔方志国的特急函,关于天津格林柯尔出资9.6亿元受让顾雏军和顾善鸿所持顺德格林柯尔80%股权的协议,且特急函注明汇出3亿元的用途更改为顾雏军和顾善鸿的投资款。经证人方志国辨认,上述书证上的签名不是其本人签署,其没有见过该股权转让协议;经证人黄冬辨认,该股权转让协议上所盖的“格林柯尔制冷剂(中国)有限公司”的公章不是由他加盖,也不是其保管的天津格林柯尔公章加盖形成;经证人顾善鸿辨认,该股权转让协议上“顾善鸿”的签名应该是他本人签署。

18. 顺德格林柯尔申请成立的工商登记资料,证明顺德格林柯尔设立时的股权情况如下:股东顾雏军以货币出资1.8亿元、以无形资产出资9亿元,共10.8亿元,占注册资本总额的90%;股东顾善鸿以货币出资1.2亿元,占注册资本总额的10%。顺德格林柯尔的注册资本总额为12亿元,其中无形资产9亿元,占注册资本总额的比例为75%;货币资金3亿元,占注册资本总额的比例为25%。

19. 顺德格林柯尔变更股东为顾雏军与天津格林柯尔的工商登记资料,证明顺德格林柯尔于2002年12月16日向原顺德市工商行政管理局申请变更登记,变更股东为顾雏军、天津格林柯尔,顾雏军占20%的股权,天津格林柯尔占80%的股权。注册资本中属于以无形资产出资的6.6亿元由天津格林柯尔以货币性资产置换。该变更申请经工商部门于同年12月23日予以核准登记。上诉人刘义忠受股东顾雏军等人的委托到原顺德市工商行政管理局办理申请顺德格林柯尔的变更登记手续。

20. 顺德格林柯尔变更股东顾雏军与天津格林柯尔的出资比例的工商登记资料,证明2003年5月29日经工商部门核准,变更股东出资比例,将原顾雏军占20%,天津格林柯尔占80%的出资比例,变更登记为顾雏军占60%的股权,天津格林柯尔占40%的股权。

21. 顺德格林柯尔变更名称及住所的工商登记资料，证明 2004 年 4 月 20 日核准变更企业名称为广东格林柯尔企业发展有限公司，变更住所为佛山市顺德区容桂容奇大道中 88 号容山大道八楼。

22. 顺德格林柯尔 2001 年度年检报告书，证明顺德格林柯尔于 2002 年 5 月 30 日提交年检报告通过年检情况。

23. 顺德格林柯尔 2003 年度年检报告书，证明顺德格林柯尔于 2003 年 4 月 23 日提交该年检报告书，经原顺德市工商行政管理局审批顺德格林柯尔通过年检，确认顺德格林柯尔的第一次变更申请。变更后顾雏军以专利实缴出资 2.4 亿元，占股份数的 20%，天津格林柯尔以货币实缴出资 9.6 亿元，占股份数的 80%。

24. 顺德格林柯尔 2003 年度年检报告书及 2002、2003 年度审计报告，证明顺德格林柯尔于 2004 年 4 月 20 日提交年检报告通过年检及公司 2002、2003 年度的审计情况。

25. 天津格林柯尔提供给顺德容桂农村信用社的开户资料、顺德格林柯尔提供给顺德容桂农村信用社的开户资料、科龙电器提供给顺德容桂农村信用社的开户资料。

26. 广东公诚会计师事务所对于顺德格林柯尔变更注册资本 6.6 亿元出具的验资报告及相关用于验资的资料，证明 2002 年 11 月 15 日顾善鸿将其持有的 10% 股权共计 1.2 亿元转予新股东天津格林柯尔，顾雏军将持有的 70% 股权共计 8.8 亿元转让给新股东天津格林柯尔，其中属于以无形资产（专利技术使用权）出资的 6.6 亿元由天津格林柯尔以货币性资产置换，截至 2002 年 10 月 31 日，上述股权转让及股权置换的相关法律手续已经履行完毕。关于置换专利技术使用权之货币性资产，顺德格林柯尔已用于向天津格林柯尔购买制冷剂之预付款。

27. 顺德花洲会计师事务所对顺德格林柯尔成立时注册资本出具的验资报告以及验资所使用的相关资料，证明顺德格林柯尔注册资本 12 亿元，以顾雏军专利技术出资 9 亿元，现金出资 3 亿元。

28. 广东科龙（容声）集团有限公司与顺德格林柯尔 2001 年 10 月 29 日签署的《关于科龙电器的股份转让合同》、2002 年 3 月 5 日签署的《关于广东科龙电器股份有限公司的股份转让合同书的补充合同》，证明广东科龙（容声）集团有限公司以5.6亿元的价格转让其持有的科龙电器20.6%的法人股给顺德格林柯尔，后转让价5.6亿元修改为3.48亿元。

29. 顺德康诚会计师事务所《关于对顾雏军先生委托的两项专利资产的评估报告书》，证明顺德康诚会计师事务所对顾雏军的两项专利技术评估值为91 138万元。

30. 科龙电器在工商银行容桂支行的开户资料、科龙电器在顺德容桂农村信用社的开户资料以及银行单证，证明科龙电器于2002年5月14日将1.87亿元从工商银行容桂支行账户转到顺德容桂农村信用社账户，该1.87亿元从科龙电器账户汇给天津格林柯尔时单证上注明的是往来款。

31. 科龙电器2006年3月24日出具的说明一份，证明2002年5月14日从科龙电器划款1.87亿元到天津格林柯尔没有经董事会讨论。

32. 天津格林柯尔资产负债表、利润表，证明2000年至2005年天津格林柯尔真实的资产、经营和利润情况，天津格林柯尔在2000年负债2 639万元，2001年负债2 309万多元，2002年负债2 681万多元，2001年净利润329万多元，2002年净利润300万多元。

33. 天津格林柯尔划款3亿元给顺德格林柯尔的资金来源银行单证以及记账凭证，证明天津格林柯尔自身没有资金投资顺德格林柯尔，3亿元资金来源于其他的公司。

34. 天津格林柯尔真实的财务专用章、法人章留印，证明天津格林柯尔真实的财务章、法人章与1.87亿元转款银行单证上所盖的财务章、法人章不一致。

35. 天津格林柯尔税务登记表、天津格林柯尔的公章、财务专用章、法人章印鉴备案，证明用于虚报注资单证上的天津格林柯尔印章与真实的印章不一致。

36. 天津格林柯尔叶顶红、黄冬于2006年6月9日提供天津格林柯尔公章样本、广东省佛山市公安局佛公刑技文检字[2006]18号鉴定书，证明用于虚报注资单证上的天津格林柯尔印章与真实的印章不一致，是虚假的。

37. 证人刘从梦（科龙电器总裁）的证言：顾雏军在2002年5月14日挪

用1.87亿元划到天津格林柯尔账户,是为了完善顺德格林柯尔注册资本,具体是顾叫姜宝军去操作。这笔资金当天划回来了。该笔1.87亿元的调拨没有经公司董事会讨论决定,是顾个人行为。姜宝军曾经拿过一份用款申请单给我签,并且告诉我顾雏军已经同意,我便签字同意了。之后不久,深圳格林柯尔副总裁张细汉过来,要到顺德容桂农村信用社办理转款,刘义忠告诉我说张细汉不认识银行的人想让我带路。在2002年5月份的一天,我与张细汉、姜宝军、刘义忠、莫姝、佘修仪六人到顺德容桂农村信用社,张细汉安排莫姝和佘修仪办理转款1.87亿元的事,张细汉办理转款是顾雏军安排的,因为张细汉负责顺德格林柯尔、天津格林柯尔两家公司的财务,而财务章都在他那里。转账的凭证后来应该交给刘义忠去办理验资一事。刘义忠也是由顾雏军安排办理验资。刘义忠在顺德几家会计师事务所委托验资都被对方以当天账户上没有余额和手续不完备为由拒绝办理。后来顾雏军把1.87亿元放大为6.6亿元的过程说是顺德格林柯尔向天津格林柯尔预付购买制冷剂的货款,并制作了一份《供货协议书》。这份供货协议是为了应付会计师事务所验资需要而出的。因为天津格林柯尔与顺德格林柯尔都由顾雏军控制。张细汉实际掌管顺德格林柯尔公司的财务。2002年11月份,《供货协议书》由刘义忠交给我加盖公章。相关银行询证函上的顺德格林柯尔的公章也是由刘义忠交给我盖的。我还在顺德格林柯尔收天津格林柯尔投资款6.6亿元的收据上加盖了顺德格林柯尔的公章。之后所有资料交给刘义忠用于验资,并拿验资报告办理相关注册变更手续。顺德格林柯尔的财务章由张细汉保管,法人章由姜宝军保管,公章在2002年和2003年由我保管,张细汉还保管了天津格林柯尔的合同章。顾雏军交代我要盖天津格林柯尔的公章和其他印章都找张细汉。我曾经提供资料让他们加盖公章,在深圳格林柯尔办事时见过张细汉或秘书夏巨行将天津格林柯尔合同章上"合同专用章"遮住冒充公章使用。天津格林柯尔只是生产车间,本身不对外销售,该公司的产品是通过香港格林柯尔科技控股有限公司销售。

38. 证人莫姝(深圳格林柯尔出纳)的证言:我于2000年任深圳格林柯尔出纳,2001年兼任顺德格林柯尔出纳。顺德格林柯尔的支票由我保管,公章由刘从梦保管,法人章由姜宝军保管,财务章由张细汉保管。我的工作由张细汉安排。2002年5月14日的转款是张细汉安排我去的。张要我带顺德格林柯尔和天津格林柯尔在顺德容桂农村信用社的支票和天津格林柯尔的财务章跟他去顺德。在信用社见到刘从梦、刘义忠、姜宝军,还有科龙电器一男一女两个财务人员。在办公室里张细汉让我填了九张支票。首先是天津格林柯尔转款到顺德格林柯尔的支票四张,金额分别为1.5亿元、1.6亿元、1.7亿元、1.8亿元,然后是顺德格林柯尔转款到天津格林柯尔的支票四张,金额分别为1.5亿元、1.6亿元、1.7亿元、1.8亿元,最后是天津格林柯尔转款到科龙电器金额为1.87亿元,转款凭证由刘义忠拿走。格林柯尔系公司没有掌握天津格林柯尔的公章,天津格林柯尔的合同专用章一直由张细汉保管,在办理银行及其相关业务时,张细汉让我用一张小纸条将"合同专用章"五个字遮住后加盖,这样冒充公章使用。

39. 证人孙勇(科龙电器职员)的证言:顺德格林柯尔是刘义忠联系会计师事务所进行专利评估的。工商部门提出验资报告中无形资产占注册资本比例太高,顾雏军就让刘义忠去协调,具体怎样协调不清楚。

40. 证人佘修仪(科龙电器财务科长)的证言:2002年5月14日上午,姜宝军叫我按照刘从梦审批的一份划款报告的内容去划款,将科龙电器工商银行专户中1.87亿元划到天津格林柯尔,下午将1.87亿元划回科龙电器工行账户。我将相关的银行凭证交给姜宝军,姜宝军指示划款不作会计处理。

41. 证人方志国(天津格林柯尔副总裁、董事)的证言:我没有参与天津格林柯尔投资顺德格林柯尔的董事会会议,在天津格林柯尔董事会决议、股东决议等文件上我的签名不是本人签署,所有资料上天津格林柯尔的公章不是我加盖,加盖的公章与我保管的天津格林柯尔公章不一致。天津格林柯尔本身没有销售权,其销售权属于香港8056上市公司。销售负责人是深圳格林柯尔的张细汉。天津格林柯尔没有对外投资,因为该公司2003年之前每年都亏损。

42. 上诉人严友松、原审被告人张宏、证人马海云、胡晓辉(天津格林柯尔董事)的辨认材料和证人马海云、胡晓辉的证言证实,天津格林柯尔由顾雏军任董事长并控制,方志国任副总经理管理并负责全面工作。天津格林柯尔与顺德格林柯尔应该没有签订供货协议或业务往来。天津格林柯尔一年大概有1 000吨制冷剂的生产能力。张宏、严友松、马海云、胡晓辉确认没有参加2002年5月8日天津格林柯尔出资9.6亿元人民币投资顺德格林柯尔的董事会会议，董事会决议上其四人的签名不是亲笔签名，其四人也没有委托他人履行董事的职责或代为签署有关文件。

43. 证人黄冬（天津格林柯尔职员）的证言：2002年天津格林柯尔的财务章由方志国保管，公章及法人章由我保管，都是原始印章，没有申请变更。天津格林柯尔没有向顺德格林柯尔投资，因为天津格林柯尔亏损严重。天津格林柯尔没有在顺德的银行开设账户。天津格林柯尔在1998年或1999年开过一次董事会，其余没有参加过。2002年5月8日的董事会决议上黄冬的签名不是我签署，也没有委托他人代签名。天津格林柯尔的公章只有一枚，只有顾雏军同意和批准才可以盖公章。

44. 证人刘为民（天津格林柯尔职员）的证言：我是天津格林柯尔的行政人事管理干部，天津格林柯尔从未正式召开过董事会，也没什么董事会决议。2000年至2005年天津格林柯尔的文件资料由我保管，没有见过天津格林柯尔投资顺德格林柯尔的董事会决议。

45. 证人李德煜（天津格林柯尔会计）的证言：天津格林柯尔的公章和法人章由黄冬保管，财务章由方志国保管。因为天津格林柯尔无销售权，产品由格林柯尔上市公司负责销售，天津格林柯尔与顺德格林柯尔没有业务来往。2001年后天津格林柯尔没有对外投资。2001年转入顺德的3亿元是从外面几家公司转进天津格林柯尔再转到顺德的，账上还挂着天津格林柯尔应收顺德格林柯尔3亿元，银行凭证注明划款，天津格林柯尔也没有将这3亿元转回原单位。

46. 证人顾善鸿的证言：我曾在顺德格林柯尔股东决议上签名，但没有在顺德格林柯尔任职，是顾雏军让我占干股的，不清楚顺德格林柯尔的情况。

47. 证人夏巨行（深圳格林柯尔职员）的证言：张细汉保管天津格林柯尔的合同专用章，这枚印章除了对外销售天津格林柯尔生产的制冷剂合同使用外，有时也将“合同专用章”五个字遮住作公章用。刘义忠曾提供营业执照、税务登记证、代码证等资料给我盖章，这些资料一方面用于天津格林柯尔的贷款，另一方面用于完善顺德格林柯尔验资变更。

48. 证人叶顶红(天津格林柯尔职员)的证言:天津格林柯尔只有一枚公章,我和黄冬负责保管,使用公章一般要经过顾雏军同意。保管这枚公章期间,应该被借走过,但一定要经顾雏军批准。

49. 证人卢伍根、徐志发(广东公诚会计师事务所所长、副所长)的证言证实,2001年底,刘义忠找广东公诚会计师事务所为顺德格林柯尔办理专利评估,刘义忠介绍筹建顺德格林柯尔要12亿元,现有3亿元货币资金,其余9亿元以无形资产出资。后来由于刘义忠提供的资料不全,又不同意事务所到天津格林柯尔了解情况,于是没有做这项业务。2002年9月,刘义忠将顺德格林柯尔股权变更验资业务交给广东公诚会计师事务所做,徐志发具体负责。当时刘义忠提供给了顾雏军投资顺德格林柯尔6.6亿元的进账单,出票人是天津格林柯尔。但该笔钱当天就汇走了,刘义忠说钱用于向天津格林柯尔买制冷剂了,徐志发便发询证函给刘义忠询问资金流向,之后刘义忠说天津格林柯尔已经在询证函上确认,但顺德容桂农村信用社对询证函不予确认。刘义忠又补交了《供货协议书》给徐志发,广东公诚会计师事务所据此出具了验资报告。验资报告主要内容是顾雏军和顾善鸿将持有的9.6亿元顺德格林柯尔股权转让给天津格林柯尔,天津格林柯尔汇给顺德格林柯尔的6.6亿元又汇回天津格林柯尔形成预付货款。

50. 证人黎耀强(康诚会计师事务所所长、法定代表人)的证言:2001年10月左右,刘义忠到康诚会计师事务所要求评估无形资产,并提供了两份专利证书等资料。康诚会计师事务所对两项专利评估价值人民币9亿多元,此次评估没有进行实地考察。

51. 证人陈小美、何志超(顺德花洲会计师事务所所长、工作人员)的证言证实,2001年11月的一天,刘义忠到花洲会计师事务所要求办理顺德格林柯尔的验资业务。事务所经过调查验证后,于2001年11月20日发出"顺花会所验字(2001)209号"对顺德格林柯尔设立验资报告。截至2001年,顺德格林柯尔注册资本合计人民币12亿元,其中货币出资3亿元,知识产权出资9亿元,知识产权出资金额占注册资本的比例为75%。按常规流程,应先有验资报告才能去工商局注册成立公司,成立公司后才能领取《营业执照》,当时顺德格林柯尔没有验资前就有《营业执照》了。

52. 证人罗裕添(顺德智信会计师事务所工作人员)的证言:顺德格林柯尔工作组一位中年男子拿了二项关于制冷剂的专利书面材料,要求顺德智信会计师事务所作出评估。由于该人不同意事务所到该专利的生产地天津格林柯尔验看,所以此项业务没有谈成。

53. 证人吕家旭(广东德正会计师事务所工作人员)的证言:刘义忠曾到广东德正会计师事务所洽谈评估无形资产。由于刘不同意事务所到天津格林柯尔生产基地进行调查核实,该业务没有谈成。

54. 证人罗伟明、冯家辉、曾敏玲、冯燕梅、胡健超、郭锐雄、叶伟雄、梁丽韫(顺德容桂农村信用社工作人员)的证言证实,2002 年 5 月 14 日,刘义忠、姜宝军、刘从梦、张细汉等从科龙电器工商银行账户转 1.87 亿元人民币到顺德容桂农村信用社科龙电器账户,之后将此款转入天津格林柯尔账户,再从天津格林柯尔账户转 1.8 亿元到顺德格林柯尔账户,后将 1.8 亿元转回天津格林柯尔,再转 1.7 亿元到顺德格林柯尔,又将 1.7 亿元转回天津格林柯尔,再转 1.6 亿元到顺德格林柯尔,又将 1.6 亿元转回天津格林柯尔,再次转 1.5 亿元到顺德格林柯尔,又将 1.5 亿元转回天津格林柯尔,之后连同留在天津格林柯尔账户余额共 1.87 亿元转回科龙电器账户。实际上该账户无余额。过后,刘义忠要求顺德容桂农村信用社为会计师事务所就顺德格林柯尔验资的询证函盖章,由于违反验资程序,信用社没有在询证函上盖章。

55. 证人邓显荣、罗厚光、梁冠林、吴英奇、吴文郁(顺德区工商行政管理局工作人员)的证言证实,顺德容桂镇人民政府为顺德格林柯尔出具出资担保书,内容为政府保证督促顺德格林柯尔成立后完善注册资本的资金到位。工商部门凭该担保书向顺德格林柯尔颁发了营业执照,后天津格林柯尔划给顺德格林柯尔 6.6 亿元资金替代比例过高的无形资产,又办理了变更登记。顺德格林柯尔是刘义忠办理企业设立和变更登记的。

56. 上诉人顾雏军供述:2001 年 9 月,我欲以 5.6 亿元的价格收购科龙电器 20.6% 的法人股,按照规定,收购法人股必须拥有一家注册资本大于或等于收购价款两倍的公司,我便在顺德注册成立了顺德格林柯尔,注册资本是 12 亿元,由我和我父亲顾善鸿出资,其中现金 3 亿元,我以无形资产出资 9 亿元,占注册资本的 75%。当时我委托刘义忠和刘从梦具体办理专利评估。由于无形资产出资比例过高,顺德容桂镇政府为我出具了担保函,要求工商部门为顺德格林柯尔先颁发营业执照。之后,顺德格林柯尔成功收购科龙电器。2002年初,刘义忠向我汇报顺德工商部门要求顺德格林柯尔对注册资本中无形资产比例过高的问题进行调整。我提出由天津格林柯尔收购我的部分股权和我父亲的全部股权,具体派刘从梦和刘义忠办理。后刘义忠和刘从梦告诉我要找一笔钱过账,留下一个财务记录即可,其余的事由他们去办。刘义忠请示用科龙电器账户的资金倒账。我便指示刘从梦从科龙电器划1.87亿元出去,完善顺德格林柯尔的注册资本。具体由刘从梦、刘义忠办理,我在部分文件资料上签了名。从科龙电器划出1.87亿元没有经董事会通过,只是我口头同意,没有签名。后顺德格林柯尔的股权变更为我占20%,天津格林柯尔占80%。转款及完善股权过程只是为了完善工商注册手续。

上诉人顾雏军确认天津格林柯尔与顺德格林柯尔于2002年5月12日签订的《供货协议书》和顺德格林柯尔章程中顾雏军的签名是其本人的亲笔签名,《供货协议书》是否实际履行不清楚。

57.上诉人刘义忠供述:2001年初,顾雏军、刘从梦、姜宝军和我等参与对科龙电器法人股的收购。顾雏军与顺德容桂镇人民政府商谈收购意向价是5.6亿元,因为按法律规定,对外投资不能超过本公司净资产的50%,故应设立注资为12亿元的收购主体,顾雏军打算设立以顾和顾的父亲为股东的顺德格林柯尔。由我负责与银行、政府等有关部门的联系及办理顺德格林柯尔的工商登记。初步设想以现金3亿元和专利技术作价9亿元共12亿元作为注册资金,后顺德格林柯尔按预定计划于2001年10月底注册成立,取得营业执照,并成功以3.48亿元收购了科龙电器的法人股。2002年4月年检时,工商部门不予办理,要求调整注册资本的比例,因为按规定无形资产比例不能超过20%。顺德容桂镇政府出具协助年检函给工商部门,并限顺德格林柯尔于2002年11月30日前办理相关手续。年检通过后,为完善手续,顾雏军指使将股份的80%转让给天津格林柯尔并变更股东,变更为顾雏军以无形资产出资占20%的股份,天津格林柯尔以9.6亿元的货币出资占80%的股份。注册用的3亿元是天津格林柯尔汇入顺德格林柯尔账户的，无形资产是顾雏军的两项专利技术。2002年5月中旬的一天，时任科龙电器财务督察、监事会主席的姜宝军通知我去顺德容桂农村信用社集中等深圳格林柯尔的张细汉和莫姝转款，说转款6.6亿元到顺德格林柯尔，用于替代注册资金中部分无形资产并变更相关股权。我和姜宝军、科龙电器财务佘修仪、深圳格林柯尔的张细汉、莫姝到顺德容桂农村信用社办理相关手续，具体转款手续由姜宝军、佘修仪、张细汉和莫姝办理。在容桂农村信用社，也就是同一银行同一网点，从天津格林柯尔的账户转至顺德格林柯尔，又从顺德格林柯尔转至天津格林柯尔在该行的账户，共转四次，莫姝提供了相关的进账单给我，其中有1.8亿元、1.7亿元、1.6亿元、1.5亿元，共计6.6亿元人民币。他们转达顾雏军的意思要我持这些单据找会计师事务所验资，变更注册资本的比例和股东。我认为这样不行，因为不是一次转入6.6亿元，且对账单上没有形成余额。张细汉立即打电话请示顾雏军，顾雏军指示我，对会计师事务所说转入顺德格林柯尔的是投资款，转出至天津格林柯尔的是预付货款，叫我拿进账单去验资。后我找到多家会计师事务所都因为对账单没有余额和6.6亿元转回没有依据而拒绝出具验资报告。一直拖至2002年10月底11月初，顾雏军要我继续找会计师事务所并表示会提供购销合同给我。后来，顾雏军提供了天津格林柯尔与顺德格林柯尔于2002年5月中旬关于制冷剂的购销合同给我。据我推断，顾雏军几个月内一直没有提供购销合同，在政府限期完善手续的期限届满前才提供购销合同，我对此合同持怀疑态度。广东公诚会计师事务所又要求我提供一份顺德格林柯尔收到投资款的收据。我将情况向刘从梦反映后，顾雏军打电话给我要我写一份收据交给他，于是我写了一份顺德格林柯尔收到天津格林柯尔6.6亿元投资款的收据亲自交给顾雏军，后来接王彩变的通知我将这份签了名并加盖了顺德格林柯尔财务章的收据拿回，我将该收据复印件交由刘从梦加盖顺德格林柯尔公章后交给广东公诚会计师事务所。至此，广东公诚会计师事务所出具了验资报告，我持该验资报告等材料到工商部门办理了顺德格林柯尔注册资金变更手续及股东变更手续。上述顺德格林柯尔股份转让协议、顺德格林柯尔股份决议、天津格林柯尔董事会决议均是顾雏军提供给我的，顾说是为了完善顺德格林柯尔注册资本比例问题并作变更的相关手续。供货协议和收据也是顾雏军提供的。在办理顺德格林柯尔股权变更等手续时,所有用于工商部门的申报材料是由我填报整理的。

58.上诉人姜宝军供述:2002年元旦后,我任科龙电器财务督察。在顺德格林柯尔收购科龙电器后主要负责科龙电器投资和收购方面的工作、部分财务事务的审查。顺德格林柯尔曾经变更公司股东及公司名称,但我不知道具体情况,因为相关工商手续是刘义忠办理的。2002年5月,刘从梦找我说科龙电器在工商银行专用账户上有1.87亿元,按顾雏军的指示把1.87亿元挪用一两天并让我操办,刘从梦当时只说是协助格林柯尔走银行流水,顾雏军没有直接向我下指示。我知道这不符合财务程序,因为借用上市公司的资金按程序要经董事会批准,但这笔钱没有经董事会通过。我填写了一份申请报告和用款申请书由刘从梦审批后,第二天即2002年5月14日上午,我和张细汉、莫姝、佘修仪、刘义忠从容桂工商银行将科龙电器的1.87亿元转到顺德容桂农村信用社,下午我和刘从梦、刘义忠、佘修仪、张细汉、莫姝去到顺德容桂农村信用社找到该社主任,由莫姝、佘修仪去柜台办理转账。张细汉是深圳格林柯尔的副总裁,张负责保管格林柯尔系公司的财务章,顺德格林柯尔的财务章也在他手里,所以他和我来办这事。我是由刘从梦通知去银行的,刘从梦负责安排,佘修仪、张细汉、莫姝具体操作。从科龙电器转款至天津格林柯尔由我指挥,佘修仪具体操作填单盖印章;天津格林柯尔与顺德格林柯尔间的转款由张细汉指挥,莫姝操作填单盖章。天津格林柯尔的法人章和财务章都是由张细汉保管和带到银行的。我经电话请示顾雏军同意后才将顺德格林柯尔的法人章带去银行使用。款项进出依据是什么,我不清楚。佘修仪曾问我是否做账,我口头请示刘从梦、顾雏军并建议违规操作不要入账,他们同意,所以没有入账。这件事顾雏军应该知道,顾雏军应该是幕后操纵。

59.上诉人张细汉供述:我是深圳格林柯尔副总裁,直接对顾雏军负责。顺德格林柯尔的注册由谁负责我不知道。我不清楚1.87亿元的来源,也不清楚转钱的目的。我没有经手从天津格林柯尔汇款6.6亿元到顺德格林柯尔。2001年5月,我和莫姝到顺德银行办理转款业务,是按顾雏军的指示,刘义忠通过电话叫我带上天津格林柯尔的财务章,我电话请示顾雏军后,我和刘义忠约定时间去到顺德容桂农村信用社,我在行长室跟行长聊天,天津格林柯尔汇款的事由刘义忠及莫姝在营业厅办理。当天从天津格林柯尔汇了多少钱及汇款用途我不清楚。顾雏军叫我到顺德的目的可能是看住出纳莫姝不要把该款项转走,保证该款项的安全,其他情况没有告诉我。刘义忠跟我说转款是要完善顺德格林柯尔股权的事。当时我听姜宝军说是从科龙电器转出一亿多资金,然后这笔资金在格林柯尔系公司的账户内来回转,后又回到科龙电器,但具体转款过程和金额我都不清楚。我保管天津格林柯尔的合同专用章,只有顾雏军的指示才能使用。天津格林柯尔的公章不是由我保管。在顺德格林柯尔成立时,深圳一直没有天津格林柯尔的公章。由于在深圳的银行业务中往往要使用天津格林柯尔的公章,后经请示顾雏军,顾指示需要用天津格林柯尔公章时,就把天津格林柯尔的合同专用章上的"合同专用章"五个字用白纸贴上再盖章,这样就没有"合同专用章"的字样。后来在顺德格林柯尔成立注册验资的整个过程中,刘从梦和刘义忠都打电话给我,说要盖天津格林柯尔的公章,还说要找个会盖公章的人去顺德盖章,意思是把天津格林柯尔合同专用章的"合同专用章"字样贴上再盖章以冒充天津格林柯尔的公章,刘从梦、刘义忠和我都清楚这个意思。刘从梦打电话给我,我不用请示顾雏军,刘义忠打电话给我,我就请示了顾雏军,顾雏军说他清楚刘义忠使用公章。

二、违规披露、不披露重要信息

由于科龙电器 2000 年和 2001 年连续两年亏损,被证券交易所戴上"ST"的帽子,如果 2002 年仍然亏损,科龙电器将退市。2002 年为了不被退市,根据上诉人顾雏军的指使,科龙电器在 2003 年度、2004 年度对年度报表作了相应的处理。

2002 年至 2004 年间,上诉人顾雏军为了夸大科龙电器的业绩,指使上诉人姜宝军、严友松、原审被告人晏果茹、刘科、张宏等人以加大 2001 年的亏损额、压货销售、本年费用延后入账、作假废料销售等方式虚增利润。其中 2003 年,顾雏军还指使专门成立合肥市维希电器有限公司(以下简称合肥维希公司)、武汉长荣电器有限公司(以下简称武汉长荣公司)以操作压货销售增加利润额。

据科龙电器公布的年度财务会计报告公布的数据显示,2001年的利润总额为-1 489 548 691元,2002年的利润总额为103 919 721元,2003年的利润总额为220 003 504元,2004年第一季度的利润总额为6 493 518.11元。由于会计师事务所在制作2004年年度财会报告时发现了科龙电器虚假销售的行为,对虚假销售部分没有作为销售额认定,所以2004年年度报告披露的科龙电器年度报告利润总额为-68 333 660元。上诉人顾雏军等人向社会提供上市公司虚假的财会报告,剥夺了社会公众和股东对上市公司真实财务状况的知情权,对社会作出了错误的诱导,给股东和社会造成了严重的损失。

上述事实,有检察机关提交,并经一审庭审质证、认证的下列证据予以证明:

1. 科龙电器2004、2005年对武汉长荣公司的销售出库单,科龙电器与武汉长荣公司、合肥维希公司签订的销售协议,科龙电器支付退货款的相关银行汇票及银行承兑汇票、办理退款的用款申请书,浙江国大贸易有限公司因开具增值税专用发票向科龙电器收取费用并向合肥维希公司支付剩余货款的公函,浙江国大贸易有限公司退货给科龙电器的发货单,科龙电器出具的成品出库单,科龙电器给四川省新科成制冷有限公司(以下简称四川新科成)、成都国美电器有限公司(以下简称成都国美电器)的销售清单,合肥维希公司制作的虚构合肥维希公司供货给四川新科成、成都国美电器并收到两公司货款的虚假收据,合肥维希公司制作的产品供价表,合肥维希公司给科龙电器的退票报告和退货公函,以及原审被告人刘科交给罗耀东保管的顾雏军授权刘科办理"压货"相关手续的授权委托书等书证,证明科龙电器通过武汉长荣公司、合肥维希公司进行压货销售的事实。

2. 科龙电器2002年至2005年在报刊上披露的年度报告和财务报告。

3. 科龙电器2002年至2004年压货的相关成本费用明细、2004年退货款往来明细表及2004年银行汇票、商业汇票一览表。

4. 2004年科龙电器董事会针对审计师对科龙电器出具保留意见的审计报告所涉及事项的说明,认为被出具保留意见的5.7亿元的销售属于赊销性质,是业内通行的惯例,也是一个成功的做法,对公司业务的快速增长有重要意义。

5. 2003 年 9 月 8 日科龙电器财务资源部《关于财务资源部各部级领导具体分工的通知》证实,财务资源部财务副总监晏果茹负责主持该部全面工作,对集团公司财务总监和财务督察负责,同时负责管理会计处和财务会计处的具体业务;副部长刘科负责营销财务处的具体工作。

6. 科龙电器 2005 年 4 月 28 日股东会讨论《2004 年年度报告正文》、《2004 年年度报告摘要》及《经审计的 2004 年年度财务报告》等文件的会议纪要、董事会决议以及上诉人严友松授权刘从梦签署 2005 年 4 月 28 日董事会决议的授权书。

7. 德勤华永会计师事务所对科龙电器 2004 年度的财会报告出具保留意见审计报告的说明。

8. 2005 年 5 月 9 日,科龙电器因涉嫌违反证券法规被中国证监会立案调查而发布的董事会公告。

9. 2005 年 5 月 9 日,科龙电器因于 2005 年 5 月 10 日在《中国证券报》《证券时报》上公布公告而向深圳证券交易所提出的于 5 月 10 日上午 9:30 至 10:30 停牌一小时的申请。

10. 深圳证券交易所提供的关于科龙电器股票在 2005 年 5 月 10 日至 5 月 12 日连续下跌,价格由 2.93 元跌至 2.48 元的统计查询结果。

11. 科龙电器 2002 年至 2004 年总部及各分公司压货统计表、2002 年至 2004 年年度会计报表和审计报告、2003 年年报和财务报告、2004 年年报和财务报告及关于江西科龙 2004 年压货的说明。

12. 科龙电器上报的 2004 年 12 月份出库未开票明细清单、各分公司 2004 年出库未开票明细清单。

13. 科龙电器提供的四川新科成、成都国美电器、合肥维希公司、杭州远东五金交化有限公司销售空调账套、记账凭证以及浙江国大商贸有限公司的退货资料。

14. 合肥维希公司、四川新科成 2003 年 12 月至 2004 年 12 月的销售、收款、退款资料以及武汉长荣公司 2005 年退 2004 年购买电器明细表及情况说明。

15. 科龙电器2004年销售开具的增值税专用发票明细及办理退货手续的业务凭证。

16. 江苏科龙提供的扬州金声家电销售中心2002年12月25日开具的商业承兑汇票及背书、送货单以及记账凭证、销售发票、出库单、退货总表、冲销退货申请单、2004年退货总表、2004年压货销售明细。

17. 浙江科龙销售承兑汇票、发票、销售明细、记账凭证。

18. 天津科龙与天津市正泰实业总公司(以下简称天津正泰)的销售协议、天津正泰开具的发票、记账凭证及出库单、天津正泰开具的商业承兑汇票及背书。

19. 杭州远东五金交化有限公司的工商登记资料、合肥维希公司与杭州远东五金交化有限公司销售合同、增值税专用发票、银行汇票、收货单、出库单。

20. 浙江国大商贸有限公司的工商登记资料、浙江国大商贸有限公司与合肥维希公司销售科龙空调的情况说明、2003年退回空调清单、2002年开出的商业承兑汇票、2002年与2004年销售的记账凭证和入库单、发票、付款清单。

21. 武汉长荣公司提供的2002、2003、2004年会计报表,2005年与科龙电器签订的销售协议,库存商品明细及原始凭证,主营业务收入明细,与江西科龙往来账明细及原始凭证。

22. 成都国美电器工商登记资料、采购合同书、银行承兑汇票及背书、2004年6月至10月合肥维希公司与成都国美电器销售的增值税专用发票、成都国美电器2004年与科龙电器销售的增值税专用发票、记账凭证、入库单和销货通知单、科龙电器与四川新科成销售协议、合肥维希公司与四川新科成虚假销售的增值税专用发票和产品送货单、四川新科成与科龙电器签订的销售协议、四川新科成提供合肥维希公司2004年6月开具的销售增值税专用发票、四川科成实业集团有限公司提供的科龙电器2004年8月回购2003年虚假销售部分产品的增值税专用发票、合肥维希公司产品送货单和销售增值税专用发票等。

23. 合肥维希公司、武汉长荣公司、柳州市郑鑫特利空调制冷有限责任公司(以下简称柳州郑鑫特利)、广西医疗器械工业公司(以下简称广西医疗公司)、广西梧州华光贸易有限公司(以下简称梧州华光公司)、广西天泰冷气有限责任公司(以下简称广西天泰公司)、广州市番禺沙园集团有限公司(以下简称番禺沙园公司)、深圳市夏怡投资发展有限公司(以下简称深圳夏怡公司)、佛山市顺德区容供五金交电有限公司(以下简称顺德容供公司)、广州市俊志贸易有限公司(以下简称广州俊志公司)、广州市天河科龙专业冷气商场(以下简称天河冷气商场)、东莞市泰林电器贸易有限公司(以下简称东莞泰林公司)、扬州市金声家电销售中心(以下简称扬州金声公司)、湖北武汉金石经济发展有限公司(以下简称湖北金石公司)、武汉工贸有限公司、湖北多福商贸有限责任公司(以下简称湖北多福公司)的工商资料。

24. 湖北科龙提供的凭证资料、黑龙江科龙和山西科龙的开单开票资料、湖南科龙 2003 年退货凭证和 2002 年底销售记账凭证等、广西科龙提供的 2002 年至 2004 年情况说明和年底压货明细表等、新疆科龙 2002 年和 2004 年的压货情况说明和销售明细表等、北京科龙 2002 年底压货销售的记账凭证和 2002 年的利润表等、山东科龙销售明细和 2002 年的资产负债表等、安徽科龙压货销售情况说明和压货销售明细等、湖北科龙 2002 年至 2004 年压货明细等、广州科龙 2002 年至 2003 年压货和退货明细等以及辽宁科龙与沈阳新大新电器有限公司贸易往来资料等。

25. 四川科龙与成都人民商场(集团)南充川北有限公司、四川新科成、成都铁路局电通总公司电通家电销售中心签订的销售协议、四川科龙压货情况说明、四川科龙 2002 年底压货未确认收入记账凭证和销售出库单复印件商业承兑汇票、四川科龙 2002 年底压货记账凭证、四川科龙 2003 年冲 2002 年压货和退货明细、四川科龙 2003 年退货记账凭证和销售冲回对应系统发票复印件增值税专用发票、四川科龙 2004 年压货情况说明等。

26. 德勤会计师事务所提供财会报告资料。

27. 证人李志成(科龙电器财务总监)的证言:科龙电器的销售存在问题,主要是德勤会计师事务所出具了一份保留意见的审计报告,原因是对合肥维希公司及武汉长荣公司的交易有怀疑。姜宝军没有参与 2004 年的年度财务报表的制作和审批,但他有无指使或参与2004年底虚假销售的工作不清楚。2004年的财务报告经董事会表决通过,但另一个决议即是否同意会计师的保留意见,结果是三名独董同意,六名执董不同意,会议有纪要,我作为董事会秘书在会议纪要上签了名。姜宝军在2004年7月被任命为首席财务官,他对企划发展部、财务资源部、审计监察部、深圳科龙等部门负责和管理。

28. 证人刘从梦的证言:姜宝军在科龙电器从财务督察到首席财务官,都是由顾雏军直接任命的,根本没有经过董事会的讨论通过,不符合科龙电器的程序和制度。

29. 证人李振华(科龙电器副董事长)的证言:2002年到2003年科龙电器每次召开董事会会议,我都参加,但会议从来没有讨论审议有关生产经营的问题,根本没有涉及有关虚假销售的问题。2004年的年终财务报告和审计报告都有向外界披露。2004年的年报经董事会讨论审议通过,召开会议时,大家主要讨论事务所提出的两点保留意见,看如何向深交所解释,最后董事会作出的解释我不同意,是持保留意见的。会计师事务所的保留意见出来后,我才知道有5.6亿元的压货,才开始怀疑2004年的报告有问题。

30. 证人姜道蔚、陈惠珠(德勤会计师事务所工作人员)的证言:德勤华永会计师事务所对科龙电器的2004年年报作出了保留意见,因为在审计科龙电器向两个客户合肥维希公司、武汉长荣公司的销售过程发现异常情况,即这两家公司规模小,成立时间短,销售量大且全部集中在年尾,而合肥维希公司退货频繁,2003年底合肥维希公司出具给科龙电器的票据于到期日全部不兑现。德勤所因科龙电器管理层无法对此作出合理的解释而出具保留意见。

31. 证人魏五洲(科龙电器冰箱营销本部总监)的证言:科龙电器于2003年和2004年都向合肥维希公司和武汉长荣公司作假销售,来达到虚增公司年度利润的目的。具体做法是把科龙电器的空调和冰箱在账面上做成卖给这两家公司的假象,实际上这些货物没有卖给这两家公司,而是在科龙电器的仓库中封存起来,从而形成科龙电器的销售收入,达到账面上虚增利润的目的。作虚假销售有两种后续处理方法,一种是在虚假销售的第二年,直接由合肥维希公司和武汉长荣公司在账面上退货;还有一种是由这两家公司销售一小部分。参加虚假销售的人员有晏果茹、刘科、张海军、杨绍平、冀成和我六个人。我作为冰箱营销本部总监直接对严友松负责,但科龙电器作虚假销售的事情没有向严汇报。

32. 证人张海军(科龙电器物流部总监)的证言:2004 年 12 月底,物流部接财务部通知,要将武汉长荣公司、合肥维希公司的一批冰箱、空调单独存放。这些货在 2005 年陆续发了一部分,2005 年 4 月至 7 月间,接财务部通知之前已发出的货物和剩下的货物全部按退货处理。

33. 证人罗耀东(科龙电器营销财务科科长)的证言:2003 年以压货的方式收到合肥维希公司开出的 4 亿元左右的商业承兑汇票,虚增了 7 000 万元至 8 000 万元的毛利,这些虚构的销售在次年作了退货处理。2004 年,刘科和晏果茹又指示我用同样的方法压货,不同的是这次全部压货给武汉长荣公司和合肥维希公司。每年的 12 月份下旬,管理会计科会计算出科龙电器 1 月至 12 月的真实销售情况报给晏果茹,由晏报给顾雏军,然后由顾雏军根据真实销售收入数据,通过召开会议,研究虚假销售虚增利润的事宜。

34. 证人陈小凯(科龙电器会计科科长)的证言:平时科龙电器没有与合肥维希公司和武汉长荣公司两家客户有销售或代销业务,从账面上看,只有在办理压货的时候才出现。

35. 证人石艾生(科龙电器财务会计科副科长)的证言:2003 年 12 月份,晏果茹和刘科召集我和陈小凯到晏果茹办公室,说为了完成顾雏军下达的不合理利润目标准备采取压货的方式虚增利润。晏果茹通知要压 3.5 亿元的货,当时将 3.5 亿元的货全部压到合肥维希公司。2004 年 6 月份,晏果茹通知物流部退货,物流部提供了系统的退货单,晏果茹又召集财务人员填写退货单,客户将退货发票寄到罗耀东负责的营销财务科,由营销财务科将退货发票交给财务会计科。姜宝军主要负责科龙总公司及其子公司的日常开支审批及预算。2004 年,江西科龙负责处理封存 7 万台空调的是高国平、魏斌斌。

36. 证人佘修仪的证言:2003 年和 2004 年底,科龙电器都在最后一两天要财务部门加班开具一些空调和冰箱方面的销售发票,数额巨大,大约上亿元,并且在第二年又开出红字销售发票冲销。发生退款退货的合肥维希公司不是公司的长期客户,还有武汉长荣公司,也是用来办理销售退款业务的。次年退货时,退款都由姜宝军来签署同意。

37. 证人阙海辉(科龙电器管理会计处经理)的证言:2004年12月,我与会计核算处陈小凯经理、营销财务处罗耀东经理、王亚敏副科长、石艾生副科长、财务部副部长在财务部副总监晏果茹的办公室开会,由晏果茹主持,晏说接到顾雏军的死命令,要虚增纯利3亿元,并给各部分配压货任务,这种压货是非正常压货,也就是说,在没有真正的贸易背景的情况下,由公司的各个部门协力操作,虚设货物的数量、价值,在销售方面取得业绩,虚增公司的纯利。此次压货的参与经销商是合肥维希公司和武汉长荣公司。2003年也是通过上述方法,跟维希一家公司发生压货的事情。当时,每月最后一天,管理会计科根据最后一天的日报表制作营销例会简报,简报上的内容有销量、收入、回笼等,然后在每个月的营销例会上报给顾雏军、刘从梦、严友松、姜宝军、林澜、营销部长、财务部长,由他们进行讨论。

38. 证人易桂平、黄文婷(江西科龙成品仓工作人员)的证言:2004年12月中旬,接江西科龙的通知封存了车间的71 000多套空调,后来也没有将这些空调发走。2005年2月左右,科龙总部发来要货申请单,从封存的7万多台空调中调了3万台至4万台空调到各地的中转仓,剩余的作了退货处理。

39. 证人魏斌斌(江西科龙销售财务主管)的证言:2004年封存7万多台空调由石艾生和我具体操办,高国平和张宏要求魏按照总部的意思办理。

40. 证人高国平(江西科龙财务主管)的证言:2004年12月底,科龙电器的财务副总监晏果茹打电话给我,要求江西科龙作一批空调产品的虚假发货,我请示张宏,张宏要求我按照母公司的要求做。2003年从江西科龙划了两笔资金分别到达合肥和武汉的两个账户里,当时不知是什么用途。

41. 证人霍永新(湖北格林柯尔环保节能工程有限公司副总裁)的证言:成立武汉长荣公司的资金来自江西科龙。

42. 证人陈文杰(山西科龙财务科长)的证言:2004年10月,科龙总部要求山西分公司查2002年底的虚假销售情况和资料,我才知道山西科龙有虚假销售情况。

43. 证人李伟（前任沈阳新大新电器有限公司总经理）的证言：2002 年，辽宁科龙对沈阳新大新电器有限公司的销售存在虚假成份。

44. 证人郭悦（黑龙江科龙财务科长）的证言：2002、2004 年，黑龙江科龙电器销售收入存在虚假成份。

45. 证人张艳（广西科龙财务科会计）的证言：广西科龙于 2002 年底对空调进行了开单压货的操作，共计压货 1 644 套 434 万元，涉及六家客户：广西天泰公司、柳州郑鑫特利、广西医疗公司、梧州通信、梧州华光公司、百色百环公司。由于相应的客户在公司都有余款，付款方式就是从他们的账上的余款中扣除相应的压货的金额。后续处理就是办理退货，以上压货有一小部分在 2003 年给客户提走了，其余大部分在德勤所完成 2002 年的年度审计后，于 2003 年 2 月至 4 月办理了退货。

46. 证人冯锦才、钟文胜、梁常青、高桂兰（分别为柳州郑鑫特利、梧州华光公司、广西医疗公司、广西天泰公司工作人员）的证言：广西科龙 2002 年对柳州郑鑫特利、梧州华光公司、广西医疗公司、广西天泰公司的销售存在虚假成份。

47. 证人甄森伟、颜庆华（广州科龙财务人员）的证言：广州科龙 2003 年对东莞泰林公司、天河冷气商场、顺德长实家电有限公司、顺德容供公司、深圳夏怡公司的销售存在虚假成份。

48. 证人陆英、焦洪斌、张军（分别为湖北多福公司、武汉工贸有限公司、湖北金石公司工作人员）的证言：湖北科龙 2002 年与湖北多福公司、武汉工贸有限公司、湖北金石公司的销售存在虚假成份。

49. 证人岑辉波、张雄飞、梁就开、陈乙明、谢小敏、方志群、梁丽霞（分别为顺德长实家电有限公司、天河冷气商场、顺德容供公司、深圳夏怡公司、东莞泰林公司、广州俊志公司、番禺沙园公司工作人员）的证言：广州科龙 2002、2003 年对顺德长实家电有限公司、天河冷气商场、顺德容供公司、深圳夏怡公司、东莞泰林公司、广州俊志公司、番禺沙园公司的销售存在虚假成份。

50. 证人夏斌、覃锐（广西科龙财务科长、四川科龙财务人员）的证言：广西科龙 2002 年、四川科龙 2004 年的销售存在虚假成份。

51. 证人李渝、孟辉、李剑峰、宋火红[分别为成都人民商场(集团)南充川北有限公司、成都铁路局电通总公司、成都国美电器工作人员]的证言:科龙电器2004年对成都人民商场(集团)南充川北有限公司、成都铁路局电通总公司、成都国美电器的销售存在虚假成份。

52. 证人徐力、李沁、肖明祥(分别为四川科成实业集团有限公司财务总监兼董事、四川科龙工作人员)的证言:四川科龙2002年的销售存在虚假成份。

53. 证人高霞(四川科龙工作人员)的证言:四川科龙2003年对四川新科成的销售存在虚假成份。

54. 证人申华香(湖北科龙工作人员)的证言:湖北科龙2002年对湖北多福公司、武汉长荣公司、武汉工贸有限公司及湖北金石公司的销售存在虚假成份。

55. 证人王立华(新疆科龙工作人员)的证言:新疆科龙2002、2004年对哈密新兵工贸总公司通利商场的销售存在虚假成份。

56. 证人韩立嗣(山东科龙工作人员)的证言:山东科龙2002年对山东新星购销总部的销售存在虚假成份。

57. 证人王澜、陈祖康(分别为浙江科龙、浙江国大商贸有限公司工作人员)的证言:浙江科龙2002年对浙江国大商贸有限公司的销售存在虚假成份。

58. 证人黄燕庆(杭州远东五金交化有限公司总经理)的证言:2004年合肥维希公司、科龙电器对杭州远东五金交化有限公司的销售存在虚假成份。

59. 证人谭刚(北京科龙总经理)的证言:北京科龙2002年对北京西单商场股份有限公司的销售存在虚假成份。

60. 证人夏玉梅(天津科龙工作人员)的证言:天津科龙2002年对天津正泰的销售存在虚假成份。

61. 证人张利新、袁洪建(分别为江苏科龙、扬州金声公司工作人员)的证言:江苏科龙2002年对扬州金声公司的销售存在虚假成份。

62. 证人文乐雄(湖南科龙工作人员)的证言:湖南科龙在2002年和2004年存在压货情况。

63. 证人陈焕平(科龙电器股民)的证言:我于 2004 年 7 月开始购买科龙电器的股票,当时根据科龙电器 2003 年的年报及 2004 年第一季度的报表,而且查阅了科龙电器以往的业绩,发现在顺德格林柯尔收购之前科龙电器是亏损的,收购后科龙电器的业绩变成了盈利,2002、2003 年及 2004 年第一季度均盈利,作为一名投资者,见到科龙电器在重组之后业绩明显好转,因为也只能根据科龙电器披露的年报作决定,于 2004 年 7 月 19 日至 2005 年 2 月 28 日共购入 583 600 股。2005 年 5 月 9 日,证监会公告对科龙电器涉嫌违反证券法规进行立案调查,我将大多数的科龙股票卖出去,造成重大损失。当时买入平均价每股 5.054 8 元,买入 583 600 股,金额 2 950 031.6 元,卖出平均价 2.749 5 元,金额 1 604 620.93 元,共亏损 1 345 410.67 元。

64. 证人陈艳桃(科龙电器股民)的证言:因科龙电器在 2004 年 4 月份公布的年报是盈利的,顾雏军宣称将科龙电器扭亏确实实现了,所以我开始购买科龙电器的股票。2004 年 7 月 27 日至 2005 年 2 月 3 日共购买了 334 589 股,2005 年 5 月 12 日和 5 月 24 日将全部股票卖出,共亏损 993 328.31 元。

65. 证人陈永康(科龙电器股民)的证言:2004 年 7 月,根据科龙电器在 2004 年 4 月 20 日发布的 2003 年度业绩报告及 2004 年第一季度业绩报告,购入科龙电器的股票 209 000 股,金额 1 054 914.66 元,2005 年 5 月 9 日科龙电器被证监会立案调查,即将股票陆续卖出,损失 415 037.47 元。

66. 上诉人顾雏军供述:科龙电器从 2002 年到 2004 年年报中的盈利数额都要经过董事会开会确认。德勤会计师事务所审计的盈利数额每年都和科龙电器的内部账有差距,科龙电器都按照德勤会计师事务所的审计结果为准。参加董事会议的成员有我、刘从梦、张宏、方志国、严友松、李振华、陈庇昌、徐小鲁、李公民,还有监事会成员和一部分高管(如财务总监、副总裁),但有签字确认权的只有董事会的九个人。科龙电器的确存在年底压货的情况,这个属于行业惯例,压货如果压得不准确导致将来退货从长期来看是平衡的,而且压货导致退货是不可避免的。每年的 12 月份是科龙电器的销售小旺季,要给元旦和春节备货,所以年底压货属正常现象。退货由销售部门和财务部门联合实施和监督,我在财务部门负责人和销售部门负责人的签字之后才签字批准,科龙电器从2002年到2004年的退货都是这样进行的。姜宝军在科龙电器任财务督察一职,主要负责财务方面的一些事情,他的工作与科龙电器的年、中、季报的出台无关,他只负责科龙公司内部的预算费用控制。

67. 上诉人姜宝军供述:2005年春节前后,顾雏军召集我、晏果茹、刘科、李志成、阙海辉、罗耀东等人开会,阙海辉在会上报告2004年科龙电器大致盈利1亿元,顾雏军要求将科龙电器2004年的利润在财务上由1亿多元操作成2亿元,经过讨论,顾雏军最后决定通过将费用和成本推迟到2005年结算和虚增销售收入的办法来达到增加利润的目的。虚增销售收入是通过武汉长荣公司和合肥维希公司完成的,由晏果茹、刘科和罗耀东负责。通过上述方法大约虚增了8 000万元到9 000万元的利润。顾雏军当时叫我统筹这件事,但实际上由李志成统筹。科龙电器2001年和2002年的财务报告把2002年约8 000万元的广告费提前到2001年支付,以减少2002年的开支。2004年以压货的方式虚增的销售额约2亿元至3亿元,具体操作是晏果茹、李志成、刘从梦等人负责的。科龙电器一般有季末压货、淡季压货和年终压货,这是很正常的。2004年通过武汉长荣公司和合肥维希公司的压货是不正常的。我于2004年7月被内部任命为科龙电器的首席财务官,实际上我负责广东科龙冰箱公司的生产、研发和物控等管理工作,以压货方式虚增销售收入不用请示我。我没有参与压货给武汉长荣公司和合肥维希公司的过程,2004年的财务报表不用我签字,只要顾雏军、刘从梦和李志成签字即可。

68. 上诉人严友松供述:2005年4月,科龙电器董事会召开会议,内容是2004年上市公司的年度报表,与会人员有顾雏军、刘从梦、李振华、方志国、张宏和我,另加三名独立董事陈庞昌、李公民、徐小鲁。按照顾雏军的意思,2004年科龙电器与合肥维希公司、武汉长荣公司的销售收入5.7亿元冲入该年的销售业绩,我开始提出保留意见,后来相信德勤会计师事务所的意见,就签了名。科龙电器对合肥维希公司、武汉长荣公司压货不是我安排的。我既未参与该事的策划,亦未参与该事的督促与执行,关于该事的具体情况,没有人向我汇报过,是事后根据证监会的调查才知道的。关于合肥维希公司、武汉长荣公司的压货是否属虚假销售,我不能肯定,因为二公司与科龙电器存在贸易关系。压货销售不需经过我的审批，具体由科龙电器的财务部门去操作，与我不相关。

69. 原审被告人晏果茹供述：因为科龙电器在2000年和2001年连续两年亏损，被证券交易所戴上“ST”的帽子，在2002年为了不被退市，在年度报表上作了一些特别处理，后为了消化2002年对报表所作的特别处理，科龙电器在2003年度、2004年度也对年度报表作了相应的处理。2002年度对科龙电器的年度报表做的特别处理是指：第一，加大2001年的亏损额，因为2001年科龙电器亏损已经不可改变，所以科龙电器加大了2001年亏损额，实际上是为2002年处理做好准备。第二，将公司尚未销售出去的产品押给经销商，在账务上成应收未收款，从而增加销售收入。第三，将2002年的部分费用延后入账。经过上述三种手段向社会公布的科龙电器年度报表显示是盈利的。方案的制订由我负责，但必须有物流部、营销部配合。有时也开会商讨方案的制订。由于顾雏军提出的利润目标达不到，我、刘科、营销财务科科长罗耀东、管理会计科科长阙海辉、财务会计科科长陈小凯、副科长石艾生以及空调公司经营部赵深湖、冰箱公司经营部长刘春光、配件公司的经营部刘哲等法人单位经营部长召开了一次会议，会议由我主持，会上得出方案是联系一些关系好的客户，由这些客户提供现款给科龙电器，科龙电器作假废料销售。这个方案是顾雏军审批同意的。具体客户有两家，一家叫珠海德发空调配件有限公司，一家叫珠海隆信制冷设备有限公司。销售废料的货款是由江西科龙将资金转到珠海的两家公司，再由这两家公司转到科龙电器的账户。科龙电器又将费用延期入账，这也是为了完成顾雏军很不合理的利润目标而采取的办法，由我向姜宝军请示，再由姜宝军向顾雏军汇报，经顾雏军同意后这些营销费用、维修费等才可以延期入账。最终的结果也就减少了费用，这样也给公司的融资及货款提供了方便条件，给顾雏军的个人经营能力造成一定的假象，以方便顾雏军在全国的进一步收购。2004年，顾雏军和姜宝军先后召集我、刘科和科龙电器各法人单位的经营部部长一起开会讨论如何实现顾雏军下达的不合理的利润目标。最后决定由我、刘科和科龙电器各法人单位的经营部部长出方案，报顾雏军审批，经顾雏军审批通过的方案，再交由相关部门执行。刘科提出要压货，并将压货的具体过程开会研究后,便吩咐给营销本部、营销财务部及物流本部的工作人员去做。当时由严友松召集我、刘科、空调营销总监冀成,冰箱营销总监魏五洲,物流部总监张海军在严友松的办公室开会,会上研讨出了两个方案,第一个是如何压货的具体办法,第二个是压过的货如何处理。这两个方案是经顾雏军同意后才能实施的。具体的压货工作由严友松、刘科和我负责。两个方案是:通过科龙公司的湖北分公司和安徽分公司分别压货给武汉长荣公司和合肥维希公司,具体的压货金额由刘科负责通知给科龙公司在湖北和安徽的两家分公司。年终财务报表由我和刘科等人一起汇总编制,即由科龙集团下属分公司和控股子公司将财务报表报上来后,科龙集团的财务会计负责合并汇总。对外披露的年终财务报表和审计报告是由德勤华永会计师事务所审计和编制的。姜宝军对所有的财务报表都不用签字,但他要审核。按公司法的规定,姜宝军作为一个首席财务官,总的财务负责人,应该在财务报表上签字的,但顾雏军规定由晏果茹和李志成负责签字。

70. 原审被告人刘科供述:2002年至2004年间,科龙电器采用收取商业承兑汇票并作假货物出库处理、虚增生产废料销售收入、少提坏账准备虚增应收账款及费用延期入账等四种方式,达到虚增公司利润的目的。2002年12月份,顾雏军在他的办公室召集相关部门开会研究虚增2002年公司利润的问题,顾雏军要求公司2002年年度会计报告显示公司利润完成1亿元的目标,指使财务部门要想尽一切办法虚增销售收入,由销售部提供愿意合作的客户名单,财务部负责收取客户开出的无真实贸易背景的商业承兑汇票,并作会计处理。会后,晏果茹向我提出了要求收取4亿元商业承兑汇票的预算目标。2002年有14个左右的客户共向科龙电器公司开具无真实贸易背景的商业承兑汇票3.7亿元左右,我收到上述商业承兑汇票后,一次性交给出纳处进行入账处理,然后我通知客户所在的科龙电器销售分公司作假出库处理,这样就完成整个虚增利润的流程。2003年底,晏果茹在我办公室对我说,2002年的上述操作方法不妥,参与配合的商家太多,公司的风险太大,顾雏军指示最好由一两家公司来开具无真实贸易背景的商业承兑汇票,并说他已经于2003年8月注册了合肥维希公司和武汉长荣公司两家公司。2003年合肥维希公司开具无真实贸易背景的商业承兑汇票4亿元左右给科龙电器。2004 年,采用同样方法,收取合肥维希公司和武汉长荣公司无真实贸易背景的商业承兑汇票 4.8 亿元。科龙电器虚增生产废料销售收入由会计处负责,晏果茹知道整个流程。晏果茹曾说服一些关系好的客户,由这些客户提供现款给科龙电器,科龙电器再作假废料销售处理,通过这种方式 2003 年科龙电器虚增 2 000 万元至 3 000 万元利润,2004 年亦虚增 2 000 万元左右利润。根据晏果茹的指示,我对客户应收账款账龄分析表作相应调整,采取以下两种方式:一是将一年以上账龄客户调整为一年以下;二是用应付账款项目中的商家余款抵减应收账款项目中的商家欠款,以达到少提坏账准备的目标。2003、2004 年科龙电器通过这种方式各虚增约 2 000 万元至 3 000 万元利润。我通知售后结算组、传播组、物流部,将当年发生的结算周期长的售后维修费、广告费、运输费发票的一部分,推迟到次年再上交,通过这种方式科龙电器 2003、2004 年各虚增利润 4 000 万元至 5 000 万元。每年的 12 月份下旬,管理会计科会计算出科龙电器 1 月至 12 月的真实销售情况,报给晏果茹,由晏报给顾雏军,然后由顾雏军根据这个真实的销售收入数据,通过召开会议,研究虚假销售的事宜。

71. 原审被告人张宏供述:2004 年 12 月中旬左右,高国平、魏斌斌对我说,科龙总部要封仓,封仓的意思就是将货物存放在某个地方,视为销售了,也就是说,这些产品不属于江西科龙和科龙总部了。我打电话问晏果茹、刘科怎么回事,晏果茹说是顾雏军安排要压货的,我又问顾雏军,顾说按晏果茹、刘科说的去做,我就把 75 000 台空调作了封仓,由高国平、魏斌斌去办理。封仓后开出的单据在魏斌斌那里,这 75 000 台空调在账上有无反映就不清楚了,当时科龙总部派了一人协助处理财务上的事情,我叫高国平、魏斌斌按总部的流程去做。

三、挪用资金

(一)江西科龙的 4 000 万元和科龙电器的 2.5 亿元

2003 年,上诉人顾雏军为了收购扬州亚星客车,指示原审被告人张宏等人以其父子名义申请设立注册资本为 10 亿元的扬州格林柯尔,其中无形资产出资 2 亿元,现金出资 8 亿元。同年 6 月初,为了筹集 8 亿元现金注册资本,顾雏军指示上诉人姜宝军和林玉国从科龙电器调动2.5亿元,指示上诉人张细汉从深圳格林柯尔筹款1亿余元,指示张宏从江西科龙内部划拨4 000万元,并以江西格林柯尔的名义向扬州中行贷款约4亿元。顾雏军指示以江西科龙、江西格林柯尔为操作平台调拨8亿元资金经天津格林柯尔转入扬州格林柯尔的验资账户。

2003年6月16日,原审被告人张宏向金立民、翟小明、高国平传达了顾雏军的以上指示。随后,由金立民、翟小明分别电话请示顾雏军后在划款凭证上分别加盖公司的法人章和财务专用章,将款项划到顾雏军指定的账户上。具体操作是:6月17日,江西科龙向银行贷款4 000万元,6月18日,顾雏军指示姜宝军等人从广东科龙冰箱有限公司(以下简称广东科龙冰箱)划款2.5亿元至江西科龙。同日,将上述2.9亿元和从江西发达思家电有限公司(以下简称发达思家电)转到江西格林柯尔的0.21亿元共计3.11亿元划至天津格林柯尔的账上。6月19日,金立民、高国平等人将来自深圳格林柯尔的1.1亿元从江西格林柯尔的账上划至天津格林柯尔。至此,天津格林柯尔账上余额共计4.21亿元。同日,张宏、翟小明等人以天津格林柯尔账户中的4亿元资金作为质押,以江西格林柯尔的名义向扬州中行贷款3.98亿元。6月19日至6月20日,高国平、翟小明、金立民等人将其中的3.82亿元划至天津格林柯尔扬州中行608账户。至此,天津格林柯尔扬州中行608账户共有存款余额8.03亿元。6月20日,从天津格林柯尔的扬州中行608账户分两笔划出各4亿元,共8亿元至扬州格林柯尔的验资账户。扬州格林柯尔经验资,会计师事务所出具了以顾雏军和顾善鸿为出资人的验资报告。同日,扬州格林柯尔注册成立。同年6月23日至25日,从江西科龙分五笔共转入科龙电器2.5亿元。

上述事实,有检察机关提交,并经一审庭审质证、认证的下列证据予以证明:

1.银行转账资料及贷款资料,证实资金流向的情况:

(1)科龙电器2.5亿元用款申请单一份、广东科龙冰箱2.5亿元记账凭证、电汇凭证各一份,证明广东科龙冰箱27242账户于2003年6月18日汇款2.5亿元至江西科龙3362账户。

该用款申请单经林玉国辨认无误。

该用款申请单经姜宝军辨认无误，证明2003年6月18日姜宝军受顾雏军指使，同意施准（顾雏军秘书）、李蕾、林玉国等人以“转款”名义从广东科龙冰箱划款人民币2.5亿元到江西科龙。此2.5亿元最终在没有经过科龙电器董事会批准和没有发生真实交易的情况下，被顾雏军擅自用于以其和顾善鸿的个人名义注册扬州格林柯尔。

科龙电器明细分类账证实确有一笔2.5亿元作为其他应收款用于集团内部往来。

上诉人姜宝军和证人刘从梦、施准等人证实该2.5亿元由顾雏军同意，并由广东科龙冰箱账户转出。

（2）江西科龙4 000万元的借款合同及资料、借款借据、进账单各一份，江西科龙2.5亿元的收款凭证一份。证明江西科龙于6月17日向叠山路招行借款4 000万元并转存至3362账户，江西科龙3362账户6月18日收到广东科龙冰箱27242账户的汇款2.5亿元。

（3）江西科龙3362账户6月18日转款2.9亿元至江西格林柯尔3241账户的进账单四张，发达思家电472814账户6月18日转款2100万元至江西格林柯尔3241账户的进账单一张，江西格林柯尔3241账户6月18日转款3.11亿元至天津格林柯尔5407账户的进账单四张，天津格林柯尔5407账户6月18日汇款3.11亿元至天津格林柯尔的扬州中行608账户的电汇凭证四张。证明2003年6月18日，江西科龙从3362账户中转款2.9亿元至江西格林柯尔的3241账户；同日，江西格林柯尔3241账户将该2.9亿元，加上从发达思家电汇来的2 100万元，合计3.11亿元，通过天津格林柯尔的昌北中行5407账户走账，汇至天津格林柯尔的扬州中行608账户。

（4）江西格林柯尔昌北农行9052账户6月19日转款1亿元至天津格林柯尔5407账户的本票申请书、进账单各二张，江西格林柯尔昌北建行877账户6月19日转款1 000万元至天津格林柯尔5407账户的进账单一张，天津格林柯尔5407账户6月18日汇款1.1亿元至扬州中行608账户的电汇凭证二张。证明2003年6月19日，江西格林柯尔昌北农行9052账户和昌北建行877账户收到深圳格林柯尔汇来的1亿余元后，从该两个账户共划款

1.1亿元经天津格林柯尔5407账户走账,汇至天津格林柯尔的608账户。

(5)江西格林柯尔向扬州中行借款3.98亿元的借款借据一份(经周健辨认无误),江西格林柯尔扬州中行808账户汇款3.970 2亿元至昌北中行3241账户的电汇凭证和收款凭证各六张,江西格林柯尔3241账户转款3.82亿元至天津格林柯尔的5407账户的进账单五张,天津格林柯尔5407账户汇款3.82亿元至扬州中行608账户的电汇凭证五张。证明江西格林柯尔于2003年6月19日向扬州中行借款3.98亿元并转存至扬州中行的808账户,又于6月19日至6月20日将该款中的3.970 2亿元汇回至昌北中行的3241账户,随即将其中的3.82亿元通过天津格林柯尔的5407账户走账,汇至天津格林柯尔的608账户。

江西格林柯尔向扬州中行借款3.98亿元的借款借据一份经周健辨认无误。

(6)扬州格林柯尔进账单二份、收款凭证一份,证明2003年6月20日,天津格林柯尔608账户分两笔划款各4亿元,共8亿元至扬州格林柯尔33验资账户;扬州格林柯尔将该款记作顾雏军个人出资7亿元,顾善鸿个人出资1亿元。该三份凭证均经周健辨认无误。

2.中国银行南昌市昌北支行等银行转账凭证和贷款资料,以及相关银行工作人员陈隆建、刘宪庐、郭盈盈、任坚、徐松的证言,与上述各转账单位提供的证据相印证,证明以上事实中的各转账单位开设账户情况和向银行申请贷款情况。

3.昌北中行提供的江西科龙3362账户、江西格林柯尔3241账户、天津格林柯尔5407账户的银行对账单,证明上述三账户在6月18日的初始余额均为0,且当日只发生上述款项的转入与转出。这说明6月18日江西科龙3362账户划出的2.9亿元,在当日即经江西格林柯尔3241账户和天津格林柯尔5407账户,全部汇入天津格林柯尔608账户。

4.江西科龙划款2.9亿元的资金线路图一份、归还部分款项的资金线路图一份、江西科龙关于转出4 000万元的说明一份,与上述银行转账资料和凭证相印证,证明以上事实中的资金的流向及部分资金的归还情况。

5.江西格林柯尔的证明一份、天津格林柯尔和艾柯企业(天津)有限公司(以下简称艾柯企业)开户银行和账户情况统计表一份,证明江西格林柯尔在昌北中行开设了3241账户,并为天津格林柯尔和艾柯企业开设了5407和5427两个临时异地账外账户,相关的银行凭证也由江西格林柯尔代为保管。

6. 江西格林柯尔关于3241、5407、5427账户收付款情况说明三份,与上述银行转账资料和凭证相印证,证明以上事实中的该三账户中的资金转入和转出情况。该三份情况说明经金立民辨认无误。

7. 江西赫尔利联合会计师事务所提供的扬州格林柯尔验资工作底稿,其中包含天津格林柯尔的委托书和董事会决议,证实天津格林柯尔的委托书和董事会决议是扬州格林柯尔验资报告的依据之一。

证人徐明炎、胡伟(江西赫尔利联合会计师事务所所长、会计师)的证言证实,2003年6月18日,受曾俊洪的委托出差到扬州办理扬州格林柯尔的注册。6月20日,张宏派人通知说扬州格林柯尔的验资账户上已收到天津格林柯尔汇来的8亿元,同时送来了四份材料,分别是天津格林柯尔出具的代顾雏军、顾善鸿分别出资7亿元、1亿元的委托书和董事会决议。当天,其二人到银行询证,得到了天津格林柯尔汇来的各4亿元的进账单二份,于是出具了验资报告。

上述天津格林柯尔的委托书和董事会决议各二份经胡伟辨认无误。

8. 天津格林柯尔的委托书和董事会决议,经顾雏军、方志国、黄冬、马海云及刘为民等人辨认,均称没有见过该文件,也没有签过该董事会决议;天津格林柯尔财务部亦证明没有见过该文件,也没有依照该文件向扬州格林柯尔汇款8亿元。上述证据证明天津格林柯尔的委托书和董事会决议是无效的。

9. 江西科龙还款2.5亿元给科龙电器的原始凭证及证人佘修仪、江西科龙总裁助理翟小明的证言证实,江西科龙于2003年6月23日三笔、24日二笔共汇款2.5亿元给科龙电器。

10. 证人高国平的证言:2003年6月18日,江西科龙的3362账户收到招行账户转来的4 000万元贷款及广东科龙冰箱汇来的2.5亿元。按照张宏的安排,我和曲朝霞填写转账支票和银行凭证,翟小明、金立民分别加盖江西科龙的法人章和财务专用章,在没有真实贸易背景和未经董事会讨论的情况下,从江西科龙将该2.9亿元划到江西格林柯尔3241账户,但没有作入账处理。后张宏又指示从江西格林柯尔3241账户将该2.9亿元,加上发达思家电汇来的2 100万元、深圳格林柯尔汇来的1.1亿元及扬州中行的贷款3.98亿元共8.03亿元,汇至天津格林柯尔在中行扬州分行新开设的608账户。最后,该款中的8亿元用于扬州格林柯尔的注册。上述所有划款不存在真实贸易背景,也未经相关公司董事会讨论。经统计,2002年7月至2005年4月份,科龙未上账的资金往来总金额是27.2亿元。江西科龙直接向格林柯尔非正常划款54笔,金额为17.49亿元;格林柯尔累计还款64笔,金额为20.02亿元,其中包括4个亿的银行承兑汇票和2005年4月的虚假还款。根据江西科龙每月银行对账单和非正常转款凭证累计统计出来,江西科龙的资金缺口是6.37亿元。

11. 证人翟小明(江西科龙总裁助理,保管江西科龙和江西格林柯尔的财务章)的证言:2003年6月17日前几天,张宏从扬州出差回到南昌市后,召集金立民、高国平和我开会,向我们传达了顾雏军关于以顾个人名义注册成立扬州格林柯尔事宜的指示,并现场进行了分工。6月17日,我在昌北中行为天津格林柯尔、艾柯企业分别开设了5407、5427两个异地账户。另外,我请求将叠山路招行向江西科龙发放的4 000万元贷款改变用途,并将该款转到江西科龙的昌北中行3362账户。2003年6月18日左右,周健根据张宏的指示,从扬州传真了一份资金调度表到江西科龙,金立民、高国平和我各执一份。同日,江西科龙3362账户收到广东科龙冰箱转来的2.5亿元后共有余额2.9亿元。在没有发生真实贸易背景和未经董事会讨论的情况下,张宏电话通知我和金立民、高国平等人将该2.9亿元人民币划至江西格林柯尔的3241账户,连同从发达思家电472814账户转来的0.21亿元,合计3.11亿元,通过天津格林柯尔的昌北中行5407账户进行走账,汇至天津格林柯尔的608账户。次日,我们将江西格林柯尔昌北农行和昌北建行收到的深圳格林柯尔汇来的1.1亿元经天津格林柯尔5407账户走账,也汇至天津格林柯尔在扬州中行的608账户。我在将上述款项从天津格林柯尔昌北中行5407账户汇到扬州中行608账户前均电话请示顾雏军同意。同月19日,张宏等人以江西格林柯尔的名义向扬州中行申请贷款3.98亿元,并汇回江西格林柯尔3241账户。后来,该款中的3.82亿元也汇至天津格林柯尔的扬州中行608账户。截至2003年6月20日,天津格林柯尔的608账户的资金余额为8.03亿元。上述划款均不存在贸易背景,该款后用于扬州格林柯尔的验资。我于2003年6月底将所保管的天津格林柯尔和艾柯企业的财务专用章交回给了金立民,并将天津格林柯尔5407和艾柯企业5427两个异地账户销户。顾雏军掌控着江西科龙的一切人财物资源,而且从不在不正常的资金付款请示书上签字确认。正常的大额资金支付款项都必须将用款申请书传真给顾雏军签字确认,不正常的大额资金支付款项,顾雏军则采取由张宏、金立民和我互相监督牵制的手段,严格控制每一笔的不正常资金支付款项。每次需要从江西科龙划拨不正常款项时,顾雏军就打电话指示张宏,而张宏将顾雏军的划款指示传达给金立民和我,然后我们分别打电话请示顾雏军,在征得顾雏军同意后,金立民和我分别在支票或电汇单上盖法人章和财务专用章,然后办理并不作入账处理。2002年7月17日至2005年4月30日,江西科龙支付不正常的款项达26.2亿元人民币,绝大部分被江西格林柯尔挪用。

12. 证人金立民(江西科龙副总裁,保管江西科龙和江西格林柯尔的法人章)的证言:2003年6月中旬,张宏向我和翟小明、高国平传达了顾雏军关于从江西科龙调拨资金用于以顾个人名义注册成立扬州格林柯尔的指示,称姜宝军从广东科龙调拨2.5亿元、张细汉从深圳格林柯尔调拨1亿元,张宏以江西格林柯尔的名义向扬州中行贷款4亿余元,另外张宏将从江西科龙调拨4 000万元、从江西发达思家电调拨2 100万元,合计8亿余元,上述款项经过江西格林柯尔和天津格林柯尔走账后最终汇到扬州格林柯尔验资账户。随后,张宏进行了现场分工。会后,我按照分工找人刻了天津格林柯尔和艾柯企业的财务专用章,交给翟小明使用。6月17日,我在昌北中行为天津格林柯尔和艾柯企业分别开设了5407、5427两个异地账户,6月18日,周健根据张宏的指示,从扬州传真了一份资金调度安排表到江西科龙,我和金立民、高国平各持一份。同日,江西科龙3362账户收到叠山路招行发放的4 000万元贷款和广东科龙冰箱转来的2.5亿元。在没有发生真实贸易背景和未经董事会讨论的情况下，张宏电话通知我、翟小明、高国平等人将该2.9亿元划至江西格林柯尔的3241账户，连同从发达思家电472814账户转来的0.21亿元，共计3.11亿元，通过天津格林柯尔的昌北中行5407账户进行走账，汇至天津格林柯尔的608账户。次日，我们将江西格林柯尔昌北农行和昌北建行收到的深圳格林柯尔汇来的1.1亿元经天津格林柯尔5407账户走账，也汇至天津格林柯尔在扬州中行的608账户。同月19日，张宏等人以江西格林柯尔的名义向扬州中行申请贷款3.98亿元，并汇回江西格林柯尔3241账户。后该款中的3.82亿元也汇至天津格林柯尔的扬州中行608账户。我每次汇款前均电话请示顾雏军同意后加盖公司法人章。截至2003年6月20日，天津格林柯尔的608账户的资金余额为8.03亿元。上述划款均不存在真实的贸易背景。后该款用于扬州格林柯尔的验资。资金调拨完成后，我已将天津格林柯尔和艾柯企业的财务专用章销毁，天津格林柯尔5407和艾柯企业5427两个异地账户也已经销户。

13.证人曲朝霞（江西格林柯尔会计）的证言：我按照金立民、翟小明、高国平下达的划拨安排表，填写了部分银行进账单。

14.证人林科（北京格林柯尔副总裁，负责办理扬州格林柯尔的工商登记）的证言：2003年初至6月上旬，顾雏军指派我和姜宝军到扬州与政府有关部门协商收购扬州亚星客车事宜。因为汽车行业的股权必须由纯内资的企业进行收购，且扬州市政府欲将扬州亚星客车的股权交由属地公司来掌握，所以顾雏军决定在扬州注册成立一家自然人性质的公司，即扬州格林柯尔。我咨询扬州有关职能部门，得知注册成立自然性质的公司必须要由自然人进行出资，我将情况向顾雏军作了汇报。2003年5月初，顾雏军打电话让我咨询张宏就如何将公司性质的款项转化为自然人性质的，张宏答复此事较难办。2003年6月上旬，顾雏军指派张宏到扬州办理扬州格林柯尔的注册和收购扬州亚星客车股权事宜。张宏和周健负责注册资金的调拨，曾俊洪负责收集工商登记所需的资料，我则具体经办工商登记事宜。2003年6月20日，扬州格林柯尔注册成立。

15.证人周健（原江西科龙财务部会计）的证言：2003年6月15日，我和曾俊洪一起到扬州。6月18日至20日，我按张宏的指示，到扬州中行领取了天津格林柯尔608账户收到天津格林柯尔的昌北中行5407账户的汇款共计8.03亿元的进账单。6月20日,张宏指示我填单、刘为民加盖天津格林柯尔的法人章和财务章,将天津格林柯尔608账户的8.03亿元中的8亿元分两笔各4亿元,划到扬州格林柯尔的扬州中行33验资账户。随后,我在张宏的指示下填写单据,张宏和林科分别加盖天津格林柯尔的法人章和财务章,从扬州格林柯尔汇款6.980 6亿元至艾柯企业的5427账户。后天津格林柯尔608账户汇入扬州格林柯尔33验资账户的8亿元作为顾雏军个人出资7亿元,顾善鸿个人出资1亿元。

16. 证人刘为民的证言:2003年5月至6月,我带上天津格林柯尔和艾柯企业的公章、法人章和财务章到扬州,见到张宏、曾俊洪、周健、姜宝军、林科等人。我将公章交给张宏,从张宏等人的谈论中知道他们是在成立公司。我还陪周健去银行办理过业务。我保管天津格林柯尔的文件资料,没有见过天津格林柯尔代顾雏军、顾善鸿出资的委托书和董事会决议。天津格林柯尔从未正式召开过董事会,所以也没有什么董事会决议。

17. 证人顾善鸿的证言:扬州格林柯尔是顾雏军个人所有的公司,我只是应顾雏军的要求挂名而已。

18. 上诉人顾雏军供述:江西科龙的资金使用有严格的财务制度,相应的授权资金签字人应对其签出的资金负责。对于2003年6月18日广东科龙冰箱是否转款2.5亿元到江西科龙以及相关的记账凭证不清楚。我从无见过,也没签发过天津格林柯尔的董事会决议。

19. 原审被告人张宏供述:2003年6月13日,林科打电话给我说顾雏军欲以其父子的个人名义注册成立扬州格林柯尔。约过了一个星期,顾雏军指示我去扬州协助林科办理扬州格林柯尔的注册。于是我去扬州找林科了解情况,林科介绍扬州格林柯尔的注册资本金为10亿元,其中2亿元无形资产已经跟当地工商局谈好了,扬州中行同意发放4亿元的贷款,但要求他们先准备4亿元存入该银行。我打电话向顾雏军请示如何筹备4亿元,顾雏军指示由姜宝军从广东科龙划拨2.5亿元,张细汉从深圳汇款1亿元至1.2亿元,不足的部分由江西科龙借。我于次日返回江西南昌市后,召集金立民、翟小明和高国平开会,向他们传达了顾雏军的以上指示,并现场进行了分工:由金立民、翟小明负责电话请示顾雏军后在划款凭证上分别加盖公司的法人章和财务专用章,将款项准确无误划到顾雏军指定的账户上;金立民还负责刻天津格林柯尔、艾柯企业的财务专用章,并交翟小明保管使用;翟小明负责为天津格林柯尔、艾柯企业在昌北中行开设异地临时账户,还负责与广东科龙的姜宝军和林玉国、深圳格林柯尔的张细汉联系资金调度事宜;高国平负责在昌北中行具体办理划款业务。会后,我和周健、曾俊洪一起与林科协商注册扬州格林柯尔事宜。我根据顾雏军的指示制作了一份资金调度安排表,并传真给顾雏军,顾雏军电话回复我同意资金调度安排。然后我将该表传真给金立民,要求其按照该表进行划款。6月18日,我打电话请示顾雏军同意后安排高国平填写汇款单,翟小明和金立民分别打电话向顾雏军请示后盖章,将江西科龙向叠山路招行的贷款4 000万元和广东科龙冰箱汇来的2.5亿元共2.9亿元,在没有贸易背景和未经董事会讨论的情况下划转到江西格林柯尔。6月18日至19日,江西格林柯尔将深圳格林柯尔汇来的1.1亿元、发达思家电转来的0.21亿元和江西科龙转来的2.9亿元共4.21亿元,通过天津格林柯尔在昌北中行所开设的账户进行走账,汇往天津格林柯尔在扬州中行所开设的账户。我安排以天津格林柯尔的扬州中行608账户中的4亿元作为质押,并以流动资金名义,由江西格林柯尔向扬州中行贷款3.98亿元并转存至江西格林柯尔808账户。2003年6月18日至19日,我指示翟小明从南昌赶到扬州,在相关划款凭证上加盖江西格林柯尔的财务专用章和法人章,将其中的3.97亿元汇回至江西格林柯尔的昌北中行3241账户。该贷款中的3.82亿元最终也以相同的方法汇至天津格林柯尔在扬州中行的608账户,该账户在2003年6月20日共有资金8亿余元。当天,顾雏军指示我将其中的8亿元划到扬州格林柯尔的验资账户上。我安排周健填写划款凭证,刘为民加盖天津格林柯尔的公章和财务章,他们分别电话请示顾雏军同意后,将8亿元分两笔各4亿元划到扬州格林柯尔的验资账户上。顾雏军为使会计师事务所出具以其父子个人名义出资的验资报告,派人将天津格林柯尔代顾雏军父子共出资8亿元的委托书和董事会决议等四份证明文件送给验资人员。扬州格林柯尔成立后,顾雏军担任董事长。江西科龙董事会成立之后一直被顾雏军所控制,基本上没有运作过,董事会成员只是在顾雏军的授意下在涉及江西科龙工商登记、银行融资的董事会决议上签过字。非正常资金划拨时顾向我发出指令，由我向金立民、高国平、翟小明等人传达顾的指令，他们还要分别请示顾同意后方可盖章办理。没有顾雏军的指示谁也动不了科龙电器及其他科龙子公司的资金。顾雏军从来就不在涉及挪用资金的《用款申请单》上签字确认。2002 年 6 月至今，我协助顾雏军挪用江西科龙的资金累计 25 亿多元。我在顾的授意下，安排江西科龙的财务人员对涉及挪用资金的凭证作不入账处理。江西科龙和江西格林柯尔的所有转款凭证都由高国平保管，其中非正常转款凭证不入账单独保管，但其中的大额资金调拨令在顾雏军的指示下已经烧掉。

20. 上诉人姜宝军供述:2003 年 3 月底，我根据顾雏军的指示，负责与扬州市有关职能部门商谈收购扬州亚星客车股权的事宜。在此期间，林科对我说顾雏军指示由格林柯尔系公司向扬州中行贷款 3.98 亿元。后我以科龙电器财务督察的身份和林科一起与扬州中行协商贷款事宜，并将有关情况向顾雏军汇报。2003 年 6 月 18 日左右，顾雏军打电话指示我从科龙电器账户上划款 2.5 亿元到江西科龙，并说江西格林柯尔需要短期借用这笔 2.5 亿元资金。顾雏军让我找他的秘书施准办理此事。当天，施准将 2.5 亿元的用款申请单交给我审查，我根据顾雏军的指示签字确认。该款最终用于以顾雏军和顾善鸿的个人名义注册成立扬州格林柯尔。2002 年 1 月至今，顾雏军安排我担任江西科龙、扬州科龙、广东科龙冰箱等公司董事职务。上述三家公司的董事会成员从来没有聚集开会，实际上都由顾雏军掌控。

(二)扬州亚星客车的 6 300 万元

2005 年 3 月至 4 月间，时任扬州亚星客车法定代表人的上诉人顾雏军指示上诉人姜宝军向扬州机电借款，被扬州机电的法定代表人王大庆拒绝。其后，上诉人顾雏军、姜宝军在没有经扬州亚星客车董事会同意的情况下，以扬州亚星客车的名义起草了《付款通知书》并交给了王大庆，要求扬州机电在 2005 年 4 月 26 日前将《关于扬州柴油机有限责任公司股权转让合同书》、《扬州机电资产经营管理有限责任公司与扬州亚星客车股份有限公司关于扬州柴油机有限责任公司的股权转让合同书的补充合同》项下应付扬州亚星客车股权转让款及部分投资分红款共人民币 6 300 万元支付至扬州格林柯尔在中国交通银行扬州分行荷花支行的账户上(账号:067100018000218002)。扬州机电收到该《付款通知书》后,于4月25日将人民币6 300万元划到了指定的扬州格林柯尔账户归扬州格林柯尔使用。转款后,扬州机电收到了两张金额分别为300万元和6 000万元的扬州亚星客车结算收据。

上述事实,有检察机关提交,并经一审庭审质证、认证的下列证据予以证明:

1.《扬州机电资产经营管理有限责任公司与扬州亚星客车股份有限公司关于扬州柴油机有限责任公司的股权转让合同书》《扬州机电资产经营管理有限责任公司与扬州亚星客车股份有限公司关于扬州柴油机有限责任公司的股权转让合同书的补充合同》,证明2005年3月29日,扬州机电与扬州亚星客车签订股权转让合同,约定扬州机电以人民币12 000万元的价款向扬州亚星客车购买其所持有的扬州柴油机有限责任公司(以下简称扬柴公司)39.78%的股份。同时约定,扬州机电在合同签署后90日内一次性向扬州亚星客车指定账户支付转让价款和2004年投资分红。鉴于扬州亚星客车账面往来款项下对扬州机电的欠款余额6 000万元人民币从股权转让款中冲减,扬州机电应付扬州亚星客车的股权转让款余额为人民币6 000万元。另外,扬州机电需支付扬州亚星客车2004年度在扬柴公司的投资分红404万元人民币,并约定,该404万元人民币由扬州机电在补充合同签署后90日内向扬州亚星客车一次性付清。

2.《付款通知书》及上诉人姜宝军对该《付款通知书》的辨认、《扬州亚星客车股份有限公司董事会说明》,证明上诉人姜宝军经请示顾雏军同意,在未经扬州亚星客车董事会授权的情况下起草了《付款通知书》,要求扬州机电在2005年4月26日之前将《关于扬州柴油机有限责任公司股权转让合同书》项下应付扬州亚星客车股权转让金和部分投资分红款共6 300万元支付至扬州格林柯尔公司在中国交通银行扬州分行荷花支行的账户上(账号:067100018000218002)。

3.扬州机电收到的两张结算收据,均盖有扬州亚星客车的财务专用章,交款单位均为扬州机电,其中编号0016907的一张金额为300万元,收款事由为2004年度扬柴公司分红;编号0016906的一张,金额为6 000万元,收款事由为收回扬柴公司投资款。两张收据上的日期均注明2005年4月25日,“开具人”署名“张”。

4. 扬州亚星客车出具的《情况说明》,证明扬州格林柯尔与扬州亚星客车没有业务往来。

5. 证人王大庆的证言:2004年底,顾雏军全权委托姜宝军与我就扬州机电收购扬州亚星客车所持有的39.78%扬柴公司股份进行谈判。股权转让价为1.2亿元,但由于扬州亚星客车欠扬州机电6 000万元,另扬州机电需支付扬州亚星客车2004年度在扬柴公司的投资分红404万元,所以实际的股权转让价为6 404万元。2005年3月29日扬州亚星客车与扬州机电正式签订股权转让合同。在股权转让谈判过程中,姜宝军对我说,顾雏军欲向扬州机电借款6 000万元,我拒绝了姜的要求。同年4月下旬,姜电话通知我到扬州亚星客车,交给我几份股权转让补充合同,我见顾雏军已在股权转让补充合同上签字,就代表扬州机电也在补充合同书上签字。然后,姜交给我一张《付款通知书》,内容是要求扬州机电在2005年4月26日前将收购扬柴公司股权的款项6 300万元划到扬州格林柯尔在交通银行扬州荷花支行开设的账户上,我看见《付款通知书》上盖有扬州亚星客车的公章,便同意付款,将6 300万元划到了指定的扬州格林柯尔银行账户。付款后,扬州机电收到扬州亚星客车开具的结算收据。

6. 证人谭荣伟(扬州亚星客车总经理)的证言:姜宝军是扬州亚星客车的董事,接受顾雏军的全权委托处理扬州亚星客车的事务。2005年5月,扬州亚星客车召开股东大会批准将所持有的扬柴公司的股份转让给扬州机电。姜以扬州亚星客车的名义出具《付款通知书》给扬州机电没有经过董事会,扬州亚星客车与扬州格林柯尔之间没有业务往来。股权转让款被转至扬州格林柯尔后,姜告诉我,钱被顾雏军拿去用了。

7. 证人张路(扬州亚星客车财务总监)的证言及《情况说明》:姜宝军是扬州亚星客车的董事,顾雏军不在扬州亚星客车时,姜是顾的代言人。2005年6月底,我向姜询问股权转让款时,姜告诉我6 300万元被顾借走,并交给我《借款协议书》和《付款通知书》。张路经辨认《借款协议书》和《付款通知书》(该付款通知书与姜宝军辨认的付款通知书非同一版本),确认2005年6月,其向姜宝军询问扬州亚星客车的股权转让款时,姜告知6 300万元股权转让款被顾借走,并交给其《借款协议书》和《付款通知书》。《借款协议书》上仅有扬州格林柯尔的盖章和顾的签名,扬州机电方没有签名和盖章。

8. 证人张榕森(扬州亚星客车董事会秘书)的证言:扬州亚星客车6 300万元股权转让款被扬州格林柯尔划走没有经过董事会同意。姜宝军曾告知该6 300万元是顾雏军自己用。2004年4月,顾还曾经对我说,他不在公司时,由姜全权代表顾处理工作。

9. 证人周荣鑫(扬州亚星客车办公室主任)的证言:2005年4月至2005年10月,扬州亚星客车的公章和法人章由我负责保管。同年4月,姜宝军曾盖过公章。董事长不在公司时,由姜代表董事长履行职责。

10. 上诉人姜宝军在侦查阶段供述:扬州亚星客车上市时,扬柴公司的资金比较困难,扬州市政府要求扬州亚星客车用1.2亿元购买扬柴公司39.78%的股份。后来,扬州亚星客车的资金也出现了困难,扬州市政府要扬州机电支付6 000万元给扬州亚星客车以购买扬州亚星客车所持有的扬柴公司19.89%的股份,这笔款已经支付,但没有到工商部门办理股权变更登记,而扬柴公司19.89%的股权收益已经由扬州机电享有。2005年3月,扬州亚星客车法定代表人顾雏军与扬州机电法定代表人王大庆签订了一份关于扬柴公司的股权转让合同,主要内容为扬州亚星客车将持有扬柴公司39.78%的股份以1.2亿元的价款转让给扬州机电。2005年4月,双方又签订了补充合同,扬州机电应付扬州亚星客车1.2亿元股权转让款中冲减6 000万元,2004年度扬州亚星客车在扬柴公司的投资分红按照19.87%核算,实际上扬州机电应付6 404万元给扬州亚星客车。同年4月,顾雏军对我讲,格林柯尔有银行贷款到期,让我向扬州亚星客车或扬州机电作短期拆借。我找扬州机电王大庆借款未成。其后,我请示顾同意后以扬州亚星客车的名义起草了《付款通知书》,要求扬州机电在4月26日之前将股权转让金和部分投资分红款共计6 300万元支付至扬州格林柯尔在交行扬州分行荷花支行的账户上。扬州机电在收到《付款通知书》后,将6 300万元转到指定银行账户。

上述挪用资金的事实，还有检察机关提交，并经一审法庭质证、认证的下列证据予以证明：

1. 上诉人顾雏军签署的《印章保管使用制度》，该《印章保管使用制度》上有张宏、黄冬、方志国等人的签名，经张宏、黄冬、方志国辨认无误。证明1万元以上的支出应经顾雏军签批或者由保管财务专用章与法人章的二位监印人分别电话请示顾雏军同意后加盖印章。

2. 原审被告人张宏的供述：江西格林柯尔成立后基本没有开展业务经营，公司相关职务由江西科龙工作人员兼任。江西科龙的董事长由我担任，董事会成员有方志国、严友松、姜宝军、林澜，江西科龙董事会从成立后一直被顾雏军控制，基本上没有运作过，董事会成员只是在顾雏军的授意下在涉及江西科龙工商登记、银行融资的董事会决议上签过字。江西科龙和江西格林柯尔的日常管理主要由我负责，财务由我分管，高国平是两家公司的财务负责人，财务章由翟小明保管，法人章和公章于2002年10月后由金立民保管，江西科龙和江西格林柯尔的资金使用和划拨是由上述四人完成。非正常使用资金就是在没有发生业务的情况下，直接从江西科龙划拨资金。非正常使用资金进出由我向顾直接负责，不受科龙总部控制，一般由顾直接指示我操作。顾雏军发过一份《印章保管使用制度》的通知，明确所有格林柯尔系公司转款都不能以顾雏军本人签名传真为准，应以各公司持财务章和法人章的两人同时打电话请示顾雏军，以听到顾雏军同意转款的声音为准。顾雏军属下的公司都适用该规定。非正常资金划拨时顾向我发指令，我向金立民、高国平、翟小明等人传达顾的指令，他们还要分别请示顾同意后方可盖章办理。没有顾雏军的指示，谁也动不了科龙及科龙子公司的资金。顾雏军从来不在涉及挪用资金的《用款申请单》上签字确认。2002年6月至今，我迫于顾的压力协助顾雏军挪用江西科龙的资金累计25亿多元，均在顾的授意下作不入账处理。

3. 证人高国平的证言：2002年7月起，我任江西格林柯尔财务主管。江西格林柯尔没有正式生产经营，与江西科龙除了财务分开外，几乎是两套牌子一班人马。江西科龙和江西格林柯尔的董事会基本上没有运作过，董事会成员只是在顾雏军的授意下在涉及公司工商登记、贷款的董事会决议上签过字。所有格林柯尔系的公司转款都以公司持财务章和法人章的两人同时打电话请示顾雏军后才能盖章办理。非正常使用资金的划拨程序是:由张宏接到顾雏军指令后,直接交代出纳填写汇款凭证,报送持有财务章的翟小明和持有法人章的金立民,由他们分别电话请示顾雏军同意后,在汇款凭证上加盖印章,再由财务人员到银行汇款。顾雏军从来就不在涉及挪用资金的用款申请单上签字确认。2003年底,在张宏的提议下江西科龙专门制定了一份资金调拨令的表格,由金立民、翟小明和高国平等人在该调拨令上签字证明请示顾雏军同意。但用了一段时间,就没有用了。2005年6月份左右,张宏看完这些调拨令交给张佰民保管。江西格林柯尔与江西科龙和天津格林柯尔之间至今没有签订任何合同,不存在真实贸易背景。我还兼任江西格林柯尔和江西科龙的财务经理,持有和保管该两家公司划款的全部凭证,经整理这些凭证可以清楚两家公司非正常划款的流程和去向。我保管着江西科龙273笔不入账的会计凭证。2005年5月,证监会、公安检查时让我整理江西科龙账外资金往来表,根据统计,2002年7月至2005年4月份,科龙未上账的资金往来总金额是27.2亿元人民币(其中包括贷款、承兑汇票等其他款项)。江西科龙直接向格林柯尔非正常划款54笔,金额为17.49亿元;格林柯尔累计还款64笔,金额为20.02亿元(其中包括4亿元的银行承兑汇票和2005年4月的虚假还款)。根据江西科龙每月银行对账单和非正常转款凭证累计统计,江西科龙的资金缺口是6.37亿元。

4.证人翟小明的证言:江西科龙从2002年6月22日注册成立之日起,我负责保管江西科龙的财务专用章。江西格林柯尔成立后基本没有开展业务,只是建立了厂房租给江西科龙用,其公司相关职务由江西科龙工作人员兼任。高国平兼任两家公司的财务经理。格林柯尔系公司属于顾雏军个人所有的公司,而江西科龙是上市公司。非正常的转款是指在无真实贸易背景的情况下,只根据顾雏军的指示从江西科龙划拨款项。顾雏军掌控着江西科龙的一切人财物资源,而且从不在不正常的资金付款请示书上签字确认。正常的大额资金支付款项都必须将用款申请书传真给顾签字确认,对不正常的大额资金支付款项,顾雏军则采取由张宏、金立民和我互相监督牵制的手段,严格控制每一笔的不正常资金支付款项。每次需要从江西科龙划拨不正常款项时,顾雏军就打电话指示张宏,而张宏将顾雏军的划款指示传达给金立民和翟小明,然后金立民和我分别打电话请示顾雏军,在征得顾雏军同意后,金立民和我分别在支票或电汇单上盖法人章和财务专用章,接着高国平或其安排财务人员李德军、李永辉到银行办理付款手续。这些付款的银行凭证由高国平保管,且不作入账处理。2002 年 7 月 17 日至 2005 年 4 月 30 日,江西科龙支付不正常的款项达 26.2 亿元,绝大部分被江西格林柯尔挪用。这 26.2 亿元没有作入账处理,顾雏军没有签字确认。后张宏召集金立民、高国平和我开会决定使用《大额资金调拨令》的内部凭证,由他们签字证实资金划拨是经电话请示顾雏军同意的。

5. 证人金立民的证言:江西格林柯尔成立后基本没有开展业务,只是建立了厂房租给江西科龙使用,其公司相关职务也是由江西科龙工作人员兼任。顾雏军要求江西科龙和江西格林柯尔的财务章和法人章分开保管,调动资金时需保管印章的二人分别打电话向他请示同意才能办理。非正常的转款是指在无真实贸易背景的情况下,只根据顾雏军的指示从江西科龙划拨款项。非正常资金划拨,由张宏转告顾雏军的指示,总裁助理翟小明或高国平告诉我收款人名称、账号及待拨资金额,我填写银行付款凭单,后交金立民处盖法人章、到翟小明处盖公司财务章,后再到银行办理付款手续。顾雏军从不在非正常的资金付款请示书上签字确认。

6. 证人方志国的证言:我是天津格林柯尔副总裁及科龙电器、江西科龙、江西格林柯尔董事,曾保管及使用天津格林柯尔及艾柯企业的财务章。江西科龙和江西格林柯尔的董事会基本没有实际运作,我作为上述公司的董事,只是在银行贷款和对外投资董事会决议上签过字,大多为传真签字,并且在见到顾签字后再签字。江西科龙是科龙电器的子公司,按江西科龙的章程规定,凡涉及投资的项目和资金都要经公司董事会通过并上报科龙电器董事会讨论通过。至于江西科龙的资金运作,据说顾雏军授权该公司董事长张宏,有关财务管理人员高国平、金立民、翟小明等人管理和运作。天津格林柯尔的资金往来和日常开销需经顾雏军批准后,由黄冬请示顾雏军盖好法人章,我再加盖财务章。顾雏军曾制定过划款盖章制度,规定印鉴分人保管,1 万元以上支出要印章保管人分别向其请示。顾雏军属下的格林柯尔系公司,包括江西科龙等被顾收购的公司都按此财务制度执行。

7. 证人黄冬的证言:我保管多家公司包括天津格林柯尔和艾柯企业的公章和法人章。我保管和使用印章是按照1996年顾雏军签署的《印章保管使用制度》执行的。划拨款项时,我均要电话请示顾雏军同意才在转款票据上盖章。

8. 上诉人严友松供述:科龙的投资和大额资金调拨都由顾雏军一人说了算。江西方面的资金调拨原则上是江西总裁张宏负责,但也是顾雏军说了算,张宏不能自由调拨资金。按顾雏军一贯的财务管理方法,江西科龙财务方面公章、财务章等印鉴一直是分开保管。顾雏军划拨资金时需保管印鉴的人员分别向他请示才能盖章。顾雏军名下的其他公司也都是按此财务制度实施。

9. 上诉人姜宝军供述:2002年1月起,我担任江西科龙、扬州科龙、广东科龙冰箱等公司的董事职务。上述三家公司实际都由顾雏军掌控,董事会成员从来没有聚集开过会,董事会决议也是顾雏军个人意志的体现,顾雏军在董事会决议上签字确认后,其他董事就必须无条件地进行签字确认。江西格林柯尔没有正式的生产经营,与江西科龙除了财务分开外几乎是两套牌子,一班人马。张宏从2002年6月至今一直担任江西科龙董事长一职,负责江西科龙的全面工作,实际上江西科龙董事会一直由顾雏军所掌控,张宏必须无条件服从顾雏军的安排。

10. 证人李永辉(江西科龙出纳)、李德军(江西科龙会计)的《情况说明》,证明非正常资金划拨的情况是由张宏转告顾雏军的指示,总裁助理翟小明或高国平告知他们收款人名称、账号及待拨资金额,他们填写银行付款凭单后,交金立民盖法人章、翟小明处盖公司财务章,再到银行办理付款手续,对资金用途不了解,故填写"货款"。

11. 江西科龙出具的《证明》一份:江西科龙自2002年成立以来,顾雏军从江西科龙调拨大量无贸易背景的资金的行为,一直未经正常合法的董事会讨论同意,也无书面的董事会决议。

12. 原审被告人张宏、上诉人姜宝军、严友松和证人方志国出具的《情况说明》四份:江西科龙董事会未授权任何人包括顾雏军独立划拨于其他公司无贸易往来资金的权力。

13. 证人陈庭昌、李公民的证言及科龙电器董事会提供的证明一份：科龙电器从未授权任何个人包括顾雏军自由划拨公司的资金。

就上述挪用资金的事实，上诉人顾雏军的辩护人和原审被告人张宏提交了如下证据：

上诉人顾雏军的辩护人提交的证据：

1. 由广东顺德格林柯尔企业发展有限公司调取的广东省佛山市中级人民法院（2006）佛中法民二初字第10、11、12、13、14、93、94、153、154号案件《民事诉状》、江苏省扬州市中级人民法院（2006）扬民二初字第0002号《民事判决书》，拟证明科龙系公司已就格林柯尔系公司占用其资金的事实向法院提起民事诉讼，并且法院已受理，故本案是民事纠纷，不应当再进行刑事追究。

2. 科龙电器重大诉讼公告2006－006、026号，证明本案所指控的顾雏军挪用4 080万元、8 960.03万元、9 741.222万元三笔、挪用江西科龙9 000万元、7 500万元两笔，广东省佛山市中级人民法院已作为民事案件受理，正在审理过程中。

3. 由科龙电器调取的《关于毕马威华振会计师事务所调查结果的公告》：科龙集团与格林柯尔系公司于2001年10月1日至2005年7月31日间发生的不正常现金流向涉及现金流出金额人民币21.69亿元，现金流入金额人民币24.62亿元；与怀疑和格林柯尔系公司有关的公司发生的不正常现金流向涉及现金流出金额人民币19.02亿元，现金流入金额人民币10.17亿元。拟证明是科龙系公司欠格林柯尔系公司资金2.93亿元，故不存在格林柯尔系公司占用科龙系公司资金的事实。

4. 科龙电器2005年年度报告，证明科龙电器审计报告并不认为格林柯尔占用起诉书指控的挪用的资金。

原审被告人张宏提交的证据：

1. 由江西科龙财务部调取的科龙集团财务部制订的《南昌空调财务流程暂行规范》一份、《广东科龙电器股份有限公司传真》二份，拟证明江西科龙财务部由科龙电器垂直管理，张宏无指挥权。

2. 广东省佛山市公安局的佛公经诉[2006]1号《起诉意见书》,拟证明经公安调查张宏没有直接划款的权力,公司财务章、法人章分别由其他人保管。

综上所述,上诉人顾雏军挪用资金人民币3.53亿元,原审被告人张宏挪用资金人民币2.9亿元,上诉人姜宝军挪用资金人民币6 300万元。

关于上诉人顾雏军及其辩护人认为顾雏军的行为不构成虚报注册资本罪的上诉理由和辩护意见。经查,1. 根据公司法第二十九条和公司登记管理条例第二十一条的规定,由法定的验资机构出具的验资证明是公司设立登记的必备要件。顺德格林柯尔在设立过程中虽然由顺德容桂镇人民政府出具担保函,从而使得顺德格林柯尔在没有提供验资证明的情况下取得了营业执照,但是这并没有免除顺德格林柯尔在取得营业执照后补办验资、评估等手续的法定义务。依照相关法律法规的规定,公司登记包含设立登记、变更登记、注销登记等,因此,变更登记应视为刑法规定的申请公司登记。2. 上诉人刘义忠、姜宝军、张细汉在侦查机关的供述均证实,将科龙电器的1.87亿元放大为6.6亿元用作注册资本置换是由上诉人顾雏军指使。且顾雏军对其指示刘从梦从科龙电器划出1.87亿元用于完善顺德格林柯尔的注册资本并由刘从梦和刘义忠具体办理完善顺德格林柯尔工商登记手续事宜的事实亦供认在案。3. 上诉人刘义忠的供述和证人刘从梦的证言等证据均证实,2002年10月,上诉人顾雏军在广东公诚会计师事务所拒绝出具验资报告的情况下,签署了一份虚假的关于顺德格林柯尔向天津格林柯尔购买制冷剂预付货款6.6亿元给天津格林柯尔的《供货协议书》,时间倒签为2002年5月12日,且上诉人顾雏军对签订《供货协议书》是为了完善顺德格林柯尔注册手续的事实亦供认在案。4. 上诉人顾雏军等人采取来回转账的手段,虚报货币注册资本6.6亿元,虚报注册资本数额巨大,进而骗取工商行政管理部门对顺德格林柯尔的变更登记,其行为显然具有社会危害性,应依法定罪处罚。鉴于修改后的公司法提高了公司注册资本中无形资产的比例,可酌情从轻处罚。5. 顺德格林柯尔是上诉人顾雏军与其父亲顾善鸿注册成立的公司,顾雏军明知顺德格林柯尔注册资本中无形资产的比例远高于法定比例,为了完善顺德格林柯尔的注册登记手续,顾雏军提出由天津格林柯尔购买顺德格林柯尔的大部分股权来解决无形资产比例过高的问题，指使刘从梦和刘义忠等人通过在天津格林柯尔和顺德格林柯尔账户之间来回倒账的形式，将科龙电器的1.87亿元转换成天津格林柯尔对顺德格林柯尔6.6亿元的虚假出资，并伪造证明文件，骗取验资报告和变更登记。上述事实有上诉人刘义忠、姜宝军、张细汉的供述和证人刘从梦、莫姝的证言等证据证实，上诉人顾雏军亦供认在案，足以认定顾雏军主观上具有虚报注册资本的故意，客观上实施了虚报注册资本的行为。至于刘从梦是否被起诉并不影响本案对各上诉人和原审被告人的判决。上诉人顾雏军及其辩护人认为顾雏军的行为不构成虚报注册资本罪的上诉理由和辩护意见不能成立。

关于上诉人顾雏军及其辩护人认为顾雏军的行为不构成违规披露、不披露重要信息罪的上诉理由和辩护意见。经查，1. 由于科龙电器在2000年和2001年连续两年亏损，被证券交易所戴上“ST”的帽子，如果2002年仍然亏损，科龙电器将退市。为了不被退市，科龙电器于2002年至2004年间在上诉人顾雏军的指使下通过大量压货销售等多种手段虚增收入，进而虚增利润，向社会公众提供虚假的财会报告。上述事实，有上诉人姜宝军、严友松、原审被告人晏果茹、刘科、张宏的供述、科龙电器营销和财会人员魏五洲、罗耀东、石艾生、佘修仪、阙海辉等人的证言以及相关的书证等证据证实，虽然本案难以根据鉴定结论认定虚增利润的具体数额，但是根据《企业会计准则——收入》第五条的规定，科龙电器的财会报告将因压货销售而产生的这部分虚假收入列入年度财会报告，足以认定提供的财会报告有虚假成份。2. 科龙电器作为上市公司，向社会公众提供了虚假的财会报告，实际上剥夺了社会公众和股民对科龙电器真实财务状况的知情权，给社会公众和股民以错误的诱导，客观上严重损害了股民的利益。深圳证券交易所出具的统计表显示，自2005年5月9日科龙电器因涉嫌违反证券法规被中国证监会立案调查而发布董事会决议后，科龙电器的股价连续三天下跌并跌至历史最低点，说明立案调查是下跌的主要原因，两者具有直接的因果关系，足以认定严重损害了股东的利益。3. 上诉人顾雏军、姜宝军等人提供虚假财会报告的行为发生在2002年至2004年间，《中华人民共和国刑法修正案(六)》于2006年6月29日通过并施行,依照《中华人民共和国刑法》第十二条的规定,上诉人顾雏军、姜宝军等人提供虚假财会报告的行为应适用《中华人民共和国刑法》第一百六十一条的规定进行定罪处罚。由于2007年11月6日起施行的《最高人民法院、最高人民检察院关于执行〈中华人民共和国刑法〉确定罪名的补充规定(三)》已取消了提供虚假财会报告罪,将该行为确定为违规披露、不披露重要信息罪,一审判决根据《中华人民共和国刑法》第一百六十一条规定的提供虚假财会报告罪的犯罪构成要件评判上诉人顾雏军等人的行为构成犯罪,继而适用《最高人民法院、最高人民检察院关于执行〈中华人民共和国刑法〉确定罪名的补充规定(三)》,以违规披露、不披露重要信息罪对上诉人顾雏军等人定罪准确。上诉人顾雏军及其辩护人认为顾雏军的行为不构成违规披露、不披露重要信息罪的上诉理由和辩护意见不能成立。

关于上诉人顾雏军及其辩护人在二审期间提交的三项新证据以及认为顾雏军的行为不构成挪用资金罪的上诉理由和辩护意见。经查,1.科龙系公司与格林柯尔系公司之间的非正常资金往来不影响罪名的成立。科龙系公司与格林柯尔系公司都是独立法人,其资金均不能视为上诉人顾雏军的个人财产。根据现有证据,顾雏军在格林柯尔系公司并非拥有全部股份,涉及本案的格林柯尔系公司只有扬州格林柯尔是顾雏军父子占全部股份,顾雏军在天津格林柯尔等格林柯尔系公司均没有股份。顾雏军挪用科龙电器或扬州亚星客车等公司的资金之后,格林柯尔系公司中非顾雏军参股的企业有资金回流到科龙电器或扬州亚星客车,也不能认为是顾雏军个人挪用资金后的还款,甚至还存在顾雏军又挪用格林柯尔系公司的资金的情形,因为即使是顾雏军控股公司所有的财产,也不能完全视为顾雏军的个人财产。2.上诉人顾雏军指使原审被告人张宏挪用的2.5亿元实际是科龙电器的资金。主要证据有:(1)科龙电器2003年6月18日的《用款申请单》一份,证明因业务需要转款2.5亿元到江西科龙,且注明该笔资金"由广东科龙冰箱户划出"。该申请单申请人、审核人、批准人三栏签名分别为"施准""李蕾""姜源(即姜宝军)",并由科龙电器总裁刘从梦签名批注"请严格控制在6月底转回",林玉国经财务总监李志成授权也在该申请单签字。经姜宝军、林玉国、李蕾辨认证实该用款申请单上的签名确实分别是其本人的签名；(2)科龙电器于2005年12月2日出具的说明证实该2.5亿元是科龙电器的自有资金，经中国银行容桂支行31569108093001账户转入广东科龙冰箱；(3)科龙电器于2005年12月2日打印的中行容办31569108093001账户明细分类账证实确有一笔2.5亿元作为其他应收款用于集团内部往来；(4)江西科龙还款2.5亿元给科龙电器的原始凭证证实，江西科龙于2003年6月23日、24日分五笔共汇款2.5亿元给科龙电器；(5)上诉人姜宝军和证人刘从梦、施准等人证实该2.5亿元经顾雏军同意，并由广东科龙冰箱账户转出；(6)科龙电器财务部出纳科科长佘修仪证实2003年6月23日至25日从江西科龙分五笔转入科龙电器2.5亿元；(7)江西科龙总裁助理翟小明证实江西科龙于2003年6月23日至24日通过划款共五笔归还了科龙电器2.5亿元。综上所述，虽然该2.5亿元从广东科龙冰箱账户转出，但该款由科龙电器申请并在《用款申请单》上注明由广东科龙冰箱户划出，且《用款申请单》的申请人施准、审核人李蕾、批准人姜源(即姜宝军)以及批注人刘从梦、财务授权人林玉国等人均在科龙电器任职，没有广东科龙冰箱的财务人员参与，江西科龙也于收到该2.5亿元后数日内归还给科龙电器2.5亿元，足以认定该2.5亿元是科龙电器的资金。3. 上诉人顾雏军主观上具有指使姜宝军、张宏等人挪用单位资金的故意。上诉人姜宝军供认，顾雏军为了注册成立扬州格林柯尔，于2003年6月18日左右指示其从广东科龙冰箱账户划款人民币2.5亿元到江西科龙。原审被告人张宏供认，顾雏军于2003年6月18日指示其以江西科龙的名义向银行贷款人民币4 000万元，用于顾雏军父子成立扬州格林柯尔所需注册资本金。且姜宝军、张宏的供述与证人高国平、翟小明、金立民的证言能相互印证，能够形成完整的证据链。4. 科龙电器和江西科龙被挪用的2.9亿元实质使用人是上诉人顾雏军个人。2.9亿元虽然经过了江西格林柯尔、天津格林柯尔，并作为天津格林柯尔代顾雏军父子的出资，但该款实际上是被挪用作为顾雏军个人设立扬州格林柯尔的出资款，足以认定该款项实质使用人是顾雏军个人，符合挪用本单位资金归个人使用，进行营利活动和挪用资金数额巨大等法律规定的情形。5. 一审判决认定顾雏军指使姜宝军挪用扬州亚星客车6 300万元的证据充分。该事实有上诉人姜宝军的供述，且有扬州机电法定代表人王大庆、扬州亚星客车总经理谭荣伟、扬州亚星客车财务总监张路、扬州亚星客车董事会秘书张榕森等证人的证言相印证，足以认定。6. 上诉人顾雏军具有挪用6 300万元的主观故意。上诉人顾雏军确实曾指示姜宝军向扬州机电等公司拆借资金，该情节有姜宝军的供述和扬州机电法定代表人王大庆的证言证实，但在王大庆拒绝借款而扬州格林柯尔急需资金的情况下，姜宝军经请示顾雏军同意后以扬州亚星客车的名义出具了《付款通知书》，要求扬州机电将本应付扬州亚星客车的股权转让款6 300万元直接支付给扬州格林柯尔，归扬州格林柯尔使用。上述事实足以认定顾雏军具有挪用6 300万元的主观故意。7. 2005年3月29日签署的《扬州机电资产经营管理有限责任公司与扬州亚星客车股份有限公司关于扬州柴油机有限责任公司的股权转让合同书》和同年4月26日签署的《扬州机电资产经营管理有限责任公司与扬州亚星客车股份有限公司关于扬州柴油机有限责任公司的股权转让合同书的补充合同》证实，扬州机电确实向扬州亚星客车购买扬州亚星客车所持有的扬柴公司的部分股份。侦查机关收集的证据材料中也确有两份扬州亚星客车出具的《付款通知书》且形式有不一致之处，但两份《付款通知书》均清楚要求扬州机电将扬州亚星客车的股权转让及投资分红款项6 300万元支付至扬州格林柯尔中国交通银行扬州分行荷花支行067100018000218002账户。扬州机电在其中一份《付款通知书》上签署"同意付"并盖有公章。扬州机电按要求付款后收到了两张盖有扬州亚星客车财务专用章，内容为收回扬柴投资款及分红6 300万元的《结算收据》。上诉人姜宝军的供述和扬州机电法定代表人王大庆、扬州亚星客车财务总监张路等人的证言亦均证实该6 300万元是扬州机电支付给扬州亚星客车的股权转让款，且王大庆也证实扬州机电于转款当日收到扬州亚星客车开具的扬州亚星客车收到扬州机电支付的"收回扬柴投资款"及"红利"6 300万元的《结算收据》。而扬州格林柯尔向扬州机电借款的《借款协议书》，仅有扬州格林柯尔的签署没有扬州机电的签署，亦恰恰印证姜宝军所供扬州机电拒绝拆借资金的情节。综上所述，现有证据足以认定扬州机电于2005年4月25日划入扬州格林柯尔账户的人民币6 300万元是支付给扬州亚星客车的股权转让款，而非借款。上诉人顾雏军称《付款通知书》是伪造的与事实不符。上诉人顾雏军及其辩护人在二审期间提交的《扬州亚星客车股份有限公司 2004 年度年报》、《扬州亚星客车股份有限公司公司章程》、《扬州亚星客车股份有限公司 2004 年度股东大会决议公告》均不能证明扬州机电于 2005 年 4 月 25 日提供给扬州格林柯尔的 6 300 万元是扬州机电提供的借款。8. 上诉人顾雏军身为扬州亚星客车的法定代表人和董事长，未经董事会同意，擅自将本单位资金挪给其个人完全控股并控制的扬州格林柯尔，参照《最高人民法院关于审理挪用公款案件具体应用法律若干问题的解释》第一条的规定，姜宝军将扬州亚星客车的 6 300万元借贷给扬州格林柯尔的行为，属于刑法第二百七十二条第一款“挪用本单位资金归个人使用”的情形，构成挪用资金罪。

综上所述，上诉人顾雏军及其辩护人认为顾雏军的行为不构成挪用资金罪的上诉理由和辩护意见不能成立。

关于上诉人顾雏军的辩护人认为顾雏军有重大立功表现的辩护意见。经查，上诉人顾雏军的辩护人提交及本院调取的相关书证、证人证言等证据显示：2005 年初，因上诉人顾雏军涉嫌犯罪，科龙电器出现了严重的经营财务风险，相关部门决定以协议转让方式处置顾雏军控股的广东格林柯尔企业发展有限公司（原顺德格林科尔）持有的 26.43% 科龙电器股权，经与顾雏军多次谈判，顾雏军最终同意以 9 亿元将上述科龙电器股权转让给青岛海信集团有限公司，其中青岛海信集团有限公司支付 6.8 亿元，其余 2.2 亿元由佛山市顺德区人民政府垫付，垫付款由顾雏军承诺以其自有法人资产偿还。但上述书证、证人证言等证据仍不能反映具体事实，上诉人顾雏军在科龙电器重组过程中，转让广东格林柯尔企业发展有限公司持有科龙电器股权的行为是市场经济条件下的一种价格体现，只是促成科龙电器重组的其中一个环节，且顾雏军作为科龙电器的董事长，理应维护科龙电器的整体利益，却因为其个人的犯罪行为导致科龙电器濒临破产，科龙电器走到重组这一步与顾雏军不无关系。故不能据此认定上诉人顾雏军构成立功。

关于上诉人姜宝军及其辩护人认为姜宝军的行为不构成虚报注册资本罪的上诉理由和辩护意见。经查，1. 上诉人姜宝军按照顾雏军的指示负责从科龙电器挪用 1.87 亿元完成倒账环节，是倒账行为的组织者，该事实有上诉人刘义忠、张细汉的供述证实,上诉人姜宝军在其他参与人员均知道倒账行为是为了完善顺德格林柯尔的注册资本手续的情况下,应当知道倒账的目的,具有虚报注册资本的主观故意。2. 上诉人姜宝军虽然不是“申请公司登记的人”,也没有直接参与伪造相关文件,但其作为科龙电器的财务督察,按照顾雏军的指示负责从科龙电器挪用1.87亿元完成倒账环节,使顺德格林柯尔取得6.6亿元的银行进账单并最终获得工商行政管理部门的核准变更登记,依法属于虚报注册资本罪的共犯。3. 上诉人顾雏军、姜宝军等人采取来回倒账的手段,虚报货币注册资金6.6亿元,虚报注册资本数额巨大,骗取工商行政管理部门对顺德格林柯尔的变更登记,该行为明显具有社会危害性,应依法定罪处罚。

关于上诉人姜宝军及其辩护人认为姜宝军的行为不构成提供虚假财会报告罪(违规披露、不披露重要信息罪)的上诉理由和辩护意见。经查,1. 刑法规定原提供虚假财会报告罪的犯罪主体为单位,但只处罚直接负责的主管人员和其他直接责任人员,故依法处罚上诉人姜宝军等人并非以处罚科龙电器为前提。上诉人姜宝军在科龙电器违规披露、不披露重要信息期间先后任职财务督察和首席财务官,组织并参与了科龙电器虚增利润,该事实不仅有原审被告人晏果茹的供述为证,上诉人姜宝军亦供认在案,一审判决认定姜宝军构成犯罪及属从犯并无不当。2. 科龙电器通过大量压货销售等多种手段虚增收入,其实质就是虚假销售、虚增利润,并向社会公众披露虚假的财会报告,客观上已严重损害股民的利益,至于虚增利润的具体数额不影响本罪的构成。

关于上诉人姜宝军及其辩护人认为姜宝军的行为不构成挪用资金罪的上诉理由和辩护意见。经查,1. 上诉人姜宝军供认在向扬州机电借款不成的情况下,经请示顾雏军同意后未经扬州亚星客车董事会同意,擅自以扬州亚星客车的名义出具《付款通知书》给扬州机电,将扬州机电本应支付给扬州亚星客车的股权转让款划入扬州格林柯尔,供扬州格林柯尔使用。姜宝军的上述供述有扬州机电法定代表人王大庆、扬州亚星客车总经理谭荣伟、扬州亚星客车财务总监张路、扬州亚星客车董事会秘书张榕森等证人的证言相印证,足以认定姜宝军具有挪用资金的故意。2.《扬州机电资产经营管理有限责任公司与扬州亚星客车股份有限公司关于扬州柴油机有限责任公司的股权转让合同书的补充合同》的签署时间虽然比扬州亚星客车出具的《付款通知书》要求付款时间迟了一天,但证实扬州机电确实向扬州亚星客车购买扬州亚星客车所持有的扬柴公司部分股份的《扬州机电资产经营管理有限责任公司与扬州亚星客车股份有限公司关于扬州柴油机有限责任公司的股权转让合同书》此时已签署,且《付款通知书》清楚写明支付给扬州格林柯尔的6 300万元是扬州亚星客车的股权转让及投资分红款项,扬州机电在付款后亦收到两张盖有扬州亚星客车财务专用章内容为收回扬柴投资款和分红6 300万元的《结算收据》,上诉人姜宝军的供述和王大庆、张路等证人证言均证实该6 300万元是扬州机电支付给扬州亚星客车的股权转让款,同时王大庆也证实扬州机电于转款当日收到扬州亚星客车开具的扬州亚星客车收到扬州机电支付的"收回扬柴投资款及红利6 300万元"的《结算收据》。上述证据能相互印证,足以认定该6 300万元是扬州机电支付给扬州亚星客车的股权转让款。3. 一审判决作为证据使用的证人王大庆的证言,形式要件合法且经过法庭质证,与相关证据亦能相互印证,应予采信,上诉人姜宝军及其辩护人认为王大庆的证言不足采信的理由不充分。4. 上诉人姜宝军身为扬州亚星客车的董事,与上诉人顾雏军共同将扬州亚星客车的资金挪给顾雏军个人完全控股并控制的扬州格林柯尔,构成挪用资金的共犯且属于相关司法解释规定的"挪用本单位资金归个人使用"的情形,姜宝军的行为构成挪用资金罪,而该款项是否已归还不影响定罪。

关于上诉人张细汉的上诉理由。经查,上诉人姜宝军、刘义忠和证人刘从梦、莫姝等人均证实上诉人张细汉直接参与了将科龙电器的1.87亿元通过银行倒账的方式放大为6.6亿元,使顺德格林柯尔取得6.6亿元银行进账单的全过程。张细汉在侦查阶段对其按照顾雏军的指示在银行办理转款业务,且刘义忠告知转款是为了完善顺德格林柯尔股权的事实亦供认在案。张细汉作为顺德格林柯尔财务章和天津格林柯尔合同专用章的保管人,是倒账行为的组织者之一,足以认定其具有虚报注册资本的主观故意。其上诉认为一审判决认定事实和适用法律错误不能成立,不予采纳。

关于上诉人刘义忠的上诉理由及其辩护人的辩护意见。经查,1. 顺德格林柯尔成立之初,当地政府确实提供了担保函,要求工商部门先为顺德格林柯尔颁发营业执照再补办验资、评估手续,工商部门因此在顺德格林柯尔未经验资、评估的情况下,为顺德格林柯尔办理了设立登记。但这并没有免除顺德格林柯尔在取得营业执照后补办验资、评估等手续的法定义务,且工商部门的这一行政行为并不能超越公司法有关公司登记的法律规定,正因为如此,工商部门在顺德格林柯尔注册资本中无形资产比例不符合法律规定的情况下对顺德格林柯尔不予年检。故工商部门核准注册成立顺德格林柯尔的行为依法不属于政府行政许可,即使是政府行政许可也属违法。2.参照相关法律法规规定,顺德格林柯尔变更公司股权结构的行为应视为刑法规定的申请公司登记,且验资是公司设立登记的必备要件。修改后的公司法虽然规定公司无形资产可占注册资本70%,但在案发时,上诉人刘义忠等人虚报货币注册资金6.6亿元,数额巨大,其行为显然具有社会危害性和刑事违法性。3.上诉人顾雏军、姜宝军、张细汉和证人刘从梦、莫姝等人均证实刘义忠参与了6.6亿元的银行倒账,刘义忠在侦查阶段对此亦供认在案,刘义忠上诉否认参与倒账及其辩护人认为刘义忠没有虚报注册资本的主观故意不能成立。上诉人顾雏军、刘义忠和证人刘从梦均证实天津格林柯尔与顺德格林柯尔的《供货协议书》是为了完善顺德格林柯尔的注册手续而签订,刘义忠称不清楚《供货协议书》的真实情况亦不能成立。4.上诉人刘义忠、顾雏军等人在完善顺德格林柯尔注册登记手续、降低无形资产比例的过程中,采取来回倒账的手段,虚报货币注册资金6.6亿元,虚报注册资本数额巨大,上诉人刘义忠参与虚假转款制造虚假出资,且与顾雏军伪造证明文件,骗取验资报告,负责到工商部门具体办理顺德格林柯尔的注册手续,依法构成虚报注册资本罪的共犯。上诉人刘义忠认为无罪、其辩护人认为本案不符合虚报注册资本罪的犯罪构成及刘义忠的行为不构成犯罪的上诉理由和辩护意见不能成立。

关于上诉人严友松的上诉理由。经查,1.刑法规定原提供虚假财会报告罪的犯罪主体为单位,但只处罚直接负责的主管人员和其他直接责任人员,因此依法处罚上诉人严友松等人并非以处罚科龙电器为前提。2.上诉人姜宝军、原审被告人晏果茹、刘科、张宏的供述和证人魏五洲、罗耀东、石艾生、佘修仪、阙海辉等人的证言均证实，科龙电器于2002年至2004年间通过大量压货销售等多种手段虚增收入，进而虚增利润。且晏果茹指认上诉人严友松曾召集晏果茹等人研讨压货的具体办法及对所压货物的处理事宜，足以认定上诉人严友松明知科龙电器大量压货销售是为了虚增销售利润并参与的事实。虽然本案难以根据鉴定结论认定虚增利润的具体数额，但科龙电器作为上市公司，向社会公众披露虚假的财会报告，在公告因涉嫌违反证券法规被中国证监会立案调查后，科龙电器的股价连续三天下跌并跌至历史最低点，客观上已严重损害了股民的利益。上诉人严友松请求改判无罪不予采纳。

本院认为，上诉人顾雏军、刘义忠、姜宝军、张细汉在完善顺德格林柯尔注册登记手续、降低无形资产比例的过程中，虚报了货币注册资金6.6亿元，数额巨大，其行为均构成虚报注册资本罪。上诉人顾雏军作为顺德格林柯尔的股东，自愿将其价值9亿元的无形资产作价2.4亿元作为注册资本占公司股份20%，无形资产的余额6.6亿元转入公司的资本公积金，没有从公司的实际资本总额中抽走，社会危害性相对较小，可酌情从轻处罚。由于修改后的公司法将无形资产在注册资本中所占比例提高至70%，说明顺德格林柯尔注册时无形资产比例过高对社会的危害程度已经有所减轻，可酌情从轻处罚。在共同犯罪中，上诉人顾雏军提议并签署用于验资的虚假文件《供货协议书》，起主要作用，是主犯，依法应按其所组织的全部犯罪处罚；上诉人刘义忠负责填写相关申请资料，联系会计师事务所递交验资所需文件，并作为股东代理人到工商部门办理公司登记手续，起次要作用，是从犯，依法应从轻处罚；上诉人姜宝军负责从科龙电器挪出1.87亿元以完成倒账环节，取得虚假的银行进账单，上诉人张细汉保管顺德格林柯尔财务章和天津格林柯尔的合同专用章，参与倒账等环节，均起次要作用，是从犯，依法应从轻处罚。

上诉人顾雏军为夸大科龙电器的业绩，指使上诉人姜宝军、严友松和原审被告人张宏、晏果茹、刘科虚增利润，向社会披露虚假财会报告，剥夺了社会公众和股东对上市公司真实财务状况的知情权，给社会公众和股民以错误的诱导，给股东和社会造成了严重的损失，其行为均已构成违规披露、不披露重要信息罪。在共同犯罪中,上诉人顾雏军作为科龙电器的控股股东,是犯意提起者和行为组织者,是主犯,依法应按其所组织的全部犯罪处罚;上诉人姜宝军、严友松和原审被告人张宏、晏果茹、刘科起次要作用,是从犯,依法应从轻处罚。

上诉人顾雏军、原审被告人张宏挪用江西科龙的人民币4 000万元和科龙电器的人民币2.5亿元,用于顾雏军个人注册成立扬州格林柯尔,上诉人顾雏军为谋取个人利益伙同上诉人姜宝军挪用扬州亚星客车的人民币6 300万元给扬州格林柯尔使用,上诉人顾雏军、姜宝军和原审被告人张宏的行为均构成挪用资金罪。在顾雏军、张宏挪用资金的共同犯罪中,顾雏军提起犯意且是资金的使用人,起主要作用,是主犯,依法应按其所组织的全部犯罪处罚;张宏受顾雏军的指使,只参与资金流转的中间环节,且不是资金的使用人,起辅助作用,是从犯,应依法减轻处罚。在顾雏军、姜宝军挪用资金的共同犯罪中,顾雏军提起犯意,谋取个人利益,是主犯,依法应按其所组织的全部犯罪处罚;姜宝军在顾雏军指使下参与犯罪,是从犯,依法应从轻处罚。

上诉人顾雏军、姜宝军、原审被告人张宏均一人犯数罪,依法应数罪并罚。原审判决认定事实清楚,证据确实、充分,定罪准确,量刑适当,审判程序合法。上诉人顾雏军、姜宝军、刘义忠及其辩护人的上诉理由和辩护意见、上诉人张细汉、严友松的上诉理由均不能成立,不予采纳。依照《中华人民共和国刑事诉讼法》第一百八十九条第(一)项之规定,裁定如下:

驳回上诉,维持原判。

本裁定为终审裁定。

审　判　长　何凌云
审　判　员　谭仲子
代理审判员　王兴元
二〇〇九年三月二十五日
书　记　员　王丽姗

附 录

挪用资金罪大数据专题分析报告

（2014 年 1 月至 2018 年 12 月）

一、分析思路

中国司法大数据研究院依托人民法院大数据管理和服务平台，对 2014 年 1 月 1 日至 2018 年 12 月 31 日五年间，全国各级人民法院新收及已结的构成挪用资金罪的刑事案件进行了研究。

本报告主要对涉及挪用资金罪的案件进行分析，并与挪用公款罪案件进行了对比，各部分研究口径见表 1。

表 1　报告各节研究口径列表

小节标题	案由	审判程序	结案情况	数据来源
挪用资金案件发案情况	挪用资金罪	一审、二审、再审	新收、已结	平台案件信息查询
挪用资金案件基本情况	挪用资金罪	一审	已结	文书信息
挪用资金案件判决结果分析	挪用资金罪	一审	已结	文书信息
挪用资金案件判决结果分析之六（挪用资金罪与挪用公款罪定罪量刑情况对比分析）	挪用资金罪 挪用公款罪	一审	已结	文书信息
挪用资金案件二审、再审改判情况分析	挪用资金罪	二审、再审	已结	文书信息

本报告首先在第二部分分析了发案情况,基于平台案件信息数据对挪用资金罪案件的整体情况进行分析,利用新收、已结案件信息对相关案件的年度发案量变化、各审理程序发案量变化及地区分布进行了分析。

第三部分至第五部分均基于文书挖掘进行分析,分别从案件情况、判决结果和改判情况三个角度进行了挖掘。

第三部分主要分析案件情况。首先从发案领域、发案环节、挪用方式、挪用数额、资金去向等角度分析了整体案件特征,然后从当事人身份、自然人信息、企业所有制信息以及企业家职务特征等角度分析了当事人特征。

第四部分则集中于判决结果分析。依次从判决结果、有期徒刑量刑、附加刑、从轻从重情节等角度对挪用资金罪判决进行分析。随后着重分析了判决为宣告无罪、不负刑事责任和定罪免刑三种处理结果的原因,并对挪用资金罪与挪用公款罪的定罪量刑情况进行了对比。

第五部分主要关注二审和再审案件中改判的情况,从二审、再审改判案件比例和改判原因两个角度进行了分析,尤其是《最高人民法院、最高人民检察院关于办理贪污贿赂刑事案件适用法律若干问题的解释》和《中共中央、国务院关于完善产权保护制度依法保护产权的意见》出台后的变化情况。

二、挪用资金案件发案情况

(一)新收和审结的挪用资金案件量有升有降,整体趋势稳中有降

单位:件

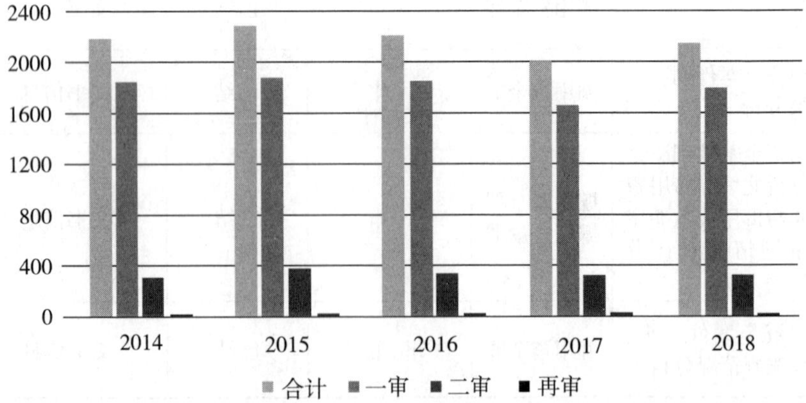

图1 2014年至2018年全国法院新收挪用资金案件量变化趋势

如图1所示,2014年1月1日至2018年12月31日,全国各级人民法院新收挪用资金案件共计10 857件。其中,2014年共计新收2 188件,2015年共计新收2 290件,同比上升4.66%;2016年共计新收2 214件,同比下降3.32%;2017年共计新收2 014件,同比下降9.03%;2018年共计新收2 109件,同比上升4.72%。

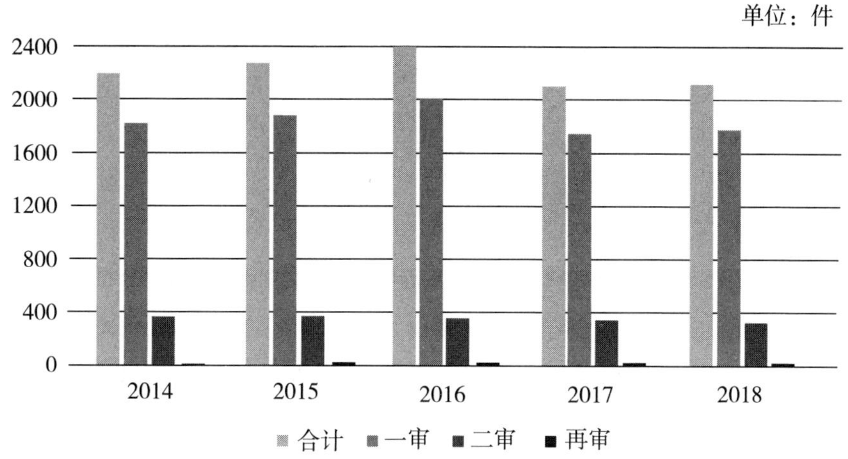

图2　2014年至2018年全国法院审结挪用资金案件量变化趋势

如图2所示,2014年1月1日至2018年12月31日,全国各级人民法院审结的挪用资金案件共计10 915件。其中2014年共计审结2 163件,2015年共计审结2 235件,同比上升3.33%;2016年共计审结2 352件,同比上升5.23%;2017年共计审结2 075件,同比下降11.78%;2018年共计审结2 090件,同比上升0.72%。

2016年4月18日《最高人民法院、最高人民检察院关于办理贪污贿赂刑事案件适用法律若干问题的解释》正式施行,2016年11月《中共中央、国务院关于完善产权保护制度依法保护产权的意见》正式出台,两个文件施行之后,2016年和2017年,全国各级法院新收的挪用资金案件量同比上一年度呈现下降趋势。

需要说明的是,由于2018年经济下行压力加大,挪用资金新收案件量呈现回升趋势。

（二）新收二审案件占比15.08%，显著高于全部刑事案件中二审案件的占比

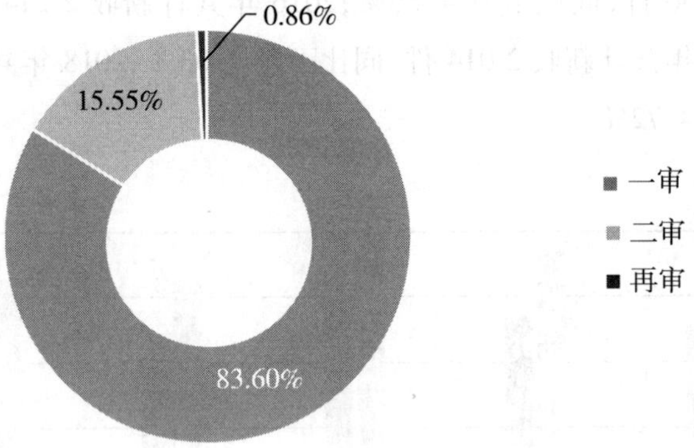

图3　2014年至2018年全国法院新收挪用资金案件审理程序分布

如图3所示，从审理程序来看，2014年1月1日至2018年12月31日，全国各级人民法院新收挪用资金类一审案件9 076件，占比83.60%；二审案件1 688件，占比15.55%；再审案件93件，占比0.86%。二审案件占比显著高于对应时期全部新收刑事案件中的二审案件11.60%的占比。

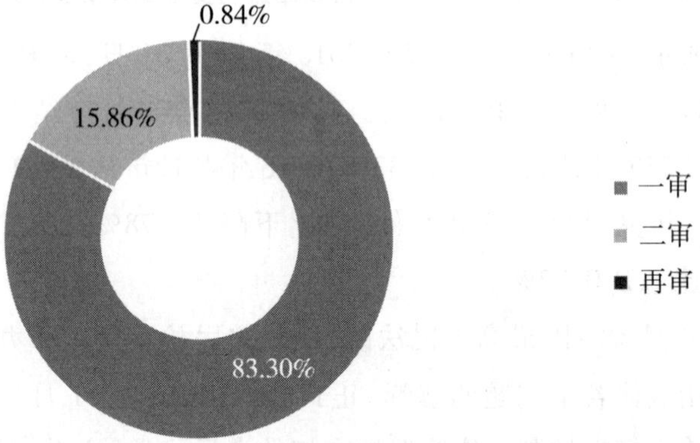

图4　2014年至2018年全国法院审结挪用资金案件审理程序分布

如图4所示，2014年1月1日至2018年12月31日，全国各级人民法院一审审结挪用资金案件9 092件，占比83.30%；二审审结1 731件，占比15.86%；再审审结92件，占比0.84%。

(三)浙江省和山东省的案件量最大

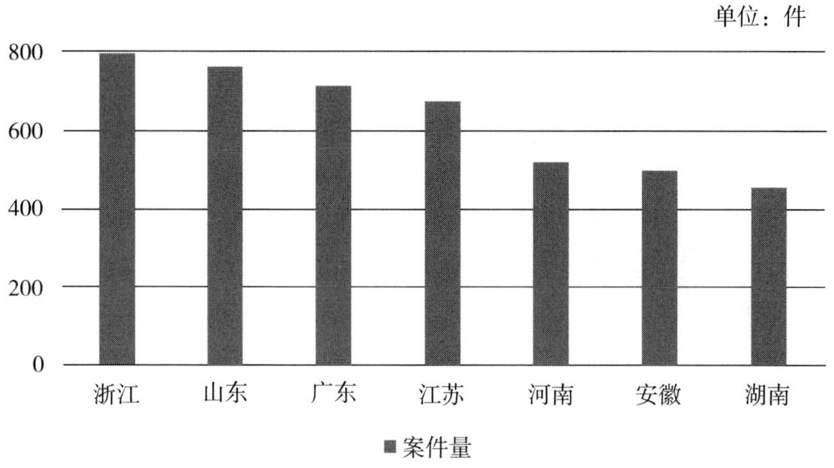

图 5　2014 年至 2018 年全国法院一审审结的挪用资金案件地域分布

如图 5 所示,2014 年 1 月 1 日至 2018 年 12 月 31 日,全国各级人民法院一审审结的挪用资金案件中,浙江省的案件量位列第一,占比 8.79%,其他案件量占比较大的省区占比如下:山东省占比 8.43%,广东省占比 7.90%,江苏省占比 7.45%,河南省占比 5.75%,安徽省占比 5.49%,湖南省占比 5.02%。

(四)涉外案件占比极小

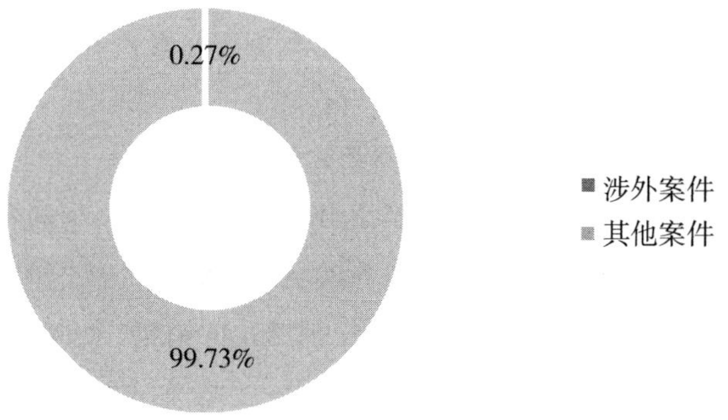

图 6　2014 年至 2018 年全国法院一审审结的挪用资金案件涉外案件情况

如图6所示,2014年1月1日至2018年12月31日,全国各级人民法院一审审结的挪用资金案件中,涉外案件仅占比0.27%。

三、挪用资金案件基本情况

(一)制造业案件量占比近四分之一

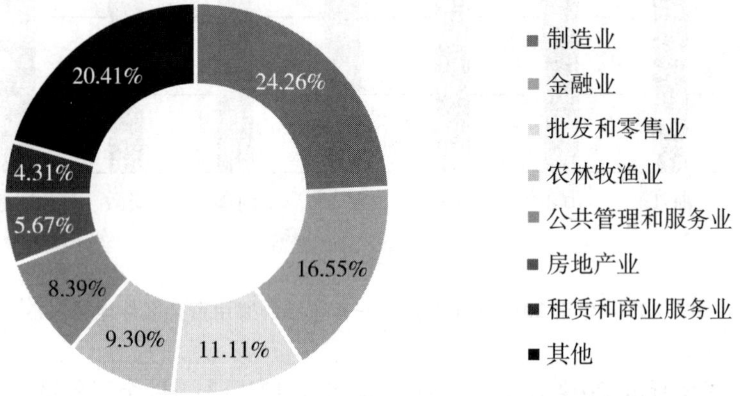

图7　2014年至2018年全国法院一审审结的挪用资金案件发案行业分布

如图7所示,2014年1月1日至2018年12月31日,全国各级人民法院一审审结的挪用资金案件中,从所属行业分布来看,案件量占比最大的行业为制造业,占比24.26%;其次为金融业,占比16.55%;其他案件量较多的行业占比分别为:批发和零售业占比11.11%,农林牧渔业占比9.30%,公共管理和服务业占比8.39%,房地产业占比5.67%,租赁和商业服务业占比4.31%,其他行业合计占比20.41%。

(二)销售部门的职员涉案比例约占六分之一

如图8所示,2014年1月1日至2018年12月31日,全国各级人民法院一审审结的挪用资金案件中,在公司管理层以下级别的被告人中,从所属部门分布来看,在最容易接触到现金流的三个部门(销售、采购、财务)中,供职于销售部门的被告人占比最高,占比17.59%。此外,有11.87%的被告人供职于财务部门,有0.95%的被告人供职于采购部门,其余69.58%的被告人供职于其他业务部门或公司管理层。

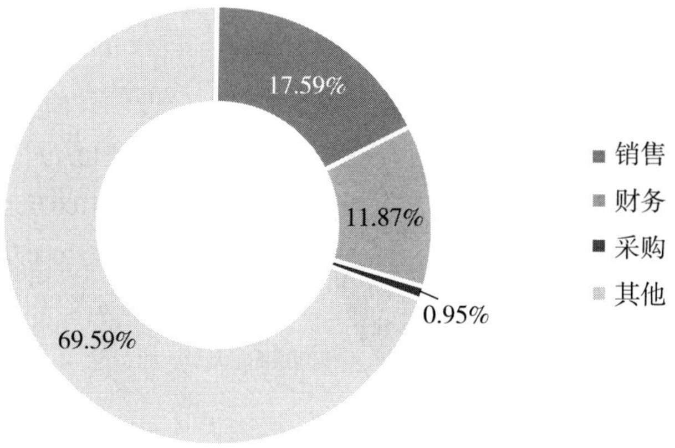

图 8 2014 年至 2018 年全国法院一审审结挪用资金案件被告人所在部门分布

(三)挪用资金方式为转账的案件占比超五成

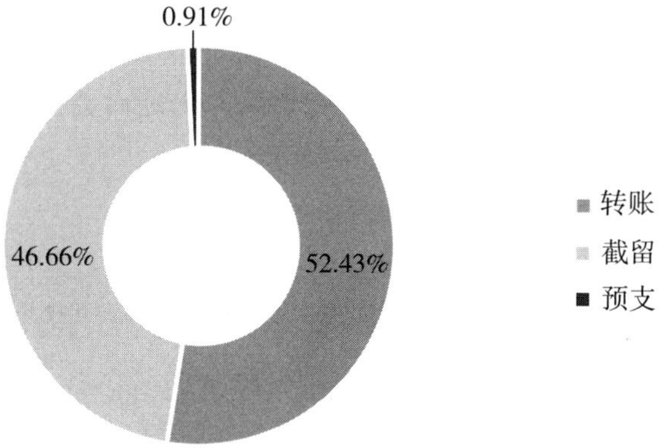

图 9 2014 年至 2018 年全国法院一审审结挪用资金案件被告人挪用资金方式分布

如图 9 所示,2014 年 1 月 1 日至 2018 年 12 月 31 日,全国各级人民法院一审审结的挪用资金案件中,将文书中明确标明挪用方式的案件分为三类:52.43% 的案件挪用方式为被告人转账至其他账户,46.66% 的案件挪用方式为被告人截留资金,0.91% 的案件挪用方式为被告人预支资金。

(四)涉案金额在十万元至百万元之间的案件占比近六成

如图 10 所示,2014 年 1 月 1 日至 2018 年 12 月 31 日,全国各级人民法院一审审结的挪用资金案件中,涉案金额在 1 万元(含)至 10 万元(不含)之间的

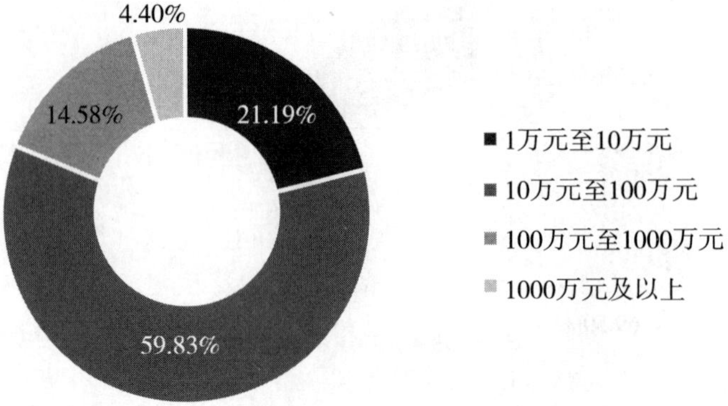

图10　2014年至2018年全国法院一审审结挪用资金案件涉案金额分布

案件占比21.19%,10万元(含)至100万元(不含)的占比59.83%,100万元(含)至1000万元(不含)的占比14.58%,1000万元以上的占比4.40%。可以看出,涉案金额在10万元至100万元之间的案件占比最高,达到近六成。

(五)挪用资金被用于个人投资的案件占比近四分之一,各类流向占比相差不大

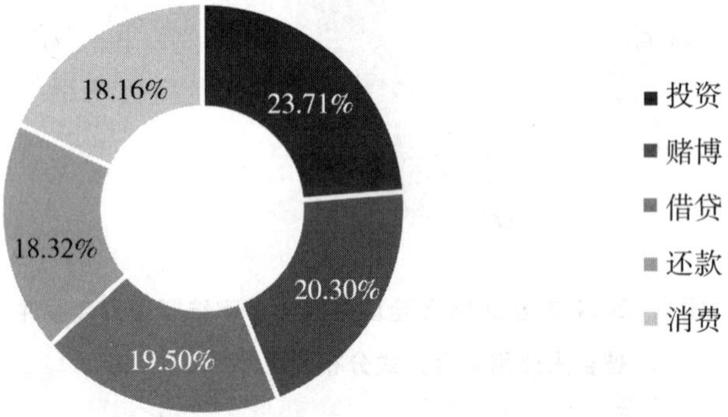

图11　2014年至2018年全国法院一审审结挪用资金案件资金流向情况

如图11所示,2014年1月1日至2018年12月31日,全国各级人民法院一审审结的挪用资金案件中,将文书中明确标明资金流向的案件分为五类:23.71%的案件资金被用于投资从而获取收益,20.30%的案件资金被用于从事赌博活动,19.50%的案件资金被用于借贷获利,18.32%的案件资金被用于个人消费,18.16%的案件资金被用于归还欠款。

（六）超九成的被告人身份是自然人

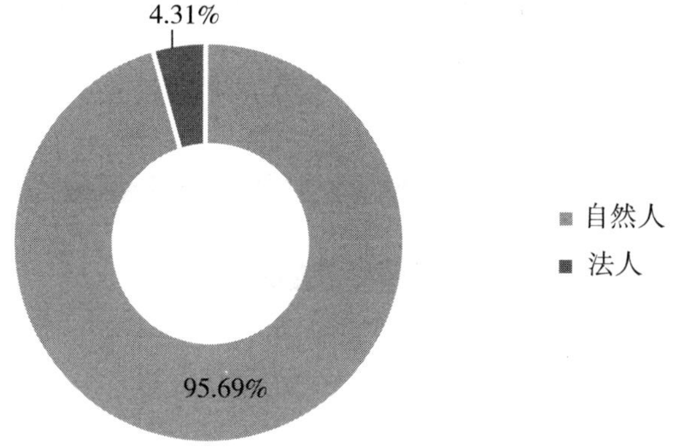

图12　2014年至2018年全国法院一审审结挪用资金案件被告人身份情况

如图12所示，2014年1月1日至2018年12月31日，全国各级人民法院一审审结的挪用资金案件中，被判决犯挪用资金罪的被告人95.69%为自然人，4.31%为法人。

（七）涉案自然人信息情况

1. 挪用资金罪被告人平均年龄为41.46岁，大学文化程度的百万人口发案率最高

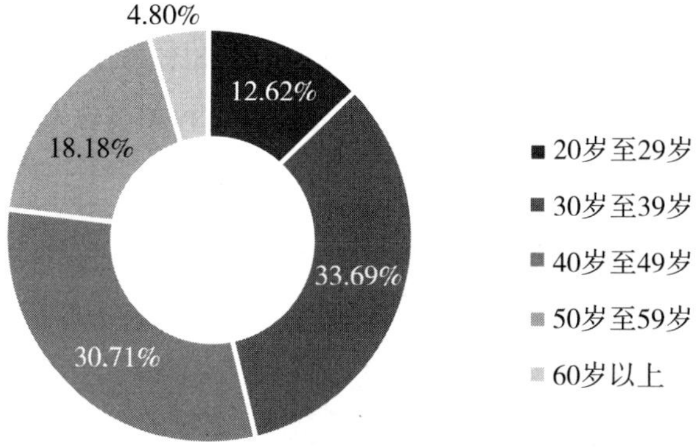

图13　2014年至2018年全国法院一审审结挪用资金案件被告人年龄分布

如图13所示，2014年1月1日至2018年12月31日，全国各级人民法院一审审结的挪用资金案件中，被告人的平均年龄为41.46周岁。其中，年龄在20岁至29岁的被告人占比12.62%，年龄在30岁至39岁的被告人人

数最多,占比33.69%,年龄在40岁至49岁的被告人占比30.71%,年龄在50岁至59岁的被告人占比18.18%,年龄在60岁以上的被告人占比4.80%。

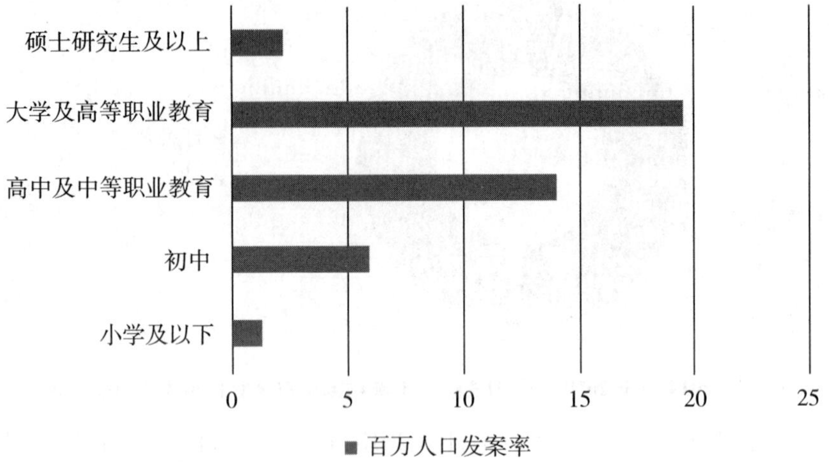

图14　2014年至2018年全国法院一审审结挪用资金案件被告人文化程度分布

如图14所示,2014年1月1日至2018年12月31日,全国各级人民法院一审审结的挪用资金案件中,从被告人文化程度分布来看,大学文化程度的百万人口案发率最高,达到19.49%;其次为高中及中等职业教育文化程度,百万人口案发率为13.98%,初中文化程度为5.95%,硕士研究生及以上文化程度为2.21%,小学及以下文化程度为1.33%。

2. 6.88%的被告人有多次前科,21.28%有前科的被告人曾犯挪用资金罪

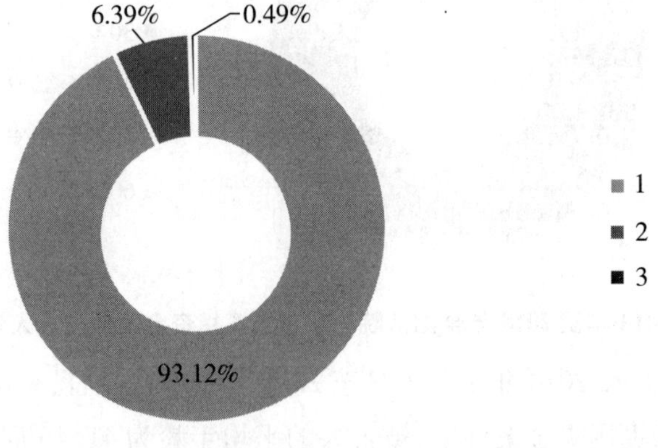

图15　2014年至2018年全国法院一审审结挪用资金案件被告人前科次数分布

2014 年 1 月 1 日至 2018 年 12 月 31 日,全国各级人民法院一审审结的挪用资金案件中,5.75% 的被告人有前科。如图 15 所示,其中,从前科次数来看,93.12% 的被告人仅有一次前科,6.39% 的被告人有两次,0.49% 的被告人有三次。

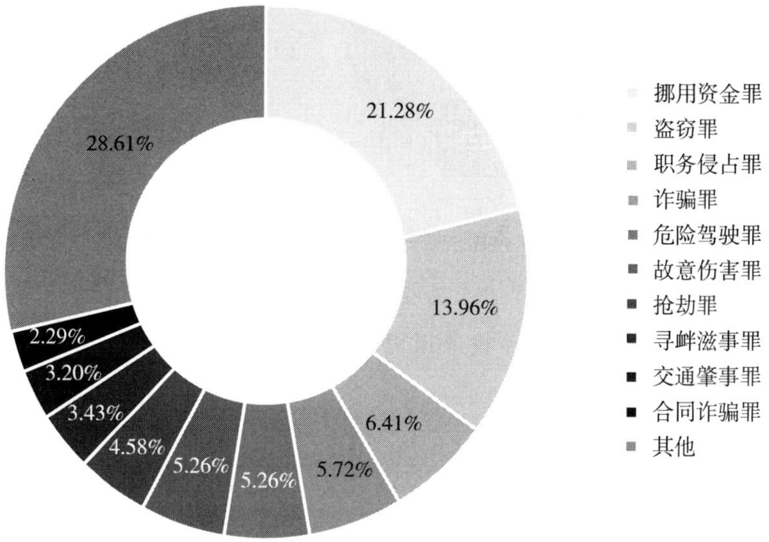

图 16　2014 年至 2018 年全国法院一审审结挪用资金案件被告人前科罪名分布

如图 16 所示,从前科罪名来看,犯挪用资金罪的被告人的前科涉及 62 个罪名,占比最高的是挪用资金罪,达到 21.28%,其他占比较高的罪名占比如下:盗窃罪占比 13.96%,职务侵占罪占比 6.41%,诈骗罪占比 5.72%,危险驾驶罪占比 5.26%,故意伤害罪占比 5.26%;所有侵犯财产类犯罪的罪名合计占比 54.23%。

(八)涉案企业中民营企业占比超八成

如图 17 所示,2014 年 1 月 1 日至 2018 年 12 月 31 日,全国各级人民法院一审审结挪用资金案件中,从涉案企业所有制分布来看,民营企业案件量占比最高,达到 85.34%;其他所有制单位占比依次为:基层自治组织占比 6.68%,集体所有制企业占比 5.94%,国企占比 2.04%。

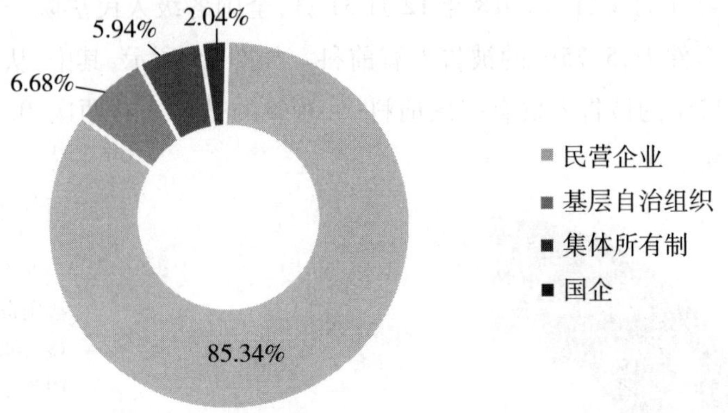

图 17　2014 年至 2018 年全国法院一审审结挪用资金案件涉案企业性质分布

(九)约五分之一的被告人为企业家,企业家中法人代表和总经理涉案比例最高,四分之一的涉案普通员工为会计或出纳

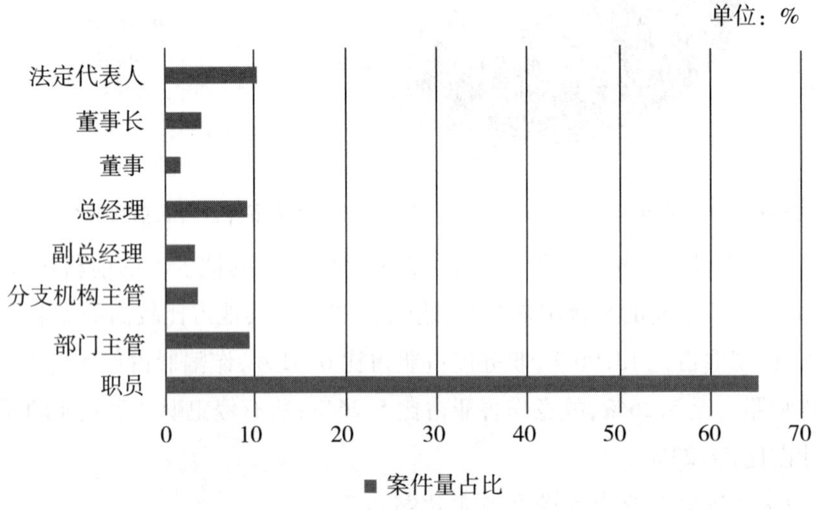

图 18　2014 年至 2018 年全国法院一审审结挪用资金案件被告人职务分布

如图 18 所示,2014 年 1 月 1 日至 2018 年 12 月 31 日,全国各级人民法院一审审结的挪用资金案件中,从涉案人员职务分布来看,企业家涉案占比 21.61%;企业家中,身份为企业法定代表人的被告人占比 10.28%,身份为董事长的被告人占比 4.03%,董事占比 1.78%,总经理占比 9.19%,副总经理占比 3.34%。

其他职务的被告人中，身份为分支机构负责人的被告人占比3.53%，身份为部门主管的被告人占比9.46%，身份为部门主管以下级别职员的被告人占比65.40%。

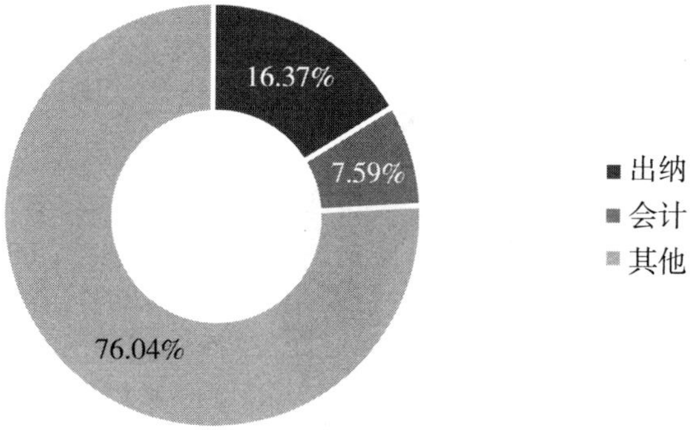

图19 2014年至2018年全国法院一审审结挪用资金案件部门主管以下级别被告人职务分布

如图19所示，在职务为部门主管以下级别员工的被告人中，出纳占比16.37%，会计占比7.59%。

四、挪用资金案件判决结果分析

（一）超八成以上被告人被判处有期徒刑

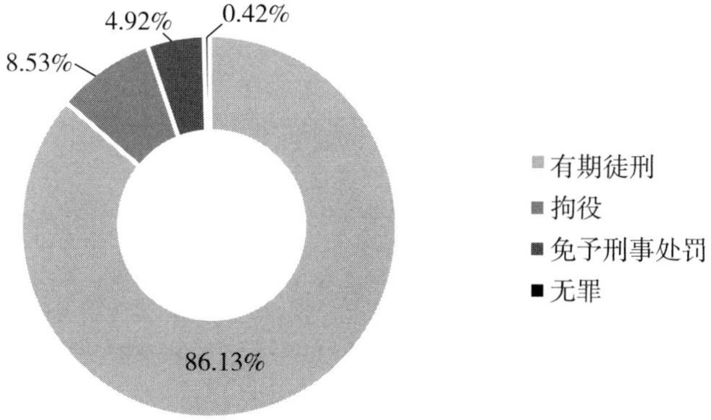

图20 2014年至2018年全国法院一审审结挪用资金案件被告人判决结果分布

如图20所示，2014年1月1日至2018年12月31日，全国各级人民法院一审审结的挪用资金案件中,被判有期徒刑的被告人最多,占比达到86.13%,被判拘役的占比8.53%,被判免予刑事处罚的占比4.92%,被判无罪的占比0.42%。

(二)九成被告人被判处五年以下有期徒刑

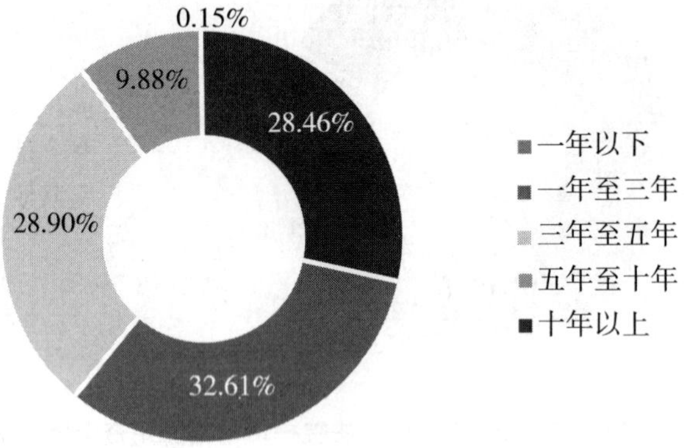

图21 2014年至2018年全国法院一审审结挪用资金案件被告人有期徒刑刑期分布

如图21所示,2014年1月1日至2018年12月31日,全国各级人民法院一审涉挪用资金案件,被告人被判处有期徒刑一年(不含)以下的占比28.46%,一年(含)至三年(不含)的占比32.61%,三年(含)至五年(不含)的占比28.90%,五年(含)至十年(不含)的占比9.88%,十年以上的仅占比0.15%。

(三)附加刑中判处罚金占比超九成

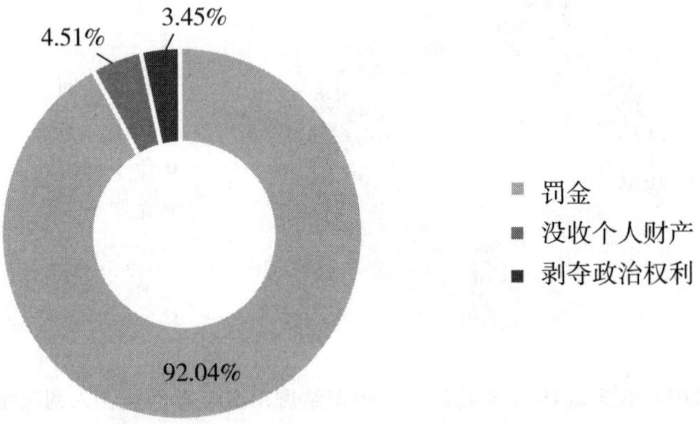

图22 2014年至2018年全国法院一审审结挪用资金案件附加刑分布

2014 年 1 月 1 日至 2018 年 12 月 31 日,全国各级人民法院一审审结的挪用资金案件中,9.68% 的案件判处了附加刑。如图 22 所示,其中被判处罚金的被告人占比最高,达到 92.04%,被判处没收个人财产的占比 4.51%,被判处剥夺政治权利的占比 3.45%。

(四)从轻情节与从重情节分析

1. 四成案件因被告人认罪态度良好而被从轻处罚

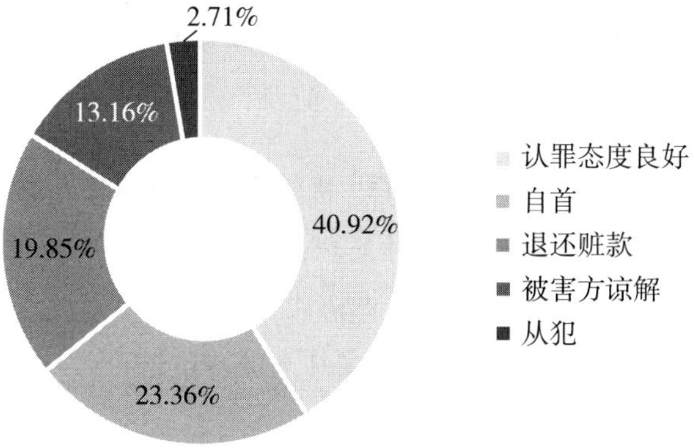

图 23　2014 年至 2018 年全国法院一审审结挪用资金案件从轻情节分布

2014 年 1 月 1 日至 2018 年 12 月 31 日,全国各级人民法院一审审结挪用资金刑事案件中,从轻处罚案件占比 83.36%。如图 23 所示,其中,40.92% 的案件因被告人认罪态度良好而被从轻处罚,有自首情节的占比 23.36%,被告人或亲友退还赃款的占比 19.85%,被告人取得被害方谅解的占比 13.16%,被告人是从犯的占比 2.71%。

2. 近五成被告人因未归还赃款而被从重处罚

2014 年 1 月 1 日至 2018 年 12 月 31 日,全国各级人民法院一审审结挪用资金案件中,从重处罚的案件占比 4.33%。如图 24 所示,其中,48.69% 的案件因为被告人未归还赃款而被从重处罚,被告人有前科的占比 30.90%,挪用资金从事非法活动的占比 11.05%,多次挪用的占比 6.74%,造成重大经济损失的占比 1.50%,挪用时间长的占比 0.94%,挪用扶贫款的占比 0.19%。

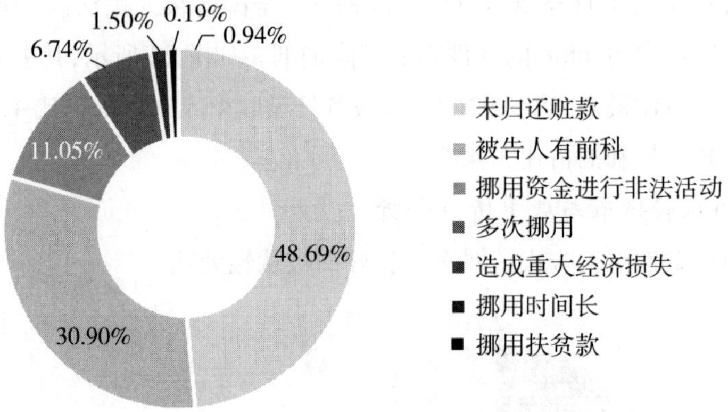

图24　2014年至2018年全国法院一审审结挪用资金案件从重情节分布

（五）宣告无罪、定罪免刑两种处理结果的案件量及原因分析

1. 两类判决结果总数年度变化情况

（1）除2016年外，宣布无罪案件量基本保持稳定

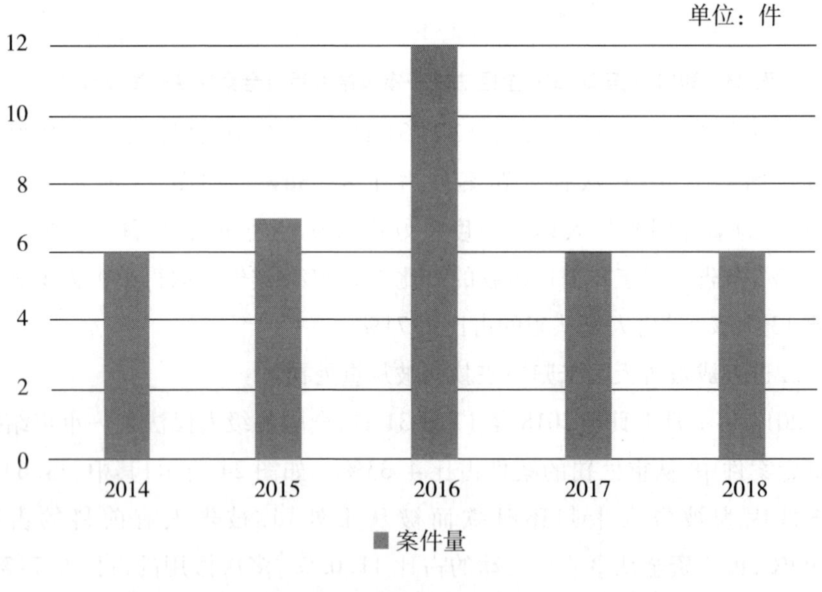

图25　2014年至2018年全国法院一审审结涉挪用资金罪被判无罪案件量变化情况

如图25所示，2014年1月1日至2018年12月31日，全国各级人民法

院一审审结挪用资金案件中,被告人被判无罪的共33件。从时间来看,其中2014年6件,2015年7件,同比增长16.67%;2016年12件,同比增长71.43%;2017年6件,同比下降50.00%;2018年6件,保持稳定。由此可见,除2016年案件量异常偏高之外,其余年份案件量基本保持稳定。

(2)定罪免刑案件量基本处于上升趋势

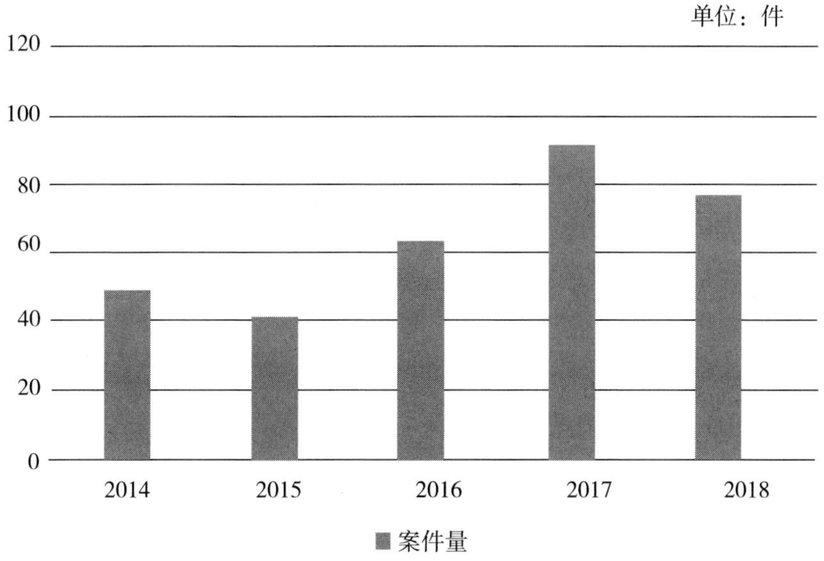

图26　2014年至2018年全国法院一审审结涉挪用资金罪被判定罪免刑案件量变化情况

如图26所示,2014年1月1日至2018年12月31日,全国各级人民法院一审审结挪用资金案件中,被告人被判定罪免刑案件共360件。从时间来看,其中,2014年审结55件,2015年审结46件,同比下降16.36%;2016年审结71件,同比增长54.35%;2017年审结102件,同比增长43.66%;2018年审结86件,同比下降15.69%。

2.两类判决结果原因分析

(1)因挪用资金并未损害公司利益为个人牟利而被判无罪的案件占比最高,达到三成

如图27所示,2014年1月1日至2018年12月31日,全国各级人民法院一审审结挪用资金被判无罪案件中,被告人行为不构成挪用资金罪的原

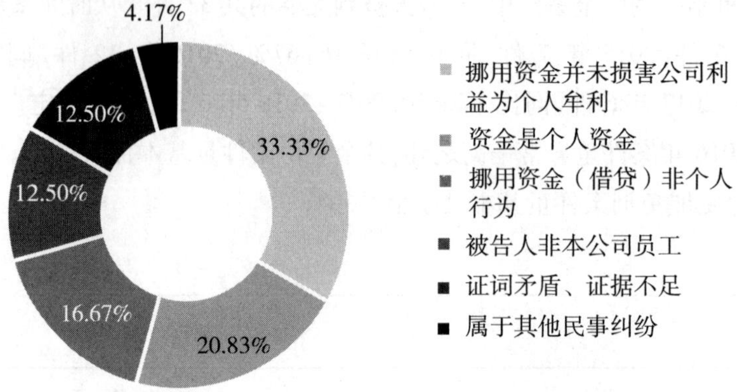

图27　2014年至2018年全国法院一审审结挪用资金案件被告人被判无罪原因分布

因主要有以下几方面:挪用资金并未损害公司利益为个人牟利的情况占比33.33%,挪用的资金属于个人而非公司的情况占比20.83%,挪用资金非个人行为,而是经过公司大会讨论一致通过的情况占比16.67%,被告人非本公司员工的情况占比12.50%,证词矛盾、证据不足的案件占比12.50%,属于其他民事纠纷的案件占比4.17%。

(2)被判定罪免刑的案件中,犯罪金额在10万元至100万元的案件量最大

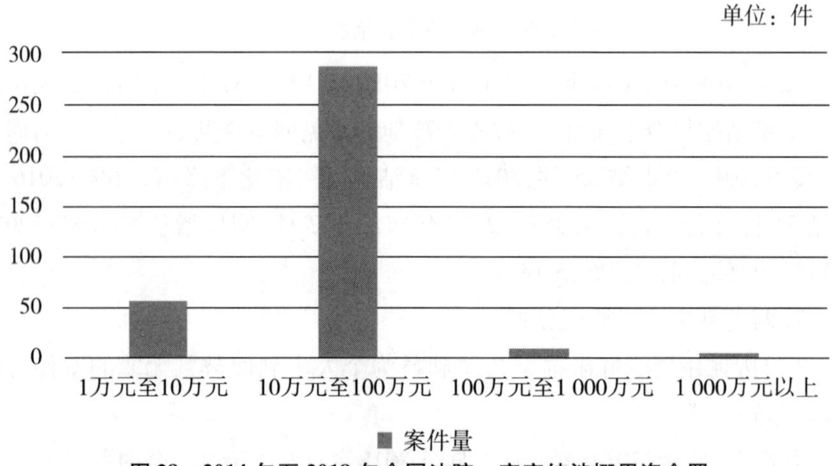

图28　2014年至2018年全国法院一审审结涉挪用资金罪被判定罪免刑案件挪用金额分布

2014 年 1 月 1 日至 2018 年 12 月 31 日，全国各级人民法院一审审结涉挪用资金罪被判定罪免刑案件中，被告人被判定罪免刑的原因均为积极退赃并取得被害单位谅解。如图 28 所示，被判定罪免刑的案件中，涉案金额在 10 万元至 100 万元的案件量最大，达到 288 件，1 万元至 10 万元的 58 件，100 万元至 1 000 万元的 8 件，1 000 万元以上的 6 件。

（六）挪用资金罪与挪用公款罪定罪量刑情况对比分析

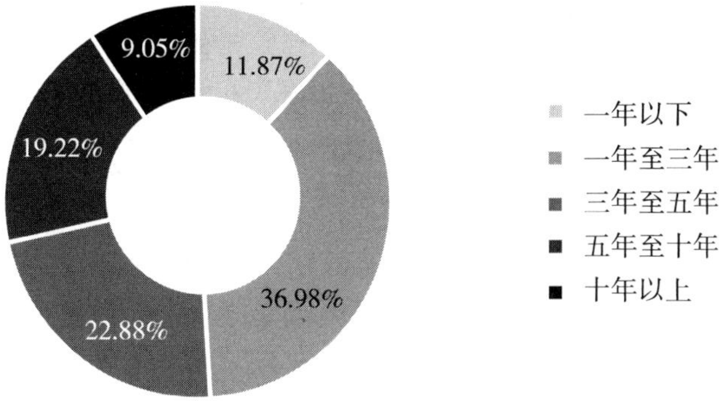

图 29　2014 年至 2018 年全国法院一审审结挪用公款案件有期徒刑刑期分布

挪用公款罪比挪用资金罪量刑重。如图 29 所示，2014 年 1 月 1 日至 2018 年 12 月 31 日，全国各级人民法院一审审结挪用公款案件中，被告人被判处有期徒刑一年（不含）以下的占比 11.87%，一年（含）至三年（不含）的占比 36.98%，三年（含）至五年（不含）的占比 22.88%，五年（含）至十年（不含）的占比 19.22%，十年以上的占比 9.05%。可以看出挪用公款案件判处的刑期主要在五年以下，占比达 90.53%。

判处三年以下轻刑的案件，挪用资金罪占比 61.07%，挪用公款罪占比 48.45%；三年至十年刑期的，挪用资金罪占比 38.78%，挪用公款罪占比 42.10%；十年以上刑期的，挪用资金罪占比 0.15%，挪用公款罪占比 9.05%。

五、挪用资金案件二审、再审改判情况分析

(一)二审、再审案件改判比例

1. 二审案件改判比例较大,其中近七成为修改量刑

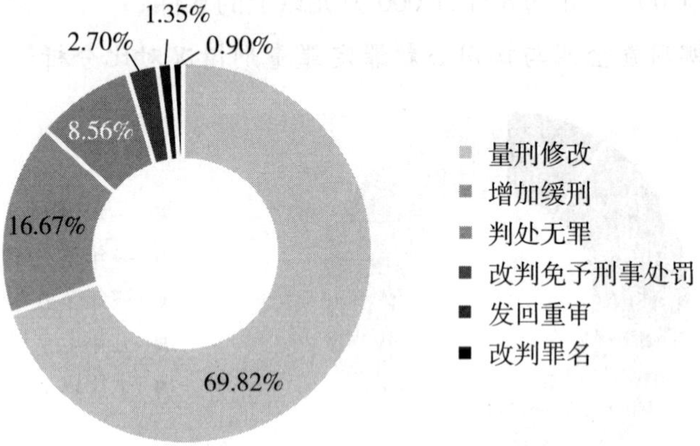

图30　2014年至2018年全国法院二审审结挪用资金案件刑事判决部分改判情况分布

2014年1月1日至2018年12月31日,全国各级人民法院二审审结挪用资金刑事案件共353件,其中,涉及刑事判决部分改判案件共222件,占比62.89%。如图30所示,其中以修改量刑案件居多,占比69.82%,增加缓刑案件占比16.67%,改判无罪案件占比8.56%,改判免予刑事处罚案件占比2.70%,发回重审案件占比1.35%,改判罪名案件占比0.90%。

2. 再审改判案件占比近五成,其中超六成为修改量刑

2014年1月1日至2018年12月31日,全国各级人民法院再审审结挪用资金刑事案件共55件,其中,涉及刑事判决部分改判案件共25件,占比45.45%。如图31所示,其中以修改量刑案件居多,占比64.00%,改判免予刑事处罚案件占比16.00%,改判无罪案件占比12.00%,增加缓刑案件占比4.00%,发回重审案件占比4.00%。

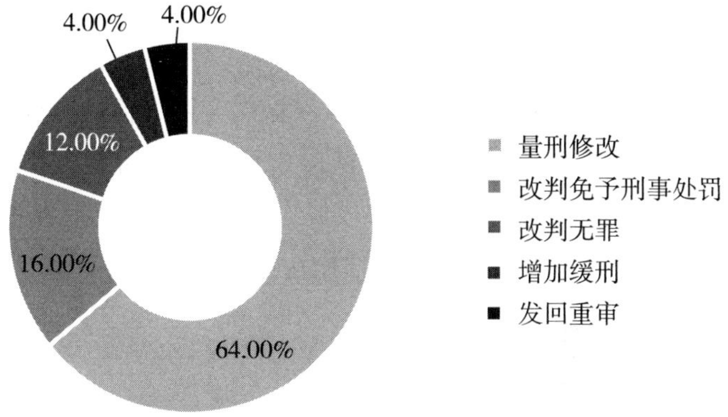

图31 2014年至2018年全国法院再审审结挪用资金案件刑事判决部分改判情况分布

(二)改判原因分析

1. 二审案件改判原因以取得被害方的谅解或有悔罪行为以及量刑不当为主,两者占比超五成

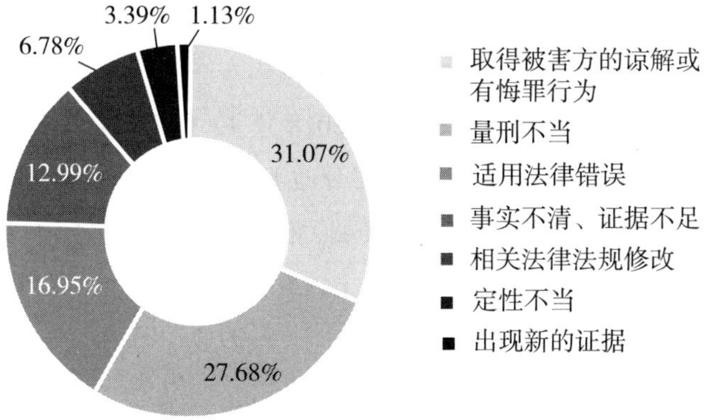

图32 2014年至2018年全国法院二审审结挪用资金案件刑事判决部分改判原因分布

如图32所示,2014年1月1日至2018年12月31日,全国各级人民法院二审审结涉挪用资金罪刑事判决部分改判案件中,因上诉人取得被害方的谅解或有悔罪行为,法院予以从轻处罚的案件占比31.07%;原审法院量刑不当的占比27.68%;原审法院适用法律错误的占比16.95%;原审法院认

定事实不清、证据不足的占比12.99%；由于相关法律法规修改，即《最高人民法院、最高人民检察院关于办理贪污贿赂刑事案件适用法律若干问题的解释》和《中共中央、国务院关于完善产权保护制度依法保护产权的意见》出台，法院予以改判的占比6.78%；原审法院定性不当的占比3.39%；案件有新的证据，予以改判的占比1.13%。

2.再审案件改判原因以原审法院适用法律错误为主，占比达五成

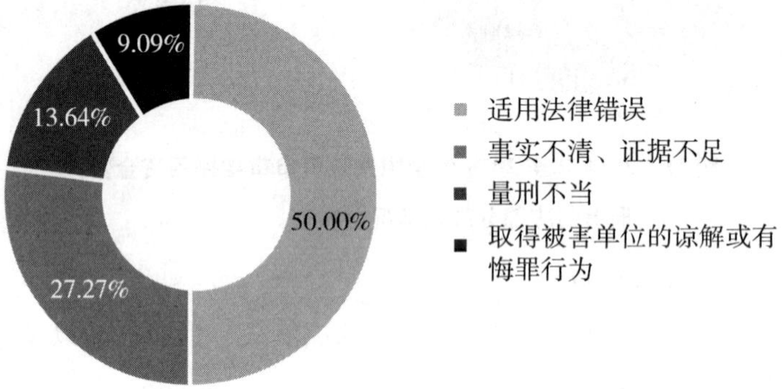

图33　2014年至2018年全国法院再审审结挪用资金案件刑事判决部分改判原因分布

如图33所示，2014年1月1日至2018年12月31日，全国各级人民法院再审审结涉挪用资金罪刑事判决部分改判案件中，因原审法院适用法律错误改判的案件占比较高，为50.00%；原审法院认定事实不清、证据不足的占比27.27%；原审法院量刑不当的占比13.64%；因上诉人取得被害方的谅解或有悔罪行为，法院予以从轻处罚的占比9.09%。

REFERENCE TO CRIMINAL TRIAL

CONTENTS

【PRACTICE DISCUSSION】

【PRACTICAL DOUBTS EXPLANATIONS】

【LEGISLATIVE AND JUDICIAL DOCUMENTS】

CPC Central Committee, State Council

征稿启事

《刑事审判参考》是最高人民法院刑事审判第一、二、三、四、五庭共同主办、法律出版社出版、面向国内外公开发行的刑事司法业务指导和研究性出版物。

为能够以最前沿的视野、最权威的高度和最贴近刑事司法实践的方式编辑本书,欢迎各位同仁向本书以下栏目提供稿件:

1. 指导案例。在认定事实、采信证据和适用法律、司法解释定罪量刑方面具有研究价值和指导意义的典型、疑难案件,并附一审、二审裁判文书。

2. 理论前沿。对刑事司法的前沿理论问题进行深入研讨的论文。

3. 域外司法。评介域外的刑事立法及司法制度、实务问题和典型案件的文章。

4. 经验交流。地方司法机关制定的刑事司法规范性文件及其背景说明,地方人民法院院领导在刑事审判工作会议上的讲话,等等。

5. 实务探讨。对某一类刑事实务问题提出的解决方案。

6. 裁判文书。具有较强说理性、充分体现法官裁判思维和判案智慧的优秀裁判文书。

7. 编辑部答疑。读者在刑事司法实践中遇到的法律适用方面的疑难、复杂问题。

8. 疑案争鸣。针对刊登的疑难案例争议问题进行分析、发表观点,等等。

稿件应有问题意识,观点明确,语言平实,不晦涩。

来稿请注明作者的联系方式(包括地址、邮编和电话)。来稿一经采用,将按著作权的规定支付报酬。

来稿可向以下任何一位执行编辑投递:

北京市东城区北花市大街9号最高人民法院刑一庭　赵俊甫

zhaojunfu81@163.com

北京市东城区北花市大街9号最高人民法院刑二庭　段　凰

cankaodh@163.com

北京市东城区北花市大街9号最高人民法院刑三庭　周　川

xingsanting@sohu.com

北京市东城区北花市大街9号最高人民法院刑四庭　陆建红

Lu_Lu_jianhong@126.com

北京市东城区北花市大街9号最高人民法院刑五庭　方文军

fwjzgf@sina.com

邮编:100062

特别提示:为避免各庭之间采稿重复,来稿不可同时投递。

最高人民法院刑事审判第一、二、三、四、五庭